D1731463

Studien zum Internationalen Wirtschaftsrecht/
Studies on International Economic Law

Herausgegeben von

Prof. Dr. Marc Bungenberg, LL.M., Universität des Saarlandes

Prof. Dr. Christoph Herrmann, LL.M., Universität Passau

Prof. Dr. Markus Krajewski, Friedrich-Alexander-Universität
Erlangen-Nürnberg

Prof. Dr. Carsten Nowak, Europa Universität Viadrina,
Frankfurt/Oder

Prof. Dr. Jörg Philipp Terhechte,
Leuphana Universität Lüneburg

Prof. Dr. Wolfgang Weiß, Deutsche Universität
für Verwaltungswissenschaften, Speyer

Band 24

Nicolas Jung

Die Vergabe von Unionsbeihilfen

Dargestellt am Beispiel der Landwirtschaftssubventionen der Europäischen Union

Nomos

Die Deutsche Nationalbibliothek verzeichnet diese Publikation in
der Deutschen Nationalbibliografie; detaillierte bibliografische
Daten sind im Internet über http://dnb.d-nb.de abrufbar.

Zugl.: Saarbrücken, Universität des Saarlandes, Diss., 2018

ISBN 978-3-8487-5723-7 (Print)
ISBN 978-3-8452-9854-2 (ePDF)

1. Auflage 2019

Meinen Eltern

Vorwort

Die vorliegende Arbeit wurde von der Rechtswissenschaftlichen Fakultät der Universität des Saarlandes im Oktober 2018 als Dissertation angenommen. Literatur und Rechtsprechung wurden bis Januar 2019 berücksichtigt.

Meinem Doktorvater, Herrn Prof. Dr. *Marc Bungenberg* LL.M. (Lausanne), gilt mein aufrichtiger Dank für die Betreuung dieser Arbeit und für seine zielführenden Anmerkungen. Während meiner Zeit als wissenschaftlicher Mitarbeiter an seinem Lehrstuhl habe ich ein hohes Maß an Vertrauen, Förderung und akademischer Freiheit genießen dürfen.

Mein Dank gilt außerdem Herrn Prof. Dr. *Torsten Stein* für die zügige Erstellung des Zweitgutachtens und den Herausgebern für die Aufnahme in die Schriftenreihe.

Darüber hinaus bedanke ich mich besonders bei meiner Freundin *Isabelle* für ihre fortwährende Unterstützung, nicht nur während meiner Doktorandenzeit. Gedankt sei des Weiteren meinen Freunden und ehemaligen Kollegen am Europa-Institut der Universität des Saarlandes für ihre Kollegialität und Lebensfreude.

Nicht zuletzt möchte ich meinen Eltern für ihren unbedingten Rückhalt danken. Ihnen ist diese Arbeit gewidmet.

Hamburg, im März 2019 *Nicolas Jung*

Inhaltsverzeichnis

Abkürzungsverzeichnis

ABl.	Amtsblatt
Abs.	Absatz
AEUV	Vertrag über die Arbeitsweise der Europäischen Union
AoA	Agreement on Agriculture
Art.	Artikel
Aufl.	Auflage
Bd.	Band
BVerfG	Bundesverfassungsgericht
BVerwG	Bundesverwaltungsgericht
bzw.	beziehungsweise
CETA	Comprehensive Economic and Trade Agreement
DelegVO	Delegierte Verordnung
d.h.	das heißt
DirektZahlDurchfG	Direktzahlungsdurchführungsgesetz
DurchfVO	Durchführungsverordnung
EG	Europäische Gemeinschaft
EGFL	Europäischer Garantiefonds für die Landwirtschaft
EGV (Nizza)	Vertrag zur Gründung der Europäischen Gemeinschaft in der Fassung nach dem Vertrag von Nizza
ELER	Europäischer Landwirtschaftsfonds für die Entwicklung des ländlichen Raums
EMRK	Europäische Konvention zum Schutze der Menschenrechte und Grundfreiheiten
et al.	et alii/et aliae/et alia
etc.	et cetera
EU	Europäische Union
EuG	Gericht der Europäischen Union
EuGH	Gerichtshof der Europäischen Union

EUV	Vertrag über die Europäische Union
EWG	Europäische Wirtschaftsgemeinschaft
f.	folgend
ff.	folgend
FTA	Free Trade Agreement
GAP	Gemeinsame Agrarpolitik
GATT	General Agreement on Tariffs and Trade 1995
GG	Grundgesetz für die Bundesrepublik Deutschland
GRCh	Charta der Grundrechte der Europäischen Union
ha	Hektar
Hrsg.	Herausgeber
InVeKoS	Integriertes Verwaltungs- und Kontrollsystem
i.V.m.	in Verbindung mit
lit.	littera
Nr.	Nummer
Rn.	Randnummer
Rs.	Rechtssache
S.	Seite
SCM	Agreement on Subsidies and Countervailing Measures
TTIP	Transatlantic Trade and Investment Partnership
u.a.	und andere
UAbs.	Unterabsatz
USA	United States of America
verb. Rs.	verbundene Rechtssache
vgl.	vergleiche
VO	Verordnung
WTO	World Trade Organization
ZA	Zahlungsansprüche

Teil 1: Einleitung

§ 1 Gegenstand der Untersuchung

Diese Arbeit widmet sich dem Recht der Vergabe von Unionsbeihilfen und nimmt hierzu das Subventionsrecht der Europäischen Union auf dem Gebiet der Landwirtschaft zum Untersuchungsgegenstand. Unionsbeihilfen sind – stark verallgemeinert – diejenigen Subventionen, welche der Europäischen Union „zuzurechnen" sind. Dadurch können Unionsbeihilfen in Gegensatz zu den mitgliedstaatlichen Beihilfen gestellt werden, für die das europäische Primärrecht besondere Regeln vorsieht. Die Rückforderung von Unionsbeihilfen bleibt von der vorliegenden Untersuchung ausgeklammert.

Die Anlässe für die vorliegende Untersuchung sind vielfältig. Zu Beginn steht die Erkenntnis, dass das Unionsbeihilfenrecht im Gegensatz zum europäischen Recht der mitgliedstaatlichen Beihilfen deutlich weniger bis keine Aufmerksamkeit in den Rechtswissenschaften erfährt,[1] obwohl die Europäische Union auf einer Vielzahl von Politikbereichen Subventionen vergibt.[2] Ziel dieser Arbeit ist es daher zum einen, die rechtliche Betrachtung der Vergabe von Unionsbeihilfen stärker als bisher in den Fokus der rechtswissenschaftlichen Aufmerksamkeit zu ziehen.

---

1   Vgl. insofern etwa die weitestgehende Ausblendung dieses Bereichs in *Bartosch*, EU-BeihR, bis auf Einl. Rn. 18; *Frenz*, Beihilfe- und Vergaberecht, mit Ausnahme der Rn. 80 ff.; *Säcker/Montag*, European State Aid Law. *Soltész*, Wichtige Entwicklungen im Europäischen Beihilferecht im Jahre 2017, EuZW 2018, S. 60 ff. (60) spricht von anhaltender Ominpräsenz des Beihilfenrechts und meint damit ausschließlich das Recht der Staatsbeihilfen. Grundlegend stattdessen *Cichy*, Gemeinschaftsbeihilfen, 2002.

2   Neben der Landwirtschaft vergibt die Europäische Union auf einer Vielzahl anderer Gebiete Beihilfen, beispielsweise in der Verkehrspolitik (Art. 90 ff. AEUV), der Kulturpolitik (Art. 167 AEUV), bei transeuropäischen Netzen (Art. 170 ff. AEUV), in der Industriepolitik (Art. 173 AEUV) und in der Forschung (Art. 179 ff. AEUV). Zu den verschiedenen Bereichen im Einzelnen *Rodi*, Subventionsrechtsordnung, 2000, S. 228 ff. oder *Bungenberg*, in: Terhechte (Hrsg.), EuVwR, § 21, Rn. 17.

Darüber hinaus stellt die Subventionierung der europäischen Landwirtschaft einen klassischen Aufgabenbereich der Europäischen Union dar.[3] Noch heute wird der Landwirtschaftssektor wie kein anderer Wirtschaftsbereich hoheitlich bezuschusst.[4] Ohne diese Förderung durch die öffentlichen Hand kann die europäische Landwirtschaft in der hergebrachten und politisch gewollten Erscheinungsform nicht bestehen.[5] Daher investiert die Europäische Union alleine im Jahr 2018 etwa € 59 Milliarden in die Landwirtschaft. Diese Ausgaben stellen mit etwa 36% den größten Posten im EU-Haushalt dar.[6] Insofern bietet sich eine Untersuchung der Unionsbeihilfenvergabe am Beispiel der europäischen Landwirtschaftspolitik – auch genannt Gemeinsame Agrarpolitik (GAP) – im Besonderen an.

Während im europäischen Primärrecht der Begriff der Landwirtschaft inklusive des Fischereisektors verstanden wird (Art. 38 Abs. 1 UAbs. 2 Satz 3 AEUV), wird die Fischerei in der vorliegenden Arbeit wegen ihrer tatsächlichen,[7] organisatorischen[8] und sekundärrechtlichen Besonderheiten[9] vom Landwirtschaftsbegriff ausgeklammert (enger Begriff der Landwirtschaft).

§ 2 Gang der Untersuchung

Die Untersuchung folgt im Wesentlichen einer Zweiteilung. Zunächst werden in „Teil 2: Die Vergabe von Unionsbeihilfen" die relevanten primärrechtlichen und völkerrechtlichen Vorschriften für die Vergabe von Unionsbeihilfen dargestellt und untersucht, bevor in „Teil 3: Das Agrarbeihilfenrecht" das entsprechende Agrarsekundärrecht in Bezug auf Subventionen dargestellt wird.

---

3 Vgl. *Härtel*, in: Ruffert (Hrsg.), EuropSektWirtschR, § 7, Rn. 33 ff.; Zur historischen Entwicklung der europäischen Landwirtschaftssubventionen im Detail unten Teil 3, § 1.

4 *Cardwell/McMahon*, Looking back to look forward, in: McMahon/Cardwell (Hrsg.), Research Handbook on EU Agriculture Law, S. 531 ff. (536).

5 *Grimm/Norer*, Agrarrecht, S. 246.

6 Vgl. Endgültiger Erlass (EU, Euratom) 2018/251 des Gesamthaushaltsplans der Europäischen Union für das Haushaltsajhr 2018; Europäische Kommission, EU-Haushalt für 2018 beschlossen, Pressemitteilung vom 20.11.2017.

7 Vgl. hierzu näher *Martínez*, in: Calliess/Ruffert (Hrsg.), EUV/AEUV, Art. 38 AEUV, Rn. 2.

8 Generaldirektion für maritime Angelegenheiten und Fischerei.

9 Insbesondere der Europäische Meere- und Fischereifonds (EMFF), VO 508/2014 und VO 1380/2013.

Zu Beginn des zweiten Teils dieser Arbeit wird sich mit dem Begriff der Unionsbeihilfe näher auseinandergesetzt und eine Definition für die Zwecke dieser Arbeit herausgearbeitet. Außerdem wird im Anschluss die Anwendbarkeit der Art. 107 ff. AEUV auf Unionsbeihilfen im Detail untersucht. Im Folgenden werden sodann die formellen Anforderungen an die Vergabe von Unionsbeihilfen erläutert. Neben dem Prinzip der begrenzten Einzelermächtigung und den Subventionskompetenzen der EU wird hier auf die Bedeutung des Subsidiaritätsgrundsatzes eingegangen und der Gesetzesvorbehalt sowie die Wahl der Handlungsform für die Unionsbeihilfenvergabe untersucht. Anschließend werden die Finanzierungskompetenzen der Europäischen Union näher beleuchtet. In diesem Zusammenhang wird insbesondere die Übertragbarkeit des sogenannten Konnexitätsprinzips auf die Finanzverfassung der EU untersucht und das Verbot der obligatorischen Kofinanzierung von Unionsbeihilfen herausgearbeitet. Daraufhin werden die marktwirtschaftlichen Vorgaben des Primärrechts für die Vergabe von Unionsbeihilfen dargestellt. Hierbei wird zunächst untersucht, inwiefern sich Unionsbeihilfen insbesondere auf dem Landwirtschaftssektor in die primärrechtliche wirtschaftspolitische Ausgangslage einpassen beziehungsweise welche Rückschlüsse sich aus der primärrechtlichen Grundentscheidung auf die Unionsbeihilfenvergabe ziehen lassen. Außerdem werden die Bedeutung des Diskriminierungsverbots und des Transparenzgrundsatzes untersucht und im Anschluss die wirtschaftlichen Grundrechte und der Vertrauensschutz in Bezug auf den Untersuchungsgegenstand näher beleuchtet. Zuletzt wird noch der wirtschaftsvölkerrechtliche Regelungsrahmen insbesondere in Form der einschlägigen Regelungen des Welthandelsrechts für die Vergabe von Landwirtschaftssubventionen aufgezeigt.

Teil 3 der Arbeit setzt sich sodann mit dem konkreten Agrarsekundärrecht auseinander. Hierfür wird zunächst kurz die historische Entwicklung der europäischen Landwirtschaftssubventionen dargestellt sowie ein Ausblick auf die Herausforderungen gegeben, denen sich die GAP in Zukunft stellen muss. Anschließend wird die gegenwärtige Säulenstruktur der GAP erläutert. Sodann werden die Subventionsregime entsprechend dieser Säulenstruktur betrachtet. Im Rahmen dieser Untersuchung besteht der Zweck nicht darin, für die unterschiedlichen Subventionsprogramme die jeweiligen hoch technischen Vorgaben nachzuzeichnen, sondern darin, den gefundenen primär- und wirtschaftsvölkerrechtlichen Regelungsrahmen für die Vergabe von Landwirtschaftssubventionen zu spiegeln und die unterschiedlichsten Subventionsprogramme hinsichtlich ihrer Struktur und Ausprägungen vergleichbar zu machen sowie Unterschiede unter ihnen aufzuzeigen. Anschließend werden noch die säulenübergreifenden und damit für alle Agrarsubventionen der EU geltenden sogenannten Cross Compliance-Regelungen sowie das Integrierte Verwaltungs- und Kontrollsystem dargestellt.

Teil 2: Die Vergabe von Unionsbeihilfen

Dieser Teil der Arbeit widmet sich dem primärrechtlichen Regelungsregime der Vergabe von Unionsbeihilfen, welches im Gegensatz zu dem der Staatsbeihilfen keinen eigenständigen, zusammenhängenden Abschnitt des AEUV besitzt, sondern von zahlreichen allgemeinen Normen geprägt und geformt wird. Darüber hinaus werden die wirtschaftsvölkerrechtlichen Vorgaben zur Unionsbeihilfenvergabe untersucht. Der Rechtsrahmen der Unionsbeihilfenvergabe insgesamt wird am Beispiel der Landwirtschaftssubventionen der Europäischen Union dargestellt. Dort wo es notwendig und sinnvoll erscheint, werden die konkreten sekundärrechtlichen Unionsbeihilfenprogramme als Anschauungsgegenstand herangezogen. Umfassend werden sie allerdings erst im anschließenden Teil 3 der Arbeit systematisiert dargestellt.

Im Folgenden wird zunächst der Begriff der Unionsbeihilfe in Abgrenzung zum Begriff der Staatsbeihilfe dargestellt und der Anwendungsbereich der Art. 107 ff. AEUV auf Unionsbeihilfen sowie hiervon abzugrenzende Bereiche untersucht. Darüber hinaus werden die formellen Vorgaben des Primärrechts in Form des Prinzips der begrenzten Einzelermächtigung, der europäischen Subventionskompetenzen, des Subsidiaritätsgrundsatzes und insbesondere des Gesetzesvorbehalts für die Leistungsverwaltung der Subventionsvergabe sowie die Wahl der Handlungsform analysiert. Im Anschluss werden die Finanzierungskompetenzen der EU besonders hervorgehoben und eigens untersucht. Danach werden die marktwirtschaftlichen Vorgaben der Europäischen Union, insbesondere die marktwirtschaftliche Grundentscheidung des Primärrechts und die modifizierte Einbeziehung der Landwirtschaft in den Binnenmarkt näher untersucht, bevor Diskriminierungsverbot, Transparenzgrundsatz sowie die relevanten wirtschaftlichen Grundrechte und der Vertrauensschutzgrundsatz für die Unionsbeihilfenvergabe dargestellt werden. Schließlich wird der Blick über das innereuropäische Recht hinaus auf den wirtschaftsvölkerrechtlichen Rahmen, insbesondere des Welthandelsrecht, untersucht.

§ 1 Begriff der Unionsbeihilfe

Zu Beginn der Untersuchung wird der Begriff der Unionsbeihilfe in Abgrenzung zum Begriff der Staatsbeihilfe des Art. 107 Abs. 1 AEUV dargestellt. Zu diesem Zwecke werden zunächst die unterschiedlichen Zurechnungsansätze zur Europäischen Union untersucht und die sonstigen Tatbestandsmerkmale des Staatsbeihilfenbegriffs hinsichtlich ihrer Relevanz für den Unionsbeihilfenbegriff analysiert. Anschließend wird der Anwendungsbereich der Art. 107 ff. AEUV auf Unionsbeihilfen und die hiervon abzugrenzenden Bereiche untersucht.

I. Tatbestandsmerkmale der Unionsbeihilfe

Der Begriff der Unionsbeihilfe wird im Primärrecht nicht ausdrücklich verwendet, weshalb sich dem Primärrecht auch keine Legaldefinition der Unionsbeihilfe entnehmen lässt. Sofern zur Definition des Begriffs der Unionsbeihilfe auf Rechtsprechung des EuGH Bezug genommen und behauptet wird, der EuGH habe den Unionsbeihilfenbegriff ausreichend konturiert,[10] kann diese Argumentation nicht nachvollzogen werden. Wenn etwa unter Bezugnahme auf die Rechtsprechung Ladbroke Racing[11], Air France[12] und Stardust[13] behauptet wird, eine Unionsbeihilfe sei laut EuGH dann dem Staat zurechenbar, wenn dieser Verfügungsgewalt über die öffentlichen Mittel besäße, ist dies nicht zutreffend.[14] Die einschlägige Rechtsprechung ist lediglich zur Abgrenzung staatlicher und privater Mittel ergangen und kann daher nicht unmittelbar zur Abgrenzung von Staatsbeihilfen und Unionsbeihilfen beitragen.[15] Bisher ist nicht ersichtlich, dass sich der Rechtsprechung des Gerichtshofs eine Definition der

---

10 Beispielhaft hierfür *Beljin*, in: Schulze/Zuleeg/Kadelbach (Hrsg.), Europarecht, § 28, Rn. 3.

11 EuGH, Urteil vom 16.05.2000, C-83/98, ECLI:EU:C:2000:248 („Ladbroke Racing"), Rn. 50.

12 EuG, Urteil vom 12.12.1996, T-358/94, ECLI:EU:T:1996:194 („Air France"), Rn. 67.

13 EuGH, Urteil vom 16.05.2002, C-482/99, ECLI:EU:C:2002:294 („Stardust"), Rn. 50 bis 56.

14 *Schweighofer*, in: Birnstiel/Bungenberg/Heinrich (Hrsg.), EuropBeihR, S. 1131 ff., Rn. 9.

15 Im Ergebnis ebenso *Petzold*, in: Birnstiel/Bungenberg/Heinrich (Hrsg.), EuropBeihR, S. 1225 ff., Rn 5.

Unionsbeihilfe entnehmen lässt. Insbesondere im Bereich der Agrarbeihilfen, die weitestgehend zumindest sekundärrechtlich vom Anwendungsbereich der Art. 107 ff. AEUV ausgenommen sind,[16] kommt der Gerichtshof auch nicht unter Zugzwang, eine genaue Abgrenzung der beiden Begriffe vorzunehmen. Insofern lassen sich in Zukunft auch keine Äußerungen des Gerichtshofs hierzu erwarten.

Unionsbeihilfen können zunächst ganz allgemein als Beihilfen, die der Europäischen Union zuzurechnen sind, definiert werden. Diese rudimentäre Definition der Unionsbeihilfe wirft jedoch eine Vielzahl von klärungsbedürftigen Fragen auf. Erfassen Unionsbeihilfen nur Begünstigungen von Unternehmen oder auch Begünstigungen von Verbrauchern oder sogar von ganzen Mitgliedstaaten? Bedeuten Unionsbeihilfen ausschließlich eine Besserstellungen finanzieller Art, also Subventionen im klassischen Sinne oder auch nicht finanzielle Begünstigungen oder Belastungsverminderungen? Müssen finanzielle Zahlungen eine direkte Wettbewerbsverzerrung bewirken um in die Definition der Unionsbeihilfe zu fallen? Und müssen sie – ebenfalls wie bei der Beihilfendefinition im Sinne des Art. 107 Abs. 1 AEUV – eine Beeinträchtigung des Handels zwischen den Mitgliedstaaten bewirken?

Neben diesen Fragen der Tatbestandsmerkmale einer Beihilfe sind Fragen der Zurechnung zur Europäischen Union zu klären, denn Unionsbeihilfen werden nicht alleine von Mitgliedstaaten oder alleine von der Europäischen Union vergeben, sondern werden vielfach in einem Zusammenspiel der verschiedenen Gesetzgebungs- und Verwaltungsebenen rechtlich konkretisiert. Anhand welchen Kriteriums soll nun entschieden werden, ob es sich bei der Zahlung um eine Unionsbeihilfe oder um eine mitgliedstaatliche Beihilfe (Staatsbeihilfe) handelt? Ist entscheidend welche Entität den entscheidenden Einfluss auf die Mittelvergabe besitzt? Oder bietet sich nicht eher eine Zurechnung aufgrund der Herkunft der Mittel an? Wie würde dann allerdings eine Zurechnung in Kofinanzierungsbereichen vollzogen werden? Werden hier einheitlich an die Subventionsempfänger geleisteten Zahlungen in einen europäischen und einen mitgliedstaatlichen Subventionsteil aufgespalten? Ist entscheidend wer den größeren Anteil der Mittel finanziert? Oder führt letztlich die finanzielle Beteiligung der Europäischen Union zu einer umfänglichen Zurechnung zur Europäischen Union?

Diese und weiteren Fragen widmet sich der folgende Abschnitt und soll Klarheit in diesen bisher schwach konturierten Begriff der Unionsbeihilfe

---

16 Vgl. insofern genauer Teil 2, § 4, I., 4.

bringen. Der Tatbestand der Unionsbeihilfe soll in Abgrenzung zum Tatbestand der Staatsbeihilfe des Art. 107 Abs. 1 AEUV erarbeitet werden. Die Frage des Anwendungsbereichs der Art. 107 ff. AEUV steht daher in engem Zusammenhang mit der Definition der Unionsbeihilfe und wird durch Grenzziehung zwischen den beiden Begriffen bedingt. Daher wird der Anwendungsbereich der Art. 107 ff. AEUV im direkten Anschluss an die Erarbeitung der Tatbestandsmerkmale dargestellt.

Unbeachtet des Zurechnungskriteriums ist bei den sonstigen Tatbestandsmerkmalen zu beachten, dass es sich um keine „starre" Definition handelt, denn schließlich zieht die Definition – anders als die Staatsbeihilfendefinition des Art. 107 Abs. 1 AEUV – keine unmittelbaren Handlungspflichten nach sich, wie etwa das Notifizierungsverfahren und das Durchführungsverbot bei Staatsbeihilfen. Die hier zu erarbeitende Unionsbeihilfendefinition besitzt also keinen Absolutheitsanspruch. Vielmehr soll die Definition dazu dienen, einen brauchbaren und klar umrissenen Begriff der Unionsbeihilfe zu formen, mit dem im Rahmen dieser Untersuchung gearbeitet werden kann. Zugleich soll die hier entwickelte Definition dazu dienen, bisherige und künftige Begriffsverwendungen, gegebenenfalls in Abgrenzung zu der hier verwendeten Begriffsbestimmung, einordnen zu können. Dementsprechend werden in dieser Arbeit dort wo es notwendig erscheint, Blicke über den Tellerrand der Unionsbeihilfendefinition geworfen und verwandte Bereiche ebenfalls untersucht.

1. Zurechnung zur Europäischen Union

Gemäß Art. 107 Abs. 1 AEUV werden Beihilfen den Mitgliedstaaten zugerechnet, sofern sie „staatlich oder aus staatlichen Mitteln gewährt" werden. Weitestgehend wird dieses Zurechnungskriterium zur Abgrenzung von staatlichen Beihilfen und Beihilfen von Privaten herangezogen.[17] An dieser Stelle wird die Abgrenzung von Staatsbeihilfen zu Unionsbeihilfen in Anlehnung an das Zurechnungskriterium des Art. 107 Abs. 1 AEUV herausgearbeitet und untersucht, inwiefern sich die Zurechnungskriterien des Art. 107 Abs. 1 AEUV auf das Verhältnis zur Unionsbeihilfe übertragen lassen. Im Nachfolgenden wird deswegen zunächst das Zurechnungskriterium des Art. 107 Abs. 1 AEUV dargestellt und im Anschluss die in der Lite-

---

17 Vgl. statt vieler etwa *Schmid-Kühnhöfer*, Die Staatlichkeit von Beihilfen, 2004 insgesamt oder *Heidenhain*, in: Heidenhain (Hrsg.), European State Aid Law, § 4, Rn. 2.

ratur verwendeten Zurechnungstheorien erläutert, die anschließend einer kritischen Bewertung unterzogen werden.

a) Zurechnungskriterium des Art. 107 Abs. 1 AEUV

Dem Wortlaut nach stellt der Art. 107 Abs. 1 AEUV mit dem Kriterium „staatlich oder aus staatlichen Mitteln gewährt" zwei alternative Zurechnungskriterien auf, die mittlerweile allerdings als einheitliches Zurechnungskriterium verstanden werden.[18] Somit wird in Art. 107 Abs. 1 AEUV sowohl die Art der Finanzierung als auch die Frage der Kontrolle über die beihilfengewährenden Stellen kumulativ als Zurechnungskriterium verstanden.[19] Der Gerichtshof rechnet eine Beihilfe dann dem Staat – in Abgrenzung zu privaten Beihilfen – zu, wenn die Beihilfe staatliche Haushalte belastet und der Staat eine Kontrolle über die jeweilige beihilfengewährende Stelle besitzt.[20] Ausdrückliche Zurechnungskriterien im Verhältnis zwischen Unions- und Staatsbeihilfe lassen sich der Rechtsprechung bisher nicht entnehmen.

---

18 EuGH, Urteil vom 07.07.1988, 57/86, ECLI:EU:C:1988:284 („Griechenland/ Kommission"), Rn. 12; *Schmid-Kühnhöfer*, Die Staatlichkeit von Beihilfen, 2004, S. 55 f.; Vgl. zur unterschiedlichen Interpretation des Zurechnungskriteriums *Pache/Pieper*, in: Birnstiel/Bungenberg/Heinrich (Hrsg.), EuropBeihR, S. 116 ff., Rn. 51 ff.

19 Zuletzt EuGH, Urteil vom 19.12.2013, C-262/12, ECLI:EU:C:2013:851 („Vent de Colère!"), Rn. 16; Mestmäcker/Schweitzer, in: Immenga/Mestmäcker (Hrsg.), Wettbewerbsrecht, Bd. 3, Art. 107 Abs. 1 AEUV, Rn. 247; Schroeder, EU-Beihilfenverbot und Staatlichkeit der Mittel, EuZW 2015, S. 207 ff. (209); *von Wallenberg/ Schütte*, in: Grabitz/Hilf/Nettesheim (Hrsg.), EuR, Art. 107 AEUV, Rn. 31 f.; *Cremer*, in: Calliess/Ruffert (Hrsg.), EUV/AEUV, Art. 107 AEUV, Rn. 29 degradiert die Unterscheidung der beiden Zurechnungsalternativen zum bloßen akademischen Streit.

20 EuG, Urteil vom 27.09.2012, T-139/09, ECLI:EU:T:2012:496 („Frankreich/ Kommission"), Rn. 58; EuGH, Urteil vom 16.05.2002, C-482/99, ECLI:EU:C:2002:294 („Stardust Marine"), Rn. 21; *Pache/Pieper*, in: Birnstiel/ Bungenberg/Heinrich (Hrsg.), EuropBeihR, S. 116 ff., Rn. 64; *Nowak*, in: Pechstein/Nowak/Häde (Hrsg.), Frankfurter Kommentar, Art. 107 AEUV, Rn. 30.

b) Zurechnungsansätze bei Unionsbeihilfen

Nur vereinzelt lassen sich der Literatur Ansätze zur Zurechnung von Beihilfen zur Europäischen Union entnehmen. Im Wesentlichen lassen sich diese Zurechnungsansätze analog zu den beiden Zurechnungskriterien des Art. 107 Abs. 1 AEUV, nämlich der Art der Finanzierung (Finanzierungstheorien) und des Grades der Kontrolle bzw. des Spielraumes, der den Mitgliedstaaten bei der Beihilfenvergabe gewährt wird (Spielraumtheorien) kategorisieren. Vereinzelt wird noch eine Einpassung in die Politiken der Union als Zurechnungskriterium herangezogen (Einpassungstheorie). Diese unterschiedlichen Ansätze werden im Nachfolgenden dargestellt und anschließend bewertet.

aa) Finanzierungstheorien

Nach den als Finanzierungstheorien zusammenzufassenden Zurechnungstheorien können Beihilfen dann der Europäischen Union zugerechnet werden, wenn die Beihilfen mit Geldern der Europäischen Union finanziert werden. Innerhalb dieser Theorien wird jedoch der Bereich der Kofinanzierung von Beihilfen, also die anteilige Finanzierung durch die Europäische Union und durch die Mitgliedstaaten, unterschiedlich bewertet.

Martínez etwa definiert Unionsbeihilfen als Zuwendungen, die auf Rechtsakten der Europäischen Union beruhen und ausschließlich aus Unionsmitteln finanziert werden.[21] Dementsprechend qualifiziert er kofinanzierte Leistungen, also solche Beihilfen, die sowohl aus mitgliedstaatlichen Budgets als auch aus dem europäischen Budget stammen, als staatliche Beihilfen. Martínez verwendet somit einen sehr engen Begriff der Unionsbeihilfe. Eine Beihilfe ist damit bereits dann Staatsbeihilfe und dem Regime der Art. 107 ff. AEUV unterworfen, wenn auch nur ein Euro aus mitgliedstaatlichen Mitteln stammt.

---

21 *Martínez*, Landwirtschaft und Wettbewerbsrecht, EuZW 2010, S. 368 ff. (369); in diesem Sinne auch *Busse*, in: Schulze/Zuleeg/Kadelbach (Hrsg.), Europarecht, § 25, Rn. 1536, wobei unklar bleibt, wie er kofinanzierte Leistungen einstufen möchte. Die Gelder aus Europäischen Fonds schließt *Soltész*, in: Säcker/Montag (Hrsg.), European State Aid Law, S. 154 ff., Rn. 337 insgesamt vom Anwendungsbereich der Art. 107 ff. AEUV aus, sofern die Gelder nicht in die nationalen Haushalte zum Zwecke der Kofinanzierung nationaler Interventionen transferiert werden.

Harings und Härtel verwenden einen breiteren Begriff der Unionsbeihilfe. Nach ihren Auffassungen sollen auch kofinanzierte Beihilfen immer noch der Union zurechenbar sein.[22] Unionsbeihilfen definiert Harings als auf unionsrechtlicher Grundlage gewährte und aus Unionsmitteln zumindest mitfinanzierte Beihilfen.[23]

bb) Spielraumtheorien

Andere Teile der Literatur hingegen sehen die Finanzierungstheorien als unzulänglich an. Ergänzend grenzen sie die Unionsbeihilfe von der staatlichen Beihilfe anhand der Spielräume ab, die den Mitgliedstaaten bei der Konkretisierung der Beihilfenprogramme auf nationaler Ebene eröffnet werden. Im Einzelnen erfolgt eine Abgrenzung anhand der Entscheidungsspielräume der Mitgliedstaaten, sofern diese die europäischen oder kofinanzierten Gelder verwalten. Deswegen können die folgenden Ansichten als Spielraumtheorien zusammengefasst werden.

Dieser Theorie hat sich mittelbar auch die Europäische Kommission im Rahmen ihrer Bekanntmachung zum Begriff der staatlichen Beihilfe aus dem Jahr 2016 angeschlossen. Nach ihrer Auffassung sind Beihilfen, auch wenn sie aus europäischen Mitteln finanziert werden Staatsbeihilfen, wenn die Verwendung dieser Mittel im Ermessen der mitgliedstaatlichen Behörden liegt, insbesondere hinsichtlich der Auswahl der Empfänger.[24] Welchen Umfang dieses Ermessen haben muss, um eine Beihilfe als staatlich zu qualifizieren, wird nicht näher konkretisiert. Auch die Kommission stützt sich insofern argumentativ allerdings nicht auf Rechtsprechung des EuGH.

---

22 *Harings*, Subventionen im Marktordnungsrecht, in: Ehlers/Wolffgang/Schröder (Hrsg.), Subventionen im WTO- und EG-Recht, 2007, S. 113 ff. (126); *Härtel*, in: Ruffert (Hrsg.), EuropSektWirtschR, § 7, Rn. 111. Zustimmend *Bittner*, in: Schwarze (Hrsg.), EU, Art. 42 AEUV, Rn. 10. In diesem Sinne wohl auch *Schenk*, Die Leistungsverwaltung der EG als Herausforderung für das Europäische Verwaltungsrecht, in: Schmidt-Aßmann/Schöndorf/Haubold (Hrsg.), Der Europäische Verwaltungsverbund, 2005, S. 265 ff. (266).

23 *Harings*, Subventionen im Marktordnungsrecht, in: Ehlers/Wolffgang/Schröder (Hrsg.), Subventionen im WTO- und EG-Recht, 2007, S. 113 ff. (126). In diesem Sinne wohl auch *Athanasiadou*, Der Verwaltungsvertrag im EU-Recht, 2017, S. 95. *Härtel*, in: Ruffert (Hrsg.), EuropSektWirtschR, § 7, Rn. 110 zieht ausschließlich die Herkunft der Mittel als Zurechnungstatbestand heran.

24 Europäische Kommission, Bekanntmachung zum Begriff der staatlichen Beihilfe vom 19.07.2016, 2016/C 262/01, Rn. 60.

Für Petzold ist neben der Art der Finanzierung entscheidend, ob seitens der Union über die Fördermaßnahmen in verbindlicher Form entschieden wurde.[25] Er knüpft damit zwar auch an die Finanzierung an, legt bei seiner näheren Betrachtung allerdings einen klaren Fokus auf den Entscheidungsspielraum. Eine Unionsbeihilfe liegt nach Petzold nur dann vor, wenn die Union selbst ihre Beihilfenprogramme verwaltet oder der verwaltende Mitgliedstaat keinen Entscheidungsspielraum besitzt, also die EU hinreichend eng gesetzte Tatbestandsvoraussetzungen für die Verwendung der Gelder festgelegt hat. Besitzt der Mitgliedstaat einen Entscheidungsspielraum und/oder hat er selbst Tatbestandsvoraussetzungen formuliert, liegt hingegen eine staatliche Beihilfe vor. Verwaltet der Mitgliedstaat rein nationale Mittel nach rein nationalen Vorschriften, liegt ebenfalls eine Staatsbeihilfe vor.[26] Petzold kann derart verstanden werden, dass eine Unionsbeihilfe nur dann vorliegt, wenn die EU ihre Beihilfenprogramme selbst verwaltet oder derart eng formuliert hat, dass die ausführenden Mitgliedstaaten zum „Quasi-Organ" der EU geworden sind.

Ein ähnliches Zurechnungskriterium, wenn auch aus entgegengesetzter Herangehensweise, also zum Zwecke der mitgliedstaatlichen Zurechnung, verwendet Mederer. Er rechnet eine Beihilfe dem Mitgliedstaat zu, wenn dieser bei der Mittelverwaltung über ein hinreichendes Ermessen bezüglich der Mittelvergabe verfügt.[27] Damit bringt er zum Ausdruck, dass eine Unionsbeihilfe dann vorliegen soll, wenn ein Unionsmittel verwaltender Mitgliedstaat kein hinreichendes Ermessen mehr besitzt, um auf die Mittelverwendung Einfluss zu nehmen. Auch hier läge demnach eine Unionsbeihilfe vor, wenn der Mitgliedstaat zum „Quasi-Organ" der Union geworden ist.

Nach Belger zeichnet sich eine Unionsbeihilfe durch drei kumulative Voraussetzungen aus. Nach seiner Auffassung beruhen Unionsbeihilfen

---

25 *Petzold*, in: Birnstiel/Bungenberg/Heinrich (Hrsg.), EuropBeihR, S. 1225 ff., Rn. 16; kofinanzierte Beihilfen versteht er dabei als dem Staat zurechenbar. Ähnlich *Schweighofer*, in: Birnstiel/Bungenberg/Heinrich (Hrsg.), EuropBeihR, S. 1131 ff., Rn. 9. Auf *Petzold* verweisend und im Ergebnis wohl zustimmend *Nowak*, in: Pechstein/Nowak/Häde (Hrsg.), Frankfurter Kommentar, Art. 107 AEUV, Rn. 10.

26 *Petzold*, in: Birnstiel/Bungenberg/Heinrich (Hrsg.), EuropBeihR, S. 1225 ff., Rn. 16.

27 *Mederer*, in: Groeben/Schwarze/Hatje (Hrsg.), EuR, Vor. Art 107-109 AEUV, Rn. 16. In diesem Sinne wohl auch *Laitenberger*, Der nächste mehrjährige EU-Finanzrahmen und das EU-Beihilfenrecht, EuZW 2018, S. 177 ff. (178), der im Falle der Kofinanzierung eine staatliche Zurechnung bei „größeren Gestaltungsspielräumen" vornehmen möchte.

auf Rechtsakten der Union, sind zumindest von der EU mitfinanziert und die EU besitzt die Programmhoheit.[28] Belger akzeptiert also einen Entscheidungsspielraum der mittelverwaltenden Mitgliedstaaten, solange die Union weiterhin Programmhoheit besitzt.

Nach Cichy ist das entscheidende Kriterium für eine Zurechnung zur EU, ob die Beihilfe seitens der Europäischen Union initiiert wurde. Er stellt ausdrücklich nicht auf die Finanzierungsart ab. Vielmehr soll der Einfluss der Union auf die mittelverwaltenden Stellen entscheidendes Kriterium sein.[29] Seine Auffassung ist insofern die weitestgehende Spielraumtheorie, gleichzeitig aber auch die unpräziseste Abgrenzung.

cc) Einpassungstheorie

Gilsdorf vertrat in den 1970er Jahren die Auffassung, dass eine Zurechnung einer Beihilfe zur Europäischen Union nicht anhand der Finanzierung geklärt werden kann, sondern nur danach, ob eine Maßnahme den (agrarpolitischen) Zielen dient und sich als Teilaspekt einer Gesamtpolitik darstellt,[30] also ob sich eine Subvention in die bisherige Politik einpasst oder nicht. Soweit ersichtlich wird diese Auffassung heute nicht mehr vertreten.

---

28 *Belger,* Agrarbeihilfenrecht, 2011, S. 119 mit weiteren Nachweisen hinsichtlich der Voraussetzung „Programmhoheit"; *Rodi,* Subventionsrechtsordnung, 2000, S. 259 spricht von Programmgestaltungsmacht der EU. Die Programmhoheit ebenfalls als Prinzip anerkennend, aber nicht in die Definition einbeziehend *Harings,* Subventionen im Marktordnungsrecht, in: Ehlers/Wolffgang/Schröder (Hrsg.), Subventionen im WTO- und EG-Recht, 2007, S. 113 ff. (126). Soweit ersichtlich den Begriff der Programmhoheit erstmals einbringend *Götz,* Generalbericht, in: Börner/Bullinger (Hrsg.), Subventionen im Gemeinsamen Markt, 1978, S. 371 ff. (390). *Bartosch,* EU-BeihR, Einleitung, Rn. 18 grenzt die Staats- und Unionsbeihilfen anhand der Kontrolle ab, ohne allerdings nähere Maßstäbe zu definieren.

29 *Cichy,* Gemeinschaftsbeihilfen, 2002, S. 40.

30 *Gilsdorf,* Gemeinschaftssubventionen im Bereiche der Landwirtschaft, in: Börner/Bullinger (Hrsg.), Subventionen im Gemeinsamen Markt, 1978, S. 215 ff. (217); zustimmend *Götz,* Generalbericht, in: Börner/Bullinger (Hrsg.), Subventionen im Gemeinsamen Markt, 1978, S. 371 ff. (393).

c) Stellungnahme

Die Einpassungstheorie erweist sich als unbrauchbar, da Subventionen regelmäßig mehr als einem Ziel dienen und gleichzeitig insbesondere die agrarpolitischen Ziele des Art. 39 AEUV sehr weit gefasst sind. Eine klare Abgrenzung mittels dieses Kriteriums ist nicht möglich. Das weiche Kriterium der Einpassung in eine Gemeinschaftspolitik lässt allzu großen interpretatorischen Freiraum.

Wie bereits dargestellt, soll der Begriff der Unionsbeihilfe und insbesondere auch das Zurechnungskriterium bei Unionsbeihilfen in Anlehnung an den Tatbestand der Art. 107 ff. AEUV erfolgen, da sich der – durch Rechtsprechung und Literatur mittlerweile stark konturierte – Staatsbeihilfenbegriff als Fixpunkt anbietet. Der Zurechnungstatbestand des Art. 107 Abs. 1 AEUV stellt sowohl auf die Art der Finanzierung als auch auf die Kontrolle über die Auszahlung der Beihilfen ab und folgt damit einer gemischten Theorie. Die Spielraumtheorien sind – wie sogleich aufgezeigt wird – zur Abgrenzung der Begriffe der Staats- und der Unionsbeihilfe allerdings unpassend, weshalb ausschließlich auf die Finanzierungstheorien abgestellt werden sollte.

Die Spielraumtheorien bieten zwar den Vorteil, dass sie im Kofinanzierungsbereich eine gewisse Flexibilität ermöglichen, eine Beihilfe entweder der EU oder den Mitgliedstaaten zuzurechnen. Der Nachteil der Spielraumtheorien liegt allerdings darin, dass ihnen eine wertende Betrachtung immanent ist, die zu Rechtsunsicherheiten führen kann, ob eine Beihilfe der Union oder dem Mitgliedstaat zuzurechnen ist und dementsprechend das Regime der Art. 107 ff. AEUV Anwendung findet oder nicht. Daher sollten die Spielraumtheorien zur Abgrenzung von Unions- und Staatsbeihilfen nicht herangezogen werden.

Vielmehr sollten stattdessen die Finanzierungtheorien zur Abgrenzung der beiden Begriffe verwendet werden. Eine Beihilfe kann nach den Finanzierungstheorien eindeutig als Unionsbeihilfe anhand der Verwendung von EU-Mitteln identifiziert werden, ohne dass Unklarheiten über den Zurechnungstatbestand entstehen, wie dies bei den Spielraumtheorien zwangsläufig der Fall ist. Den Finanzierungstheorien ist also zugute zu halten, dass sie eine saubere Unterscheidung zwischen Staatsbeihilfen und Unionsbeihilfen zulassen. Mit einem Blick auf die Herkunft der Mittel kann entschieden werden, welchem Regelungsregime ein Beihilfenprogramm zuzurechnen ist.

Innerhalb der Finanzierungstheorien ist die Ansicht von Martínez als zu eng abzulehnen und Harings und Härtel zu folgen. Es ist nämlich nicht ersichtlich, weshalb nicht auch kofinanzierte Beihilfen (Mischbeihilfen) der Union zugerechnet werden können. Kofinanzierte Beihilfen lassen sich theoretisch in europäische Mischbeihilfen, also den europäisch finanzierten Teil der Beihilfen, und staatliche Mischbeihilfen, also den staatlich finanzierten Teil der Beihilfen, unterteilen.[31] Wie noch zu zeigen sein wird, finden die Art. 107 ff. AEUV aber weder auf europäische, noch auf staatliche Mischbeihilfen als Unterkategorien der Unionsbeihilfen Anwendung.[32] Vielmehr sollen aufgrund des überwölbenden Charakters des Unionssekundärrechts[33] sämtliche kofinanzierten Beihilfen vom Unionsbeihilfenbegriff erfasst werden. Hierbei ist es unerheblich, zu welchem Anteil die EU die jeweilige Subvention finanziert.

Im Ergebnis ist eine Beihilfe der EU also zuzurechnen, sofern sie auf Rechtsakten der EU beruht und aus unionalen Mitteln allein- oder kofinanziert wird. Hierbei ist es unerheblich, ob die EU selbst die Beihilfenprogramme verwaltet oder die Mitgliedstaaten die Verwaltung zu übernehmen haben. Kurz gesagt bewirkt bereits der erste Euro, der eine auf europäischen Rechtsakten beruhende Subvention mitfinanziert, die Zurechnung der gesamten Beihilfe zur Europäischen Union.

d) Sonderkonstellation der Schein-Unionsbeihilfen und Top-Ups

Bei der bisherigen Betrachtung wurde die Sonderkonstellation außer Betracht gelassen, dass Mitgliedstaaten zwar Unionsbeihilfen zu vergeben scheinen, sie hierbei allerdings – bewusst oder unbewusst – „über das Unionsbeihilfenprogramm hinaus" Beihilfen vergeben (Schein-Unionsbeihilfen). Hierbei kann zwischen einem quantitativen Überschuss und einer qualitativen Abweichung unterschieden werden.

Bei den finanziellen Schein-Unionsbeihilfen handelt es sich um Beihilfen, die von den Mitgliedstaaten in einem quantitativen Übermaß vergeben werden. Finanzielle Schein-Unionsbeihilfen sind also Beihilfen, die den Empfängern zwar dem Grunde nach als Unionsbeihilfe gewährt werden dürfen, jedoch nicht in der tatsächlich später gewährten Höhe. Bei diesem quantitativen, also finanziellen Überschuss der Beihilfen handelt es

---

31 So auch *Härtel*, in: Ruffert (Hrsg.), EuropSektWirtschR, § 7, Rn. 111; *Belger*, Agrarbeihilfenrecht, 2011, S. 133 ff.

32 Siehe hierzu unten Teil 2, § 1, II.

33 *Härtel*, in: Ruffert (Hrsg.), EuropSektWirtschR, § 7, Rn. 111; ebenso *Bittner*, in: Schwarze (Hrsg.), EU, Art. 42 AEUV, Rn. 10.

sich um eigenständige Sonderkategorie von Beihilfen, die dem Regelungsregime der Staatsbeihilfen und nicht dem der Unionsbeihilfen unterworfen werden müssen.[34]

In engem Zusammenhang mit den finanziellen Schein-Unionsbeihilfen
stehen diejenigen Beihilfen, die von den Mitgliedstaaten vergeben werden
und sich ebenfalls zwar in vorhandene Unionsbeihilfenrahmen einpassen
sollen, aber qualitativ hiervon in besonderer Weise abweichen, wie etwa
durch die Verwendung nicht nur unwesentlich vom Sekundärrecht abwei-
chender Förderbedingungen. Mit anderen Worten passt sich eine von den
Mitgliedstaaten geleistete Beihilfe in qualitativer Hinsicht nur scheinbar in
die Unionsbeihilfenprogramme ein (qualitative Schein-Unionsbeihilfe).
Solche qualitativen Abweichungen von den Unionsbeihilfenprogrammen
rechtfertigen es, die vermeintlich als Unionsbeihilfe vergebene Beihilfe insgesamt dem Regelungsregime der Art. 107 ff. AEUV zu unterwerfen.[35] Begrenzt auf diesen Ausnahmefall können die Überlegungen der Einpassungstheorie herangezogen werden.

Darüber hinaus existiert noch die Kategorie der sogenannten Top Ups,[36]
die unzweifelhaft als Staatsbeihilfen qualifiziert werden können. Hierbei
handelt es sich um staatliche Beihilfen, die außerhalb der Unionsbeihilfenprogramme von den Mitgliedstaaten aus mitgliedstaatlichen Mitteln gewährt werden und die Unionsbeihilfenprogramme unterstützen sollen.[37]
Hierbei bestimmen die Mitgliedstaaten die Förderkriterien weitestgehend
autonom. Insbesondere in der zweiten GAP-Säule werden diese von der
Anwendung der Art. 107 ff. AEUV über Art. 42 Abs. 1 AEUV ausgeschlossen.[38]

---

34 Vgl. hinsichtlich des Anwendungsbereichs der Art. 107 ff. AEUV auf finanzielle
    Schein-Unionsbeihilfen Teil 2, § 1, II., 2.
35 Siehe auch insofern zum Anwendungsbereich der Art. 107 ff. AEUV auf qualitati-
    ve Schein-Unionsbeihilfen Teil 2, § 1, II., 2.
36 *Schweighofer*, in: Birnstiel/Bungenberg/Heinrich (Hrsg.), EuropBeihR, S. 1131 ff.,
    Rn. 9.
37 In Bezug auf Top Ups, ohne diese beim Namen zu nennen *Härtel*, in: Ruf-
    fert (Hrsg.), EuropSektWirtschR, § 7, Rn. 111 unter Hinweis auf
    Art. 89 VO 1698/2005, heute Art. 82 VO 1305/2013. Teilweise wird dieser Begriff
    auch abweichend von der vorliegenden Definition verwendet, vgl. etwa *Smith*,
    Mind the gap: 'Greening' direct payments and the World Trade Organization,
    in: McMahon/Cardwell (Hrsg.), Research Handbook on EU Agricultural Law,
    2015, S. 412 ff. (414).
38 Art. 82 VO 1305/2013.

2. Begünstigung

Der Begriff der Staatsbeihilfe des Art. 107 Abs. 1 AEUV wird durch den Begriff der Begünstigung bestimmt. Begünstigungen im Sinne der Staatsbeihilfe bedeutet jede Leistung (aus staatlichen Mitteln) ohne marktübliche Gegenleistung.[39] Leistung meint dabei jeden finanziellen Vorteil des Empfängers.[40] Die Begünstigung „umfasst nicht nur positive Leistungen wie Subventionen selbst, sondern auch Maßnahmen, die in verschiedenen Formen die Belastungen vermindern, die ein Unternehmen normalerweise zu tragen hat und die somit zwar keine Subventionen im strengen Sinn des Wortes darstellen, diesen aber nach Art und Wirkung gleichstehen."[41] Damit wird das Merkmal der Begünstigung im Rahmen des Art. 107 Abs. 1 AEUV weit gefasst. Positive Begünstigungen erfassen klassische Subventionen, also positive Finanzleistungen, aber auch die Gewährung logistischer und kommerzieller Unterstützung, bis hin zur Verbesserung der Infrastruktur; zur Kategorie der Belastungsverminderung im Rahmen der Staatsbeihilfen zählen insbesondere die Befreiung von Soziallasten, die Verminderung von Steuer- und Abgabenlasten, Zahlungsaufschübe, Befreiung von Umweltschutzauflagen etc.[42]

Diese Leistungen müssen ohne angemessene, das heißt marktübliche Gegenleistung gewährt werden, sodass Leistung und Gegenleistung in eine wirtschaftliche Gesamtbetrachtung einbezogen werden müssen.[43] Als brauchbare Untersuchungsmethode hat sich der Private-Investor-Test etabliert.[44] Hierbei wird untersucht, ob ein wirtschaftlich denkender privater

---

39 EuGH, Urteil vom 10.06.2010, C-140/09, ECLI:EU:C:2010:335 („Fallimento Traghetti del Mediterrraneo"), Rn. 34; EuGH, Urteil vom 03.04.2014, C-559/12 P, ECLI:EU:C:2014:217 („Frankreich/Kommission"), Rn. 94; *Nowak*, in: Pechstein/Heselhaus/Nowak (Hrsg.), Frankfurter Kommentar, Art. 107 AEUV, Rn. 23.

40 *Kleine/Sühnel*, in: Birnstiel/Bungenberg/Heinrich (Hrsg.), EuropBeihR, S. 126 ff., Rn. 89.

41 Ständige Rechtsprechung seit EuGH, Urteil vom 23.02.1961, 30/59, ECLI:EU:C:1961:2 („De Gezamenlijke Steenkolenmijnen"); EuGH, Urteil vom 03.04.2014, C-559/12 P, ECLI:EU:C:2014:217 („Frankreich/Kommission"), Rn. 94. Vgl. näher *Kleine/Sühnel*, in: Birnstiel/Bungenberg/Heinrich (Hrsg.), EuropBeihR, S. 126 ff., Rn. 93 ff, insbesondere Rn. 98.

42 Vgl. weiter die nicht abschließende Aufzählung in *Kleine/Sühnel*, in: Bungenberg/Birnstiel/Heinrich (Hrsg.), EuropBeihR, S. 126 ff., Rn. 94 bis 98.

43 *Heidenhain*, in: Heidenhain (Hrsg.), European State Aid Law, § 4, Rn. 2.

44 Vgl. etwa EuGH, Urteil vom 21.03.1991, C-303/88, ECLI:EU:C:1991:136 („Italien/Kommission"), Rn. 21; *Cremer*, in: Calliess/Ruffert (Hrsg.), EUV/AEUV, Art. 107 AEUV, Rn. 11; *Nowak*, in: Pechstein/Heselhaus/Nowak (Hrsg.), Frankfur-

Investor dem Unternehmen eine Leistung zu gleichen Konditionen erbracht hätte. Werden Beihilfen als Kompensation für die Erbringung unrentabler, aber gemeinnütziger Leistungen gezahlt, können diese unter bestimmten Umständen aus dem Tatbestand der Begünstigung und damit aus der Beihilfe herausfallen.[45]

Diese Überlegungen zum Begriff der Begünstigung werden entsprechend auch für den Begriff der Unionsbeihilfe im Rahmen dieser Arbeit herangezogen. Begünstigungen sind also auch im Rahmen der Unionsbeihilfen positive Leistungen finanzieller oder nicht-finanzieller Art und Belastungsverminderungen ohne angemessene, also marktübliche Gegenleistung. Hierbei ist allerdings zu beachten, dass im Gegensatz zur Zurechnung von Staatsbeihilfen, bei Unionsbeihilfen eine Zurechnung anhand der Finanzierungstheorie erfolgt und somit die Herkunft der finanziellen Mittel das entscheidende Zurechnungskriterium ist. Daher ist die Belastung des europäischen Haushalts stets genau zu untersuchen.

In Teil 3 dieser Arbeit werden die konkreten Subventionsprogramme der Gemeinsamen Agrarpolitik der Europäischen Union untersucht. Angesichts des weiten Begünstigungsbegriffs kann dieser Teil nicht den Anspruch besitzen, eine umfassende Darstellung der Agrarunionsbeihilfen zu bieten. Vielmehr wird sich auf die wesentlichen klassischen Agrarsubventionen der Europäischen Union beschränkt. Aus diesem Grund wird im Folgenden der Begriff der Beihilfe und der Begriff der Subvention ohne Unterschied verwendet, ohne dass hierbei die sonstigen Varianten der Begünstigung von dem Begriff der Unionsbeihilfe ausgeschlossen werden sollen.

Im Bereich der Agrarbeihilfen wird das Merkmal der Begünstigung insbesondere bei der Frage relevant, ob bestimmte Beihilfen, die gegebenenfalls zur Kompensation der Kosten für Umweltleistungen erbracht werden, vom Tatbestand der Unionsbeihilfe ausgenommen werden müssen. Insofern ließen sich die Altmark Trans-Kriterien, die der Gerichtshof in Bezug auf Staatsbeihilfen entwickelt hat, auf Unionsbeihilfen übertragen.[46]

---

ter Kommentar, Art. 107 AEUV, Rn. 24; *Bartosch*, EU-BeihR, Art. 107 Abs. 1 AEUV, Rn. 2 ff.

45 EuGH, Urteil vom 24.07.2003, C-280/00, ECLI:EU:C:2003:415 („Altmark Trans"); vgl. hierzu genauer Teil 3, § 3, II., 3.

46 Siehe genauer zur Übertragung der Altmark Trans-Kriterien auf die Greening-Prämie und die Konsequenz daraus in Bezug auf Unionsbeihilfen Teil 3, § 3, II., 3.

3. Bestimmter Unternehmen

Das Staatsbeihilfenregime findet Anwendung auf Begünstigung „bestimmter Unternehmen oder Produktionszweige". Die erste Alternative der Begünstigung bestimmter Unternehmen lässt sich in das Selektivitätskriterium und den Unternehmensbegriff unterteilen.

Das Selektivitätskriterium verlangt, dass eine Beihilfe ein Unternehmen gegenüber einem anderen Unternehmen begünstigt, welches in einer vergleichbaren tatsächlichen oder rechtlichen Situation ist.[47] Das Tatbestandsmerkmal der Selektivität ist weniger bei Einzelmaßnahmen, bei denen in der Regel eine Selektivität vorliegt, als bei umfassenderen Beihilferegelungen von Belang.[48] Durch das Selektivitätserfordernis sollen alle Begünstigungen, die allgemeine wirtschafts- oder sozialpolitische Maßnahmen darstellen und dabei unterschiedslos der gesamten Wirtschaft zugutekommen von Art. 107 Abs. 1 AEUV ausgeschlossen werden.[49] Die Selektivität wird hierbei also nicht auf einem bestimmten zeitlich, räumlich und sachlich abgrenzbaren Markt untersucht, sondern in Bezug auf die gesamte Wirtschaft eines Mitgliedstaates und ist damit sehr weit zu verstehen. Doch auch Beihilfemaßnahmen, die formell der gesamten Wirtschaft zugute kommen, können selektiv sein, wenn der mitgliedstaatlichen Behörde ein Ermessen zugestanden wird, das von der Behörde materiell selektiv ausgeübt wird.[50]

Der Unternehmensbegriff des Art. 107 Abs. 1 AEUV erfasst jede selbstständige wirtschaftlich tätige Einheit unabhängig von ihrer Rechtsform oder der Art ihrer Finanzierung.[51] Der Alternative der Begünstigung von Produktionszweigen kommt angesichts dieser weiten Auslegung der Selektivität und des Unternehmensbegriffs der ersten Alternative keine eigen-

---

47 Vgl. *Bartosch*, Die Selektivität der Selektivität, EuZW 2015, S. 99 ff (100).

48 *Nowak*, in: Pechstein/Nowak/Häde (Hrsg.), Frankfurter Kommentar, Art. 107 AEUV, Rn. 39.

49 *Pache/Pieper*, in: Birnstiel/Bungenberg/Heinrich (Hrsg.), EuropBeihR, S. 153 ff., Rn. 209.

50 Vgl. EuG, Urteil vom 11.07.2002, T-152/99, ECLI:EU:T:2002:188 („Hijos de Andrés Molina"), Rn. 157, EuGH, Urteil vom 18.03.2013, ECLI:EU:C:2013:525 („P Oy"), Rn. 25 ff.; *Nowak*, in: Pechstein/Nowak/Häde (Hrsg.), Frankfurter Kommentar, Art- 107 AEUV, Rn. 40.

51 Vgl. etwa EuGH, Urteil vom 23.04.1991, C-41/90, ECLI:EU:C:1991:161 („Höfner und Elser"), Rn. 21; *Nowak*, in: Pechstein/Nowak/Häde (Hrsg.), Frankfurter Kommentar, Art- 107 AEUV, Rn. 35.

ständige Bedeutung zu.[52] Alle Unternehmen eines begünstigten Produktionszweigs sind bereits als „bestimmte Unternehmen" nach der ersten Alternative begünstigt und somit bereits von Art. 107 Abs. 1 AEUV erfasst.

Um eine starke Anlehnung an den Tatbestand und eine trennscharfe Unterscheidung der beiden Regelungsregime gewährleisten zu können, sollen Begünstigte von Unionsbeihilfen im Sinne dieser Arbeit ebenfalls „bestimmte Unternehmen" sein, also sämtliche Begünstigungen von allen wirtschaftlich tätigen Einheiten unabhängig von ihrer Rechtsform oder der Art ihrer Finanzierung, es sei denn, dass es sich um allgemeine wirtschafts- oder sozialpolitische Maßnahmen handelt, die sämtlichen Unternehmen in der Europäischen Union zugutekommen. Damit gehören Verbraucher ebenso wie Mitgliedstaaten selbst nicht zum Empfängerkreis von Unionsbeihilfen, sondern der Begriff der Beihilfe wird in diesem Sinne als Wirtschaftsbeihilfe verstanden.[53] Die Basisprämie der Art. 21 ff. VO 1307/2013 wird allerdings für die gesamte europäische Landwirtschaft vergeben und zwar für die bloße landwirtschaftliche Tätigkeit pro bewirtschafteter Fläche. Damit wird sie nicht an bestimmte Unternehmen oder Produktionszweige vergeben, sondern an alle Landwirte, sodass keine Spezifität vorliegt und sie deswegen streng genommen aus dem Begriff der Unionsbeihilfe herausfallen muss (Beihilfen nach dem Gießkannenprinzip[54]). Im Rahmen dieser Arbeit wird sie allerdings als Unionsbeihilfe bezeichnet, da sie ein wesentliches Grundinstrument des bestehenden Subventionssekundärrechts darstellt, an das weitere Unionsbeihilfen im tatsächlichen Sinne anknüpfen.[55] Im Ergebnis wird dadurch der Beihilfenbegriff des Art. 107 Abs. 1 AEUV hinsichtlich des Tatbestandsmerkmals „bestimmter Unternehmen" modifiziert auf den Unionsbeihilfenbegriff im Bereich der Landwirtschaft übertragen.

---

52 *Bungenberg*, in: Birnstiel/Bungenberg/Heinrich (Hrsg.), EuropBeihR, S. 101 ff., Rn. 46; *Pache/Pieper*, in: Birnstiel/Bungenberg/Heinrich (Hrsg.), EuropBeihR, S. 153 ff., Rn. 208.

53 Ebenso *Cichy*, Gemeinschaftsbeihilfen, 2002, S. 42. In diesem Sinne wohl auch, wenngleich ohne eine präzise Definition zu geben EuGH, Urteil vom 16.07.1998, C-298/96, ECLI:EU:C:1998:372 („Oehlmühle"), Rn. 31; EuGH, Urteil vom 24.05.2007, C-45/05 („Rinderschlachtprämie"), Rn. 63 ff.; EuGH, Urteil vom 17.09.2014, C-341/13, ECLI:EU:C:2014:2230 („Rückforderung von Ausfuhrerstattungen"), Rn. 41.

54 Subventionen nach dem Gießkannenprinzip zeichnen sich dadurch aus, dass an alle Bewerber Zuschüssen in gleicher Höhe gewährt werden. Zum Begriff des Gießkannenprinzips siehe *Bungenberg/Motzkus*, in: Birnstiel/Bungenberg/Heinrich (Hrsg.), EuropBeihR, S. 1247 ff., Rn. 21.

55 Siehe näher hierzu unten Teil 3, § 3, II., 1.

Der Begriff der Unionsbeihilfe wird im Rahmen dieser Arbeit anders als durch den Agrarsekundärrechtsgesetzgeber verwendet. Der Agrarsekundärrechtsgesetzgeber verwendet den Begriff der Unionsbeihilfen an zwei Stellen ausdrücklich, nämlich im Schulobst- und Gemüseprogramm (Art. 23 ff. VO 1308/2013) sowie im Schulmilchprogramm (Art. 26 ff. VO 1308/2013).[56] Er verwendet den Begriff Unionsbeihilfe hier im Sinne einer Subventionierung von Mitgliedstaaten[57] und zumindest nicht direkt im Sinne der Begünstigung bestimmter Unternehmen oder Produktionszweige. Um Missverständnisse zu vermeiden sollte der Agrargesetzgeber insofern statt „Unionsbeihilfe" besser den Begriff der „Transferzahlung" verwenden.

4. Potentielle Wettbewerbsverfälschung

Nach Art. 107 Abs. 1 AEUV müssen Beihilfen den Wettbewerb verfälschen oder zu verfälschen drohen um unter das Verbot zu fallen. Wie sich bereits aus dem Wortlaut ergibt („zu verfälschen drohen") wird auch dieses Tatbestandsmerkmal weit ausgelegt, da alleine die Eignung zur Wettbewerbsverfälschung, also zur Verschaffung eines Wettbewerbsvorteils gegenüber anderen Wirtschaftsteilnehmern auf einem bestimmten Markt[58] ausreichend ist (potentielle Wettbewerbsverfälschung).[59] Der genaue Nachweis einer konkreten Wettbewerbsverfälschung ist hierbei nicht erforderlich.[60]

---

56 Vgl. näher zum Schulobst- und Gemüseprogramm und zum Schulmilchprogramm später Teil 3, § 4, VI, Nr. 1.
57 Vgl. Art. 23 Abs. 5 UAbs. 1 VO 1308/2013 (Schulobstprogramm) „Die Unionsbeihilfe [...] wird den einzelnen Mitgliedstaaten [...] zugewiesen." Noch deutlicher kommt es in Art. 5 Abs. 2 UAbs. 1 VO 1370/2013 (Schulobst- und Gemüseprogramm) zum Ausdruck: „Mitgliedstaaten [...] erhalten Unionsbeihilfen [...]".
58 Insofern lassen sich die im Kartellrecht entwickelten Kriterien auf das Beihilfenrecht übertragen; *von Wallenberg/Schütte*, in: Grabitz/Hilf/Nettesheim (Hrsg.), EuR, Art. 107 AEUV, Rn. 66.
59 EuGH, Urteil vom 29.04.204, C-372/97, ECLI:EU:C:2004:234 („Italien/Kommission"), Rn. 44; EuGH, Urteil vom 15.12.2005, C-148/04, ECLI:EU:C:2005:774 („Unicredito Italiano"), Rn. 54; zuletzt bestätigt durch EuGH, Urteil vom 08.09.2011, C-78/08 u.a., ECLI:EU:C:2011:550 („Paint Graphos"), Rn. 78; *Eilmansberger*, in: Birnstiel/Bungenberg/Heinrich (Hrsg.), EuropBeihR, S. 174 ff., Rn. 297.
60 EuG, Urteil vom 15.06.2000, T-298/97 u.a., ECLI:EU:T:2000:151 („Alzetta"), Rn. 95. .

Im Rahmen des Art. 107 Abs. 1 AEUV ist umstritten, ob dem Erfordernis der potentiellen Wettbewerbsbeeinträchtigung ein Spürbarkeitserfordernis beziehungsweise eine de minimis-Regelung zu entnehmen ist, die bestimmte Beihilfen unterhalb der Spürbarkeitsschwelle aus dem Tatbestand ausschließen würde. Der Rechtsprechung des Gerichtshof lassen sich insofern noch keine klaren Aussagen entnehmen.[61] Gegen die Annahme einer de minimis-Regelung insgesamt im Rahmen des Art. 107 Abs. 1 AEUV spricht jedoch, dass gerade, wenn ein Markt – wie der Agrarmarkt – aus kleineren, finanzschwächeren Betrieben besteht, auch kleine finanzielle Beträge den Wettbewerb zwischen den Marktteilnehmern verzerren können und insofern für diese Marktteilnehmer „spürbar" sind.[62] Auch ein kleiner Betrag ist geeignet den Wettbewerb zumindest in kleinem Maße zu verfälschen.[63] Daher ist das Spürbarkeitserfordernis in Art. 107 Abs. 1 AEUV abzulehnen.

Es stellt sich nun die Frage, inwiefern sich das Kriterium der potentiellen Wettbewerbsverfälschung auf die Definition der Unionsbeihilfen übertragen lässt. Eine Wettbewerbsverfälschung setzt selbstverständlich das Vorliegen von Wettbewerb auf einem bestimmten Markt voraus. Trotz der vergleichsweise immernoch stark interventionistischen Politik der Europäischen Union auf dem Landwirtschaftssektor ist die europäische Landwirtschaft im Grundsatz in den Binnenmarkt einbezogen, wenn auch nur in modifizierter Weise.[64] Damit herrscht grundsätzlich auch auf dem Bereich der europäischen Landwirtschaft Wettbewerb. Fraglich ist jedoch, ob Unionsbeihilfen eine potentielle Wettbewerbsverfälschung überhaupt bewirken. Insofern wird oftmals auf die Rechtsprechung des Gerichtshofs in der

---

61 Vgl. EuGH, Urteil vom 17.09.1980, 730/79, ECLI:EU:C:1980:209 („Philip Morris"), wo die Frage noch offengelassen wird; wohingegen in EuGH, Urteil vom 14.10.1987, 248/84, ECLI:EU:C:1987:437 („Deutschland/Kommission"), Rn. 18 von einem „spürbaren Vorteil" spricht; ablehnend EuG, Urteil vom 15.06.2000, T-298/97 u.a., ECLI:EU:T:2000:151 („Alzetta"), Rn. 86 sowie EuG, Urteil vom 30.04.1998, T-214/95, ECLI:EU:T:1998:77 („Vlamse Gewest"), Rn. 46; ebenfalls ablehnend *von Wallenberg/Schütte*, in: Grabitz/Hilf/Nettesheim (Hrsg.), EuR, Art. 107 AEUV, Rn. 71.
62 Insofern auch die Aussage des EuG, Urteil vom 15.06.2000, T-298/97 u.a., ECLI:EU:T:2000:151 („Alzetta"), Rn. 86; zustimmend *Eilmansberger*, in: Birnstiel/Bungenberg/Heinrich (Hrsg.), EuropBeihR, S. 174 ff., Rn. 323 ff.
63 EuG, Urteil vom 30.04.1998, T-214/95, ECLI:EU:T:1998:77 („Vlamse Gewest"), Rn. 46.
64 Vgl. hierzu näher unten Teil 2, § 4, I., 2.

Sache Oehlmühle verwiesen,[65] in der der EuGH wörtlich festhält, dass „insbesondere [...] bei den [Unionsbeihilfen] im Bereich der gemeinsamen Agrarpolitik der den nationalen Unternehmen eingeräumte Wettbewerbsvorteil [fehlt], der die staatliche Beihilfe kennzeichnet."[66] Diese Rechtsprechung darf jedoch nicht dahingehend missverstanden werden, dass Unionsbeihilfen keine Wettbewerbsverfälschung bewirken könnten.

Zwar existieren im Agrarbeihilfenbereich Beihilfen, die de facto sämtlichen Marktteilnehmern im Agrarbereich zugutekommen, wie beispielsweise die Basisprämie,[67] die für die bloße landwirtschaftliche Tätigkeit auf einem Hektar Land gewährt wird. Allerdings besteht auch bei der Basisprämie die Gefahr, dass sie den Wettbewerb verfälscht, da sich die individuelle Höhe der Subventionen aufgrund der unterschiedlichen Zuteilung von finanziellen Mitteln auf die jeweiligen Mitgliedstaaten und die sogenannte Modulation (Art. 14 VO 1307/2013) stark unterscheiden kann, weshalb eine Wettbewerbsverzerrung zwischen Marktteilnehmern unterschiedlicher Regionen oder Mitgliedstaaten auch weiterhin möglich ist.[68]

Die aus der Rechtssache Oehlmühle zitierte Passage ist stattdessen dahingehend zu verstehen, dass den Unionsbeihilfen keine Gefahr einer Verzerrung des Standortwettbewerbs unter den Mitgliedstaaten immanent ist, da sie grundsätzlich in allen Mitgliedstaaten zumindest in ähnlicher Weise vergeben werden. Die Mitgliedstaaten können durch die Vergabe von Unionsbeihilfen also nicht in gleichem Maße wie bei Staatsbeihilfen den eigenen Standort im Binnenmarkt staatlich stützen.[69] Die Missverständlichkeit dieser Aussage des Gerichtshofs liegt darin begründet, dass er vielfach die Tatbestandsmerkmale „potentielle Wettbewerbsverfälschung" und „Beeinträchtigung des Handels zwischen den Mitgliedstaaten" zusammen prüft und insofern eine saubere Trennung vermissen lässt.[70]

---

65 So beispielsweise *Unger*, Subventions- und Beihilfenrecht, in: Schmidt/Wollenschläger (Hrsg.), Kompendium Öffentliches Wirtschaftsrecht, S. 335 ff. (341). *Von Wallenberg/Schütte*, in: Grabitz/Hilf/Nettesheim (Hrsg.), EuR, Art. 107 AEUV, Rn. 72 spricht insbesondere „Einkommensbeihilfen" die Gefahr der Wettbewerbsverfälschungen im Rahmen von Staatsbeihilfen gänzlich ab.

66 EuGH, Urteil vom 16.07.1998, C-298/96, ECLI:EU:C:1998:372 („Oehlmühle"), Rn. 37.

67 Siehe Teil 2, § 1, I., 3. und Teil 2, § 4, IV., 2.

68 Siehe näher zur Gefahr der Wettbewerbsverfälschung durch diese Mittelzuweisung Teil 2, § 4, II.

69 Vgl. hierzu differenzierend *Cichy*, Gemeinschaftsbeihilfen, 2002, S. 82 ff.

70 *Eilmansberger*, in: Birnstiel/Bungenberg/Heinrich (Hrsg.), EuropBeihR, S. 174 ff., Rn. 295.

5. Beeinträchtigung des Handels zwischen den Mitgliedstaaten?

Der Tatbestand des Art. 107 Abs. 1 AEUV statuiert, dass bestimmte Staatsbeihilfen verboten sind, „soweit sie den Handel zwischen den Mitgliedstaaten beeinträchtigen."[71] Die hier statuierte Zwischenstaatlichkeitsklausel ist wie die sonstigen Staatsbeihilfentatbestandsmerkmale auch sehr weit zu verstehen. Erfasst werden nicht nur tatsächliche, sondern alle potentiellen Handelsbeeinträchtigungen zwischen den Mitgliedstaaten.[72] Letztlich wird die Zwischenstaatlichkeitsklausel als Kollisionsnorm zwischen den Art. 107 ff. AEUV und nationalem Beihilferecht verstanden.[73]

Die Zwischenstaatlichkeitsklausel als Kollisionsnorm des Art. 107 Abs. 1 AEUV lässt sich nicht auf das Recht der Unionsbeihilfen übertragen. Hier ist keine Abgrenzung zwischen primärrechtlichem Unionsbeihilfenrecht und nationalem Beihilferecht erforderlich, da das Unionsbeihilfenrecht per definitionem europäisch determiniert ist. Das europäische Primär- und Sekundärrecht gibt den gegebenenfalls konkretisierenden oder vollziehenden nationalen Stellen einen Regelungsrahmen vor, in den sie ihre Rechtsakte einzupassen haben. Der Unionsbeihilfenbegriff erfordert damit keine Zwischenstaatlichkeitsklausel als Kollisionsnorm.

6. Zusammenfassung Unionsbeihilfentatbestand und Exklusivitätsverhältnis

Der Begriff der Unionsbeihilfen wird in Abgrenzung zum Begriff der Staatsbeihilfe und damit auch in Abgrenzung zum Staatsbeihilfenbegriff der Art. 107 ff. AEUV als Begünstigungen bestimmter Unternehmen definiert, die aus Mitteln der Europäischen Union zumindest kofinanziert werden. Begünstigungen von Verbrauchern oder Transferzahlungen an Mitgliedstaaten werden von der Definition nicht erfasst. Unionsbeihilfen sind

---

71 Vgl. zur Eigenständigkeit dieses Elements zum Beihilfentatbestand des Art. 107 Abs. 1 AEUV etwa EuGH, Urteil vom 24.07.2003, C-280/00, ECLI:EU:C:2003:415 („Altmark Trans"), Rn. 75; *Heinrich*, in: Birnstiel/Bungenberg/Heinrich (Hrsg.), EuropBeihR, S. 162 ff., Rn. 237.

72 Vgl. zuletzt EuG, Urteil vom 17.12.2015, T-515/13 und T-719/13, ECLI:EU:T:2015:1004 („Spanien u.a./Kommission"), Rn. 193; EuGH, Urteil vom 30.04.2009, C-494/06 P, ECLI:EU:C:2009:272 („WAM"), Rn. 50; *Heinrich*, in: Birnstiel/Bungenberg/Heinrich (Hrsg.), EuropBeihR, S. 162 ff., Rn. 237.

73 *Bartosch*, EU-BeihR, Art. 107 Abs. 1 AEUV, Rn. 160; *Heinrich*, in: Birnstiel/Bungenberg/Heinrich (Hrsg.), EuropBeihR, S. 163 ff., Rn. 238.

grundsätzlich geeignet, den Wettbewerb zu beeinträchtigen. Auf eine Verzerrung des Handels zwischen den Mitgliedstaaten kommt es nicht an. Diese Unionsbeihilfendefinition wird mit Ausnahme des Zurechnungstatbestandes nicht als starre Definition verstanden, sondern hilft dabei, den Begriff im Rahmen dieser Arbeit handhabbar zu machen.

Der Begriff der Staatsbeihilfe und der Begriff der Unionsbeihilfe schließen sich gegenseitig aus. Dieses Verständnis klingt in den meisten Literaturstellen an, wird allerdings nur selten ausdrücklich festgehalten.[74] Ein Exklusivitätsverständnis ist gerade im Kofinanzierungsbereich (Mischbeihilfen) rein begrifflich nicht selbstverständlich, denn dort werden die Beihilfen aus finanziellen Mitteln der Europäischen Union und „aus staatlichen Mitteln gewährt" (vgl. Art. 107 Abs. 1 AEUV).[75] Insofern wäre eine Überschneidung der beiden Begriffe denkbar.[76] Im Sinne dieser Arbeit werden die Begriffe der Unionsbeihilfe und der Staatsbeihilfe allerdings in einem Exklusivitätsverhältnis verstanden.

Entsprechend der Zurechnung von Beihilfen anhand der Finanzierungstheorie stellt sich die Abgrenzung zwischen Unionsbeihilfen und Staatsbeihilfen bildlich wie folgt dar:

---

74 Vgl. etwa *Bittner*, in: Schwarze (Hrsg.), EU, Art. 42 AEUV, Rn. 10. Am deutlichsten wohl noch *Härtel*, in: Terhechte (Hrsg.), EuVwR, § 37, Rn. 64.

75 Siehe näher zur Unanwendbarkeit der Art. 107 ff. AEUV auf staatliche Mischbeihilfen Teil 2, § 1, II., 3.

76 *Belger*, Agrarbeihilfenrecht, 2011, S. 118 f. und S. 133 ff. vertritt zwar einerseits ein Exklusivitätsverhältnis, möchte aber andererseits Art. 107 ff. AEUV auf staatliche Mischbeihilfen Anwendung finden lassen, wodurch die Abgrenzung der beiden Begriffe wieder in Frage gestellt wird.

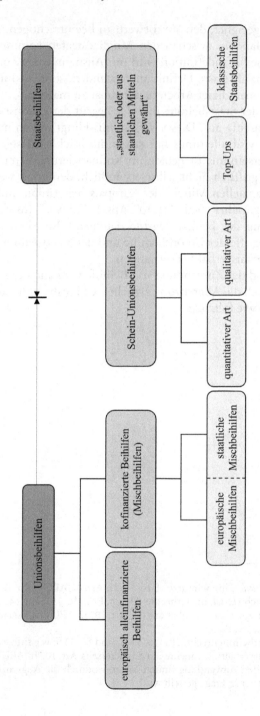

II. Anwendbarkeit der Art. 107 ff. AEUV

Nachdem der Begriff der Unionsbeihilfe in Abgrenzung zur Staatsbeihilfendefinition des Art. 107 Abs. 1 AEUV konkretisiert wurde, wird nun aufgezeigt, inwiefern das Regime der Art. 107 ff. AEUV auf das Grenzfeld von Unions- und Staatsbeihilfen Anwendung findet. An dieser Stelle wird also geklärt, inwiefern die Art. 107 ff. AEUV auf Schein-Unionsbeihilfen als Sonderform der Staatsbeihilfen anzuwenden sind und der Frage nachgegangen, ob sich die Art. 107 ff. AEUV analog auf Unionsbeihilfen anwenden lassen. In diesem Zusammenhang wird ergänzend dargestellt, weshalb der Staatsbeihilfentatbestand auf staatliche Mischbeihilfen unanwendbar sein soll. Zunächst werden jedoch Sinn und Zweck des Staatsbeihilfenabschnitts des AEUV erläutert.

1. Sinn und Zweck der Art. 107 ff. AEUV

Der Abschnitt der Staatsbeihilfen der Art. 107 ff. AEUV stellt ein wesentliches Element der Wirtschaftsordnung der Europäischen Union dar, deren Ziel es ist, einen Binnenmarkt zu errichten und auf eine wettbewerbsfähige soziale Marktwirtschaft hinzuwirken (Art. 3 Abs. 3 Satz 1 und 2 EUV). Zur Verwirklichung dieser Ziele werden nach Art. 107 Abs. 1 AEUV nicht sämtliche Staatsbeihilfen verboten, sondern nur diejenigen, die insbesondere den Wettbewerb zu verfälschen und den Handel zwischen den Mitgliedstaaten zu beeinträchtigen drohen. Gerade am Erfordernis der Handelsbeeinträchtigung zwischen den Mitgliedstaaten zeigt sich, dass Art. 107 Abs. 1 AEUV nicht bezweckt, sämtliche Formen der Wettbewerbsverfälschung durch Subventionen zu verbieten. Vielmehr soll lediglich den Mitgliedstaaten untersagt sein, Unternehmen mit Sitz oder Niederlassungen auf ihrem Staatsgebiet durch einseitige Bezuschussungen unangemessene Wettbewerbsvorteile zu verschaffen, um dadurch den eigenen Wirtschaftsstandort gegenüber anderen Mitgliedstaaten unbillig zu stärken.[77] Wenn derartige staatliche Subventionierungen – wie im Binnenmarkt – mit einem ungehinderten Waren-, Dienstleistungs- und Kapitalverkehr sowie Freizügigkeit von Arbeitnehmern und Unternehmen zusammentreffen, besteht die Gefahr, dass andere Mitgliedstaaten ihren Standort ebenfalls durch hohe Subventionierungen stärken wollen (Gefahr des Subventions-

---

77 Ebenso *Englisch*, Zur Bedeutung des gemeinschaftsrechtlichen Gleichheitssatzes im Recht der Gemeinschaftsbeihilfen, EuR 2009, S. 488 ff. (503).

wettlaufs der Mitgliedstaaten). Hierdurch würde die marktwirtschaftliche Prägung der Europäischen Union gefährdet.[78] Art. 107 Abs. 1 AEUV soll daher lediglich vor Wettbewerbsverzerrungen in Form von Verzerrungen des europäischen Standortwettbewerbs schützen, nicht aber vor sämtlichen beihilfenbedingten Wettbewerbsverzerrungen.[79]

2. Anwendbarkeit auf Schein-Unionsbeihilfen

Wie bereits dargestellt sind Schein-Unionsbeihilfen keine Unionsbeihilfen, sondern eine eigenständige Sonderform. Die Schein-Unionsbeihilfen lassen sich in finanzielle Schein-Unionsbeihilfen und qualitative Schein-Unionsbeihilfen unterscheiden, also zum einen den im Zusammenhang mit einer Unionsbeihilfe über das zulässige Maß hinaus vergebenen Teil der Beihilfe (quantitativ) und zum anderen die nicht nur unwesentlich von den materiellen Vorgaben der Unionsbeihilfenprogramme abweichenden Beihilfen (qualitativ).[80]

Beiden Formen von Schein-Unionsbeihilfen ist – wie bei klassischen Staatsbeihilfen – die Gefahr immanent, dass die Mitgliedstaaten in quantitativer oder qualitativer Weise Unionsbeihilfenprogramme missbrauchen, um ihren eigenen Standort unbillig zu unterstützen. Aus diesem Grund ist es geboten, die Art. 107 ff. AEUV hierauf anzuwenden. Einer direkten Anwendung dieses Regelungsregimes auf Schein-Unionsbeihilfen kann allerdings, im Falle von ausschließlich unionsfinanzierten Programmen, das Erfordernis der Staatlichkeit der Mittel im Sinne des Art. 107 Abs. 1 AEUV entgegenstehen. Auch diesen europäisch finanzierten, jedoch mitgliedstaatlich missbrauchten Schein-Unionsbeihilfen ist die Gefahr der einseiti-

---

78 *Mederer*, in: Groeben/Schwarze/Hatje (Hrsg.), EuR, Vor. Art. 107 AEUV, Rn. 2; *Hatje*, in: Bogdandy/Bast (Hrsg.), Europäisches Verfassungsrecht, S. 801 ff. (820); *Frenz*, Beihilfe- und Vergaberecht, Rn. 3 ff.

79 In diesem Sinne auch *Bungenberg*, in: Birnstiel/Bungenberg/Heinrich (Hrsg.), EuropBeihR, S. 101 ff., Rn. 3; *Petzold*, in: Birnstiel/Bungenberg/Heinrich (Hrsg.), EuropBeihR, S. 1225 ff., Rn. 2; *Müller*, Wettbewerb und Unionsverfassung, 2014, S. 258; *Mestmäcker/Schweitzer*, in: Immenga/Mestmäcker (Hrsg.), Wettbewerbsrecht, Bd. 3, Einl., Rn. 51; *Hoch*, Kulturförderung, 2013, S. 178; *Oppermann*, Europarecht, S. 340. Näher zur unterschiedlichen Ausgangslage in Bezug auf die Gefahr eines Subventionswettbewerbs zwischen Mitgliedstaaten und innerhalb eines Staates *Caspari*, Die Beihilfenregeln des EWG-Vertrags und ihre Anwendung, in: Mestmäcker/Möller/Schwarz (Hrsg.), FS von der Groeben, 1987, S. 69 ff. (71 f.).

80 Siehe in Bezug auf beide Begriffe Teil 2, § 1, I., 1., d).

gen Marktverzerrung und der Durchsetzung nationaler Interessen immanent. Um derartige mitgliedstaatlich gelenkte Standortverzerrungen zu
vermeiden, ist es geboten, die Art. 107 ff. AEUV analog auf diese Art von
Schein-Unionsbeihilfen anzuwenden.

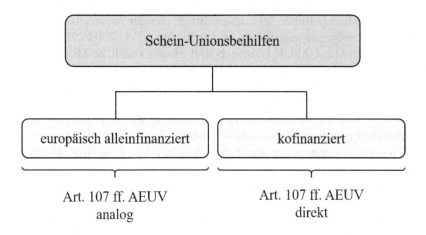

3. Unanwendbarkeit auf staatliche Mischbeihilfen

Bei der Untersuchung der Anwendbarkeit der Art. 107 ff. AEUV auf Unionsbeihilfen bedürfen die staatlichen Mischbeihilfen als Unterkategorie
der Unionsbeihilfe einer besonderen Betrachtung, da sie sich im Grenz-
und Spannungsbereich zwischen Unionsbeihilfen und staatlichen Beihilfen bewegen. Bei staatlichen Mischbeihilfen handelt es sich um kofinanzierte Unionsbeihilfen, wobei der mitgliedstaatlich finanzierte Teil isoliert
betrachtet wird.[81] Aufgrund der Herkunft der finanziellen Mittel der staatlichen Mischbeihilfen kommt grundsätzlich eine Anwendung der
Art. 107 ff. AEUV in Betracht, da sie auch „aus staatlichen Mitteln" gewährt werden und die mitgliedstaatliche Verwaltung ein gewisses Maß an
Kontrolle über die Beihilfenprogramme besitzt, da Mischbeihilfen im Bereich der GAP teilweise aufgrund staatlich konkretisierter Programme vergeben werden.[82] Die Beihilfe würde danach (auch) auf staatlichen Rechtsakten beruhen und es würden zumindest teilweise mitgliedstaatliche Mit-

---

81 Vgl. zur Primärrechtmäßigkeit der Kofinanzierung genauer Teil 2, § 3.
82 Insbesondere die mitgliedstaatlichen ELER-Förderprogramme der zweiten GAP-
     Säule. Siehe genauer hierzu unten Teil 3, § 4, II.

tel vergeben. Damit wären die Tatbestandsvoraussetzungen der staatlichen Zurechnung grundsätzlich erfüllt.[83]

Auch der europäische Agrargesetzgeber scheint davon auszugehen, dass die Art. 107 ff. AEUV grundsätzlich auf staatliche Mischbeihilfen anwendbar sind, was sich im Umkehrschluss aus der Tatsache erkennen lässt, dass er staatliche Mischbeihilfen sekundärrechtlich von der Anwendbarkeit des Staatsbeihilfenregimes ausschließt. In Art. 81 Abs. 2 VO 1305/2013 macht er von Art. 42 Abs. 1 AEUV Gebrauch und nimmt staatliche Mischbeihilfen von der Anwendbarkeit der Art. 107 ff. AEUV aus. Des Weiteren behandelt er staatliche Mischbeihilfen unter der amtlichen Überschrift zu Art. 81 VO 1305/2013 „Staatliche Beihilfen".[84]

Dennoch sind die staatlichen Mischbeihilfen dem Regelungsregime der Unionsbeihilfen unterworfen, sodass eine Bereichsausnahme vom Staatsbeihilfenregime zugunsten der staatlichen Mischbeihilfen vorliegt. Hierfür sprechen mehrere Gründe. Zunächst betont Härtel die Bedeutung eines überwölbenden unionsrechtlichen Rahmens bei staatlichen Mischbeihilfen.[85] Außerdem wird vorgebracht, dass nur die Art der Finanzierung zur Erfüllung des Tatbestandsmerkmals „aus staatlichen Mitteln gewährt" nicht alleine ausreichend sein kann, sondern der gemeinschaftliche Entscheidungsvorrang über die Verwendung der Gelder gegen eine staatliche

---

83 Ebenso *von Rintelen*, in: Grabitz/Hilf/Nettesheim (Hrsg.), EuR, Art. 42 AEUV, Rn. 56 ff; zustimmend *Priebe*, in: Grabitz/Hilf/Nettesheim (Hrsg.), EuR, Art. 40 AEUV, Rn. 193; *Martínez*, Landwirtschaft und Wettbewerbsrecht, EuZW 2010, S. 368 ff. (370); *Belger*, Agrarbeihilfenrecht, 2011, S. 118 f. und 133 ff.

84 *Härtel*, in: Ruffert (Hrsg.), EuropSektWirtschR, § 7, Rn. 111; *von Rintelen*, in: Grabitz/Hilf/Nettesheim (Hrsg.), EuR, Art. 42 AEUV, Rn. 55. Belger, Agrarbeihilfenrecht, 2011, S. 134 interpretiert das Verständnis des Sekundärrechtsgesetzgebers ebenfalls derart, dass die Art. 107 ff. AEUV auf „kofinanzierte Agrarstrukturbeihilfen" grundsätzlich Anwendung finden sollen. Vgl. außerdem die Ablehnung des EuGH, ein kofinanziertes Beihilfenprogramm mitgliedstaatlicher Normen im Rahmen eines Unionsbeihilfenprogramms als „Gemeinschaftsrechtsakt" zu qualifizieren, sowie die Bezeichnung dieses Programms als „nationales Beihilfenprogramm" in EuGH, Urteil vom 19.09.2002, C-336/00, ECLI:EU:C:2002:509, Rn. 40 und 43. So auch das Verständnis der Europäischen Kommission, Rahmenregelung der Europäischen Union für staatliche Beihilfen im Agrar- und Forstsektor und in ländlichen Gebieten 2014-2020 vom 01.07.2014, ABl. 2014/C 204/01, Rn. 493 ff. i.V.m. Rn. 35, Nr. 1. Vgl. zum Begriffsverständnis der Europäischen Kommission oben Teil 2, § 1, I, Nr. 1, lit. b, bb; Europäische Kommission, Bekanntmachung zum Begriff der staatlichen Beihilfe vom 19.07.2016, 2016/ C 262/01, Rn. 60.

85 *Härtel*, in: Ruffert (Hrsg.), EuropSektWirtschR, § 7, Rn. 111; ebenso *Bittner*, in: Schwarze (Hrsg.), EU, Art. 42 AEUV, Rn. 10.

Zurechenbarkeit spricht.[86] Des Weiteren würde eine Anwendung des Staatsbeihilfenabschnitts des AEUV auf staatliche Mischbeihilfen nicht dem Sinn und Zweck der Normen entsprechen, eine Verzerrung des europäischen Standortwettbewerbs durch einen Subventionswettlauf zu vermeiden.[87] Im Falle von mischfinanzierten Unionsbeihilfen, die vornehmlich im Rahmen der zweiten GAP-Säule vergeben werden, setzt die Europäische Union als überstaatliche Organisation einen Rahmen, in dem gewisse Subventionsprogramme mitgliedstaatlich aufgestellt und von der Kommission genehmigt werden. Diese mitgliedstaatlichen Konkretisierungen sind insofern an die europäischen Verwendungsvorgaben und den europäisch festgesetzten Umfang gebunden.[88] Aufgrund dieser Bindungswirkung besteht keine Gefahr eines Subventionswettlaufs.[89] Außerdem ist die Europäische Union selbst dem Prinzip des Binnenmarktes verpflichtet.[90] Im Rahmen des Gesetzgebungsverfahrens sollte sie somit bereits selbst überprüft haben, ob der Rahmen, innerhalb dessen sich die staatlichen Mischbeihilfenprogramme bewegen dürfen, mit dem Binnenmarkt vereinbar ist oder nicht. In einer doppelten Prüfung sowohl im Rahmen des Gesetzgebungsverfahrens als auch im Rahmen der Genehmigung der mitgliedstaatlichen Programme, kann de facto eine antizipierte Beihilfenaufsicht gesehen werden, die eine spätere Beihilfenaufsicht der Kommission gemäß Art. 108 AEUV hinfällig werden lässt.[91]

---

86 *Müller-Graff*, Die Erscheinungsformen der Leistungssubventionstatbestände aus wirtschaftsrechtlicher Sicht, ZHR 1988, S. 403 ff. (414).

87 Siehe oben Teil 2, § 1, II., 1.

88 Siehe näher zum genauen Verfahren bei ELER-Subventionsprogrammen Teil 3, § 4, II., 1.

89 EuGH, Urteil vom 16.07.1998, C-298/96, ECLI:EU:C:1998:372 („Oehlmühle"), Rn. 37. In diesem Sinne wohl auch *Harings*, Subventionen im Marktordnungsrecht, in: Ehlers/Wolffgang/Schröder (Hrsg.), Subventionen im WTO- und EG-Recht, 2007, S. 113 ff. (127); *Englisch*, Zur Bedeutung des gemeinschaftsrechtlichen Gleichheitssatzes im Recht der Gemeinschaftsbeihilfen, EuR 2009, S. 488 ff. (490); *Oppermann*, in: Europarecht, S. 341.

90 Vgl. Art. 3 Abs. 3 Satz 1 EUV: „Die Union errichtet einen Binnenmarkt." sowie Art. 26 Abs. 1 AEUV: „Die Union erlässt die erforderlichen Maßnahmen, um [...] den Binnenmarkt zu verwirklichen beziehungsweise dessen Funktionieren zu gewährleisten.".

91 In diesem Sinne wohl auch *Mestmäcker/Schweitzer*, in: Immenga/Mestmäcker (Hrsg.), Wettbewerbsrecht, Art. 107 Abs. 1 AEUV, Rn. 284, die eine Notifizierungspflicht entfallen lassen wollen, wenn eine freiwillige Kofinanzierung im Sekundärrecht vorgesehen ist. Ebenso wohl auch *Oppermann*, Europarecht, S. 341.

Dieses Ergebnis stützt auch die praktische Überlegung, dass Mischbeihilfen als einheitliche Beihilfen gegenüber dem Beihilfenempfänger ausgezahlt werden. Typischerweise überweist die Europäische Union ihre finanziellen Anteile an der Mischbeihilfe an die Mitgliedstaaten, die den gesamten Betrag als einheitliche Subvention auszahlen. Werden die Mischbeihilfen aber einheitlich ausgezahlt, so sollten sie auch einheitlichen Regeln unterliegen und können nicht künstlich in europäische und staatliche Mischbeihilfen aufgeteilt und insofern unterschiedlichen Regelungsregimen unterworfen werden. Sollte ein Teil dieser einheitlichen Beihilfe dem Regelungsregime der Art. 107 ff. AEUV unterfallen, der andere Teil aber nicht, würde dieses Verständnis dazu führen, dass die staatliche Mischbeihilfe dem Durchführungsverbot des Art. 108 Abs. 3 Satz 3 AEUV unterliegen und auch dem strengen Rückforderungsregime im Falle der Rechtswidrigkeit unterliegen würde.[92] Wäre nun einerseits der staatliche Teil der Mischbeihilfe zurück zu leisten, nicht aber der europäische Teil, fiele die einheitlich gegenüber dem Marktteilnehmer ausgezahlte Unionsbeihilfe nachträglich auseinander. De facto würde nur der europäische Teil der Mischbeihilfe beim Subventionsempfänger verbleiben. Dieses Ergebnis widerspräche jedoch der Konzeption des Gesetzgebers, Mischbeihilfen notwendiger Weise einheitlich auszuzahlen. Staatliche Mischbeihilfen lassen sich also nicht mehr von europäischen Mischbeihilfen trennen. Im Ergebnis ist deshalb eine Bereichsausnahme der Art. 107 ff. AEUV bei staatlichen Mischbeihilfen anzuerkennen, sodass die Art. 107 ff. AEUV insofern unanwendbar sind.

4. Keine Analogie auf Unionsbeihilfen

Die Art. 107 ff. AEUV finden damit auf keine Form der Unionsbeihilfen direkte Anwendung.[93] Während in den Art. 107 ff. AEUV allerdings ein en-

---

92 Vgl. zur Rückforderung von Staatsbeihilfen Art. 16 VO 2015/1589; *Köster*, in: Säcker/Montag (Hrsg.), European State Aid Law, S. 1599 ff., Rn. 22 ff.; *Bungenberg*, in: Birnstiel/Bungenberg/Heinrich (Hrsg.), EuropBeihR, S. 951 ff., Rn. 460 ff., insbesondere in Bezug auf Vertrauensschutz Rn. 489 ff.; *Blanke*, Vertrauensschutz im deutschen und europäischen Verwaltungsrecht, 2000, S. 454 ff.; *Altmeyer*, Gemeinschaftsrechtswidrige staatliche Beihilfen, 1999, S. 64 ff.

93 So auch *Unger*, Subventions- und Beihilfenrecht, in: Schmidt/Wollenschläger (Hrsg.), Kompendium Öffentliches Wirtschaftsrecht, S. 335 ff. (341); *Petzold*, in: Birnstiel/Bungenberg/Heinrich (Hrsg.), EuropBeihR, S. 1225 ff., Rn. 1; *Mederer*, in: Groeben/Schwarze/Hatje (Hrsg.), EuR, Vor. Art. 107 AEUV, Rn. 16;

ges Regelungskonzept für Staatsbeihilfen normiert ist, sind für Unionsbeihilfen keine derartig detaillierten Normen vorgesehen. Es finden auch keine sonstigen ähnlich spezifischen Regelungen auf die Vergabe von Unionsbeihilfen Anwendung. Insofern besteht ein Regelungsdefizit für Unionsbeihilfen. Diese Lücke an ausdrücklichen primärrechtlichen Detailregelungen für die Unionsbeihilfenvergabe könnte nun durch eine Analogie der Art. 107 ff. AEUV geschlossen werden,[94] wodurch ein enges Regelungskonzept für Unionsbeihilfen geschaffen würde, das bereits jede potentielle Wettbewerbsverfälschung untersagt und die Europäische Union hinsichtlich ihrer Subventionskompetenzen zügeln würde. Für eine Analogie spricht also, dass durch eine Anwendung der Art. 107 ff. AEUV auf die Unionsbeihilfen, eine aus der Subventionierung typischerweise resultierende Wettbewerbsverfälschung[95] wirksam verhindert werden könnte, ebenso wie bei staatlichen Beihilfen. Außerdem würde eine Analogie dazu führen, dass die Europäische Union sich kohärent zu den Regeln verhalten würde, deren Einhaltung sie seitens der Mitgliedstaaten verlangt.

Martínez, Landwirtschaft und Wettbewerbsrecht, EuZW 2010, S. 368 ff. (369); *Müller*, Wettbewerb und Unionsverfassung, 2014, S. 207 f. und S. 258. In diesem Sinne implizit auch EuGH, Urteil vom 13.10.1982, 213/81, ECLI:EU:C:1982:351 („Norddeutsches Vieh- und Fleischkontor"), Rn. 22; *Heidenhain*, in: Heidenhain (Hrsg.), European State Aid Law, § 3, Rn. 16. Für eine Anwendbarkeit der Art. 107 ff. AEUV auf Unionsbeihilfen *Hase*, in: Düsing/Martínez (Hrsg.), Agrarrecht, Art. 42 AEUV, Rn. 18; *Schreiber*, Verwaltungskompetenzen der Europäischen Union, 1997, S. 75; *Hösch*, Der Einfluss der Freiheit des Warenverkehrs (Art. 30 EWGV) auf das Recht des unlauteren Wettbewerbs, 1994, S. 147, der eine Parallele zur Bindung der Union an die Grundfreiheiten zieht. Vgl. auch die Nachweise in *Löw*, Der Rechtsschutz des Konkurrenten gegenüber Subventionen aus gemeinschaftsrechtlicher Sicht, 1992, S. 89. Die Anwendbarkeit der Art. 107 ff. AEUV auf Unionsbeihilfen hingegen pauschal bejahend etwa *Schreiber*, Verwaltungskompetenzen der Europäischen Gemeinschaft, 1997, S. 75.

94 Kritisch gegenüber Analogien im Primärrecht im Hinblick auf das Prinzip der begrenzten Einzelermächtigung *Hoch*, Kulturförderung, 2013, S. 178.

95 Die Entscheidung EuGH, Urteil vom 16.07.1998, C-298/96, ECLI:EU:C:1998:372 („Oehlmühle"), Rn. 37 kann hierbei leicht in dem Sinne missverstanden werden, dass Unionsbeihilfen grundsätzlich keine Gefahr einer Wettbewerbsverfälschung anhaften würde (so beispielsweise *Unger*, Subventions- und Beihilfenrecht, in: Schmidt/Wollenschläger (Hrsg.), Kompendium Öffentliches Wirtschaftsrecht, S. 335 ff. (341)). Richtigerweise bezieht sich diese Aussage allerdings nur auf die Unmöglichkeit einer ausufernden Subventionsspirale seitens konkurrierender Mitgliedstaaten im Rahmen von Unionsbeihilfen. Siehe insofern bereits oben Teil 2, § 1, I., 3. sowie *Cichy*, Gemeinschaftsbeihilfen, 2002, S. 82 ff.

Das Europarecht kennt allerdings keinen Grundsatz, dass Europäische Union und Mitgliedstaaten die gleichen Regeln einzuhalten haben.[96] Vielmehr beschränkt sich der Kohärenzgrundsatz des Art. 7 AEUV darauf, eine Kohärenz zwischen den Politiken und Maßnahmen der Union auf verschiedenen Bereichen zu verlangen, nicht aber darauf, dass die Union sich zum Verhalten der Mitgliedstaaten kohärent zu verhalten hat.[97]

Gegen eine Analogie spricht außerdem – ebenso wie bei der Frage der Anwendbarkeit der Staatsbeihilfenregelungen auf staatliche Mischbeihilfen – der Zweck der Art. 107 ff. AEUV. Diese Normen sollen unter anderem einen Subventionswettlauf der Mitgliedstaaten verhindern.[98] Wenn die Europäische Union nun aber selbst sekundärrechtlich einen mehr oder weniger engen Regelungsrahmen vorgibt, so ist dadurch bereits die Gefahr einer eskalierenden Subventionsspirale gebändigt.[99]

Im Übrigen würde eine analoge Anwendung auch die Beihilfenaufsicht der Kommission mit Notifizierungsverfahren und Durchführungsverbot nach sich ziehen, die der Kommission jedoch nur gegenüber den Mitgliedstaaten zusteht und die nur auf dieses Aufsichtsverhältnis zugeschnitten ist.[100] Die Kommission würde durch eine analoge Anwendung des Art. 108 AEUV zu einer zusätzlichen Kontrollinstanz für europäische (Subventions-)Gesetze, wobei die Überprüfung der Konformität des Sekundärrechts mit Europarecht kompetenzrechtlich dem Organ des Europäischen Gerichtshofs zusteht (Art. 19 Abs. 1 Satz 2 EUV, Art. 256 Abs. 1 in Verbindung insbesondere mit Art. 263 und 267 AEUV). Im Ergebnis ist also auch eine analoge Anwendung des Beihilfenabschnitts auf die Unionsbeihilfen abzulehnen.[101]

Den Art. 107 ff. AEUV lassen sich keine konkreten Wertungen für die Unionsbeihilfenvergabe entnehmen, die sich nicht schon aus allgemeinen

---

96 *Cichy*, Gemeinschaftsbeihilfen, 2002, S. 156 f.

97 Vgl. andererseits die mitgliedstaatliche Verpflichtung auf eine Kohärenz des mitgliedstaatlichen Handelns in Bezug auf die Politiken der EU hinzuwirken *Ruffert*, in: Calliess/Ruffert (Hrsg.), EUV/AEUV, Art. 7 AEUV, Rn. 4.

98 Näher zu diesem Ziel der Vermeidung eines Subventionswettbewerbs bereits oben Teil 2, § 1, II.,1.

99 EuGH, Urteil vom 16.07.1998, C-298/96, ECLI:EU:C:1998:372 („Oehlmühle"), Rn. 37.

100 So auch *Cremer*, Forschungssubventionen, 1995, S. 190.

101 Ebenso *Englisch*, Zur Bedeutung des gemeinschaftsrechtlichen Gleichheitssatzes im Recht der Gemeinschaftsbeihilfen, EuR 2009, S. 488 ff. (489 ff.). Anderer Auffassung *Martínez*, Landwirtschaft und Wettbewerbsrecht, EuZW 2010, S. 368 ff. (370), der eine (analoge) Anwendung insbesondere der beihilfenaufsichtlichen Kontrollbefugnis der Kommission nach Art. 108 Abs. 1 AEUV befürwortet.

Verpflichtungen der Europäischen Union herleiten lassen.[102] Insofern bringen auch Forderungen nach ähnlichen Bedingungen zwischen Staats- und Unionsbeihilfen[103] oder Forderungen nach einem mit den Regeln für Staatsbeihilfen wertungsabgestimmten Regime[104] keinen Mehrwert. Vielmehr sind die Art. 107 ff. AEUV konkrete Regelungen für Staatsbeihilfen. Die auf die Vergabe von Unionsbeihilfen anwendbaren Regeln lassen sich daher nicht aus dem Beihilfenabschnitt ableiten. Deswegen liegt auch keine mittelbare Bindung der Union an die Art. 107 ff. AEUV vor.

III. Zwischenergebnis

Unionsbeihilfen sind von den Staatsbeihilfen, auf die das Regelungsregime der Art. 107 ff. AEUV anzuwenden ist, abzugrenzen. Sie werden im Sinne dieser Arbeit als Beihilfen definiert, die auf Rechtsakten der Union beruhen und zumindest von ihr mitfinanziert werden. Der Beihilfenbegriff der Unionsbeihilfe und der Beihilfenbegriff der Staatsbeihilfe werden hinsichtlich der Begünstigung bestimmter Unternehmen und der potentiellen Wettbewerbsverfälschung gleich verwendet. Insofern umfassen Unionsbeihilfen keine Beihilfen an Mitgliedstaaten oder Verbraucher.

Sogenannte Schein-Unionsbeihilfen stellen Beihilfen dar, die von den Mitgliedstaaten vergeben werden und sich dabei nur scheinbar in das Unionsbeihilfenprogramm einpassen, stattdessen aber quantitativ oder qualitativ hiervon abweichen. Schein-Unionsbeihilfen fallen nicht unter den Begriff der Unionsbeihilfe. Da ihnen die Gefahr immanent ist, dass Mitgliedstaaten sie zur Begünstigung ihres nationalen Standorts missbrauchen, müssen die Art. 107 ff. AEUV (zumindest analog) auf Schein-Unionsbeihilfen Anwendung finden.

Ansonsten finden die Art. 107 ff. AEUV insbesondere auch auf die staatlichen Mischbeihilfen keine Anwendung, da eine Bereichsausnahme zugunsten von Unionsbeihilfen vorzunehmen ist. Unionsbeihilfen bergen aufgrund des sekundärrechtlichen Rahmens beziehungsweise der Genehmigung der nationalen Programme durch die Kommission nicht die Ge-

---

102 Siehe diesbezüglich nachfolgend insbesondere Teil 2, § 4 und § 5.

103 *Caspari*, Die Beihilferegeln des EWG-Vertrags und ihre Anwendung, in: Mestmäcker/Möller/Schwarz (Hrsg.), FS von der Groeben, 1987, S. 69 ff. (80) fordert eine Orientierung an „gleichen Kriterien" wie bei staatlichen Beihilfen.

104 *Müller-Graff*, Die Erscheinungsformen der Leistungssubventionstatbestände aus wirtschaftsrechtlicher Sicht, ZHR 1988, S. 403 ff. (414).

fahr, dass dadurch eine Subventionsspirale zugunsten nationaler Standorte entsteht, wie sie von Art. 107 ff. AEUV verhindert werden soll. Im Wesentlichen sind die Art. 107 ff. AEUV aus dem gleichen Grund auch nicht analog auf Unionsbeihilfenprogramme generell anzuwenden.

§ 2 *Formelle Anforderungen hinsichtlich der Unionsbeihilfenvergabe und Subventionskompetenzen*

Möchte die Europäische Union Beihilfenprogramme aufsetzen und Subventionen vergeben, so muss zunächst die Frage einer Beihilfen- oder Subventionskompetenz geklärt werden. Angesichts der Anzahl und Heterogenität der Politikbereiche, in denen die Europäische Union Beihilfen vergibt, stellt sich zunächst die Frage, ob die Europäische Union eine politikbereichsübergreifende Subventionskompetenz besitzt oder ob sich die Beihilfenkompetenzen der EU aus den jeweiligen Kompetenznormen der unterschiedlichen Bereichszuständigkeiten der Union ergeben. Da die Europäische Union als supranationale Organisation ihre Kompetenzen von den Mitgliedstaaten ableitet, stellt sich die Frage, in welchem Umfang die Mitgliedstaaten ihr Subventionskompetenzen übertragen haben. Die Frage des „Ob" eines Beihilfeprogramms muss sich am Grundsatz der begrenzten Einzelermächtigung messen lassen. Im Nachfolgenden wird dieser Grundsatz im Hinblick auf die Subventionskompetenzen der Europäischen Union untersucht. Insofern wird auch geklärt, ob der Grundsatz der begrenzten Einzelermächtigung für den Bereich der Subventionsvergabe, also für den Bereich der Leistungsverwaltung gilt.

Im Anschluss an den Grundsatz der begrenzten Einzelermächtigung werden die Subventionskompetenzen insbesondere im Rahmen der Landwirtschaftspolitik der Europäischen Union dargestellt. In diesem Zusammenhang wird auch die Kompetenzwahrnehmungsschranke des Subsidiaritätsgrundsatzes, die das Kompetenzgefüge zwischen Europäischer Union und Mitgliedstaaten in besonderer Weise prägt, dargestellt und aufgezeigt, dass der Subsidiaritätsgrundsatz in Bereichen außerhalb der ausschließlichen Zuständigkeit insbesondere bei der Subventionsvergabe zu beachten ist.

Besitzt die Europäische Union die Kompetenz Subventionsprogramme aufzusetzen, stellt sich außerdem die Frage, in welcher Weise die Umsetzung zu erfolgen hat. Im Folgenden wird deswegen untersucht, ob die Europäische Union ihre Beihilfenprogramme im Wege eines Gesetzgebungsaktes erlassen muss oder die Europäische Kommission als Exekutivorgan

der Europäischen Union rein materielle Rechtsakte erlassen und selbststän-
dig wesentliche Entscheidungen des Beihilfenprogramms regeln darf. Hierfür ist insbesondere der Umfang des Gesetzesvorbehalts auf europäischer
Ebene zu klären. Angesichts der Tatsache, dass nach deutschem Verfassungsrecht im Bereich der Leistungsverwaltung kein formelles Gesetz für
das staatliche Handeln erforderlich ist (sogenannter eingeschränkter Gesetzesvorbehalt), stellt sich die Frage, inwiefern sich diese Erkenntnisse auch
auf europäische Ebene übertragen lassen. Mit anderen Worten wird im
Nachfolgenden geklärt, ob die Vergabe von Unionsbeihilfen entsprechend
der Vorgaben des Grundgesetzes von einer Administrativlastigkeit[105] geprägt ist oder nicht vielmehr aufgrund eines strengeren Gesetzesvorbehalts
von der Legislativlastigkeit der Unionsbeihilfenvergabe ausgegangen werden muss. Damit wird auch geklärt, ob der europäische Gesetzgeber oder
die Europäische Kommission als wesentlicher Akteur der Subventionsvergabe anzusehen ist. Schließlich werden noch die Bindungen des europäischen Gesetzgebers hinsichtlich der Wahl der Rechtsform dargestellt.

I. Prinzip der begrenzten Einzelermächtigung und implied powers-Lehre

Das Kompetenzrecht der Europäischen Union ist durch den Grundsatz der
begrenzten Einzelermächtigung geprägt.[106] Dieser Grundsatz ist in Art. 5
Abs. 1 Satz 1 und Abs. 2 EUV niedergelegt und gilt für jegliches Handeln
der Organe der Europäischen Union. Nach dem Grundsatz der begrenzten
Einzelermächtigung besitzt die Union keine Kompetenz-Kompetenz.[107]
Sie darf dementsprechend „nur innerhalb der Grenzen der Zuständigkeit
tätig" werden, „die die Mitgliedstaaten ihr in den Verträgen zur Verwirk-
lichung der darin niedergelegten Ziele übertragen haben" (Art. 5 Abs. 2
Satz 1 EUV). Über die übertragenen Kompetenzen hinaus darf sie keine
Zuständigkeiten an sich ziehen. Der Umfang der Zuständigkeiten sowie

---

105 *Kämmerer*, in: Isensee/Kirchhof (Hrsg.), Handbuch Staatsrecht, Bd. 5, § 124,
Rn. 35 f. der von einer „Lückenhaftigkeit der gesetzlichen Fundierung der (nationalen) Subventionsvergabe" und von einer „Gesetzesfreiheit im Subventionsrecht" spricht.
106 Auch Prinzip der begrenzten Einzelermächtigung genannt. Das Primärrecht
spricht jedoch von einem Grundsatz. Inhaltlich ergeben sich aus der unterschiedlichen Terminologie keine Unterschiede.
107 *Kiekebusch*, Der Grundsatz der begrenzten Einzelermächtigung, 2017, S. 22 ff.;
Lienbacher, in: Schwarze (Hrsg.), EU, Art. 5 EUV, Rn. 8; *Calliess*, in: Calliess/
Ruffert (Hrsg.), EUV/AEUV, Art. 5 EUV, Rn. 6.

die Einzelheiten ihrer Ausübung ergeben sich aus den Vertragsbestimmungen der einzelnen Bereiche (Art. 2 Abs. 6 AEUV).

Gleichwohl können die Kompetenzen sowohl ausdrücklich als auch stillschweigend übertragen werden (sogenannte implied powers-Lehre). Implizite Zuständigkeiten lassen sich dabei gerade nicht aus dem Wortlaut einer Kompetenznorm ableiten, sondern werden als Annexkompetenz, Kompetenz kraft Sachzusammenhangs oder Kompetenz kraft Natur der Sache geschlussfolgert.[108] Sie werden insbesondere aus den Aufgaben und Funktionen der einzelnen Organe abgeleitet. Die stillschweigenden Kompetenzen werden also nur dann anerkannt, wenn diese Kompetenzen für die vernünftige Erfüllung der Aufgaben und Funktionen der Organe notwendig sind.[109] Aus den Zielen der EU können implizite Kompetenzen zumindest nicht ohne weiteren Argumentationsaufwand hergeleitet werden, da Art. 3 Abs. 6 EUV vorschreibt, dass die Union ihre Ziele „mit geeigneten Mitteln entsprechend den Zuständigkeiten" verfolgt.[110]

a) Geltung im Rahmen der Leistungsverwaltung

Es stellt sich die Frage, in welchem Umfang das Prinzip der begrenzten Einzelermächtigung bei der Subventionsgesetzgebung und -verwaltung gilt. Bei diesem Bereich handelt es sich um begünstigendes Tätigwerden gegenüber dem Bürger, bei dem in der Regel keine Eingriffe in Rechtspositionen der Begünstigten vorliegen. Insofern könnte angedacht werden, dass – analog zur Diskussion im Rahmen der deutschen Verfassung hinsichtlich eines eingeschränkten Gesetzesvorbehalts[111] – auf europäischer Verfassungsebene ein eingeschränktes Prinzip der begrenzten Einzelermächtigung gilt, beziehungsweise es könnte eine Bereichsausnahme vom

---

108 *Nettesheim*, in: Grabitz/Hilf/Nettesheim (Hrsg.), EuR, Art. 1 AEUV, Rn. 13.
109 EuGH, Urteil vom 29.11.1956, 8/55, ECLI:EU:C:1956:11 („Fédéchar"); EuGH, Urteil vom 15.07.1960, 20/59, ECLI:EU:C:1960:33 („Italien/Hohe Behörde"); EuGH, Urteil vom 31.03.1971, 22/70, ECLI:EU:C:1971:32 („AETR"), Rn. 15/19; sehr extensiv etwa EuGH, Urteil vom 09.07.1987, 281/85, ECLI:EU:C:1987:351 („Deutschland/Kommission"), Rn. 28.
110 *Calliess*, in: Calliess/Ruffert (Hrsg.), EUV/AEUV, Art. 5 EUV, Rn. 7; eine derartige Herleitung aus den Zielen der Union generell ablehnend *Lienbacher*, in: Schwarze (Hrsg.), EU, Art. 5 EUV, Rn. 9.
111 Näher zu dieser Diskussion sogleich Teil 2, § 2, IV.

Prinzip der begrenzten Einzelermächtigung zugunsten der Leistungsverwaltung angenommen werden.[112]

Die Diskussion im Rahmen des Grundgesetzes behandelt allerdings die Frage, ob die Verwaltung ohne ein Parlamentsgesetz tätig werden darf (Organkompetenz). Es steht dabei nicht in Frage, ob eine (föderale) Ebene gegenüber einer anderen Ebene eine Kompetenz besitzt (Verbandskompetenz).[113] Insofern lassen sich die Situation des grundgesetzlichen Gesetzesvorbehaltes und des europäischen Prinzips der begrenzten Einzelermächtigung nicht vergleichen, sodass auch eine Übertragbarkeit der Diskussion schon dem Grunde nach abzulehnen ist.[114] Darüber hinaus lässt der Wortlaut des Art. 5 Abs. 2 EUV auch keine Unterscheidung zwischen Eingriffs- und Leistungsverwaltung erkennen,[115] sondern spricht nur allgemein von „Tätigwerden" der Union und meint damit jegliches Tätigwerden.[116] Damit gilt der Grundsatz der begrenzten Einzelermächtigung auch auf dem Bereich der Leistungsverwaltung, sodass nicht von einer Bereichsausnahme vom Prinzip der begrenzten Einzelermächtigung zugunsten der Leistungsverwaltung gesprochen werden kann.

b) Zuständigkeit für „gestaltende Subventionen" im Falle von implied powers

In Bezug auf Subventionskompetenzen ist umstritten, ob implizite Kompetenzen der Europäischen Union auch erlauben, „gestaltende Subventio-

---

112 Eine solche bereits ablehnend *Bleckmann*, Die Beihilfenkompetenz der Europäischen Gemeinschaften, DöV 1977, S. 615 ff. (615 f.).

113 *Triantafyllou*, Vom Vertrags- zum Gesetzesvorbehalt, 1996, S. 152 sieht das Prinzip der begrenzten Einzelermächtigun als „Vertragsvorbehalt" eher legislativbezogen und den Gesetzesvorbehalt eher exekutivbezogen.

114 Ebenso *Cichy*, Gemeinschaftsbeihilfen, 2002, S. 47; *Hilf/Classen*, Der Vorbehalt des Gesetzes im Recht der Europäischen Union, in: Osterloh/Schmidt/Weber (Hrsg.), FS Selmer, 2004, S. 71 ff. (76). Vgl. zur Unterscheidung von Gesetzesvorbehalt und Prinzip der begrenzten Einzelermächtigung insbesondere auch *Kiekebusch*, Der Grundsatz der begrenzten Einzelermächtigung, 2017, S. 24 ff.

115 *Cichy*, Gemeinschaftsbeihilfen, 2002, S. 47.

116 *Bast*, in: Grabitz/Hilf/Nettesheim (Hrsg.), EuR, Art. 5 EUV, Rn. 24; ohne eine genauere Untersuchung der Leistungsverwaltung im Ergebnis ebenso *Calliess*, Subsidiaritätsprinzip, S. 70. Für eine Anwendbarkeit des Prinzips der begrenzten Einzelermächtigung auf die Ausgabenhoheit der EU ausdrücklich *Weiß*, Verfassungsgrundsätze, Kompetenzverteilung und die Finanzen der EU, ZEuS 2017, S. 309 ff. (313).

nen" zu entwerfen,[117] also solche Subventionen, die für den Begünstigten oder das Gemeinwohl von nicht unwesentlicher Bedeutung sind und eine Spürbarkeitsschwelle überschreiten.

Einer derartigen Verengung der Reichweite der stillschweigenden Kompetenzen ist jedoch nicht zuzustimmen, da die EU mit einem aus Eigenmitteln finanzierten, eigenen Haushalt ausgestattet ist, der der Union erlaubt auch freiwillige Ausgaben zu tätigen.[118] Letztlich sollen EU-Subventionen sogar im Bereich der Grundfreiheiten zulässig sein, die vom Wortlaut her lediglich als Verbote ausgestaltet sind und zunächst keinen Anhaltspunkt einer Subventionskompetenz bieten.[119] Die Vertragsänderungen durch den Vertrag von Lissabon rechtfertigen keine andere Bewertung dieser Argumente. Auch bei implied powers handelt es sich um „ordentliche" Kompetenzen der Europäischen Union und nicht um „Kompetenzen zweiter Klasse". Auch stillschweigende Kompetenzen erlauben eine gestaltende gesetzgeberische Tätigkeit unter dem allgemeinen Vorbehalt der primärrechtlich rechtmäßigen Ausgestaltung.[120]

c) Bedeutung für den Verwaltungsvollzug

Da das Prinzip der begrenzten Einzelermächtigung – wie bereits dargelegt – für sämtliches Handeln der Europäischen Union gilt, ist es auch auf die Frage anzuwenden, welche Ebene für die Verwaltung von Unionsbei-

---

117 *Triantafyllou*, Vom Vertrags- zum Gesetzesvorbehalt, 1996, S. 201.
118 *Rodi*, Subventionsrechtsordnung, 2000, S. 266. Im Ergebnis wohl auch *Weiß*, Verfassungsgrundsätze, Kompetenzverteilung und die Finanzen der EU, ZEuS 2017, S. 309 ff. (312 f.).
119 *Bleckmann*, Beihilfenkompetenz der europäischen Gemeinschaften, DöV 1977, S. 615 ff. (618); *Rodi*, Subventionsrechtsordnung, 2000, S. 267. Die Warenverkehrsfreiheit statuiert dem Wortlaut nach ein Verbot der Ausfuhr- und Einfuhrbeschränkungen; Art. 49 Abs. 1 Satz 1 AEUV statuiert das Verbot der Beschränkungen der freien Niederlassung, Art. 56 Abs. 1 AEUV das Verbot der Beschränkungen des freien Dienstverkehrs und Art. 63 AEUV das Verbot der Beschränkung des Kapitalverkehrs und des Zahlungsverkehrs. Dem Wortlaut nach wird lediglich die Arbeitnehmerfreizügigkeit (Art. 45 AEUV) als positives Recht gewährleistet.
120 Ebenso ohne Einschränkungen anerkennend *Scheidler*, Die Kompetenzen der Europäischen Union in Abgrenzung zu den Kompetenzen ihrer Mitgliedstaaten, VR 2013, S. 39 ff. (39 f.); *Nettesheim*, in: Grabitz/Hilf/Nettesheim (Hrsg.), EuR, Art. 1 AEUV, Rn. 13 ff.; *Rossi*, in: Calliess/Ruffert (Hrsg.), EUV/AEUV, Art. 352 AEUV, Rn. 62.

hilfenprogrammen zuständig ist (Verwaltungsvollzug).[121] Auch die Vollzugskompetenzen der Europäischen Union müssen daher entsprechend dem Prinzip der begrenzten Einzelermächtigung hergeleitet werden.[122] Der Europäischen Kommission sind nur in bestimmten Fällen Verwaltungsvollzugskompetenzen eingeräumt, sodass der indirekte Verwaltungsvollzug durch die Mitgliedstaaten den Regelfall darstellt (Grundsatz des dezentralen Verwaltungsvollzugs[123]). Hierbei entscheiden grundsätzlich die Mitgliedstaaten selbst, in welcher Weise sie das Europarecht vollziehen (Grundsatz der Organisations- und Verfahrensautonomie der Mitgliedstaaten[124]). Allgemein sind die Mitgliedstaaten über den Grundsatz der loyalen Zusammenarbeit (Art. 4 Abs. 3 EUV) aber auch zur Mitwirkung bei und zur Umsetzung der Unionssubventionsprogramme verpflichtet.[125] Im Ausnahmefall des direkten Verwaltungsvollzugs ist die Kommission die verwaltende Stelle. Sie führt den Haushalt aus und verwaltet die (Subventions-)Programme (Art. 17 Abs. 1 Satz 4 EUV).

In der Praxis des Subventionsverwaltungsvollzugs werden beide Formen des Verwaltungsvollzugs verwendet. Aufgrund der Komplexität der Regelungen werden aber insbesondere im Subventionsverwaltungsrecht der direkte und der indirekte Verwaltungsvollzug in besonderer Weise miteinander verwoben. Es kann von einem komplizierten Vewaltungsverbund[126]

---

121 *Kiekebusch*, Der Grundsatz der begrenzten Einzelermächtigung, 2017, S. 26.
122 Im europäischen Mehrebenensystem kann zwischen direktem und indirektem Vollzug unterschieden werden. Indirekter Vollzug meint dabei den Vollzug des europäischen Verwaltungsrechts durch die Mitgliedstaaten. Vollziehen die nationalen Verwaltungseinheiten dabei nationales Recht, welches Europarecht umsetzt und deshalb europarechtskonform ausgelegt werden muss, spricht man von indirektem mittelbaren Verwaltungsvollzug. Vollziehen die Mitgliedstaaten stattdessen unmittelbar anwendbares Europarecht, spricht man von indirektem unmittelbaren Verwaltungsvollzug. Wird europäisches Recht hingegen durch die Europäische Union selbst vollzogen, spricht man von direktem Vollzug. Siehe näher *Augsberg*, in: Terhechte (Hrsg.), EuVwR, § 6, Rn. 14 ff. sowie zur Unterscheidung zwischen indirektem mittelbaren und indirektem unmittelbaren Verwaltungsvollzug siehe *Augsberg*, in: Terhechte (Hrsg.), EuVwR, § 6, Rn. 16 und 31 ff.
123 Vgl. *Kahl*, Der europäische Verwaltungsverbund, Der Staat 2011, S. 353 ff. (354 ff.); *Oppermann/Classen/Nettesheim*, Europarecht, S. 201 ff.; *Hobe*, Europarecht, S. 114.
124 Vgl. insofern ebenfalls *Kahl*, Der europäische Verwaltungsverbund, Der Staat 2011, S. 353 ff. (353).
125 *Augsberg*, in: Terhechte (Hrsg.), EuVwR, § 6, Rn. 20.
126 Siehe umfassend hierzu *Schmidt-Aßmann/Schöndorf-Haubold*, Der europäische Verwaltungsverbund, 2005.

mit einer Vielzahl an vertikal verlaufenden Kooperationssträngen[127] gesprochen werden.

Was die Verwaltung der Unionsbeihilfenprogramme auf dem Agrarsektor betrifft, sieht das Landwirtschaftskapitel der Art. 38 ff. AEUV keine besonderen Verwaltungskompetenzen der Europäischen Union, sprich der Kommission vor. Deswegen ist auf den Grundsatz des Art 291 Abs. 1 AEUV zurückzugreifen, wonach die Unionsbeihilfenvollzugskompetenz und -pflicht bei den Mitgliedstaaten verbleibt, sodass die indirekte Subventionsverwaltung den primärrechtlichen Grundsatz darstellt. Eine implizite Verwaltungskompetenz der Europäischen Kommission zur Koordinierung und Genehmigung von nationalen Umsetzungsakten kann allerdings regelmäßig als implied power aus den jeweiligen zugrundeliegenden (Subventions-)Kompetenznormen hergeleitet werden. Im Übrigen erlässt die Europäische Union gegebenenfalls Durchführungsverordnungen nach Art. 291 Abs. 2 AEUV, welche die Verwaltungsverfahrensautonomie der Mitgliedstaaten beschränken.[128]

II. Subventionskompetenzen

Auch und gerade für die Vergabe von Subventionen erfordert der Grundsatz der begrenzten Einzelermächtigung also eine Kompetenzgrundlage. Im Rahmen dieser Arbeit wird sich auf die Subventionskompetenzen der Europäischen Union im Bereich der Landwirtschaftspolitik beschränkt. Gerade die Subventionierung der europäischen Landwirtschaft durch Gelder der Europäischen Union besitzt eine lange Tradition. Bereits seit den Gründungsjahren der Europäischen Union, also seit der Landwirtschaftskonferenz von Stresa im Jahre 1958, werden in bedeutendem Maße Landwirtschaftssubventionen vergeben.[129] „Angesichts einer entsprechenden Praxis"[130] kann das grundsätzliche Vorliegen von Subventionskompeten-

---

127 *Terhechte*, in: Terhechte (Hrsg.), EuVwR, § 7, Rn. 39.

128 Vgl. im Agrarbereich etwa Durchführungsverordnung 2017/1272 zur Festsetzung der Höchstbeträge für 2017 für bestimmte Direktzahlungsregelungen nach der VO 1307/2013 oder etwa Durchführungsverordnung 615/2014 mit Regelungen hinsichtlich der Arbeitsprogramme zur Stützung des Sektors Olivenöl und Tafeloliven nach der VO 1306/2013 und VO 1308/2013.

129 Siehe näher zur historischen Entwicklung Teil 3, § 1.

130 *Rodi*, Subventionsrechtsordnung, 2000, S. 264.

zen der EU also nicht mehr in Frage gestellt werden.[131] Diese Erkenntnis sollte allerdings nicht dazu verleiten, eine allgemeine, politikbereichsübergreifende Subventionskompetenz der Europäischen Union anzunehmen.[132] Vielmehr sind die Subventionskompetenzen der EU jeweils im Rahmen der einzelnen Politikbereiche entweder ausdrücklich oder implizit übertragen worden.

Für den Bereich der Landwirtschaft sieht Art. 4 Abs. 2 lit. d Var. 1 AEUV (entgegen älterer Literaturstimmen zur alten Rechtslage[133]) ausdrücklich fest, dass die Landwirtschaft zur geteilten Zuständigkeit der Europäischen Union gehört.[134] Die konkreten zuständigkeitsbegründenden Normen befinden sich in den Art. 38 bis 44 AEUV,[135] denen sich explizite und implizite Subventionskompetenzen für den Landwirtschaftssektor entnehmen lassen.

In Bezug auf Subventionskompetenzen auf dem Landwirtschaftssektor ist Art. 40 Abs. 2 UAbs. 1 AEUV die zentrale Norm. Gemäß Art. 40 Abs. 2 UAbs. 1 AEUV kann die Gemeinsame Marktorganisation der Agrarmärkte (Art. 40 Abs. 1 UAbs. 1 AEUV) alle zur Durchführung der Ziele der Gemeinsamen Agrarpolitik (Art. 39 AEUV) erforderlichen Maßnahmen einschließen. Ausdrücklich nennt die Norm insofern auch „Beihilfen für die Erzeugung und die Verteilung der verschiedenen Erzeugnisse" sowie „Einlagerungs- und Ausgleichsmaßnahmen". Art. 40 Abs. 2 UAbs. 1 AEUV erfasst damit sowohl Unionsbeihilfen als auch die Genehmigung von

---

131 *Seidel*, Subventionshoheit und Finanzierungslast, in: Börner/Jahrreiß/Stern (Hrsg.), FS Carstens, 1984, S. 273 ff. (275); *Bleckmann*, Zur Auflage im europäischen Beihilferecht, NVwZ 2004, S. 11 ff. (12 f.); *Matthies*, Grundlagen des Subventionsrechts und Kompetenzen aus EG-rechtlicher Sicht, ZHR 1988, S. 442 ff. (446) spricht sogar davon, dass Kompetenzen für Gemeinschaftsbeihilfen keine rechtlichen Probleme aufwerfen würden. Kritisch hierzu *Rodi*, Subventionsrechtsordnung, 2000, S. 265.

132 Ebenso *Bast*, in: Grabitz/Hilf/Nettesheim (Hrsg.), EuR, Aart. 5 EUV, Rn. 24; *Bleckmann*, Beihilfenkompetenz der europäischen Gemeinschaften, DöV 1977, S. 615 ff. (618); *Seidel*, Subventionshoheit und Finanzierungslast, in: Börner/Jahrreiß/Stern (Hrsg.), FS Carstens, 1984, S. 273 ff. (273); *Rodi*, Subventionsrechtsordnung, 2000, S. 265; *Bleckmann*, Zur Auflage im europäischen Beihilferecht, NVwZ 2004, S. 11 ff. (12 f.). Im Ergebnis wohl ebenso *Weiß*, Verfassungsgrundsätze, Kompetenzverteilung und die Finanzen der EU, ZEuS 2017, S. 309 ff. (313).

133 Siehe etwa *Möschel*, Zum Subsidiaritätsprinzip im Vertrag von Maastricht, NJW 1993, S. 3025 ff. (3026).

134 *Nettesheim*, in: Grabitz/Hilf/Nettesheim (Hrsg.), EuR, Art. 4 AEUV, Rn. 15.

135 *Hase*, in: Düsing/Martínez (Hrsg.), Agrarrecht, Art. 43 AEUV, Rn. 24; *Obwexer*, in: Groeben/Schwarze/Hatje (Hrsg.), EuR, Art. 4 AEUV, Rn. 20.

Top Ups, also Staatsbeihilfen. In Bezug auf Unionsbeihilfen, enthält Art. 40 Abs. 2 UAbs. 1 AEUV damit ausdrückliche Subventionskompetenzen der Europäischen Union. Auf dieser Kompetenzgrundlage wurden die Beihilfenprogramme der ersten GAP-Säule, insbesondere die Direktzahlungen sowie die Interventionsmaßnahmen der Produktankäufe und der Beihilfen zur privaten Lagerhaltung erlassen.[136]

Sofern Art. 42 Abs. 2 AEUV statuiert, dass der Rat auf Vorschlag der Kommission in bestimmten Grenzen die Gewährung von „Beihilfen" genehmigen kann, handelt es sich um keine Kompetenz zur Vergabe von Unionsbeihilfen. Diese Vorschrift erfasst lediglich die Genehmigung von Staatsbeihilfen, was sich aus einer systematischen Auslegung ergibt, da Art. 42 Abs. 2 AEUV in Zusammenhang mit Absatz 1 zu verstehen ist, der sich auf das Wettbewerbskapitel und somit ausschließlich auf Staatsbeihilfen bezieht.[137] Dementsprechend kann sich auch Absatz 2 nur auf Staatsbeihilfen beziehen.[138]

Von der Subventionskompetenz ist die Frage der Finanzierungskompetenz zu unterscheiden, also die Befugnis, Subventionsprogramme auch mit finanziellen Mitteln auszustatten. Die Finanzierungskompetenzen der Europäischen Union werden an späterer Stelle besprochen, da sie einer vertieften eigenständigen Untersuchung bedürfen.[139]

III. Subsidiaritätsgrundsatz

Der Subsidiaritätsgrundsatz stellt einen zentralen Grundsatz des Europarechts dar, der das Zuständigkeitsverhältnis zwischen Europäischer Union und Mitgliedstaaten prägt.[140] Nach Art. 5 Abs. 3 UAbs. 1 EUV darf die Europäische Union in den Bereichen, die nicht in die ausschließliche Zustän-

---

136 *Hase*, in: Düsing/Martínez (Hrsg.), Agrarrecht, Art. 40 AEUV, Rn. 11 ff.
137 Siehe zum Anwendungsbereich der Art. 107 ff. AEUV gegebenenfalls in analoger Anwendung in Abgrenzung zu Unionsbeihilfen oben Teil 2, § 1, II.
138 In diesem Sinne auch *Martínez*, Landwirtschaft und Wettbewerbsrecht, EuZW 2010, S. 368 ff. (369); sowie *Hase*, in: Düsing/Martínez (Hrsg.), Agrarrecht, Art. 42 AEUV, Rn. 15. Anderer Ansicht, allerdings ohne nähere Begründung *Weiß*, Verfassungsgrundsätze, Kompetenzverteilung und die Finanzen der EU, ZEuS 2017, S. 309 ff. (312).
139 Siehe unten Teil 2, § 2, II.
140 *Priebe*, Rückverlagerung von Aufgaben, EuZW 2015, S. 697 ff. (697). Kritisch zur praktischen Relevanz des Subsidiaritätsprinzips allerdings *Bickenbach*, Das Subsidiaritätsprinzip in Art. 5 EUV und seine Kontrolle, EuR 2013, S. 523 ff. (523).

digkeit[141] der Union fallen, nur tätig werden, „sofern und soweit die Ziele der in Betracht gezogenen Maßnahmen von den Mitgliedstaaten weder auf zentraler noch auf regionaler oder lokaler Ebene ausreichend verwirklicht werden können, sondern vielmehr wegen ihres Umfangs oder ihrer Wirkung auf Unionsebene besser zu verwirklichen sind."

Der Subsidiaritätsgrundsatz bezieht sich auf die Frage der Ausübung einer bestimmten Kompetenz. Dementsprechend dürfen Unionsbeihilfen nach dem Subsidiaritätsgrundsatz nur vergeben werden, sofern und soweit die Ziele der Subventionen von den Mitgliedstaaten nicht ausreichend verwirklicht werden können (Negativkriterium) und daher wegen ihres Umfangs oder ihrer Wirkung auf Unionsebene besser zu verwirklichen sind (Positivkriterium).[142] Gleiches gilt auch für die Finanzierung dieser Beihilfenprogramme.[143] Hierbei sind also die Prognosen und Ergebnisse der Mitgliedstaaten mit den zu erwartenden Wirkungen der Unionsbeihilfenprogramme oder mit ihrem zu erwartenden Umfang zu vergleichen.[144]

Da die Landwirtschaftspolitik gemäß Art. 4 Abs. 2 lit. d AEUV in die geteilte und somit nicht in die ausschließliche Zuständigkeit der Europäischen Union fällt, ist der Subsidiaritätsgrundsatz auch bei der Vergabe von Landwirtschaftssubventionen einzuhalten und wird an dieser Stelle in Bezug auf seine Bedeutung für die Subventionsvergabe hin untersucht. Das Subsidiaritätsprinzip findet zumindest auf rechtsverbindliche Maßnahmen – also auf Verordnungen und Richtlinien (vgl. Art. 288 Abs. 2 und 3 AEUV) – Anwendung,[145] sodass die Unionsbeihilfenprogramme, die aufgrund des strengen europäischen Gesetzesvorbehalts in verbindlicher

---

141 Siehe näher zum Begriff der „ausschließlichen Zuständigkeit" im Rahmen des Subsidiaritätsprinzips *Moersch*, Leistungsfähigkeit und Grenzen des Subsidiaritätsprinzips, 2001, S. 295 ff.

142 Siehe näher zum Negativ- und Positivkriterium *Calliess*, Subsidiaritätsprinzip, S. 106 ff. und S. 112 ff. Vgl. den Wortlaut des Art. 5 Abs. 3 UAbs. 1 EUV „sofern und soweit". EuGH, Urteil vom 08.06.2010, C-58/08, ECLI:EU:C:2010:321 („Vodafone"), Rn. 72; EuGH, Urteil vom 19.09.2013, C-373/11, ECLI:EU:C:2013:567 („Ergänzungszahlungen im Tabaksektor"), Rn. 24.

143 Eine Anwendbarkeit des Subsidiaritätsprinzips auf die Ausgabenhoheit der EU hervorhebend *Weiß*, Verfassungsgrundsätze, Kompetenzverteilung und die Finanzen der EU, ZEuS 2017, S. 309 ff. (329). Siehe näher zu den Finanzierungskompetenzen der EU unten Teil 2, § 3.

144 *Bickenbach*, Das Subsidiaritätsprinzip in Art. 5 EUV und seine Kontrolle, EuR 2013, 523 ff. (527).

145 Vgl. hierzu und zur Anwendbarkeit des Subsidiaritätsprinzips auf sonstige unverbindliche Maßnahmen *Calliess*, Subsidiaritätsprinzip, S. 101 ff.

Form erlassen werden müssen (Art. 310 Abs. 3 AEUV),[146] von diesem Prinzip erfasst werden.

Die Europäische Union nimmt ihre Subventions- und Finanzierungskompetenzen im Rahmen der Landwirtschaft jeweils „wegen der (engen) Verbindung zwischen den einzelnen Beihilfenprogrammen und den übrigen GAP-Instrumenten", dem „Entwicklungsgefälle zwischen den ländlichen Gebieten", „den begrenzten finanziellen Ressourcen der Mitgliedstaaten", „der mehrjährigen Garantien der Unionsfinanzierung" und „der Konzentration auf klar festgelegte Prioritäten auf Unionsebene" wahr.[147] Damit zieht die Europäische Union systematische, volkswirtschaftliche, budgetäre und koordinative Kriterien zur Begründung der Wahrnehmung ihrer Kompetenzen in Betracht. Gleichzeitig gehen diese Argumente der Union nicht über bloße pauschale Feststellungen hinaus. Es werden keine weitergehenden tatsächlichen Erwägungen darüber angestellt, ob einzelne Mitgliedstaaten oder Regionen gegebenenfalls ebenso effektiv landwirtschaftliche Beihilfenprogramme verwirklichen können oder nicht.[148]

Für eine Implementierung der Landwirtschaftssubventionen auf europäischer Ebene und gegen eine Implementierung durch die einzelnen Mitgliedstaaten selbst, spricht aus Sicht des Subsidiaritätsgrundsatzes außerdem folgende Überlegung, die bereits in ähnlicher Weise im Rahmen der Anwendbarkeit der Art. 107 ff. AEUV besprochen wurde.[149] Im Gegensatz zu Staatsbeihilfen werden Unionsbeihilfenprogramme europaweit einheitlich festgelegt; den Mitgliedstaaten werden nur in begrenztem Maße Handlungsspielräume zugestanden. Daher besteht bei Unionsbeihilfen nicht die Gefahr, dass Mitgliedstaaten ihren eigenen Standort unbillig bevorzugen und dadurch einen Subventionswettlauf zwischen den Mitgliedstaaten eröffnen. Wenn nun aber der politische Wille und die wirtschaftliche Notwendigkeit zu bestehen scheinen, die Landwirtschaft europaweit finanziell zu unterstützen, ist eine Subventionierung durch die Europäi-

---

146 Siehe näher zum strengen Gesetzesvorbehalt auf Europäischer Ebene unten Teil 2, § 2, IV.
147 Vergleiche jeweils mit fast identischem Wortlaut Erwägungsgrund Nr. 65 VO 1307/2013; Erwägungsgrund Nr. 3 VO 1305/2013 und Erwägungsgrund Nr. 106 VO 1306/2013. Lediglich VO 1308/2013 erklärt nicht, weshalb die Europäische Union die Voraussetzungen des Subsidiaritätsgrundsatzen als erfüllt ansieht.
148 Eine Vereinbarkeit der Ausgaben der EU auf dem (gesamten) Agrarmarkt mit dem Subsidiaritätsprinzip bejahend *Weiß*, Verfassungsgrundsätze, Kompetenzverteilung und die Finanzen der EU, ZEuS 2017, S. 309 ff. (330).
149 Vgl. oben Teil 2, § 1, II.

sche Union beziehungsweise innerhalb eines einheitlichen sekundärrecht-lichen Rahmens nicht mit dem Risiko der einseitigen Verzerrung des Standortwettbewerbs durch die Mitgliedstaaten verbunden. Darin liegt ein bedeutender Vorteil der einheitlichen Unionsbeihilfe gegenüber einer he-terogenen mitgliedstaatlichen Subventionierung der jeweiligen nationalen Landwirte. Mit anderen Worten wirkt die europäische Subventionierung binnenmarktfreundlicher als nationale Subventionsprogramme.

IV. Gesetzesvorbehalt

Der Gesetzesvorbehalt stellt eine weitere wichtige Kompetenzausübungs-schranke dar und regelt, welche hoheitlichen Tätigkeiten ein gesetzgeberi-sches Handeln der Legislative erfordern beziehungsweise ob und inwiefern ein Handeln der Exekutive ohne formell-gesetzliche Grundlage erlaubt ist. In Bezug auf die Vergabe von Unionsbeihilfen statuiert der europäische Gesetzesvorbehalt damit, inwiefern die Europäische Kommission auch oh-ne Zutun des europäischen Gesetzgebers Unionsbeihilfenprogramme er-lassen darf.

Auf Ebene des Grundgesetzes gilt die Lehre des eingeschränkten Geset-zesvorbehalts, wonach im Bereich der Leistungsverwaltung grundsätzlich ein Handeln der Exekutive ohne formell-gesetzliche Grundlage möglich ist. Da Subventionen Teil der Leistungsverwaltung sind, stellt sich die Fra-ge, inwiefern sich die Idee eines eingeschränkten Gesetzesvorbehalts auf die Europäische Ebene übertragen lässt.

1. Exkurs: Bedeutung des Gesetzesvorbehalts im Grundgesetz

Der Gesetzesvorbehalt lässt sich im Grundgesetz richtigerweise sowohl aus dem Rechtsstaatprinzip (Art. 20 Abs. 3 GG), aus dem Demokratieprinzip (Art. 20 Abs. 1 und Abs. 2 Satz 1 GG), aus den Grundrechten (Art. 1 bis 19 GG) und aus der Haushaltsverfassung (Art. 110 ff. GG) ableiten.[150]

---

150 *Rodi*, Subventionsrechtsordnung, 2000, S. 509 ff.; in Bezug auf Rechts- und De-mokratieprinzip zustimmend *Huster/Rux*, in: Epping/Hillgruber (Hrsg.), BeckOK GG, Art. 20, Rn. 173 sowie *Sommermann*, in: Mangoldt/Klein/Strack (Hrsg.), GG, Art. 20 Abs. 3, Rn. 273. (Zumindest) in Bezug auf Art. 20 Abs. 3 GG zustimmend *Grzeszick*, in: Maunz/Dürig (Hrsg.), GG, Art. 20, Rn. 75. Ausdrücklich in Bezug auf die Haushaltsverfassung zustimmend *Klein*, in: Isen-see/Kirchhof (Hrsg.), Handbuch Staatsrecht, Bd. 3, § 50, Rn. 22. Näher zur zu-

Der Vorbehalt des Gesetzes verlangt, „daß staatliches Handeln in bestimmten grundlegenden Bereichen durch förmliches Gesetz legitimiert wird. Der Gesetzgeber ist verpflichtet, alle wesentlichen Entscheidungen selbst zu treffen, und darf sie nicht anderen Normgebern überlassen [(sog. Wesentlichkeitstheorie)]. Wann es danach einer Regelung durch den parlamentarischen Gesetzgeber bedarf, lässt sich nur im Blick auf den jeweiligen Sachbereich und auf die Eigenart des betroffenen Regelungsgegenstandes beurteilen. Die verfassungsrechtlichen Wertungskriterien sind dabei den tragenden Prinzipien des Grundgesetzes, insbesondere den darin verbürgten Grundrechten, zu entnehmen [...]. Danach bedeutet wesentlich im grundrechtsrelevanten Bereich in der Regel ‚wesentlich für die Verwirklichung der Grundrechte' [...]. Die Tatsache, daß eine Frage politisch umstritten ist, führt dagegen für sich genommen noch nicht dazu, daß diese als wesentlich verstanden werden müßte [...]. Zu berücksichtigen ist im übrigen auch, daß die in Art. 20 Abs. 2 GG als Grundsatz normierte organisatorische und funktionelle Unterscheidung und Trennung der Gewalten auch darauf zielt, daß staatliche Entscheidungen möglichst richtig, das heißt von den Organen getroffen werden, die dafür nach ihrer Organisation, Zusammensetzung, Funktion und Verfahrensweise über die besten Voraussetzungen verfügen. Dieses Ziel darf nicht durch einen Gewaltenmonismus in Form eines umfassenden Parlamentsvorbehalts unterlaufen werden [...]."[151] In dieser Rechtsprechung zeigt sich deutlich, dass der Gesetzesvorbehalt in enger Weise mit der Wesentlichkeitstheorie verknüpft ist. Einerseits in der Art, dass wesentliche demokratische Entscheidungen durch formelles Gesetz getroffen werden müssen (Ergänzung zum Ob eines formellen Gesetzes).[152] Andererseits müssen die formellen Gesetze inhaltlich wesentliche Kriterien selbst festlegen und dürfen diesen nicht ohne Weiteres auf andere Normgeber übertragen (Ergänzung zum Wie eines formellen Gesetzes).[153]

Ob der Gesetzesvorbehalt greift, entscheidet sich anhand der Rechtsprechung des BVerfG also nicht pauschal, sondern nur im Blick auf den jeweiligen Sachbereich und auf die Eigenart des betroffenen Regelungsgegenstandes. Hierbei kommt der sogenannten Grundrechtsrelevanz eine beson-

---

rückhaltenden Entwicklung der Rechtsprechung und Literatur in diesem Bereich *Jarass*, Der Vorbehalt des Gesetzes bei Subventionen, NVwZ 1984, S. 473 ff. (474 ff.); *Rodi*, Subventionsrechtsordnung, 2000, S. 505 f.; sowie *Ossenbühl*, in: Isensee/Kirchhof (Hrsg.), Handbuch Staatsrecht, Bd. 5, § 101, Rn. 33.

151 BVerfG, Urteil vom 04.07.1998, 1 BvR 1640/97 („Rechtschreibreform"), Rn. 131.
152 *Huster/Rux*, in: Epping/Hillgruber (Hrsg.), BeckOK GG, Art. 20, Rn. 176.
153 *Huster/Rux*, in: Epping/Hillgruber (Hrsg.), BeckOK GG, Art. 20, Rn. 179.

dere Bedeutung zu, die unabhängig vom Begriff des Eingriffs – bei dem nach allgemeiner Ansicht ein Gesetz erforderlich ist[154] – als Hilfskriterium herangezogen werden kann.[155] Im Laufe der Zeit hat sich herausgebildet, dass für den Bereich der Leistungs-, und somit insbesondere der Subventionsverwaltung, mangels Grundrechtseingriffs grundsätzlich eine Ausnahme vom Gesetzesvorbehalt gemacht wird.[156] Das bedeutet, dass die Subventionsvoraussetzungen nicht notwendigerweise durch Gesetz geregelt werden müssen, sondern diese Voraussetzungen auch durch die Verwaltung gesetzt werden können. Mit anderen Worten besitzt die Exekutive neben der Legislative eine konkurrierende Subventions(organ)kompetenz. Die Finanzierung dieser Subventionen muss aber aus haushaltsverfassungsrechtlichen Gesichtspunkten durch formelles Gesetz festgelegt werden (Haushaltsgesetz gemäß Art. 110 Abs. 2 Satz 1 GG), sodass die Finanzierungs(organ)kompetenz ausschließlich bei der Legislative verbleibt. Das Haushaltsgesetz stellt ein nur formelles Gesetz dar, kein materielles Gesetz, da es keine allgemeinverbindlichen Regelungen enthält.[157] Beschränkt auf die Finanzierung der Leistungsverwaltung kann also von einem speziellen strengen Gesetzesvorbehalt gesprochen werden. Im Allgemeinen gilt jedoch ein eingeschränkter Gesetzesvorbehalt.

---

154 Vgl. insofern BVerwG, Urteil vom 27.03.1992, 7 C 21/90 („Osho"), Rn. 33 ff.; *Sommermann*, in: Mangoldt/Klein/Strack (Hrsg.), GG, Art. 20 Abs. 3, Rn. 276; *Huster/Rux*, in: Epping/Hillgruber (Hrsg.), BeckOK GG, Art. 20, Rn. 174; *Gröpl*, Staatsrecht, Rn. 456.

155 *Ossenbühl*, in: Isensee/Kirchhof (Hrsg.), Handbuch Staatsrecht, Bd. 5, § 101, Rn. 49 und 57; *Grzeszick*, in: Maunz/Dürig (Hrsg.), GG, Art. 20, Rn. 107.

156 Grundlegend insofern BVerwG, Urteil vom 21.03.1958, VII 6.57 („Rechtsgrundlage des Preisausgleichs für Ölmühlen"), Rn. 21. *Grzeszick*, in: Maunz/Dürig (Hrsg.), GG, Art. 20, Rn. 117 ff.; *Huster/Rux*, in: Epping/Hillgruber (Hrsg.), BeckOK GG, Art. 20, Rn. 176. Näher mit einer systematischen Darstellung der Kritiken an der Ausnahme zugunsten der Leistungsverwaltung *Rodi*, Subventionsrechtsordnung, 2000, S. 507 ff. mit weiteren Nachweisen. Die Ausnahme zugunsten der Leistungsverwaltung aufgrund der Häufigkeit der Grundrechtsbeeinträchtigungen grundsätzlich ablehnend und die Ausnahme lediglich auf kurzfristige Maßnahmen wie Konjunktureinbrüche und Katastrophenfälle beschränkend *Sommermann*, in: Mangoldt/Klein/Strack (Hrsg.), GG, Art. 20 Abs. 3, Rn. 281.

157 Vgl. *Maurer*, Staatsrecht I, S. 515 ff. Zur Unterscheidung der Begriffe vgl. die Ausführungen in *Sommermann*, in: Mangoldt/Klein/Strack (Hrsg.), GG, Art. 20 Abs. 3, Rn. 282.

2. Gesetzesvorbehalt im Recht der Europäischen Union

Nachdem der Umfang des Gesetzesvorbehalts im Rahmen des Grundgesetzes dargestellt wurde, wird im Folgenden der Gesetzesvorbehalt auf EU-Ebene in Bezug auf die Subventionsvergabe untersucht.

a) Der europäische Gesetzesvorbehalt in der Leistungsverwaltung

Zunächst enthält das Europarecht einen grundrechtlichen Gesetzesvorbehalt, der in Art. 52 Abs. 1 Satz 1 GRCh vorgesehen ist. Danach müssen alle Einschränkungen – also Eingriffe[158] – der Ausübung der in der Charta anerkannten Rechte und Freiheiten gesetzlich vorgesehen sein. Hier stellt sich allerdings die Frage, ob auch im Bereich außerhalb der Eingriffsverwaltung, also in der Leistungsverwaltung wie der Subventionsvergabe, ein Gesetz als Handlungsgrundlage vorliegen muss. Gesetze sind hierbei Gesetzgebungsakte im Sinne des Art. 289 Abs. 3 AEUV, also Rechtsakte die im Rahmen eines ordentlichen oder besonderen Gesetzgebungsverfahrens, also unter Beteiligung von Rat und Parlament erlassen wurden.

b) Festsetzung der Mittel im Haushaltsplan

Gemäß Art. 310 Abs. 1 UAbs. 1 AEUV werden sämtliche Einnahmen und Ausgaben der Union in den jährlichen Haushaltsplan eingesetzt. Der Haushaltsplan wird gemäß Art. 314 AEUV im Rahmen eines besonderen Gesetzgebungsverfahrens, welches sich stark an das ordentliche Gesetzgebungsverfahren anlehnt, festgelegt. In diesem Verfahren besitzen Rat und Parlament eine nahezu gleichberechtigte Stellung. Aus dem Erfordernis des Haushaltsplans für alle Einnahmen und Ausgaben lässt sich der haushaltsrechtliche Grundsatz der Vollständigkeit[159] folgern und somit auch, dass – ebenso wie auf grundgesetzlicher Ebene – keine Subvention vergeben werden darf, die nicht im Haushaltsplan veranschlagt ist. Es ist also zunächst eine Verankerung von Subventionen im Haushaltsgesetz der Europäischen Union erforderlich.

---

158 Vgl. *Kingreen*, in: Calliess/Ruffert (Hrsg.), EUV/AEUV, Art. 52 GRCh, Rn. 61 f.
159 *Waldhoff*, in: Calliess/Ruffert (Hrsg.), EUV/AEUV, Art. 310 AEUV, Rn. 22.

c) Erforderlichkeit des Basisrechtsakts und Delegationsbefugnisse auf die Kommission

Zu klären ist nun jedoch, ob in der Leistungsverwaltung über das Haushaltsgesetz hinaus auch noch ein materieller Rechtsakt erforderlich ist. Durch den Vertrag von Lissabon wurde insofern die Norm des Art. 310 Abs. 3 AEUV neu eingeführt. Gemäß Art. 310 Abs. 3 AEUV setzt für die „Ausführung der in den Haushaltsplan eingesetzten Ausgaben [...] den Erlass eines verbindlichen Rechtsakts der Union voraus, mit dem die Maßnahme der Union und die Ausführung der entsprechenden Ausgabe entsprechend der [Haushaltsordnung VO 966/2012] [...] eine Rechtsgrundlage erhalten, soweit nicht diese Verordnung Ausnahmen vorsieht." Art. 310 Abs. 3 AEUV statuiert den Grundsatz der sachlichen Rechtsgrundlage,[160] wie er auch in Art. 54 Abs. 1 VO 966/2012 sekundärrechtlich niedergelegt ist. Die Ausnahmen hiervon sind in Art. 54 Abs. 2 VO 966/2012 sehr eng gehalten. Für die vorliegende Betrachtung ist lediglich Art. 54 Abs. 2 lit. a VO 966/2012 von Belang, der erlaubt, dass Pilotprojekte experimenteller Art, mit denen Durchführbarkeit und Nutzen einer Maßnahme bewertet werden, keines Basisrechtsakts bedürfen, sofern die Mittel höchstens für zwei aufeinanderfolgende Haushaltsjahre festgesetzt werden und die Summe der Mittel € 40 Millionen pro Haushaltsjahr nicht überschreiten.

Wenn Art. 310 Abs. 3 AEUV von verbindlichen Rechtsakten spricht, meint er damit die verbindlichen Rechtsakte im Sinne des Art. 288 AEUV, also Verordnungen, Richtlinien und Beschlüsse, nicht aber Stellungnahmen und Empfehlungen. Erfasst werden Gesetzgebungsakte (Art. 289 Abs. 3 AEUV) sowie die an Kommission oder Rat übertragenen Rechtsaktsbefugnisse, die ihrerseits allerdings wieder auf Gesetzgebungsakten beruhen müssen.[161] Damit wird statuiert, dass sämtliche Ausführungen der Mittelzuweisungen entweder eines europäischen Gesetzgebungsakts oder eines auf einem solchen Gesetzgebungsakt beruhenden Rechtsakts der Kommission jeweils in Form eines verbindlichen Rechtsakts bedürfen.[162]

---

160 *Magiera*, in: Grabitz/Hilf/Nettesheim (Hrsg.), EuR, Art. 310 AEUV, Rn. 9 und 41.

161 *Rieckhoff*, Der Vorbehalt des Gesetzes im Europarecht, 2007, S. 171. Siehe zur Unterscheidung von europäischen Gesetzgebungsakten und sonstigen, (delegierten und Durchführungs-) Rechtsakten *Streinz*, Europarecht, S. 195.

162 So auch bereits *Rieckhoff*, Der Vorbehalt des Gesetzes im Europarecht, 2007, S. 167.

Da Art. 310 Abs. 3 AEUV nicht von Gesetzgebungsakten spricht, sondern auch außergesetzliche Rechtsakte erfasst, muss die Frage des Gesetzesvorbehaltes in der Leistungsverwaltung notwendigerweise mit der Frage der Delegationsbefugnisse des Gesetzgebers verbunden werden.[163]

aa) Delegationsbefugnisse

Wird innerhalb dieser Gesetze vorgesehen, dass die Kommission ermächtigt wird, delegierte Rechtsakte nach Art. 290 AEUV zu erlassen oder dass der Rat zum Erlass von Durchführungsrechtsakten ermächtigt wird (Art. 291 AEUV), stellt sich nun die Frage, in welchem Umfang hier Subventionsgestaltungsbefugnisse insbesondere auf die Kommission delegiert werden dürfen, beziehungsweise in welchem Umfang der europäische Gesetzgeber die Unionsbeihilfenprogramme selbst konturieren muss. Die Frage, welchen Umfang der Gesetzesvorbehalt in der Leistungsverwaltung im Recht der Europäischen Union besitzt, klärt sich also danach, inwiefern Rechtsetzungs- bzw. Subventionsrechtsaktsbefugnisse durch den Gesetzgeber außerhalb des Gesetzgebungsverfahrens delegiert werden dürfen.

Art. 290 Abs. 1 UAbs. 1 AEUV stellt insofern klar, dass der Kommission die Befugnisse übertragen werden können, Rechtsakte ohne Gesetzescharakter mit allgemeiner Geltung zur Ergänzung oder Änderung bestimmter nicht wesentlicher Vorschriften des betreffenden Gesetzgebungsaktes zu erlassen. „Die wesentlichen Aspekte eines Bereichs sind dem Gesetzgebungsakt vorbehalten und eine Befugnisübertragung ist für sie deshalb ausgeschlossen" (Art. 290 Abs. 1 UAbs. 2 Satz 2 AEUV). Wesentlich im Sinne des Art. 290 Abs. 1 AEUV sind „nur solche Bestimmungen, durch die die grundsätzlichen Ausrichtungen der Gemeinschaftspolitik umgesetzt werden."[164] Der EuGH definiert damit die Wesentlichkeit als eine politische Grundentscheidung[165] und entscheidet regelmäßig deutlich zugunsten der Delegationsbefugnisse.[166] Wünschenswert wäre, dass der EuGH in Zukunft

---

163 Zu diesen beiden Aspekten *Rieckhoff*, Der Vorbehalt des Gesetzes im Europarecht, 2007, S. 166 ff. und S. 175 ff.

164 EuGH, Urteil vom 27.10.1992, C-240/90, ECLI:EU:C:1992:408 („Deutschland/Kommission"), Rn. 37.

165 *Ruffert*, in: Calliess/Ruffert (Hrsg.), EUV/AEUV, Art. 290 AEUV, Rn. 10.

166 *Nettesheim*, in: Grabitz/Hilf/Nettesheim (Hrsg.), EuR, Art. 290 AEUV, Rn. 38 unter Hinweis auf EuGH, Urteil vom 19.11.1998, C-159/96, ECLI:EU:C:1998:550 („Portugal/Kommission"), Rn. 40 sowie EuGH, Urteil vom 30.10.1975, 23/75,

über die Ziele der Unionspolitik hinaus, auch die Grundrechtsrelevanz[167] und die demokratischen Beteiligungsrechte des Parlaments[168] – ebenso wie bei der Beurteilung durch das BVerfG im Rahmen der Wesentlichkeitstheorie – in die Beurteilung der Wesentlichkeit mit einbezieht und dadurch die demokratische Verantwortung des Parlaments stärkt.[169] Diese Beurteilung scheint angesichts des (auch) demokratischen und rechtsstaatlichen Charakters des Vorbehalts des Gesetzes,[170] dessen Konkretisierung die Norm des Art. 290 Abs. 1 AEUV darstellt, angemessen.[171] Mit dieser Beurteilung würde die Wesentlichkeitstheorie des BVerfG auch hinsichtlich des Umfangs des Gesetzes beziehungsweise seines Regelungsgehalts („Wie") entsprochen.

bb) Delegationsbefugnisse im Rahmen der Landwirtschaftspolitik

Die Frage, ob und wie generell ein Unionsbeihilfenprogramm aufgesetzt werden soll, ist allerdings insbesondere im Bereich der Landwirtschaftspolitik der Europäischen Union eine für diesen Politikbereich wesentliche Frage, da die europäische Landwirtschaft in besonderer Weise wirtschaftlich von der hoheitlichen Subventionierung abhängig ist.[172] Insofern stellt die Frage der Subventionierung der europäischen Landwirtschaft sowohl nach Lesart des EuGH als auch entsprechend der Wesentlichkeitstheorie des BVerfG eine für die Landwirtschaftspolitik der EU wesentliche Entscheidung dar. Unwesentliche, also eher technische Detailregelungen dürfen nach Art. 290 Abs. 1 UAbs. 1 AEUV auf die Kommission delegiert werden.

ECLI:EU:C:1975:142 („Rey Soda"), Rn. 10/14. Ebenso *Härtel*, in: Hatje/Müller-Graff (Hrsg.), Europäisches Organisations- und Verfassungsrecht, § 11, Rn. 64.

167 Siehe EuGH, Urteil vom 05.09.2012, C-355/10, ECLI:EU:C:2012:516 („Schengener Grenzkodex"), Rn. 77, wenn auch zunächst nur hinsichtlich einer Übertragung auf den Rat; *Schmidt*, in: Groeben/Schwarze/Hatje (Hrsg.), EuR, Art. 290 AEUV, Rn. 28.

168 Vgl. insofern allerdings GA Kokott, Schlussanträge vom 08.09.2005, C-66/04, ECLI:EU:C:2005:520 („Raucharomen"), Rn. 56; *Härtel*, in: Hatje/Müller-Graff (Hrsg.), Europäisches Organisations- und Verfassungsrecht, § 11, Rn. 64.

169 *Härtel*, in: Hatje/Müller-Graff (Hrsg.), Europäisches Organisations- und Verfassungsrecht, § 11, Rn. 65.

170 *Hilf/Classen*, Der Vorbehalt des Gesetzes im Recht der Europäischen Union, in: Osterloh/Schmidt/Weber (Hrsg.), FS Selmer, 2004, S. 71 ff. (80).

171 Ebenso *Rieckhoff*, Der Vorbehalt des Gesetzes im Europarecht, 2007, S. 193.

172 Siehe näher hierzu unten Teil 3, § 3 und § 4.

Ist für Subventionierungen allerdings im Primärrecht ein Rechtsetzungsverfahren außerhalb des Gesetzgebungsverfahrens vorgesehen, ist eine Delegation nach Art. 290 Abs. 1 UAbs. 1 AEUV nicht erforderlich. Ein solcher Fall ist insbesondere im Rahmen der Landwirtschaftspolitik vorgesehen. Hier wird durch Art. 43 Abs. 3 AEUV ein Rechtsetzungsverfahren in Abweichung von dem in Art. 43 Abs. 1 und Abs. 2 AEUV vorgesehenen landwirtschaftlichen Gesetzgebungsverfahren – mit Vorschlagsrecht der Kommission und Beschlussfassung durch Parlament und Rat – statuiert.

Nach Art. 43 Abs. 3 AEUV erlässt der Rat auf Vorschlag der Kommission die Maßnahmen zur „Festsetzung", also zur materiell-gesetzlichen Konkretisierung der Agrarbeihilfen ohne Beteiligung des Parlaments. In welchem Umfang hier die Kommission und der Rat zu einer außer-formell-gesetzlichen Regelung der Agrarbeihilfen ermächtigt sind, ergibt sich aus einer systematischen Auslegung. Die Befugnis des Art. 43 Abs. 3 AEUV ist in Zusammenhang mit Art. 43 Abs. 2 AEUV zu lesen und steht damit unter der Voraussetzung, dass keine „notwendige Maßnahme" zur Verwirklichung der Ziele der GAP vorliegt, also keine politische Entscheidung erforderlich ist.[173] Die „Festsetzungen" nach Art. 43 Abs. 3 AEUV müssen deswegen wiederum nur auf eher technische Maßnahmen beschränkt bleiben.[174] Hierbei setzt der EuGH die gleichen (politischen) Kriterien wie bei der Prüfung der Wesentlichkeit im Sinne des Art. 290 Abs. 1 AEUV an, auch wenn dieser nicht direkt anwendbar ist.[175] Insofern wäre auch hier eine entsprechende zusätzliche Einbeziehung von Grundrechtsrelevanz und parlamentarischer Legitimation vorzugswürdig. So oder so – „wesentliche" Entscheidungen müssen weiterhin durch den ordentlichen Gesetzgeber getroffen werden (Art. 43 Abs. 2 AEUV).[176] Die Kommission und der Rat müssen sich bei der Konkretisierungskompetenz nach Art. 43 Abs. 3 AEUV in dem nach Art. 43 Abs. 2 AEUV durch den Agrargesetzgeber festgelegten Rahmen bewegen.[177] Sie dürfen allerdings aufgrund der alleinigen Initiati-

---

173 EuGH, Urteil vom 01.12.2015, verb. Rs. C-124/13 und 125/13, ECLI:EU:C:2015:790, Rn. 59.

174 EuGH, Urteil vom 26.11.2014, verb. Rs. C-103/12 u.a., ECLI:EU:C:2014:2400, Rn. 50; EuGH, Urteil vom 01.12.2015, verb. Rs. C-124/13 und 125/13, ECLI:EU:C:2015:790, Rn. 48.

175 EuGH, Urteil vom 01.12.2015, verb. Rs. C-124/13 und 125/13, ECLI:EU:C:2015:790, Rn. 59.

176 Ebenso *Martínez*, Die Zukunft der Agrarbeihilfen, AUR 2010, S. 261 ff. (263).

177 EuGH, Urteil vom 01.12.2015, verb. Rs. C-124/13 und 125/13, ECLI:EU:C:2015:790, Rn. 58.

ve der Kommission tätig werden und bedürfen keiner Delegation durch den Gesetzgeber.

cc) Zwischenergebnis

Auf europäischer Ebene liegt somit ein strengerer Gesetzesvorbehalt als auf Ebene des Grundgesetzes vor,[178] da neben der Festlegung der Subventionsausgaben im Haushaltsplan stets ein verbindlicher materieller Rechtsakt zunächst in Form eines Gesetzgebungsaktes erforderlich ist. In diesen Gesetzgebungsakten können nur unwesentliche Entscheidungen über Subventionsprogramme auf die Kommission übertragen werden. Anders als im Grundgesetz kann damit die Exekutive nicht eigenständig Subventionsrechtsakte erlassen. Die Lehre vom eingeschränkten Gesetzesvorbehalt, findet sich auf EU-Ebene demnach nicht wieder.

d) Delegationsbefugnisse des Europäischen Gesetzgebers auf die
   Mitgliedstaaten zur Konkretisierung von Beihilfenprogrammen

Über die Frage hinaus, in welchem Umfang auf europäischer Ebene der Gesetzesvorbehalt eine Entscheidung des europäischen Gesetzgebers durch einen Gesetzgebungsakt erfordert, stellt sich außerdem die Frage, in welchem Umfang der europäische Gesetzgeber die Konkretisierung von Unionsbeihilfenprogrammen den Mitgliedstaaten übertragen und überlassen darf. Der Gesetzesvorbehalt wird hier also hinsichtlich der Delegationsbefugnisse des Gesetzgebers nicht in horizontaler, sondern in vertikaler Hinsicht untersucht.

Hierbei ist die Ausgangssituation im Gegensatz zur horizontalen Delegation allerdings bereits grundsätzlich eine andere. Im Gegensatz zur horizontalen Delegation (auf die Kommission) kann bei einer vertikalen Delegation (auf die Mitgliedstaaten) nämlich ein weiterer in hohem Maße demokratisch legitimierter nationaler Gesetzgeber tätig werden. Eine Delegation auf die mitgliedstaatliche Ebene kann damit einen parlamentarischen Legislativakt nach sich ziehen und nicht bloß einen Rechtsakt der Kommission, sodass dem rechtsstaatlichen und dem demokratischen Aspekt des Gesetzesvorbehaltes entsprochen werden kann. Sofern auf nationaler Ebene einem nationalen Gesetzesvorbehalt entsprochen wird, der ähnli-

---

178 Ebenso *Rieckhoff*, Der Vorbehalt des Gesetzes im Europarecht, 2007, S. 175.

chen grundrechtlichen und demokratischen Anforderungen entspricht, steht der europäische Gesetzesvorbehalt einer vertikalen Delegation nicht entgegen.[179]

Gleichwohl steht die vertikale Delegation in engem Zusammenhang mit dem Subsidiaritätsprinzip und der Wahl der Rechtsform.[180] Die Frage des Umfangs der vertikalen Delegation sind weniger anhand des Gesetzesvorbehalts, sondern vielmehr anhand dieser Normen zu beantworten. Je unverbindlicher der Umfang der Rechtsbindung des Rechtsakts, also etwa der Unterschied zwischen der Bindungswirkung einer Verordnung und einer Richtlinie, desto geringer ist die Regelungsdichte des europäischen Rechtsakts und desto stärker delegiert die Europäische Union auf die Mitgliedstaaten. Insofern kann also nicht verlangt werden, dass die Europäische Union nach dem europäischen Gesetzesvorbehalt etwa nur unwesentliche Entscheidungen auf die Mitgliedstaaten delegieren darf beziehungsweise hinsichtlich der Normkonkretisierung durch die Mitgliedstaaten wesentliche Entscheidungen selbst treffen muss.

e) Bindung der normkonkretisierenden Mitgliedstaaten an den europäischen Gesetzesvorbehalt

Neben der Frage, in welchem Umfang die europäischen Gesetzgebungsorgane an den Gesetzesvorbehalt gebunden sind und insbesondere in welchem Umfang er die Normkonkretisierung an die Mitgliedstaaten delegieren darf, stellt sich im europäischen Mehrebenensystem die Frage, inwiefern der europäische Gesetzesvorbehalt sich auch auf die Mitgliedstaaten auswirkt, also die Mitgliedstaaten europarechtlich bei der Konkretisierung europäischer Subventionsgesetze an den Gesetzesvorbehalt gebunden sind.

Da die finanzierungskompetenzrechtlichen Normen (Art. 310 Abs. 1 UAbs. 1, Art. 314 AEUV) und die Norm des Art. 310 Abs. 3 AEUV dem Wortlaut nach nur für die Union selbst gelten, lassen sich aus ihnen keine unmittelbaren Verpflichtungen der Mitgliedstaaten ableiten. Der grundrechtliche Gesetzesvorbehalt des Art. 52 Abs. 1 Satz 1 GRCh gilt insofern allerdings für die Mitgliedstaaten bei der Durchführung und auch bei der

---

179 Siehe insofern sogleich Teil 2, § 2, IV., 2., c).
180 Vgl. zur Verwendung von Komitologieverfahren im Bereich der Landwirtschaft vor dem Vertrag von Lissabon *Vandenberghe*, The Single Common Market Organization, in: McMahon/Cardwell (Hrsg.), Research Handbook on EU Agriculture Law, S. 62 ff. (67).

Konkretisierung der Unionsbeihilfenprogramme (Art. 51 Abs. 1 Satz 1 Fall 2 GRCh).

Sofern der Europäische Gerichtshof – vor Einführung der Norm des Art. 310 Abs. 3 AEUV – einen allgemeinen europäischen Grundsatz des Gesetzesvorbehalts festgestellt hat, wie etwa in der Sache Vereinigtes Königreich gegen Kommission[181] wurde hierbei jedoch stets eine Bindungswirkung hinsichtlich der europäischen Organe und nicht der nationalen Stellen festgestellt, sodass sich diese Rechtsprechung nicht auf die Frage der Bindungswirkung gegenüber den Mitgliedstaaten übertragen lässt. Teilweise wird stattdessen vertreten, dass der europäische Gesetzesvorbehalt eine Rückausstrahlungswirkung auf die nationalen Gesetzesvorbehalte besitzt und insofern zu einem einheitlichen europäischen Gesetzesvorbehalt beitragen kann.[182] Der Gerichtshof hat insofern beispielsweise entschieden, dass die Umsetzung einer Richtlinie in Form eines Außenrechtssatzes erfolgen muss und nicht bloß durch eine interne Verwaltungsvorschrift umgesetzt werden darf.[183] Im Wesentlichen ist der nationale Gesetzgeber insofern an europäische Transparenzanforderungen[184] und den Effektivitätsgrundsatz[185] und damit nur an Teile des Gesetzesvorbehalts gebunden. Eine darüber hinaus gehende umfassende Bindungswirkung und

---

181 EuGH, Urteil vom 12.05.1998, C-106/96, ECLI:EU:C:1998:218, Rn. 26. Der EuGH legt damit ähnliche Maßstäbe, wie das BVerfG in seiner Wesentlichkeitstheorie an, um zu entscheiden, ob ein über das Haushaltsgesetz hinausgehender Gesetzgebungsakt erforderlich ist oder nicht. Das Verfassungsgericht erfordert eine „wesentliche Entscheidung", der Gerichtshof eine „bedeutende Aktion". Der EuGH legt allerdings keine abstrakten Anforderungen an die Bedeutsamkeit einer Aktion fest, sondern er entschied lediglich, dass eine zeitliche und/oder finanzielle Begrenzung der Maßnahmen alleine nicht ausreiche, um eine Maßnahme als unbedeutend zu qualifizieren (vgl. Rn. 36). Näher zu dieser Rechtsprechung *Rieckhoff*, Der Vorbehalt des Gesetzes im Europarecht, 2007, S. 169 ff. In der Rechtssache Hoechst AG hat der EuGH den grundrechtlichen Gesetzesvorbehalt als allgemeinen Rechtsgrundsatz des Europarechts anerkannt, siehe EuGH, Urteil vom 21.09.1989, verb. Rs. 46/87 und 227/88, ECLI:EU:C:1989:337 („Hoechst AG"), Rn. 19.

182 *Triantafyllou*, Vom Vertrags- zum Gesetzesvorbehalt, 1996, S. 84 und S. 152; *Rieckhoff*, Der Vorbehalt des Gesetzes im Europarecht, 2007, S. 127.

183 EuGH, Urteil vom 30.05.1991, C-361/88, ECLI:EU:C:1991:224 („TA-Luft"), Rn. 16 ff.; *Rieckhoff*, Der Vorbehalt des Gesetzes im Europarecht, 2007, S. 128.

184 EuGH, Urteil vom 09.04.1987, 363/85, ECLI:EU:C:1987:196 („Kommission./.Italien"), Rn. 11; EuGH, Urteil vom 28.02.1991, C-131/88, ECLI:EU:C:1991:87 („Grundwasser-Richtlinie"), Rn. 6; EuGH, Urteil vom 30.05.1991, C-361/88, ECLI:EU:C:1991:224 („TA-Luft"), Rn. 15.

185 EuGH, Urteil vom 30.05.1991, C-361/88, ECLI:EU:C:1991:224 („TA-Luft"), Rn. 16.

Rückausstrahlungswirkung des europäischen Gesetzesvorbehalts auf die nationalen Stellen kann damit allerdings nicht festgestellt werden.

Konkretisieren nationale Stellen die Beihilfenprogramme der Europäischen Union, haben sie hierbei also „lediglich" den jeweiligen nationalen Gesetzesvorbehalt im jeweiligen Umfang einzuhalten.[186] Konkretisiert beispielsweise die Bundesrepublik Deutschland Unionsbeihilfenprogramme, so hat sie hierbei den deutschen eingeschränkten Gesetzesvorbehalt zu beachten.

V. Wahl der Handlungsform

Neben der Frage, ob die Europäische Union eine Beihilfenkompetenz besitzt, und insbesondere der Frage, ob zur Kompetenzausübung ein formelles Gesetz erforderlich ist oder nicht, stellt sich die Frage, in welcher Handlungsform die Europäische Union dieses Subventionsgesetz umzusetzen hat. Insofern statuiert Art. 296 Abs. 1 AEUV, dass für den Fall, dass die Art des zu erlassenden Rechtsakts von den Verträgen nicht vorgegeben wird, die Organe darüber von Fall zu Fall unter Einhaltung der geltenden Verfahren entscheiden, die Organe also die freie Wahl der Handlungsform haben.[187]

Hierbei haben sie allerdings den Grundsatz der Verhältnismäßigkeit gegenüber den Bürgern und insbesondere gegenüber den Mitgliedstaaten einzuhalten.[188] Allgemein muss die gewählte Rechtsform daher in geeigneter, erforderlicher und angemessener Weise das Ziel der Maßnahme verfolgen und darf nicht in unverhältnismäßiger Weise die Souveränität und Identität des Mitgliedstaats beeinträchtigen, sodass die Wahl der Rechtsform in besonderer Weise auch mit dem Subsidiaritätsgrundsatz verbun-

---

186 Soweit ersichtlich existiert dieser Grundsatz in allen europäischen Rechtsordnungen, wenn auch mit jeweiligen Ausprägungen hinsichtlich des Umfangs (*Triantafyllou*, Vom Vertrags- zum Gesetzesvorbehalt, 1996, S. 152).

187 *Calliess*, in: Calliess/Ruffert (Hrsg.), EUV/AEUV, Art. 296 AEUV, Rn. 2. Siehe näher zum Begriff der Handlungsform insbesondere in Abgrenzung zum Begriff der Rechtsform *Bievert*, Der Mißbrauch von Handlungsformen im Gemeinschaftsrecht, 1999, S. 19 f.

188 *Saurer*, Der kompetenzrechtliche Verhältnismäßigkeitsgrundsatz im Recht der Europäischen Union, JZ 2014, S. 281 ff. (281); *Wunderlich/Pickartz*, Hat die Richtlinie ausgedient? Zur Wahl der Handlungsform nach Art. 296 Abs. 1 AEUV, EuR 2014, S. 659 ff. (661).

den ist.[189] Verordnungen wirken unmittelbar in jedem Mitgliedstaat (Art. 288 Abs. 2 AEUV) und beschränken damit die Mitgliedstaaten stärker als Richtlinien, die nur hinsichtlich ihrer Ziele verbindlich sind, den Mitgliedstaaten allerdings noch die Wahl der Form und Mittel der Umsetzung lassen (Art. 288 Abs. 3 AEUV). Die Verordnung ist als Handlungsform für Unionsbeihilfengesetze deshalb nur dann zu wählen, wenn den Mitgliedstaaten kein Umsetzungsspielraum ermöglicht werden kann, ohne dass der Zweck des Subventionsgesetzes vereitelt würde.[190]

Für die Rechtsakte der Europäischen Union in Bezug auf ihre Agrarsubventionen wurde die Rechtsform der Verordnung gewählt,[191] also die eingriffsintensivste Form. Den Erwägungsgründen der Verordnungen lassen sich keine Aussagen zur Rechtfertigung dieser Rechtsformwahl entnehmen. Insofern kann bezweifelt werden, dass das aktuelle Agrarsekundärrecht den Begründungspflichten aus Art. 296 Abs. 2 AEUV und Art. 5 Subsidiaritätsprotokoll entspricht.[192] Gleichwohl stellt die Verordnung die klassische Rechtsform im Rahmen der GAP dar.[193] Zugunsten der Rechtsform der Verordnung spricht außerdem, dass dadurch übermäßige Umsetzungsspielräume der Mitgliedstaaten, wie im Falle der Rechtformwahl der Richtlinie, die die Gefahr der einseitigen Standortbevorzugung nach sich ziehen würden, vermieden werden. Insofern zeigt sich die Nähe zwischen Art. 296 Abs. 1 AEUV und dem Subsidiaritätsprinzip.

---

189 *Geismann*, in: Groeben/Schwaze/Hatje, EuR, Art. 296 AEUV, Rn. 3.
190 *Krajewski/Rösslein*, in: Grabitz/Hilf/Nettesheim (Hrsg.), EuR, Art. 296, Rn. 50. Gegen einen Per-se-Vorrang der Richtlinie gegenüber der Verordnung, allerdings für einen Regel-Vorrang der Richtlinie *Wunderlich/Pickartz*, Hat die Richtlinie ausgedient? Zur Wahl der Handlungsform nach Art. 296 Abs. 1 AEUV, EuR 2014, S. 659 ff. (662 ff.).
191 Insbesondere VO 1305/2013, VO 1306/2013, VO 1307/2013 und VO 1308/2013. Siehe näher zur systematischen Einordnung dieser Rechtsakte unten Teil 3, § 2.
192 Siehe insofern bereits einen allgemeinen Trend zu Defiziten in der Begründungspflicht bei der Wahl der Handlungsform *Wunderlich/Pickartz*, Hat die Richtlinie ausgedient? Zur Wahl der Handlungsform nach Art. 296 Abs. 1 AEUV, EuR 2014, S. 659 ff. (667).
193 Vgl. etwa bereits VO (EWG) Nr. 23/62 über die schrittweise Errichtung einer gemeinsamen Marktorganisation für Obst und Gemüse, VO (EWG) Nr. 24/62 über die schrittweise Errichtung einer gemeinsamen Marktorganisation für Wein und VO (EWG) Nr. 25 über die Finanzierung der gemeinsamen Agrarpolitik..

VI. Zwischenergebnis

Nach dem Prinzip der begrenzten Einzelermächtigung besitzt die Europäische Union keine Kompetenz-Kompetenz, sondern bekommt ihre Zuständigkeiten von den Mitgliedstaaten nur in begrenztem Maße übertragen, sodass sie ihre Subventionskompetenzen aus den Verträgen herleiten muss. Hierbei können die Verträge Subventionskompetenzen entweder ausdrücklich oder implizit in den Verträgen enthalten. Dieser Grundsatz der begrenzten Einzelermächtigung gilt für sämtliches Handeln der Union und somit insbesondere auch für die Leistungsverwaltung der Europäischen Union. Insofern kann also nicht – entsprechend dem eingeschränkten Gesetzesvorbehalt im Rahmen des Grundgesetzes – von einem eingeschränkten Prinzip der begrenzten Einzelermächtigung zugunsten der Leistungsverwaltung gesprochen werden. Werden den Verträgen implizite Subventionskompetenzen übertragen, so handelt es sich hierbei nicht um nachrangige Subventionskompetenzen, sondern um vollwertige Beihilfekompetenzen, die auch gestaltende Subventionen ermöglichen.

Allgemein besitzt die Europäische Union keine politikbereichsübergreifende generelle Subventionskompetenz. Vielmehr müssen diese jeweils sachbereichsbezogen aus den Verträgen abgeleitet werden. Auf dem Landwirtschaftssektor existieren ausdrückliche Unionsbeihilfenkompetenzen insbesondere in Art. 40 Abs. 2 UAbs. 1 AEUV, während Art. 42 Abs. 2 AEUV mit „Beihilfen" lediglich Staatsbeihilfen im Sinne von Art. 107 ff. AEUV meint.

Bei der Ausübung der einschlägigen Subventionskompetenzen hat die Europäische Union den Subsidiaritätsgrundsatz als Kompetenzwahrnehmungs- und Kompetenzausübungsschranke einzuhalten. Im Falle von Unionsbeihilfenprogrammen ist in Bezug auf den Subsidiaritätsgrundsatz zu bedenken, dass ihnen – im Gegensatz zur Wahrnehmung etwaiger Subventionskompetenzen durch die Mitgliedstaaten in Form von Staatsbeihilfen – nicht die Gefahr immanent ist, dass die Mitgliedstaaten durch die Subventionierung ihren eigenen Standort zulasten der sonstigen Mitgliedstaaten bevorzugen, sondern Unionsbeihilfen bereits einen europaweit einheitlichen Rechtsrahmen vorgeben. Aufgrund dieser unterschiedlichen Wirkung von Unions- und Staatsbeihilfen und auf diesen Aspekt der Unionsbeihilfenvergabe beschränkt ist eine Subventionierung durch die Europäische Union gegenüber einer entsprechenden mitgliedstaatlichen Subventionierung zu bevorzugen. In den Erwägungsgründen der für Agrarunionsbeihilfen einschlägigen Sekundärrechtsakten setzt sich der europäische Gesetzgeber nur pauschal mit den Erfordernissen des Subsidiaritätsgrundsatzes auseinander.

Gemäß Art. 310 Abs. 3 AEUV ist neben der Festsetzung der Gelder im Haushaltsplan der Europäischen Union auch ein verbindlicher Rechtsakt der Union erforderlich, was entweder einen Gesetzgebungsakt oder einen darauf beruhenden delegierten Rechtsakt der Union erfordert. Damit ist die Frage des Gesetzesvorbehalts auf der europäischen Ebene in der Leistungsverwaltung nur in Verbindung mit der Frage des Umfangs der Delegationsbefugnise auf die Kommission zu klären. Sofern in Gesetzgebungsakten die Befugnis Subventionsprogramme aufzusetzen an die Kommission delegiert werden soll, darf dies nur in unwesentlichem Umfang geschehen. Der Begriff der Wesentlichkeit wird hierbei vom Gerichtshof als „wesentlich für die Ziele der jeweiligen Politik", also politisch verstanden. Richtigerweise sollte der Gerichtshof allerdings neben der politischen Wesentlichkeit auch die rechtsstaatliche und demokratische Komponente des Gesetzesvorbehalts berücksichtigen und die Grundrechtsrelevanz sowie die demokratische Verantwortung des Parlaments zur Klärung der Frage der Wesentlichkeit mitberücksichtigen. Die in der Haushaltsordnung vorgesehenen Ausnahmen vom Gesetzesvorbehalt in der Leistungsverwaltung sind sehr eng gehalten. Auf Grund des strengen europäischen Gesetzesvorbehalts insbesondere in der Leistungsverwaltung lassen sich Unionsbeihilfen auch nur in Form von umfassenden gesetzlichen und damit generellabstrakten Beihilfenprogrammen finden und keine administrativen ad hoc-Einzelbeihilfen.

Werden Organe außerhalb des Gesetzgebungsverfahrens unmittelbar durch das Primärrecht zum Erlass von beihilfenkonkretisierenden Rechtsakten ermächtigt, sodass Art. 290 Abs. 1 UAbs. 1 AEUV nicht anwendbar ist, müssen die berechtigten Organe allerdings ebenfalls die wesentlichen Entscheidungen dem ordentlichen Gesetzgeber überlassen und müssen sich auf die Regulierung eher technischer Maßnahmen beschränken.

Dem europäischen Gesetzesvorbehalt lassen sich keine Aussagen darüber entnehmen, in welchem Umfang der europäische Gesetzgeber (Subventions-)Befugnisse auf die Mitgliedstaaten delegieren darf. Diese Entscheidungen sind insbesondere Fragen des Subsidiaritätsgrundsatzes. Die Mitgliedstaaten sind daher bei der mitgliedstaatlichen Konkretisierung von Unionsbeihilfen nur an den jeweiligen nationalen Gesetzesvorbehalt gebunden.

Bei der Wahl der Rechtsform von Unionsbeihilfen hat der europäische Gesetzgeber grundsätzlich die freie Wahl. Hierbei hat er jedoch den Verhältnismäßigkeitsgrundsatz hinsichtlich der Autonomie der Mitgliedstaaten zu achten. Obwohl die Verordnung insofern die eingriffsintensivste Rechtsform darstellt, besteht ihr Vorzug darin, dass sie in den Mitgliedstaaten eine allgemeine Geltung besitzt, wodurch die Gefahr der Bevorzugung nationaler Standorte im Rahmen der nationalen Umsetzung vermieden werden kann und ein hohes Maß an Transparenz gewährleistet wird. Entsprechend dem bereits zum Subsidiaritätsgrundsatz Gesagten gilt auch bei der Wahl der Handlungsform, dass die Verordnung, dadurch, dass sie den Mitgliedstaaten den geringsten Umsetzungsspielraum überlässt, die aus Binnenmarktsgesichtspunkten vorteilhafteste Handlungsform zur Implementierung von notwendigen und gewollten Subventionen darstellt.

Wie die bisherigen Ergebnisse zeigen, tritt der europäische Gesetzgeber aufgrund des strengen europäischen Gesetzesvorbehalts als wesentlicher Akteur im Rahmen der Subventionsvergabe auf. Die Vergabe von Unionsbeihilfen ist daher legislativlastig.

§ 3 *Finanzierungskompetenzen der Europäischen Union*

Im vorherigen Kapitel wurden die Kompetenzen der Europäischen Union hinsichtlich der Vergabe von Unionsbeihilfen in Bezug auf die formellen Anforderungen dargestellt. Dabei wurde das Prinzip der begrenzten Einzelermächtigung, die Subventionskompetenzen der EU, der Subsidiaritätsgrundsatz, der Gesetzesvorbehalt und die Anforderungen an die Wahl der Handlungsform näher untersucht.

Ergänzend zu der Frage, ob die Europäische Union eine Subventionskompetenz besitzt und unter welchen Voraussetzungen sie von der Kompetenz Gebrauch machen darf beziehungsweise welche rechtlichen Voraussetzungen sie bei der Ausübung ihrer Subventionskompetenz zu beachten hat, wird in diesem Kapitel geklärt, ob und in welchem Umfang die Europäische Union das Recht besitzt, ihre aufgestellten Subventionsprogramme mit finanziellen Mitteln auszustatten (Finanzierungskompetenz). Mit anderen Worten wird bei der Untersuchung der Finanzierungskompetenz dargestellt, welche Ebene bei der Vergabe von Unionsbeihilfen welche Kosten zu tragen hat, während bei der Untersuchung der Subventionskompetenz dargestellt wurde, welche Normen bei der inhaltlichen Ausgestaltung zu beachten sind – ohne dass hierbei auf die Frage der Finanzierung der festgelegten materiellen Subventionsprogramme eingegangen wurde. Der folgende Abschnitt widmet sich also folgenden Fragen: Darf die Europäische Union Gelder zur Finanzierung ihrer Subventionsprogramme bereitstellen? Darf sie die jeweiligen nationalen Haushalte dazu verpflichten, eine Teilfinanzierung der Programme vorzunehmen? Ist für eine Kofinanzierung der freie Entschluss der nationalen Budgetgesetzgeber erforderlich?

Für die Untersuchung der Finanzierungskompetenzen müssen diese zunächst entsprechend dem Prinzip der begrenzten Einzelermächtigung hergeleitet werden. Im Anschluss daran wird insbesondere der finanzierungskompetenzrechtlich problematische Bereich der Kofinanzierung näher beleuchtet. Hierbei wird zunächst geklärt, ob sich das Konnexitätsprinzip der Finanzverfassung des Grundgesetzes, das eine Kofinanzierung im Verhältnis Bund-Länder verbietet, auf europäische Ebene übertragen lässt, sodass sich hieraus ein europäisches Verbot der Kofinanzierung ableiten ließe. Im Anschluss daran wird begrifflich zwischen obligatorischer und fakultativer Kofinanzierung unterschieden und beide Situationen im Hinblick auf den Umfang der Finanzierungskompetenzen näher beleuchtet. Zuletzt werden noch die europarechtlichen Regelungen hinsichtlich der Verteilung der Verwaltungskosten im mehrstufigen System der Verwaltung von Unionsbeihilfen untersucht.

I. Herleitung von Finanzierungskompetenzen

Im vorherigen Kapitel wurden die Subventionskompetenzen untersucht und dabei festgestellt, dass es keine politikbereichsübergreifende Subventionskompetenz der Europäischen Union gibt, sondern aufgrund des Prinzips der begrenzten Einzelermächtigung – welches insbesondere auch in der Leistungsverwaltung gilt – die Subventionskompetenzen für jeden Politikbereich aus den Verträgen hergeleitet werden muss.

Hinsichtlich der Finanzierungskompetenzen, also der Befugnis der Europäischen Union ihre Programme auch mit finanziellen Mitteln auszustatten, gilt zunächst, dass sie einen eigenen Haushalt besitzt, für den sämtliche Einnahmen und Ausgaben der Union für jedes Haushaltsjahr veranschlagt werden und in den Haushaltsplan eingesetzt werden (Art. 310 Abs. 1 UAbs. 1 AEUV). Dementsprechend besitzt sie auch eine eigene Haushaltsautonomie. Allerdings gilt das Prinzip der begrenzten Einzelermächtigung auch für die Finanzierungskompetenzen der Union, sodass auch diese aus den Verträgen abgeleitet werden müssen.[194] Früher wurde

---

194 *Waldhoff*, in: Calliess/Ruffert (Hrsg.), EUV/AEUV, Art. 310 AEUV, Rn. 6; *Bleckmann*, Beihilfenkompetenz der europäischen Gemeinschaften, DöV 1977, S. 615 ff. (618), der von einer Kompetenzzuweisung in Verbindung mit dem

vertreten, dass der Europäischen Union eine Finanzierungskompetenz ausdrücklich gewährt werden müsse.[195] Das Erfordernis einer Ausdrücklichkeit wird zwischenzeitlich jedoch nicht mehr vertreten, da die EU demnach bei strenger Auslegung nicht einmal Büromaterial kaufen oder Räume anmieten, geschweige denn Gutachten für verschiedene Arbeitsbereiche in Auftrag geben dürfte.[196] Stattdessen kann insbesondere von einer Subventionskompetenz auf eine Finanzierungskompetenz geschlossen werden.[197] Mit anderen Worten darf die Europäische Union Maßnahmen nur auf den Bereichen finanzieren, auf denen sie auch sachlich zuständig ist, während sie keine unionsfremden Politikbereiche mit finanziellen Mitteln ausstatten darf.[198] Wenn damit Subventionskompetenz und Finanzierungskompetenz in der Regel Hand in Hand gehen, ist zumindest auf dem Bereich der jeweiligen Subventionspolitik die Gefahr gebannt, dass die Europäische Union sich in Themenbereiche finanziell einmischt, die materiell in die Zuständigkeit der Mitgliedstaaten gehören, sodass die Mitgliedstaaten insofern auch nicht längerfristig in eine finanzielle Abhängigkeit getrieben werden können (sogenannte Politik der goldenen Zügel).[199] Die Finanzierungskompetenzen sind dementsprechend ebenso wie die Subventionierungskompetenzen politikbereichsspezifisch und es existiert keine allgemeine Finanzierungskompetenz der Europäischen Union.

Die Europäische Union besitzt im Bereich der Landwirtschaftspolitik eine ausdrückliche Finanzierungskompetenz in Art. 40 Abs. 3 AEUV, die es der Union erlaubt, zum Zwecke der Errichtung einer gemeinsamen Organisation der Agrarmärkte, einen oder mehrere Ausrichtungs- oder Garan-

---

Haushaltsplan spricht. Zustimmend *Schreiber*, Verwaltungskompetenzen der Europäischen Union, 1997, S. 75.

195 *Heck*, in: Groeben/Boeckh/Thiesing (Hrsg.), Kommentar zum EGV, Bd. 2, Vor. Art. 199 EWGV, S. 424.

196 *Bleckmann*, Beihilfenkompetenz der europäischen Gemeinschaften, DöV 1977, S. 615 ff. (615).

197 EuGH, Gutachten vom 04.10.1979, 1/78, ECLI:EU:C:1979:224 („Internationales Naturkautschuk-Übereinkommen"), Rn. 60; *Bieber*, in: Groeben/Schwarze/Hatje (Hrsg.), EuR, Vor. Art. 310, Rn. 8; *Magiera*, in: Grabitz/Hilf/Nettesheim (Hrsg.), EuR, Art. 310 AEUV, Rn. 14; *Bleckmann*, Zur Auflage im europäischen Beihilferecht, NVwZ 2004, S. 11 ff. (12 f.).

198 *Weiß*, Verfassungsgrundsätze, Kompetenzverteilung und die Finanzen der EU, ZEuS 2017, S. 309 ff. (329).

199 Siehe hierzu *Kiekebusch*, Der Grundsatz der begrenzten Einzelermächtigung, 2017, S. 380 ff., insbesondere S. 381, der allerdings der Auffassung ist, dass diese Gefahr auf Europäischer Ebene bestünde. Vgl. hierzu im Rahmen des Grundgesetzes und insbesondere zu Art. 104b GG *von Arnim*, in: Isensee/Kirchhof (Hrsg.), Handbuch Staatsrecht, Bd. 6, § 138, Rn. 53 ff..

tiefonds für die Landwirtschaft zu schaffen. Von dieser Kompetenz hat die Europäische Union zurzeit mit dem Europäischen Garantiefonds für die Landwirtschaft (EGFL) und dem Europäischen Landwirtschaftsfonds für die Entwicklung des ländlichen Raums (ELER) Gebrauch gemacht.[200]

Darüber hinaus ist Art. 41 lit. a AEUV im Rahmen der Untersuchung der Finanzierungskompetenzen besonders hervorzuheben. In dieser Norm wird die Union ermächtigt, bestimmte koordinierende Maßnahmen im Rahmen der Gemeinsamen Agrarpolitik in Bezug auf die Berufsbildung, die Forschung und die Verbreitung landwirtschaftlicher Fachkenntnisse zu erlassen. Nach Halbsatz 2 „können [diese] Vorhaben oder Einrichtungen gemeinsam finanziert werden." Hierbei handelt es sich um eine ausdrückliche Kompetenz zur Kofinanzierung der Maßnahmen. Aus der Existenz dieser Norm sollte allerdings nicht geschlossen werden, dass in Bereichen, in denen eine Kofinanzierung nicht ausdrücklich vorgesehen ist, nicht auch eine fakultative Kofinanzierung zulässig sein sollte.[201]

II. Unübertragbarkeit des Konnexitätsprinzips

In der deutschen Finanzverfassung existiert das Verbot der Mischfinanzierung zwischen Bund und Ländern, das grundsätzlich jede Form der Kofinanzierung verbietet. Dieses Verbot wird im Grundgesetz aus dem sogenannten Konnexitätsprinzip hergeleitet, welches in Art. 104 a Abs. 1 GG verankert ist. Ließe sich dieses Prinzip auf EU-Ebene übertragen, so wäre der Europäischen Union eine Kofinanzierung ihrer Subventionsprogramme durch ihren Haushalt und die mitgliedstaatlichen Budgets grundsätzlich verboten.

1. Konnexitätsprinzip nach Art. 104 a Abs. 1 GG

Gemäß Art. 104 a Abs. 1 GG „[tragen der] Bund und die Länder [...] gesondert die Ausgaben, die sich aus der Wahrnehmung ihrer Aufgaben ergeben, soweit dieses Grundgesetz nichts anderes bestimmt." In dieser Norm wird der Konnexitätsgrundsatz festgelegt. In der folgenden Betrach-

---

200 Näher zu den beiden Fonds im Einzelnen unten Teil 3, § 3 und § 4.
201 Siehe zur Unterscheidung der obligatorischen und der fakultativen Kofinanzierung Teil 2, § 3, III. sowie zum Verbot der obligatorischen Kofinanzierung insgesamt Teil 2, § 3, IV.

tung wird zunächst die Frage der Verwaltungskosten ausgeklammert und zu einem späteren Zeitpunkt untersucht.[202] Es wird sich also an dieser Stelle auf die Frage der materiellen Finanzierung von Gesetzen unabhängig von der Frage der formellen Verwaltungskostenlast konzentriert (sogenannte Zweckausgaben).

Beim Konnexitätsgrundsatz handelt es sich um einen wesentlichen Pfeiler der deutschen bundesstaatlichen Finanzverfassung.[203] Ausgehend von der Tatsache, dass in einem föderalen Staat wie der Bundesrepublik, sowohl der Bund als auch die Länder eigene Haushalte besitzen, gleichzeitig aber Bundesgesetze nicht nur durch die Bundesebene, sondern im Wesentlichen auch durch die Landesverwaltungen vollzogen werden, regelt dieser Grundsatz welche föderale Ebene welche Kosten zu tragen hat.[204]

In Art. 104 a Abs. 1 GG wird die Ausgabentragungslast mit der Aufgabenwahrnehmungslast gekoppelt (Konnexität). Diejenige föderale Ebene, die eine Aufgabe wahrzunehmen hat, hat auch die sich aus dieser Wahrnehmung ergebenden Ausgaben oder Kosten zu tragen. Nach der viel verwendeten Kurzformel folgt damit die Ausgabenlast der Aufgabenlast.[205] Das Grundgesetz knüpft die Ausgabenlast damit im Grundsatz nicht an die Frage, welche föderale Ebene ein Gesetz erlassen hat (Veranlassungsprinzip[206]), sondern welche Ebene die Aufgabe wahrzunehmen hat, was in der Regel mit der Frage der Verwaltungskompetenz (Art. 83 ff. GG) gleichzusetzen ist.[207] Entscheidend ist damit, welche Ebene die Aufgabe verwaltet (Prinzip der Verwaltungs- bzw. Vollzugskausalität[208]).

Erlässt der Bund ein Subventionsgesetz, welches er selbst vollzieht, hat er nach dem Konnexitätsprinzip die Finanzierungslasten selbst zu tragen. Erlässt er allerdings ein Subventionsgesetz, das von den Ländern zu vollziehen ist, so haben nach dem Konnexitätsgrundsatz die Länder die Zweckausgaben zu tragen, also für die finanzielle Ausstattung der Subventionsprogramme zu sorgen.

---

202 Siehe Teil 2, § 3, IV.

203 BVerfG, Urteil vom 10.12.1980, 2 BvF 3/77 („Berufsausbildungsabgabe"), Rn. 64; *Waldhoff*, in: Isensee/Kirchhof (Hrsg.), Handbuch Staatsrecht, Bd. 5, § 116, Rn. 57; *Kube*, in: Epping/Hillgruber, BeckOK GG, Art. 104a, Rn. 1.

204 *Ohler*, Die fiskalische Integration der Europäischen Gemeinschaft, 1997, S. 424.

205 *Maunz*, in: Maunz/Dürig (Hrsg.), GG, Art. 104a, Rn. 10.

206 *Maunz*, in: Maunz/Dürig (Hrsg.), GG, Art. 104a, Rn. 9.

207 *Waldhoff*, in: Isensee/Kirchhof (Hrsg.), Handbuch des Staatsrechts, Bd. 5, § 116, Rn. 72.

208 BVerwG, Urteil vom 19.01.2000, 11 C 6/99 („Eisenbahnrechtliches Planfeststellungsverfahren"), Rn. 35.

Wenn der Konnexitätsgrundsatz verlangt, dass die vollziehende Ebene die Zweckausgaben zu tragen hat, bedeutet das auch, dass eine Aufteilung der Kosten zwischen vollziehender Ebene und veranlassender beziehungsweise gesetzgebender Ebene im Grundgesetz nicht gewollt ist. Insofern lässt sich aus dem Konnexitätsgrundsatz also das Verbot der Kofinanzierung herleiten. Dieses Verbot der Mischfinanzierung erstreckt sich nicht nur auf die obligatorische Kofinanzierung, sondern auch auf die freiwilligen Kofinanzierung.[209] Das Konnexitätsprinzip soll eine Fondswirtschaft im Rahmen des Grundgesetzes und eine Aushöhlung der Landeszuständigkeiten verhindern.[210]

In Art. 104 a Abs. 1 GG wird das Konnexitätsprinzip allerdings nur gewährt, „soweit dieses Grundgesetz nichts anderes bestimmt." Damit ist klar, dass das Konnexitätsprinzip im Grundgesetz nicht uneingeschränkt gilt. Insbesondere in Art. 104 a Abs. 3 Satz 1 GG ist vorgesehen, dass „Bundesgesetze, die Geldleistungen gewähren und von den Ländern ausgeführt werden, [...] [bestimmen können], daß die Geldleistungen ganz oder zum Teil vom Bund getragen werden." Hier wird dem Bund die Möglichkeit eröffnet, in der Leistungsverwaltung die Zweckausgaben seiner Subventionsprogramme ganz oder zum Teil selbst zu tragen. Insofern wird im Rahmen der Leistungsverwaltung dem Bund die Möglichkeit eröffnet, vom Verbot der Mischfinanzierung abzuweichen und die Maßnahmen voll oder auch nur zum Teil aus Bundesmitteln zu finanzieren.[211]

2. Unübertragbarkeit auf europäische Ebene

Den europäischen Vertragstexten lässt sich unmittelbar kein Konnexitätsprinzip entnehmen.[212] Ließe sich der Konnexitätsgrundsatz des Art. 104 a

---

209 *F. Kirchhof*, Empfehlen sich Maßnahmen um in der Finanzverfassung Aufgaben- und Ausgabenverantwortung von Bund, Ländern und Gemeinden stärker zusammen zu führen?, in: Ständige Deputation des Deutschen Juristentages (Hrsg.), Verhandlungen des einundsechzigsten Deutschen Juristentages, 1996, S. D 10 ff. (D 33); BVerwG, Urteil vom 19.01.2000, 11 C 6/99 („Eisenbahnrechtliches Planfeststellungsverfahren"), Rn. 34; *Kube*, in: Epping/Hillgruber, BeckOK GG, Art. 104a, Rn. 5.

210 *Waldhoff*, in: Isensee/Kirchhof (Hrsg.), Handbuch des Staatsrechts, Bd. 5, § 116, Rn. 72.

211 Siehe insofern auch *Ohler*, Die fiskalische Integration der Europäischen Gemeinschaft, 1997, S. 425 f.

212 *Bleckmann*, Zur Auflage im europäischen Beihilferecht, NVwZ 2004, S. 11 ff. (12).

Abs. 1 GG als allgemeiner europäischer Rechtsgrundsatz von der nationalen auf die europäische Ebene übertragen,[213] würde das bedeuten, dass auch hier ein grundsätzliches Verbot der Mischfinanzierung anerkannt werden müsste. Allgemeine Rechtsgrundsätze des Europarechts werden durch eine wertende Rechtsvergleichung hergeleitet, die sich an den Besonderheiten des Unionsrechts orientiert.[214] Möchte man – wie im vorliegenden Fall – einen Finanzgrundsatz herleiten, der das Verhältnis von Budgethoheiten zweier rechtlicher Entitäten betrifft, bei denen ein Über-Unterordnungsverhältnis besteht, so wären hierfür insbesondere die Finanzverfassungen der föderalen Mitgliedstaaten, nämlich Deutschland, Österreich und Belgien zu untersuchen.

Eine derartige Herleitung setzt allerdings voraus, dass die Regelungen des Europarechts insofern noch nicht abschließend sind. In Art. 310 AEUV sind bereits eine Vielzahl an Finanz- und Haushaltsgrundsätzen anerkannt, wie etwa der Grundsatz der Haushaltseinheit, der Vollständigkeit, des Bruttoprinzips, der Gesamtdeckung, der Spezialität, der Vorherigkeit, der Ausgeglichenheit, der sachlichen Rechtsgrundlage und der Wirtschaftlichkeit.[215] Neben diesen genannten Grundsätzen existieren noch die Grundsätze der Haushaltswahrheit und -klarheit, der Transparenz und der Rechnungseinheit, die nicht in Art. 310 AEUV genannt sind, sondern sich aus anderen Bestimmungen des Unionsrechts ableiten lassen (Art. 8, Art. 19 und Art. 29 f. VO 966/2012, Art. 287 Abs. 4 und Art. 320 AEUV).[216] Angesichts dieser Vielzahl an akzeptierten umfassenden finanzverfassungsrechtlichen Grundsätzen, ist die Finanzverfassung der Europäischen Union als abschließend zu verstehen. Es lassen sich über die anerkannten Grundsätze hinaus keine zusätzlichen allgemeinen Finanzverfassungsgrundsätze herleiten.

Darüber hinaus spricht gegen eine potentielle Anerkennung des Konnexitätsgrundsatzes als allgemeinen Rechtsgrundsatz des Europarechts, dass er ein besonders hohes Maß an Loyalität der (föderalen) Ebenen untereinander erfordert, sodass es sich bei diesem Grundsatz um ein spezifisch fö-

---

213 *Bleckmann*, Zur Auflage im europäischen Beihilfenrecht, NVwZ 2004, S. 11 ff. (12).

214 *GA Roemer*, Schlussanträge vom 29.10.1969, 29/69, ECLI:EU:C:1969:52 („Stauder"); *Herdegen*, Europarecht, S. 171.

215 Vgl. zu den Finanz- und Haushaltsgrundsätzen des Europarechts *Magiera*, in: Grabitz/Hilf/Nettesheim (Hrsg.), EuR, Art. 310, Rn. 25 ff.

216 *Magiera*, in: Grabitz/Hilf/Nettesheim (Hrsg.), EuR, Art. 310, Rn. 43 ff.

deralistisches Prinzip staatlicher Finanzverfassungen handelt.[217] Der Grundsatz ist damit typisch für Bundesstaaten. Die Bundesebene hat bei dem Erlass der Gesetze stets die wirtschaftlichen und finanziellen Interessen und Möglichkeiten der Länder (und letztlich auch der Kommunen) zu beachten, während die Länder die Finanzierung von Gesetzen hinzunehmen haben, auf deren Ausgestaltung sie – im Grundgesetz insbesondere im Rahmen von Widerspruchsgesetzen – nur begrenzten Einfluss haben. Die Europäische Union als supranationale Organisation besitzt zwar auch föderale Züge und ist – im Gegensatz zu klassischen internationalen Organisationen, denen diese Supranationalität fehlt – staatsähnlich.[218] Die Europäische Union ist allerdings kein Staat im völkerrechtlichen Sinne, sondern ein Staatenverbund,[219] innerhalb dessen den Mitgliedstaaten dieses hohe Maß an Solidarität nicht abverlangt werden kann. Aufgrund der fehlenden Staatseigenschaft der Europäischen Union liegt insofern schon keine vergleichbare Ausgangslage zur Übertragung des Konnexitätsgrundsatzes auf die europäische Ebene vor, sodass eine Übertragung schon dem Grundsatz nach abzulehnen ist.

Im Übrigen würde eine Übertragung des reinen Konnexitätsprinzips des Art. 104a Abs. 1 GG ohne die für Subventionen in Art. 104a Abs. 3 Satz 1 GG vorgesehene Durchbrechungsmöglichkeit dieses Grundsatzes die Gesamtwertung des Grundgesetzes hinsichtlich dieses Prinzips untergraben. Auch im Grundgesetz wird eine strenge Anwendung des Konnexitätsgrundsatzes in Subventionsbereichen für nicht sinnvoll erachtet und in das Ermessen des Bundesgesetzgebers gestellt.

Darüber hinaus stellt der politische und damit rechtlich unverbindliche[220] GAP-Grundsatz der finanziellen Solidarität[221] in seiner aktuellen Ausprägung das genaue Gegenteil eines europäischen Konnexitätsprinzips

---

217 In diesem Sinne wohl *Ohler*, Die fiskalische Integration der Europäischen Gemeinschaft, 1997, S. 424 sowie *Kube*, in: Epping/Hillgruber, BeckOK GG, Art. 104a, Rn. 1.

218 Näher zum Begriff der Supranationalität der EU siehe statt vieler *Nettesheim*, in: Grabitz/Hilf/Nettesheim (Hrsg.), EuR, Art. 1 AEUV, Rn. 65 ff.

219 Den Begriff des Staatenverbundes prägend BVerfG, Urteil vom 12. Oktober 1993, 2 BvR 2134/92 („Maastricht"), Rn. 108 ff. Zuvor bereits *P. Kirchhof*, in: Isensee/Kirchhof (Hrsg.), Handbuch Staatsrecht, Bd. 7, § 138, Rn. 38, Rn. 50 ff. und Rn. 68.

220 *Martínez*, in: Calliess/Ruffert (Hrsg.), EUV/AEUV, Art. 39 AEUV, Rn. 18. Näher zur historischen Entwicklung siehe Teil 3, § 1.

221 Zu den GAP-Grundsätzen zählen ansonsten noch der Grundsatz der Unionspräferenz und der Grundsatz der Markteinheit; *Danielsen*, EU Agriculture Law, 2013, S. 2; *Kopp*, in: Streinz (Hrsg.), EUV/AEUV, Art. 38 AEUV, Rn. 16. Teilweise

dar. Nach dem Grundsatz der finanziellen Solidarität hat die Europäische Union ihre Agrarpolitik möglichst aus ihrem Haushalt zu finanzieren[222] – unabhängig davon, ob die Mitgliedstaaten die europäischen agrarpolitischen Subventionsprogramme vollziehen oder nicht. In seiner aktuellen Ausprägung muss der Grundsatz mittlerweile als „Grundsatz der Unionsfinanzierung" bezeichnet werden,[223] da sich die europäische Finanzverfassung von einer Finanzierung des Haushalts der Europäischen Union durch Beiträge der Mitgliedstaaten hin zu dem System der Eigenmittel (Art. 311 Abs. 2 AEUV) gewandelt hat und den Mitgliedstaaten keine „Solidarität"[224] mehr abverlangt werden muss, die EU mit finanziellen Mitteln auszustatten, die sie für die Wahrnehmung ihrer Agrarzuständigkeiten benötigt. In diesem Verständnis liegt eine erhebliche Reduktion und damit Wesensverschiebung des ursprünglichen Grundsatzes – weg von einer Solidarität im Sinne eines Miteinanders und Füreinander-Einstehens bei der Ausstattung der EU bzw. GAP mit finanziellen Mitteln, hin zur reinen Billigung der GAP-Finanzierungshoheit und GAP-Finanzierungslast der Europäischen Union. Obwohl von diesem Grundsatz der Unionsfinanzierung durch die Kofinanzierung in der Praxis[225] zwar stark abgewichen

---

wird zu den GAP-Grundsätzen noch der Grundsatz der Nichtdiskriminierung hinzugezählt (etwa *Martínez*, in: Calliess/Ruffert (Hrsg.), EUV/AEUV, Art. 39 AEUV, Rn. 18), der aber als echter Rechtsgrundsatz einen anderen Charakter besitzt. Die GAP-Grundsätze wurden auf der Konferenz von Stresa entwickelt und haben anschließend ihre rechtlichen Niederschläge im Sekundärrecht gefunden, im Konkreten in der Verordnung Nr. 25 über die Finanzierung der Gemeinsamen Agrarpolitik, Abl. Nr. 30 vom 20.04.1962, S. 991 bis 993; *Gilsdorf*, Gemeinschaftssubventionen im Bereiche der Landwirtschaft, in: Börner/Bullinger (Hrsg.), Subventionen im Gemeinsamen Markt, 1978, S. 215 ff. (218). Der „Entschließung" der Konferenz (ABl. 1958 P 11/281) lassen sich diese Grundsätze nicht unmittelbar entnehmen; bei den GAP-Grundsätzen handelt es sich um keine formellen Beschlüsse.

222 *Martínez*, in: Calliess/Ruffert (Hrsg.), EUV/AEUV, Art. 39 AEUV, Rn. 20.

223 Zur Kritik am Fortbestand des Grundsatzes der finanziellen Solidarität insgesamt, siehe bereits *Karpenstein*, Die Finanzierung der Gemeinsamen Agrarpolitik der Europäischen Gemeinschaften, in: Ress/Will (Hrsg.), Vorträge, Reden und Berichte aus dem Europa-Institut Nr. 40, 1985, S. 4 und 11.

224 Ebenfalls kritisch zum Begriff der finanziellen Solidarität *Harvey*, What does the history of the Common Agricultural Policy tell us?, in: McMahon/Cardwell (Hrsg.), Research Handbook on EU Agriculture Law, S. 3 ff. (19) spricht von „revised principles of the CAP" (überarbeitete GAP-Prinzipien).

225 *Harvey*, What does the history of the Common Agriculture Policy tell us?, in: McMahon/Cardwell (Hrsg.), Research Handbook on EU Agriculture Law, S. 3 ff. (19) stellt auch fest, dass in der zweiten Säule der Grundsatz der finanziellen Solidarität nicht angewandt wurde.

wurde und wird,[226] wird er seit der Landwirtschaftskonferenz von Stresa des Jahres 1958 angewendet. Der politische GAP-Grundsatz der Alleinfinanzierung durch die Europäische Union steht der Anerkennung eines europäischen Konnexitätsgrundsatzes entgegen, der statt des Veranlassungsprinzips eine Vollzugskausalität verankern würde.

Aus diesen Gründen findet sich der Konnexitätsgrundsatz auf Ebene der Europäischen Union nicht wieder. Im Ergebnis lässt sich damit auch kein konnexitätsgrundsätzliches Verbot der Mischfinanzierung ableiten.

III. Unterscheidung zwischen obligatorischer und fakultativer Kofinanzierung von Unionsbeihilfen

Bei der Untersuchung des Umfangs der Finanzierungskompetenzen der Europäischen Union sind zwei grundlegende Situationen zu unterscheiden, nämlich die Situation der obligatorischen Kofinanzierung und die Situation der fakultativen Kofinanzierung.[227] Beiden Situationen ist gemein, dass sie die Finanzierung von Mischbeihilfen betreffen, die nicht nur aus Geldern der Europäischen Union, sondern auch aus mitgliedstaatlichen Geldern finanziert werden.

Im Falle der obligatorischen Kofinanzierung finanziert die Europäische Union ihre Beihilfenprogramme nur teilweise, während sie den Mitgliedstaaten verbindlich vorschreiben möchte, den verbleibenden Finanzbedarf mit nationalen Haushaltsmitteln zu decken. Die Mitgliedstaaten sollen durch europäisches Sekundärrecht zur Kofinanzierung verpflichtet werden. Ihnen gegenüber wird also ein rechtliches Zwangselement hinsichtlich der Kofinanzierung „fremder" Beihilfenprogramme eingesetzt. Zwar besitzen die Mitgliedstaaten mittelbar durch ihren Einfluss im Ministerrat der Europäischen Union einen Einfluss auf die Programme, gleichwohl sind die Programme der Europäischen Union als Entität zuzurechnen, so-

---

226 Direkte Kostenüberwälzung wurde früher insbesondere bei der Schlachtprämie der VO 1975/69, bei Maßnahmen zur Seuchenbekämpfung im Ratsbeschluss vom 25.04.1990 (90/217/EWG) und bei Agrarumweltmaßnahmen nach VO 2078/92 vorgenommen. Siehe hierzu sowie zu weiteren Maßnahmen mit direkter Kostenüberwälzung *Krug*, Die Finanzierung der GAP, 2008, S. 537 ff. Heute wird lediglich noch das Beihilfenprogramm für den Sektor Olivenöl und Tafeloliven (Art. 29 ff. VO 1308/2013) im Wege der direkten Kostenüberwälzung finanziert; Siehe hierzu näher unten Teil 3, § 4, VI, Nr. 2.

227 *Rodi*, Subventionsrechtsordnung, 2000, S. 293 ff. spricht insofern von direkter und mittelbarer Kostenüberwälzung.

dass sie sich für die Mitgliedstaaten als „fremd", weil von einem anderen Völkerrechtssubjekt stammend, darstellen. Im Falle der obligatorischen Kofinanzierung existiert ein doppeltes Zwangselement, sowohl hinsichtlich des „Ob" des Beihilfeprogramms als auch hinsichtlich des „Wie" der Art der Finanzierung. Den klassischen Anwendungsfall der obligatorischen Kofinanzierung bilden obligatorische Beihilfenprogramme, die eine prozentual anteilige Kofinanzierung der Mitgliedstaaten vorsehen.

In der Vergangenheit wurde die obligatorische Kofinanzierung im Europäischen Agrarbeihilfenrecht insbesondere bei der Schlachtprämie der VO 1975/69, bei Maßnahmen zur Seuchenbekämpfung im Ratsbeschluss vom 25.04.1990 (90/217/EWG) und bei Agrarumweltmaßnahmen nach VO 2078/92 verwendet.[228] Heute wird lediglich noch das Beihilfenprogramm für den Sektor Olivenöl und Tafeloliven (Art. 29 ff. VO 1308/2013) im Wege der obligatorischen Kofinanzierung umgesetzt.[229]

Im Falle der fakultativen Kofinanzierung finanziert die Europäische Union ihre Beihilfenprogramme mit einem bestimmten Betrag und eröffnet den Mitgliedstaaten die Möglichkeit diesen Betrag mit nationalen Mitteln aufzustocken. Hinsichtlich der finanziellen Beteiligung der Mitgliedstaaten an den Unionsbeihilfenprogrammen wird im Ergebnis kein Zwangselement verwendet. Im Gegensatz zu sogenannten Top-Ups haben sich die Mitgliedstaaten allerdings bei der fakultativen Kofinanzierung materiell im Rahmen der Unionsbeihilfenprogramme zu bewegen.[230] Klassische Anwendungsfälle der fakultativen Kofinanzierung sind zunächst die fakultati-

---

228 Siehe hierzu sowie zu weiteren Maßnahmen mit obligatorischer Kofinanzierung *Krug*, Die Finanzierung der GAP, 2008, S. 537 ff.
229 Siehe hierzu näher unten Teil 3, § 3, VI, 2. Die obligatorische Alleinfinanzierung durch die Mitgliedstaaten, also der Versuch der Europäischen Union, die gesamte Finanzierung „ihrer" Beihilfenprogramme den Mitgliedstaaten aufzubürden, muss den selben Regeln wie die obligatorische Kofinanzierung unterliegen und kann daher als Unterfall verstanden werden. Bei der Betrachtung dieser Fallgruppe muss allerdings beachtet werden, dass es sich nach der im Rahmen dieser Arbeit vertretenen Finanzierungstheorie hinsichtlich der Zurechnung von Beihilfen zur Europäischen Union nicht um Unionsbeihilfen handelt. Zumindest im europäischen Agrarbeihilfenrecht hat die Europäische Union eine obligatorische Alleinfinanzierung durch die Mitgliedstaaten auch bisher nicht umgesetzt, sodass diese Fallgruppe aus landwirtschaftsrechtlicher Sicht keine praktische Relevanz besitzt. Aus diesen Gründen bedarf diese Fallgruppe in der vorliegenden Untersuchung keiner näheren Betrachtung.
230 Vgl. zum Begriff der Top-Ups und ihre rechtliche Einordnung als Staatsbeihilfe bereits oben Teil 2, § 1, I., 1., d).

ven Beihilfeprogramme, also solche, die hinsichtlich ihrer Umsetzung vollumfänglich in das Ermessen der jeweiligen Mitgliedstaaten gestellt werden. Bei fakultativen Beihilfenprogrammen ist es hinsichtlich der Finanzierungsart unerheblich, ob obligatorische Elemente verwendet werden. Das „Ob" der Umsetzung steht nämlich im Ermessen des jeweiligen Mitgliedstaats, wohingegen nur das „Wie" Zwangselemente ansetzt. Wenn den Mitgliedstaaten hinsichtlich des „Ob" aber bereits eine Entscheidungsfreiheit an die Hand gegeben wird, ist es zur Einordnung des Programms als fakultative Kofinanzierung unerheblich, ob den Mitgliedstaaten nach ihrem Anwendungsentschluss obligatorisch eine bestimmte Art der Finanzierung auferlegt wird, also etwa eine feste Kofinanzierungsrate der Mitgliedstaaten von 60% statuiert wurde.[231] Insofern wird das Zwangselement hinsichtlich des „Wie" durch das vorgelagerte Freiwilligkeitselement hinsichtlich des „Ob" kompensiert.

IV. Verbot obligatorischer Kofinanzierung

Die obligatorische Kofinanzierung zeichnet sich durch ein doppeltes Zwangselement gegenüber den Mitgliedstaaten und somit durch eine direkte Zugriffsmöglichkeit auf nationale Budgets aus. Liegt ein Fall der obligatorischen Kofinanzierung vor, haben die Mitgliedstaaten die europäischen und somit die für sie „fremden" Beihilfenprogramme zu finanzieren. Die Europäische Union greift mit einer obligatorischen Kofinanzierung auf das nationale Budget zu und somit in die nationale Budgethoheit ein. Die Frage, ob eine obligatorische Kofinanzierung primärrechtskonform ist oder nicht, entscheidet sich daher nach dem Verhältnis der europäischen Budgethoheit zur mitgliedstaatlichen Budgethoheit.

Um das Verhältnis der beiden Budgethoheiten zueinander zu klären, wird dieses zunächst aus europäischer Sicht beleuchtet. Hierzu wird die Rechtsprechung des Europäischen Gerichtshofs unmittelbar zur obligatorischen Kofinanzierung und die Rechtsprechung in ähnlichen Fällen dargestellt, die das Verhältnis zwischen europäischer und nationaler Budgethoheit betreffen. Insofern wird auch aufgezeigt, ob die Rechtsprechung des EuGH in Bezug auf dieses Verhältnis kohärent ist.

Im Anschluss daran wird die mitgliedstaatliche Perspektive untersucht. Insofern wird dargestellt, welche Auffassung das deutsche Bundesverfas-

---

231 So etwa in Art. 17 Abs. 3 VO 1305/2013.

sungsgericht zu oben beschriebenem Verhältnis vertritt und ob sich eine obligatorische Kofinanzierung in diese Rechtsprechung einpasst.

1. Verhältnis der europäischen Budgethoheit zur mitgliedstaatlichen Budgethoheit aus Sicht des Europarechts

Zunächst wird also die obligatorische Kofinanzierung aus Sicht des Europäischen Gerichtshofs dargestellt. Hierzu wird die Rechtsprechung mit direktem Bezug hierzu dargestellt und im Anschluss die Rechtsprechung zu vergleichbaren Sachverhalten ohne einen solchen direkten Bezug untersucht. Hierbei werden Inkohärenzen in den Rechtsprechungslinien des Gerichtshofs aufgezeigt und die Spruchpraxis kritisch bewertet.

a) Rechtsprechung des EuGH mit unmittelbarem Bezug zur obligatorischen Kofinanzierung

Zunächst ist auf die Rechtsprechung des EuGH im Fall Leonesio einzugehen.[232] Der Gerichtshof hatte über die hier in Rede stehende Konstellation der obligatorischen Kofinanzierung zu entscheiden. In einer Verordnung wurde den europäischen Milchbauern ein Anspruch auf Geldzahlung zugesagt, falls diese sich verpflichteten, ihre Milchproduktion einzustellen und ihre Milchkühe schlachten zu lassen (sogenannte Schlachtprämie). Diese Schlachtprämie war von den Mitgliedstaaten vorzuleisten, wobei die Mitgliedstaaten selbst wiederum einen Anspruch gegen die damalige EG auf Erstattung der Hälfte der geleisteten Gelder besaßen. Mit anderen Worten hatten die Mitgliedstaaten 50% des Beihilfenprogramms aus eigener Tasche zu finanzieren. Insofern trugen sie einen Teil der Finanzierungslast. Frau Leonesio erfüllte sämtliche Voraussetzungen des Anspruchs auf Auszahlung der Schlachtprämie. Als sie diesen Anspruch geltend machte, bestätigte die Republik Italien ihr den Anspruch zwar dem Grunde nach, verweigerte allerdings die Auszahlung der Gelder, solange das italienische Parlament der Gewährung der Mittel im Haushaltsplan noch nicht zugestimmt hatte.

Der Europäische Gerichtshof entschied im vorliegenden Fall gegen die Republik Italien, dass Frau Leonesio ein Anspruch auf Auszahlung der Gelder durch den italienischen Staat zustand. Der Einwand Italiens, dass

---

232 EuGH, Urteil vom 17.05.1972, 93/71, ECLI:EU:C:1972:39 („Leonesio").

die Gelder noch nicht parlamentarisch bewilligt waren, wurde verworfen. Eine fehlende parlamentarische Bewilligung könne nicht die Durchsetzung der europäischen Verordnung verhindern, da ansonsten eine einheitliche Anwendung des Europarechts nicht gewährleistet sei (effet utile-Grundsatz des heutigen Art. 4 Abs. 3 UAbs. 2 EUV).[233] Damit hat der EuGH implizit die Übertragung der Finanzierungslast der Unionsbeihilfe im Wege der obligatorischen Kofinanzierung für europarechtskonform erklärt. Er hatte nämlich die Kompetenzgrundlage der damaligen EG, die einschlägige Verordnung inklusive obligatorischen Kofinanzierung zu erlassen, nicht bestritten.

Diese Rechtsprechungslinie, die obligatorischen Kofinanzierung indirekt zu akzeptieren, lässt sich in den Entscheidungen Kommission gegen Italien[234] und Deutschland gegen Kommission[235] wiederfinden. Insbesondere in der Entscheidung Kommission gegen Italien betonte der EuGH erneut die Pflicht der Mitgliedstaaten aus dem effet utile-Grundsatz, den eigenen Haushaltsplan entsprechend der europäischen Regelungen der obligatorischen Kofinanzierung auszugestalten.[236]

b) Rechtsprechung des EuGH in vergleichbaren Zusammenhängen

Im Gutachten zum Internationalen Naturkautschuk-Übereinkommen[237] war der EuGH im Jahr 1979 mit der Frage konfrontiert, ob die damalige EG die Kompetenz besäße, einem völkervertraglichen Übereinkommen beizutreten, bei dem unklar war, ob dessen Finanzierung von der EG oder von ihren Mitgliedstaaten zu tragen gewesen wäre.

Der Gerichtshof stellte fest, dass die ausschließliche Zuständigkeit der EG zum Vertragsschluss entfallen würde, wenn die Mitgliedstaaten und nicht die EG die Finanzierungslast zu tragen hätten. In diesem Fall wären die Mitgliedstaaten am Abschluss des Übereinkommens zu beteiligen ge-

---

233 EuGH, Urteil vom 17.05.1972, 93/71, ECLI:EU:C:1972:39 („Leonesio"), Rn. 21/23.

234 EuGH, Urteil vom 08.02.1973, 30/72, ECLI:EU:C:1973:16 („Kommission./.Italien").

235 EuGH, Urteil vom 30.09.2003, C-239/01, ECLI:EU:C:2003:514 („Deutschland./.Kommission").

236 EuGH, Urteil vom 08.02.1973, 30/72, ECLI:EU:C:1973:16 („Kommission./.Italien"), Rn. 11.

237 EuGH, Gutachten vom 04.10.1979, 1/78, ECLI:EU:C:1979:224 („Internationales Naturkautschuk-Übereinkommen").

wesen.[238] Es hätte sich im Fall der mitgliedstaatlichen Finanzierungslast also um ein gemischtes Abkommen gehandelt, bei dem sowohl Kompetenzen der EG als auch Kompetenzen der Mitgliedstaaten einschlägig gewesen wären. Daraus lässt sich schlussfolgern, dass der Gerichtshof in dieser Sache die Auffassung vertritt, dass nur die Mitgliedstaaten die Hoheit über die jeweiligen nationalen Haushalte besitzen, nicht aber die EU auf die nationalen Budgets zugreifen darf.[239] Die Rechtsprechung in Sachen Naturkautschuk-Übereinkommen besagt also implizit, dass die Union nur insofern eine Finanzierungskompetenz besitzt, als sie die Finanzierungslast auch selbst trägt. Diese im Bereich der Völkervertragsschlusskompetenzen erlangte Erkenntnis muss in ihrer Allgemeinheit auch für den Bereich der Beihilfenprogramme gelten. Insofern steht die Rechtsprechung zum Internationalen Naturkautschuk-Übereinkommen der Rechtsprechung im Fall Leonesio entgegen, sodass die Rechtsprechung des EuGH insofern inkohärent ist.

c) Stellungnahme

Der Rechtsprechung des EuGH im Fall Leonesio und die Rechtsprechung in Sachen Naturkautschuk-Übereinkommen lassen sich unterschiedliche Aussagen des Gerichtshofs hinsichtlich der Zulässigkeit einer obligatorischen Kofinanzierung entnehmen, wenngleich sich die Sache Leonesio eindeutig konkret mit einem derartigen Fall beschäftigt und sich der Entscheidung Naturkautschuk-Übereinkommen diese Erkenntnisse nur mittelbar entnehmen lassen.

Gegen die Rechtsprechung im Fall Leonesio werden in der Literatur außerdem mehrere Argumente vorgebracht. Neben der „grundlegenden Struktur der Verfassung der Gemeinschaft"[240] wird auch „das verfassungspolitische Gebot einer auf die Aufgaben und Zwecke begrenzten Subventi-

---

238 EuGH, Gutachten vom 04.10.1979, 1/78, ECLI:EU:C:1979:224 („Internationales Naturkautschuk-Übereinkommen"), Rn. 60 a.E.
239 So auch *Cichy*, Gemeinschaftsbeihilfen, 2002, S. 51.
240 *Seidel*, Subventionshoheit und Finanzierungslast, in: Börner/Jahrreiß/Stern (Hrsg.), FS Carstens, 1984, S. 273 ff. (283, 285).

onsgewährung"[241] ins Felde geführt.[242] Mit diesen verklausulierten Formulierungen ist folgende Ausgangsposition gemeint: Die Gemeinschaft besitzt einen eigenen Haushalt, der unabhängig von denen der Mitgliedstaaten ist.[243] Unterschiedliche Haushalte bedeuten aber auch unterschiedliche Haushaltsverantwortungen und unterschiedliche Haushaltshoheiten.[244] Würde man dem europäischen Gesetzgeber das Recht zugestehen, über die nationalen Haushalte zu verfügen, käme dies einer Einverleibung der nationalen Haushalte durch die Europäische Union gleich. Im Ergebnis würde eine obligatorische Kofinanzierung zu einer Subventionierung zulasten Dritter führen.[245]

Außerdem würde das Auseinanderfallen von Subventionssetzung und Finanzierungslast dazu führen, dass die wichtigste faktische Grenze zu einer überbordenden Subventionspolitik der Europäischen Union wegfallen würde.[246] Dass diese Situation nicht gewollt sein kann, zeigt gerade das Vorhandensein eines vertraglichen Regelungsregimes zur Erhöhung der Finanzmittel der Union (Art. 311 Abs. 3 AEUV), das absichtlich schwerfällig und zeitraubend ausgestaltet ist.[247] Könnten Unionsmittel nun durch Rückgriff auf mitgliedstaatliche Gelder erhöht werden, ohne diesen Mechanismus zu verwenden, würde diese Regelung untergraben.

---

241 *Seidel*, Subventionshoheit und Finanzierungslast, in: Börner/Jahrreiß/Stern (Hrsg.), FS Carstens, 1984, S. 273 ff. (283, 285).

242 Im Ergebnis zustimmend auch *Schreiber*, Verwaltungskompetenzen der Europäischen Union, 1997, S. 75. Anderer Auffassung *Krug*, Die Finanzierung der GAP, 2008, S. 544 ff.; Noch gänzlich unkritisch zur direkten Kostenüberwälzung etwa *Götz*, Generalbericht, in: Börner/Bullinger (Hrsg.), Subventionen im Gemeinsamen Markt, 1978, S. 371 ff. (379 f.).

243 *Rodi*, Subventionsrechtsordnung, 2000, S. 294 insofern vom „Prinzip der Unabhängigkeit der Haushaltsverfassungen von Europäischer Union und Mitgliedstaaten".

244 *Waldhoff*, in: Calliess/Ruffert (Hrsg.), EUV/AEUV, Art. 310 AEUV, Rn. 8 bezeichnet die Finanzhoheit der der EU wegen der Abhängigkeit des Systems der Eigenfinanzierung vom Willen der Mitgliedstaaten als „begrenzt". Anderer Auffassung *Mestmäcker/Schweitzer*, in: Immenga/Mestmäcker (Hrsg.), Wettbewerbsrecht, Bd. 3, Art. 107 Abs. 1 AEUV, Rn. 284.

245 *Cichy*, Gemeinschaftsbeihilfen, 2002, S. 52.

246 *Seidel*, Subventionshoheit und Finanzierungslast, in: Börner/Jahrreiß/Stern (Hrsg.), FS Carstens, 1984, S. 273 ff. (282 ff.); zustimmend *Rodi*, Subventionsrechtsordnung, 2000, S. 294, der von einer „wichtigen, die Kompetenzordnung stabilisierenden Funktion" spricht.

247 *Seidel*, Subventionshoheit und Finanzierungslast, in: Börner/Jahrreiß/Stern (Hrsg.), FS Carstens, 1984, S. 273 ff. (282 ff.); zustimmend *Rodi*, Subventionsrechtsordnung, 2000, S. 294.

Eine obligatorische Kofinanzierung kann auch nicht auf Art. 311 Abs. 1 AEUV[248] gestützt werden, da es sich bei dieser Norm lediglich um einen politischen Programmsatz handelt, nicht aber um eine Kompetenznorm.[249]

Die Frage der Zulässigkeit der obligatorischen Kofinanzierung kann auch nicht mit dem Hinweis auf Art. 4 Abs. 3 UAbs. 2 EUV beseitigt werden, da die Mitgliedstaaten danach nur die Pflicht trifft, rechtmäßige Verpflichtungen, die sich aus den Verträgen oder den Handlungen der Organe ergeben, umzusetzen. Hier steht aber gerade die Rechtmäßigkeit der direkten Kostenüberwälzung in Frage.

Stattdessen ist der Kritik der Literatur vollumfänglich zuzustimmen, dass Europäische Union und Mitgliedstaaten jeweils unterschiedliche Haushalte und somit auch Haushaltshoheiten besitzen, die streng voneinander getrennt verstanden werden müssen.[250] Außerdem verdient das (politische[251]) Argument Zustimmung, dass einer ausufernden Subventionierung seitens der Union nur dadurch Einhalt geboten werden kann, dass die Union auf ihre eigenen Haushaltmittel zur Finanzierung ihrer Programme beschränkt bleibt. Aus diesem Grund ist der Rechtsprechung des Gerichtshofs in der Sache Leonesio entgegenzutreten. Aus Sicht des Europarechts ist eine obligatorische Kofinanzierung unzulässig.

2. Verhältnis der europäischen Budgethoheit zur deutschen Budgethoheit aus Sicht des Grundgesetzes

Aus Sicht des Europarechts hat sich eine obligatorische Kofinanzierung entgegen der Rechtsprechung des EuGH im Fall Leonesio als unzulässig dargestellt. Im Folgenden wird die Auffassung des BVerfG in Bezug auf das

---

248 Art. 311 Abs. 1 AEUV lautet: „Die Union stattet sich mit den erforderlichen Mitteln aus, um ihre Ziele erreichen und ihre Politik durchführen zu können.".

249 BVerfG, Urteil vom 12.10.1993, 2 BvR 2134/92 und 2 BvR 2159/92 („Maastricht"), Rn. 122; *Schenk*, Strukturen und Rechtsfragen der gemeinschaftlichen Leistungsverwaltung, 2006, S. 106 f.

250 Eine oblihatorische Kofinanzierung zumindest begrenzt auf Politikbereiche, bei denen den Mitgliedstaaten kein Verwaltungsvollzug zusteht, ebenfalls ablehnend *Schenk*, Strukturen und Rechtsfragen der gemeinschaftlichen Leistungsverwaltung, 2006, S. 112; ebenso *Hoch*, Kulturförderung, 2013, S. 185.

251 Unter Hinweis auf den politischen Charakter des Arguments dieses ablehnend *Seidel*, Subventionshoheit und Finanzierungslast, in: Börner/Jahrreiß/Stern (Hrsg.), FS Carstens, 1984, S. 273 ff. (282 f.).

Verhältnis von europäischer und nationaler Budgethoheit dargestellt. Es wird aufgezeigt, dass eine obligatorische Kofinanzierung mit dem Grundgesetz, insbesondere mit grundlegenden Prinzipien und somit auch mit den äußersten Grenzen der europäischen Integration aus Sicht des Grundgesetzes unvereinbar ist.

In seinem Maastricht-Urteil äußerte sich das BVerfG zunächst zum heutigen Art. 311 Abs. 1 AEUV (damals Art. F Abs. 3 EUV), wonach sich die Union „mit den Mitteln aus[stattet], die zum Erreichen ihrer Ziele und zur Durchführung ihrer Politiken erforderlich sind". Das Gericht stellte insofern fest, dass Art. 311 Abs. 1 AEUV keine Kompetenz-Kompetenz darstellt und die Union nicht ermächtigt, sich mit eigenen Finanzmitteln auszustatten. Stattdessen handelt es sich bei dieser Norm lediglich um einen politischen Programmsatz. Würde diese Norm abweichend von der Auffassung des BVerfG verstanden, würde es sich hierbei um einen ultra-vires Akt handeln.[252]

Das BVerfG erkannte später im Lissabon-Urteil, dass das Grundgesetz der europäischen Integration zwar freundlich gesinnt ist, ihr allerdings auch äußerste, integrationsfeste Grenzen setzt. Zu diesen unaufgebbaren Staatsaufgaben[253] gehört insbesondere das über das Wahlrecht abgesicherte und auf Ewigkeit garantierte Demokratieprinzip aus Art. 20 Abs. 1 und 2 i.V.m. Art. 79 Abs. 3 GG in der Ausprägung, dass die europäische Integration nicht zu einer Aushöhlung des demokratischen Herrschaftssystems in Deutschland führen darf.[254] Mit anderen Worten lässt es das Grundgesetz in bestimmten Grenzen nicht zu, dass Kompetenzen auf europäische Ebene übertragen werden, sondern vielmehr dürfen bestimmte grundlegende

---

252 BVerfG, Urteil vom 12.10.1993, 2 BvR 2134/92 und 2 BvR 2159/92 („Maastricht"), Rn. 122 ff.

253 *Frenz*, Demokratiebegründete nationale Mitwirkungsrechte und Aufgabenreservate, EWS 2009, S. 345 ff. (346). Hierzu gehören insbesondere Entscheidungen über formelles und materielles Strafrecht, das polizeiliche und militärische Gewaltmonopol, die fiskalische Grundentscheidung über Einnahmen und Ausgaben der öffentlichen Hand, die sozialstaatliche Gestaltung von Lebensverhältnissen sowie kulturell besonders bedeutsame Entscheidungen (BVerfG, Urteil vom 30.06.2009, 2 BvE 2/08 u.a. („Lissabon"), Rn. 252). Auch wenn sich dieser Kanon teilweise der Kritik der Willkür aussetzen muss (vgl. *Höreth*, Die Demokratieverflechtungsfalle, in: Lhotta/Ketelhut/Schöne (Hrsg.), Das Lissabon-Urteil, 2013, S. 37 ff. (42)) gehört das Budgetrecht unbestritten dazu. Ebenso *Grzeszick*, in: Maunz/Dürig (Hrsg.), GG, Art. 20, Rn. 286.

254 Siehe hierzu die Darstellung von *Haack*, Verlust der Staatlichkeit, 2007, S. 387 ff., obwohl sie noch vor dem Lissabon-Urteil des BVerfG veröffentlicht wurde.

Rechte und damit verbundene Kompetenzen, die unter die sogenannte Ewigkeitsklausel des Grundgesetzes fallen, nicht supranationalisiert werden und müssen in nationalstaatlicher Hand bleiben.[255] Eine Supranationalisierung dieser Kompetenzen wäre nur unter einer neuen Verfassung zulässig, die das Grundgesetz ersetzen würde (Art. 146 GG).

Eine solche Aushöhlung würde nach dem BVerfG dann vorliegen, wenn das Budgetrecht des Bundestages über die „Festlegung über Art und Höhe der den Bürger treffenden Abgaben [und Ausgaben des Staates] in wesentlichem Umfang supranationalisiert würde"[256]. Stattdessen muss der deutsche Haushaltsgesetzgeber dem Volk gegenüber verantwortlich für Belastungen und Ausgaben bleiben (sogenannte Budgetverantwortung).[257]

Gleichwohl erkennt das BVerfG an, dass es bei der europäischen Integration nicht ausbleibt, dass die nationale Legislative „nicht unmittelbar beeinflussbare[n] Faktoren"[258] ausgesetzt ist, die aus der Öffnung der Rechts- und Sozialordnung des Grundgesetzes gegenüber Europa folgen. Entscheidend sei aber, ob der Haushaltsgesetzgeber weiterhin die Budgetgesamtverantwortung mit ausreichenden Freiräumen wahrnehmen kann.[259] Dem deutschen Haushaltsgesetzgeber muss ausreichender Raum zur politischen Gestaltung der wirtschaftlichen Lebensverhältnisse bleiben.[260] Unklar bleibt bei dieser Ergänzung allerdings, was das BVerfG genau mit unbeeinflussbaren Faktoren im Detail meint und welchen Umfang die verbleibenden Freiräume besitzen müssen, um als ausreichend für eine Aushöhlung des Demokratieprinzips qualifiziert werden zu können. Gleichwohl ist diese Passage so zu verstehen, dass eine direkte Eingriffskompetenz der EU in die nationalen Haushalte der grundgesetzlichen Budgetverantwortung widerspricht.

Im Rahmen der griechischen Staatsschuldenkrise hatte das BVerfG sodann festgehalten, dass „[der] Deutsche Bundestag seine Budgetverantwortung nicht durch unbestimmte haushaltspolitische Ermächtigungen auf andere Akteure übertragen [darf]."[261] Zwar ist es in erster Linie Sache des

---

255 *Haack*, Verlust der Staatlichkeit, 2007, S. 388 f.

256 BVerfG, Urteil vom 30.06.2009, 2 BvE 2/08 u.a. („Lissabon"), Rn. 256.

257 BVerfG, Urteil vom 30.06.2009, 2 BvE 2/08 u.a. („Lissabon"), Rn. 244, 256; zuletzt bestätigt in BVerfG, Urteil vom 21.06.2016, 2 BvE 13/13 u.a. („OMT"), Rn. 211 ff. Die Beschwerdeführer der Verfassungsbeschwerde hatten eine Verletzung des grundrechtsgleichen Rechts aus Art. 38 Abs. 2 GG behauptet.

258 BVerfG, Urteil vom 30.06.2009, 2 BvE 2/08 u.a. („Lissabon"), Rn. 256.

259 BVerfG, Urteil vom 30.06.2009, 2 BvE 2/08 u.a. („Lissabon"), Rn. 256.

260 BVerfG, Urteil vom 30.06.2009, 2 BvE 2/08 u.a. („Lissabon"), Rn. 249.

261 BVerfG, Urteil vom 07.09.2011, 2 BvR 987/10 u.a. („Rettungsschirm"), Rn. 125.

Haushaltsgesetzgebers über Bürgschaften und ähnlichen Gewährleistungen und deren Risikoeinschätzung sowie Höhe zu entscheiden.[262] Diese Kompetenz ist allerdings durch das Demokratieprinzip begrenzt, welches solchen Bürgschaften entgegensteht, die nicht an strikte Vorgaben gebunden sind und in ihren Ausgaben nicht begrenzt sind, wodurch ein Automatismus in Gang gesetzt werden könnte, der der Kontrolle und Einwirkung durch den Haushaltsgesetzgeber entzogen wäre.[263] Das Budgetrecht als Ausprägung des Demokratieprinzips steht nicht allen Haftungsübernahmen entgegen, sondern nur solchen, die „für das Budgetrecht von struktureller Bedeutung sind".[264]

Räumt der nationale Gesetzgeber der EU die Kompetenz einer obligatorischen Kofinanzierung ein, liegt allerdings eine Haftungsübernahme von struktureller Bedeutung vor. Das Budgetrecht wäre nämlich partiell in unbegrenztem und unbeeinflussbarem Umfang entäußert. Dementsprechend wäre bereits die bloße Kompetenzübertragung verfassungsrechtlich unzulässig. Insofern ist es unerheblich, ob die Europäische Union diese Kompetenz zu einem späteren Zeitpunkt im Umfang von mehrstelligen Milliardenbeträgen im Rahmen der Bankenrettung oder (nur) in Form von Zahlungsverpflichtungen in Millionenhöhe im Rahmen der Gemeinsamen Agrarpolitik in Anspruch nimmt. Die Höhe der späteren nationalen Haushaltsverpflichtungen sind insofern also irrelevant, da bereits die Kompetenzübertragung mit dem Grundgesetz unvereinbar ist.

In den aufgeführten Entscheidungen hat das Bundesverfassungsgericht also das Budgetrecht als integrationsfeste Grenze aus dem Demokratieprinzip des Art. 20 Abs. 1 und Abs. 2 GG abgeleitet. Der deutsche Gesetzgeber ist aus demokratietheoretischen Gesichtspunkten nicht befugt, die nationale Haushaltskompetenz zu supranationalisieren. Das nationale Budgetrecht darf keiner vollumfänglichen Fremdbestimmung unterworfen werden. Das Budgetrecht (Art. 110 Abs. 2 Satz 1 GG) ist und bleibt das vornehmste parlamentarische Recht des nationalen Gesetzgebers.[265]

---

262 BVerfG, Urteil vom 18.04.1989, 2 BvR 1/82; BVerfG, Urteil vom 09.07.2007, 2 BvR 1/04.

263 BVerfG, Urteil vom 07.09.2011, 2 BvR 987/10 u.a. („Rettungsschirm"), Rn. 127.

264 BVerfG, Urteil vom 07.09.2011, 2 BvR 987/10 u.a. („Rettungsschirm"), Rn. 128. Hervorzuheben ist außerdem noch die Äußerung des BVerfG, dass die Bestimmungen der europäischen Verträge diesem Verständnis der nationalen Haushaltsautonomie nicht entgegenstehen, sondern sie voraussetzen; BVerfG, Urteil vom 07.09.2011, 2 BvR 987/10 u.a. („Rettungsschirm"), Rn. 129.

265 *Kube*, in: Maunz/Dürig (Hrsg.), GG, Art. 110, Rn. 35; zur historischen Entwicklung *Isensee*, Budgetrecht des Parlaments zwischen Schein und Sein, JZ 2005,

Im Übrigen ist die EU selbst dazu verpflichtet, die nationale Identität der Mitgliedstaaten, die insbesondere in Form der grundlegenden verfassungsmäßigen Strukturen der Mitgliedstaaten zum Ausdruck kommt, zu achten (Art. 4 Abs. 2 Satz 1 EUV), wozu nach den Äußerungen des BVerfG insbesondere aufgrund der Verankerung in Art. 79 Abs. 3 GG eindeutig die nationale Budgethoheit gezählt werden muss.[266] Eine obligatorische Kofinanzierung ist auch nach Art. 4 Abs. 2 Satz 1 EUV unzulässig.

3. Zusammenfassung

Entgegen der Rechtsprechung des Europäischen Gerichtshofs im Fall Leonesio, ist eine obligatorische Kofinanzierung europarechtlich unzulässig. Sie widerspricht der grundsätzlichen Ausgestaltung der europäischen Finanzverfassung gegenüber den nationalen Haushalten. Außerdem würde durch einen vollen Zugriff der Europäischen Union auf die nationalen Budgets die letzte faktische Grenze einer ungezügelten Subventionierung durch die Europäische Union beseitigt. Wie sich der Rechtsprechung des BVerfG insbesondere in den Entscheidungen zum Maastricht-Vertrag, zum Lissabon-Vertrag und zum Rettungsschirm entnehmen lässt, ist eine obligatorische Kofinanzierung auch aus Sicht des Grundgesetzes unzulässig. Diese Auffassung ist als Teil der grundlegenden verfassungsmäßigen Struktur des Grundgesetzes zu achten. Dementsprechend ist eine obligatorische Kofinanzierung insgesamt unzulässig.

V. Zulässigkeit fakultativer Kofinanzierung

Gegenüber der Frage der Zulässigkeit obligatorischer Kofinanzierungen ist die Frage der Zulässigkeit fakultativer Kofinanzierungen leichter zu beantworten und im Ergebnis zu bejahen. Im Falle einer fakultativen Kofinanzierung stellt die Europäische Union den Mitgliedstaaten die gemeinsame Finanzierung von Unionsbeihilfenprogrammen nämlich nur in Aussicht.

S. 971 ff. (972); *Gröpl*, Staatseinnahmen und Staatsausgaben im demokratischen Verfassungsstaat, AöR 2008, S. 1 ff. (16 f.); *Loscher*, Präventive Aufsicht der Europäischen Union über den Bundeshaushalt, 2014, S. 19 ff.

266 Siehe ansonsten zur Schwierigkeit der Bestimmung der nationalen Identität im Sinne des Art. 4 Abs. 2 EUV insbesondere *Cloots*, National Identity in EU Law, 2015, S. 134 ff.

Die Eröffnung der Kofinanzierungsmöglichkeit verwendet allerdings kein Zwangselement gegenüber den Mitgliedstaaten, sodass diese weiterhin autonom über ihre Haushalte verfügen können. Es liegt keine Form der Fremdbestimmung, sondern lediglich eine Form der Fremdbeeinflussung vor, da in dieser Konstellation möglicherweise ein faktischer und politischer Druck auf die Mitgliedstaaten ausgeübt wird, den eröffneten Gestaltungsspielraum auch auszunutzen, d.h. Unionsbeihilfen mitzufinanzieren und den eigenen Marktteilnehmern zur Verfügung zu stellen.[267] Im Ergebnis ist also die fakultative Kofinanzierung im Gegensatz zur obligatorischen zulässig.

VI. Verwaltungskosten

Mit der Feststellung des Verbots der obligatorischen und der Zulässigkeit der fakultativen Kofinanzierung, ist allerdings noch keine Aussage darüber getroffen, welche Ebene – aus europarechtlicher Sicht – die Kostenlast des Verwaltungsvollzugs zu tragen hat. Analog zu der vor Einführung des Art. 104 a GG auf bundesverfassungsrechtlicher Ebene geführten Diskussion, ob diese Kosten von dem Kostenverursacher (hier der EU) oder der vollziehenden Ebene zu tragen sind,[268] kann sich auch auf EU-Ebene gefragt werden, ob die Verwaltungskosten von Union oder Mitgliedstaat zu tragen sind. Ebenso wie auf Bundesebene fallen auch auf EU-Ebene Gesetzgebungs- und Verwaltungszuständigkeit weitgehend auseinander. Mangels Übertragbarkeit des Konnexitätsprinzips auf Unionsebene[269] kann hieraus kein europäischer Grundsatz hergeleitet werden, wonach die Mitgliedstaaten die formelle Finanzierungslast, also die Verwaltungskosten zu tragen haben.

Gemäß Art. 317 Abs. 1 Satz 1 AEUV führt die Kommission den Haushaltsplan zusammen mit den Mitgliedstaaten gemäß der Haushaltsordnung (VO 966/2012) aus. In der Haushaltsordnung ist in Art. 58 Abs. 1 lit. b i.V.m. Art. 59 VO 966/2012 die sogenannte geteilte Mittelverwaltung festgelegt, bei der den Mitgliedstaaten Haushaltsvollzugsaufgaben übertragen werden und der Kommission die Aufsicht zukommt (Art. 59 Abs. 1 VO 966/2012). Hier werden aber gerade nicht die Verwaltungskos-

---

267 *Rodi*, Subventionsrechtsordnung, 2000, S. 295.
268 Vgl. zu dieser alten Diskussion *Hellermann*, in: Mangoldt/Klein/Starck (Hrsg.), GG, Art. 104 a GG, Rn. 42.
269 Vgl. oben Teil 2, § 2, I, Nr. 3, lit. a.

ten geregelt. Auch dem sonstigen Primärrecht lassen sich keine expliziten Regelungen hierzu entnehmen.

Gleichwohl müssen die Verwaltungskosten beim indirekten Vollzug den Mitgliedstaaten zur Last fallen,[270] denn den Mitgliedstaaten werden bei der Verwaltung europäischer Programme große Freiheiten zugestanden, in welcher Art und Weise der Vollzug erfolgen soll (Prinzip der institutionellen Eigenständigkeit).[271] Wenn ihnen einerseits aber eine weitgehende institutionelle Eigenständigkeit zugestanden wird, muss ihnen andererseits auch zugemutet werden, die Kosten für den seitens der Union nicht mehr zu beeinflussenden Umfang der Verwaltung zu tragen. Als Kehrseite der Medaille der institutionellen Eigenständigkeit ist es deswegen nur folgerichtig, den Mitgliedstaaten auch die formelle Finanzierungslast hinsichtlich des Verwaltungsvollzugs aufzuerlegen. Damit haben die Mitgliedstaaten anfallende Verwaltungskosten bei der Verwaltung von Unionsbeihilfenprogrammen selbst zu tragen.

VII. Zusammenfassung

Die Finanzierungskompetenzen der Europäischen Union müssen – ebenso wie die Subventionskompetenzen der EU – aus den politikbereichsspezifischen Normen (explizit oder implizit) hergeleitet werden. Es existiert keine allgemeine Finanzierungskompetenz der EU. Es kann allerdings vom Vorliegen einer Subventionskompetenz auf eine Finanzierungskompetenz geschlossen werden.

Das Konnexitätsprinzip des Art. 104a Abs. 1 GG verlangt den verschiedenen (föderalen) Ebenen ein besonderes Maß an Solidarität untereinander ab, sodass es sich um ein spezifisch bundesstaatliches Prinzip handelt, das sich nicht auf den Staatenverbund der Europäischen Union übertragen lässt. Insofern lässt sich diesem Grundsatz auch kein europäisches Verbot der Kofinanzierung entnehmen. Im Übrigen steht auch der GAP-Grundsatz der finanziellen Solidarität einer Übertragung entgegen.

Die obligatorische Kofinanzierung ist sowohl aus Sicht des Europarechts als auch aus Sicht des deutschen Grundgesetzes unzulässig. Ihm stehen insbesondere die nationalen Haushaltsautonomien der Mitgliedstaaten entgegen. Die fakultative Kofinanzierung ist hingegen europarechtlich zulässig, da sie kein rechtliches Zwangselement gegenüber den nationalen Budgets

---

270 Vgl. statt vieler *Oppermann/Classen/Nettesheim*, Europarecht, S. 98.
271 *Hobe*, Europarecht, S. 115.

verwendet. Vollziehen die Mitgliedstaaten Unionsbeihilfenprogramme haben sie zwar einerseits die Freiheit, die Art und Weise des konkreten Vollzugs autonom zu bestimmen, infolgedessen haben sie allerdings auch die Verwaltungslasten, d.h. die sich aus dieser Verwaltung ergebenden Kosten zu tragen.

§ 4 Marktwirtschaftliche Vorgaben des Primärrechts

In den vorherigen Kapiteln der Untersuchung wurden der Begriff der Unionsbeihilfe bestimmt, formelle Aspekte der Unionsbeihilfenvergabe untersucht und die Finanzierungskompetenzen der Europäischen Union analysiert. Über diese Aspekte hinaus soll sich dieses Kapitel nun der Bedeutung der wirtschaftspolitischen Ausrichtung der Europäischen Union für die Unionsbeihilfenvergabe widmen.

Hierzu wird im Folgenden die marktwirtschaftliche Grundentscheidung des Primärrechts unter besonderer Berücksichtigung der Zielvorgaben und Querschnittsklauseln dargestellt und erläutert, inwiefern diese Grundausrichtung für den Agrarbereich primärrechtlich modifiziert wird. Im Anschluss werden die Auswirkungen dieser Entscheidung und der entsprechenden landwirtschaftsspezifischen Modifikation auf die Subventionsvergabe dargestellt. Auch wenn die Art. 107 ff. AEUV auf Unionsbeihilfen unanwendbar sind, wird ihre Anwendbarkeit auf landwirtschaftliche Staatsbeihilfen in einem Exkurs dargestellt, um auf diese Weise das Verständnis der modifizierten Einbeziehung der Landwirtschaft in den Binnenmarkt abzurunden.

Anschließend werden die materiellen primärrechtlichen Vorgaben des Diskriminierungsverbots, des Transparenzgrundsatzes und insbesondere der wirtschaftlichen Grundrechte sowie des Vertrauensschutzes dargestellt und ihre Bedeutung für die Vergabe von Unionsbeihilfen untersucht.

I. Primärrechtliche wirtschaftspolitische Ausgangslage

Die allgemeine wirtschaftspolitische Ausgangslage der Subventionsvergabe wird zunächst durch die marktwirtschaftliche Grundentscheidung des Primärrechts geprägt, die wiederum selbst auf unterschiedlichen primärrechtlichen Anknüpfungspunkten beruht. Im Bereich der Landwirtschaft wird hiervon teilweise abgewichen. Für beide Bereiche – den allgemeinen und den besonderen landwirtschaftlichen Bereich – wird im Folgenden jeweils auch der Frage nachgegangen, inwiefern sich Subventionen in diese Ausgangslagen einpassen, beziehungsweise in welchem Maße sie im Vergleich zueinander rechtfertigungsbedürftig sind.

1. Marktwirtschaftliche Grundentscheidung

Die allgemeine wirtschaftspolitische Grundentscheidung statuiert eine Marktwirtschaft, also eine dezentrale Wirtschaftsordnung, in der eine Koordination des Wirtschaftslebens durch freie Präferenzentscheidungen von Anbietern und Nachfragern gewährleistet wird und keine zentrale also planwirtschaftliche Wirtschaftsordnung, in der diese Koordinierung durch hoheitliche Stellen erfolgt.[272]

a) Marktwirtschaft

Eine marktwirtschaftliche Ausgestaltung der Wirtschaftsordnung lässt sich unterschiedlichen primärrechtlichen Normen entnehmen. So wird in Art. 3 Abs. 3 Satz 1 EUV das Ziel der Errichtung des Binnenmarkts statuiert, in Art. 119 Abs. 1 AEUV wird auf eine offene Marktwirtschaft mit freiem Wettbewerb Bezug genommen, Art. 3 Abs. 3 Satz 2 EUV hält die soziale Marktwirtschaft[273] als Ziel fest, in Protokoll Nr. 27 ist der freie und unverfälschte Wettbewerb kodifiziert (Systemgarantien), die Grundfreiheiten werden gewährleistet und grundrechtlich werden unternehmerische Freiheit, Berufsfreiheit und Eigentumsfreiheit anerkannt (Freiheitsgarantien).[274] Schließlich bezweckt auch das europäische Kartellrecht in den

---

272 *Müller-Graff*, in: Hatje/Müller-Graff (Hrsg.), Europäisches Organisations- und Verfassungsrecht, § 9, Rn. 129. Näher zu den einzelnen Elementen einer dezentralen Wirtschaftsordnung *Müller-Graff*, in: Müller-Graff (Hrsg.), Europäisches Wirtschaftsordnungsrecht, § 1, Rn. 9 und 12 ff. Vgl. zur Übersicht über zentralistische und dezentralistische Wirtschaftssysteme *Baßeler/Heinrich/Utecht*, Grundlagen und Probleme der Volkswirtschaft, 19. Auflage 2010, S. 28 ff.

273 Siehe näher zum Begriff der sozialen Marktwirtschaft am Beispiel der deutschen Wirtschaftsordnung sowie ihren historischen Wurzeln im Ordoliberalismus *Baßeler/Heinrich/Utecht*, Grundlagen und Probleme der Volkswirtschaft, 19. Auflage 2010, S. 57 ff.

274 Aufgrund der Freiheitsgarantien – insbesondere der Eigentumsgarantie – kann präzisierend von einer kapitalistischen Marktwirtschaft in Abgrenzung zur sozialistischen Marktwirtschaft gesprochen werden *Baßeler/Heinrich/Utecht*, Grundlagen und Probleme der Volkswirtschaft, 19. Auflage 2010, S. 29 f.

Art. 101 ff. AEUV die Vermeidung einer Verzerrung oder sogar einer Beseitigung der wettbewerblichen Konkurrenzsituation (Schutzgarantien).

b) Zielvorgaben

Diese marktwirtschaftliche Grundausrichtung wird in bedeutender Weise durch die Zielvorgaben der Europäischen Union beeinflusst. Im Folgenden werden daher die marktwirtschafts- und somit auch subventionsrelevanten Zielbestimmungen der Europäischen Union dargestellt.

Die Europäische Union ist einer Vielzahl an Zielen verpflichtet, die allgemein in Art. 3 EUV sowie sektorspezifisch in den Normen der einzelnen Politikbereiche niedergelegt sind. Bei diesen Zielbestimmungen der Europäischen Union handelt es sich um politische Wegweiser der Union, die mit der verfassungsrechtlichen Kategorie der Staatszielbestimmungen eng verwandt sind und ein zielorientiertes Handlungssystem darstellen.[275] Nach Art. 1 Abs. 1 EUV wurden der Union Zuständigkeiten „zur Verwirklichung ihrer gemeinsamen Ziele" übertragen. Dadurch bekommen die Zielbestimmungen einen verbindlichen Charakter für sämtliches Handeln der Unionsorgane.[276] Die verschiedenen, teilweise gegenläufigen Zielbestimmungen[277] eröffnen den Verpflichteten allerdings sehr weite Ermessensspielräume und Einschätzungsprärogativen, sodass sie nur in ihren äußersten Grenzen justiziabel sind, wie etwa bei einer Feststellung evidenter Zielverfehlung oder grober Willkür.[278] Nur insofern setzen die Zielbestimmungen der Europäischen Union auch verpflichtend Grenzen bei der Subventionsgesetzgebung.[279]

Durch den Vertrag von Lissabon wurde der freie und unverfälschte Wettbewerb, wie er noch in Art. 3 Abs. 1 lit. g EGV (Nizza) als Ziel ausdrück-

---

275 *Ruffert*, in: Calliess/Ruffert (Hrsg.), EUV/AEUV, Art. 3 EUV, Rn. 2 f.

276 *Nowak*, Europarecht nach Lissabon, 2011, S. 86; *Terhechte*, in: Grabitz/Hilf/Nettesheim (Hrsg.), EuR, Art. 3 EUV, Rn. 15. In Bezug auf die Subventionsvergabe *Schreiber*, Verwaltungskompetenzen der Europäischen Union, 1997, S. 77.

277 *Terhechte*, in: Grabitz/Hilf/Nettesheim (Hrsg.), EuR, Art. 3 EUV, Rn. 22. So können beispielsweise das Ziel der Entwicklung der Währungslage und das Ziel der Marktstabilisierung kollidieren, vgl. EuGH, Urteil vom 20.10.1977, 29/77, ECLI:EU:C:1977:164 („Roquette Frères"), Rn. 29/31,.

278 *Ruffert*, in: Calliess/Ruffert (Hrsg.), EUV/AEUV, Art. 3 EUV, Rn. 5; *Terhechte*, in: Grabitz/Hilf/Nettesheim (Hrsg.), EuR, Art. 3 EUV, Rn. 28. Eine direkte Justiziabilität insgesamt ablehnend *Nowak*, Europarecht nach Lissabon, 2011, S. 86.

279 Insofern wohl auch *Rodi*, Subventionsrechtsordnung, 2000, S. 283.

lich festgeschrieben war, in Protokoll Nr. 27 über den Binnenmarkt und den Wettbewerb verlagert.[280] Insofern besitzt dieser Grundsatz auch weiterhin Zielqualität, da die Protokolle rechtlich gleichrangig mit den eigentlichen Verträgen sind (Art. 51 EUV), sodass sich durch die Verlagerung in den Anhang inhaltlich keine Änderungen ergeben.[281]

Unter den vielen in Art. 3 EUV festgelegten Zielen sind diejenigen aus Absatz 3, insbesondere das Binnenmarktprinzip, das ausgewogene Wirtschaftswachstum und die in hohem Maße wettbewerbsfähige soziale Marktwirtschaft hervorzuheben. Sie prägen die wirtschaftspolitische Grundtendenz, in die sich Subventionen einzupassen haben. Gleichwohl darf nicht vergessen werden, dass die europäische Politik auch noch andere gleichwertige Ziele verfolgen kann.[282] So ist sie – unabhängig von der Querschnittsklausel des Art. 11 AEUV – auch aus Art. 3 Abs. 3 UAbs. 1 Satz 2 EUV dem Ziel eines hohen Maßes an Umweltschutz und dem Ziel der Verbesserung der Umweltqualität verpflichtet. Hinsichtlich der Außenwirtschaftsbeziehungen der Union ist Absatz 5 von besonderer Bedeutung. Hier sind insbesondere die globale nachhaltige Entwicklung sowie der freie und gerechte Handel als Unionsziele zu nennen.

Diese Zielbestimmungen modifizieren die marktwirtschaftliche Grundentscheidung in Richtung einer in hohem Maße wettbewerbsfähigen, aber eben auch sozialen Marktwirtschaft, die nachhaltige und ökologische innen- und außenhandelspolitische Entwicklungen anstrebt.

c) Querschnittsklauseln

Neben den Zielen der Europäischen Union hat der europäische Gesetzgeber insbesondere die sogenannten Querschnittsklauseln zu beachten. Auch insofern hat er seine Unionsbeihilfengesetzgebung anzupassen. Bei den Querschnittsklauseln handelt es sich um politikbereichsübergreifende Bestimmungen, die bei jedem Handeln der Union zu beachten sind. Hierzu zählen der Umweltschutz (Art. 11 AEUV), der Verbraucherschutz

---

280 Näher hierzu *Behrens*, Der Wettbewerb im Vertrag von Lissabon, EuZW 2008, S. 193 ff.; *Basedow*, Das Sozialmodell von Lissabon: Solidarität statt Wettbewerb?, EuZW 2008, S. 225.

281 Ebenso *Nowak*, Europarecht nach Lissabon, 2011, S. 225 f.; *Behrens*, Der Wettbewerb im Vertrag von Lissabon, EuZW 2008, S. 193; *Basedow*, Das Sozialmodell von Lissabon: Solidarität statt Wettbewerb?, EuZW 2008, S. 225.

282 *Englisch*, Zur Bedeutung des gemeinschaftsrechtlichen Gleichheitssatzes im Recht der Gemeinschaftsbeihilfen, EuR 2009, S. 488 ff. (491).

(Art. 12 AEUV) und der Tierschutz (Art. 13 AEUV). Sofern man den Quer-schnittsklauseln wegen ihres jeweiligen imperativen Wortlauts eine Rechts-verbindlichkeit zusprechen möchte,[283] bleibt deren gerichtliche Kontrolle – wie bei den Zielbestimmungen – aufgrund der gesetzgeberischen Gestal-tungsfreiheit auf ein Minimum begrenzt.[284] Die Querschnittsklauseln stel-len damit in besonderer Weise auch nicht-ökonomische Belange in den Fo-kus des Gesetzgebers, sodass die Querschnittsklauseln die marktwirtschaft-liche Grundentscheidung insofern ergänzen.

2. Modifizierte Einbeziehung der Landwirtschaft in den Binnenmarkt

Die marktwirtschaftliche Grundentscheidung der Europäischen Union er-fasst nicht alle Politikbereiche der Europäischen Union gleichermaßen. Neben der Industriepolitik (Art. 173 ff. AEUV) ist insbesondere die Land-wirtschaftspolitik der Art. 38 ff. AEUV stark interventionistisch ausgestal-tet.[285] Am prägnantesten zeigt sich diese sektorspezifische Grundentschei-dung an der Möglichkeit des Sekundärrechtsgesetzgebers die Landwirt-schaftspolitik von der Anwendbarkeit der Wettbewerbs- und Staatsbeihilfe-regeln der Art. 101 ff. AEUV und Art. 107 ff. AEUV auszuschließen (Art. 42 Abs. 1 AEUV).[286]

Gleichzeitig umfasst der Binnenmarkt gemäß Art. 38 Abs. 1 UAbs. 2 Satz 1 AEUV auch die Landwirtschaft und den Handel mit landwirtschaft-lichen Produkten. Damit wird der Agrarsektor Teil eines „Raum[s] ohne Binnengrenzen, in dem der freie Verkehr von Waren, Personen, Dienstleis-tungen und Kapital gewährleistet ist" (Art. 26 Abs. 1 AEUV). Diese Einbe-ziehung in den Binnenmarkt wurde auf Druck des damals besonders agra-risch geprägten Frankreichs bereits in den Römischen Verträgen vorge-nommen,[287] wodurch die Landwirtschaft in eine Wirtschaftsverfassung einbezogen wurde, die über eine reine Zollunion hinausgeht und wettbe-

---

283 Vgl. zum Meinungsstand insofern *Calliess*, in: Calliess/Ruffert (Hrsg.), EUV/AEUV, Art. 11 AEUV, Rn. 21.

284 Vgl. insofern oben Teil 2, § 4, I., 1., b).

285 *Kilian/Wendt*, Europäisches Wirtschaftsrecht, Rn. 211, 213; *Herdegen*, Europa-recht, S. 271; *van Rijn*, in: Groeben/Schwarze/Hatje (Hrsg.), EuR, Art. 40 AEUV, Rn. 2; *Ruffert*, in: Calliess/Ruffert (Hrsg.), EUV/AEUV, Art. 3 EUV, Rn. 25.

286 Siehe näher hierzu Teil 2, § 4, I., 4.

287 *Härtel*, in: Terhechte (Hrsg.), EuVwR, 2011, § 37 Rn. 11; *Martínez*, in: Calliess/Ruffert (Hrsg.), EUV/AEUV, Art. 38 AEUV, Rn. 14 f.

werbsverzerrende Beeinflussungen des Marktgeschehens durch Private oder Hoheitsträger im Grundsatz vermeiden will.[288]

Gleichwohl war und ist die europäische Landwirtschaft auch weiterhin in besonderem Maße interventionistisch geprägt.[289] Auch heute noch greift die Europäische Union insbesondere in Form von Subventionen in das Wirken der marktwirtschaftlichen Kräfte auf dem Landwirtschaftssektor ein, wodurch sie den dort bestehenden Wettbewerb beeinflusst.

Der Umfang der Einbeziehung der Landwirtschaft in den Binnenmarkt wurde vom Gerichtshof in der Rechtssache Ramel näher beschrieben.[290] Streitgegenständlich war eine Verordnung, die den Mitgliedstaaten erlaubte, mengenmäßige Beschränkungen auf dem Weinmarkt zu verhängen, um die einheimische Weinproduktion zu schützen. Die Verordnung stand damit im Widerspruch zum Binnenmarktsprinzip in Form des freien Warenverkehrs. Frankreich machte im Verfahren vor dem EuGH geltend, dass die Einbeziehung der Agrarwirtschaft in den Binnenmarkt durch die Besonderheiten der landwirtschaftlichen Tätigkeit und die spezifischen Ziele der Gemeinsamen Agrarpolitik begrenzt sei.[291] Die Einbeziehung in den Gemeinsamen Markt könne deshalb den Erfordernissen der Gemeinsamen Agrarpolitik nicht entgegengestellt oder ihr gegenüber rangmäßig eingeordnet werden, sondern die beiden Gesichtspunkte müssen miteinander verbunden werden. Deshalb müsse die Warenverkehrsfreiheit im Rahmen der Gemeinsamen Agrarpolitik landwirtschaftsspezifisch angepasst verstanden werden.[292]

Diese Auffassung teilte der Gerichtshof im Ergebnis allerdings zu Recht nicht. Ausgehend vom Wortlaut des Art. 38 Abs. 2 AEUV[293] stellte er fest, dass im Agrarsektor nur dann vom klassischen Verständnis des Binnenmarktsprinzips und der Warenverkehrsfreiheit abgewichen werden kann, wenn in den Art. 39 bis 44 AEUV[294] ausdrückliche oder konkludente Aus-

---

288 *Herdegen*, Europarecht, S. 271.

289 *Van Rijn*, in: Groeben/Schwarze/Hatje (Hrsg.), EuR, Art. 38 AEUV, Rn. 4. Zur historischen Entwicklung der GAP siehe Teil 3, § 1.

290 EuGH, Urteil vom 20.04.1978, verb. Rs. 80/77 und 81/77, ECLI:EU:C:1978:87 („Ramel")..

291 EuGH, Urteil vom 20.04.1978, verb. Rs. 80/77 und 81/77, ECLI:EU:C:1978:87 („Ramel"), Rn. 17/19.

292 EuGH, Urteil vom 20.04.1978, verb. Rs. 80/77 und 81/77, ECLI:EU:C:1978:87 („Ramel"), Rn. 17/19.

293 Damals wortgleich Art. 38 Abs. 2 EWGV.

294 Damals Art. 39 bis 46 EWGV.

nahmen hiervon vorgesehen sind.[295] Da im vorliegenden Fall keine Ausnahme zugunsten mengenmäßiger Beschränkungen existierte, verstieß die Regelung dementsprechend gegen die Warenverkehrsfreiheit und somit auch gegen das Binnenmarktsprinzip. Im Bereich der Landwirtschaft gilt damit das Binnenmarktsprinzip in seiner klassischen Form und muss nicht den landwirtschaftlichen Besonderheiten Rechnung tragen. Um vom Binnenmarktsprinzip abzuweichen, muss eine entsprechende Ermächtigung in den Art. 39 bis 44 AEUV vorgesehen sein.

Der Binnenmarktsbezug steht also nur unter dem Vorbehalt der Art. 39 bis 44 AEUV. Insofern kann von einer modifizierten Einbeziehung der Landwirtschaft in den europäischen Binnenmarkt gesprochen werden, die durch spezifisch landwirtschaftliche Zielbestimmungen geprägt ist, welche die allgemeinen Zielbestimmungen teilweise überlagern.[296] Für die europäische Landwirtschaft sieht Art. 39 Abs. 1 AEUV besondere Ziele der gemeinsamen Agrarpolitik vor. Hierzu gehören folgende untereinander gleichrangige[297] Einzelziele: (1) die Steigerung der Produktivität der Landwirtschaft durch Förderung des technischen Fortschritts, Rationalisierung der landwirtschaftlichen Erzeugung und durch den bestmöglichen Einsatz von Produktionsfaktoren; (2) die Gewährleistung einer angemessenen Lebenshaltung der landwirtschaftlichen Bevölkerung; (3) Stabilisierung der Märkte; (4) Sicherstellung der Versorgung; (5) Sorgetragung der Belieferung der Verbraucher zu angemessenen Preisen.[298]

Die Formulierungen dieser Ziele lassen noch in besonderer Weise die wirtschaftlichen Versorgungsprobleme der Anfangsjahre der europäischen Einigung (Nahrungsmittelknappheit, hohes Preisniveau, ländliche Armut etc.)[299] erkennen.[300] Obwohl sich viele dieser Probleme mittlerweile verbessert haben, wurde der Vertragstext nicht angepasst. Nach wie vor zeichnen sich die agrarpolitischen Ziele nicht etwa durch die Forderung nach

---

295 EuGH, Urteil vom 20.04.1978, verb. Rs. 80/77 und 81/77, ECLI:EU:C:1978:87 („Ramel"), Rn. 25 ff.

296 *McMahon*, Towards New Objectives for the CAP, in: Norer (Hrsg.), CAP Reform: Market Organisation and Rural Areas, 2017, S. 73 ff. (73).

297 *Priebe*, in: Grabitz/Hilf/Nettesheim (Hrsg.), EuR, Art. 39 AEUV, Rn. 3; *Martínez*, in: Calliess/Ruffert (Hrsg.), EUV/AEUV, Art. 39 AEUV, Rn. 2.

298 Siehe zur Untersuchung des aktuellen Direktzahlungsregimes in Bezug auf Art. 39 Abs. 1 lit. b AEUV *Cardwell*, The direct payments regime: Delivering 'a fair standard of living for the agricultural community'?, in: McMahon/Cardwell (Hrsg.), Research Handbook on EU Agriculture Law, S. 41 ff.

299 *Priebe*, in: Grabitz/Hilf/Nettesheim (Hrsg.), EuR, Art. 38 AEUV, Rn. 1.

300 *Hase*, in: Düsing/Martínez (Hrsg.), Agrarrecht, Vor. §§ 38 – 44 AEUV, Rn. 2.

einem erhöhten Wettbewerb oder besonderen Umweltanforderungen aus,[301] sondern es werden weiterhin sowohl Interessen der Produzenten, der Verbraucher und der Allgemeinheit als GAP-Ziele qualifiziert und damit den Belangen aller Marktparteien Rechnung getragen.[302]

Dem Unionsgesetzgeber steht allerdings ein weites Ermessen zu, welchen Agrarzielen er jeweils den Vorrang einräumt und in welchem Umfang er sie berücksichtigt.[303] Insofern kann auf die bereits erwähnte geringe Bindungswirkung der europäischen Ziele verwiesen werden.[304]

Komplettiert werden diese agrarspezifischen Zielbestimmungen des Art. 39 Abs. 1 AEUV durch Art. 39 Abs. 2 AEUV. Danach ist bei der Gestaltung der GAP und ihrer Maßnahmen die Eigenart der landwirtschaftlichen Tätigkeit (sozialer Aufbau, strukturelle und naturbedingte Unterschiede der Gebiete)[305], die Notwendigkeit einer stufenweisen Anpassung sowie die Tatsache, dass die Landwirtschaft in enger Weise mit der restlichen Volkswirtschaft verflochten ist, zu beachten. Hierdurch gibt das Primärrecht dem Gesetzgeber legitime Ziele zur Rechtfertigung von Ungleichbehandlungen an die Hand. Diese Rechtfertigungsansätze stehen teilweise im Gegensatz zu allgemeinen Grundsätzen.[306] Art. 39 Abs. 2 AEUV kommt daher ein „bedeutendes Differenzierungspotenti-

---

301 In diesem Sinne auch *Martínez*, in: Calliess/Ruffert (Hrsg.), EUV/AEUV, Art. 39 AEUV, Rn. 15 sowie *Cardwell/McMahon*, Looking back to look forward, in: McMahon/Cardwell (Hrsg.), Research Handbook on EU Agriculture Law, S. 531 ff. (534).

302 Ebenfalls hervorhebend *O'Connor*, The impact of the Doha Round on the European Union's Common Agricultural Policy, in: McMahon/Cardwell (Hrsg.), Research Handbook on EU Agriculture Law, S. 387 ff. (403); *Vandenberghe*, The Single Common Market Organization, in: McMahon/Cardwell (Hrsg.), Research Handbook on EU Agriculture Law, S. 62 ff. (65). *McMahon*, Towards New Objectives for the CAP, in: Norer (Hrsg.), CAP Reform: Market Organisation and Rural Areas, 2017, S. 73 ff. (97) fordert einen „neuen Gesellschaftsvertrag" für die GAP.

303 Vgl. nur EuGH, Urteil vom 16.05.1973, 5/73, ECLI:EU:C:1973:109 ("Balkan Import Export"), Rn. 24; *Martínez*, in: Calliess/Ruffert (Hrsg.), EUV/AEUV, Art. 39 AEUV, Rn. 2. Siehe näher zur Rechtsprechung zu den einzelnen Agrarzielen *McMahon*, Towards New Objectives for the CAP, in: Norer (Hrsg.), CAP Reform: Market Organisation and Rural Areas, 2017, S. 73 ff. (75 ff.).

304 Siehe oben Teil 2, § 4, I., 1., b).

305 Hierzu zählen insbesondere die große Anzahl von Familienbetrieben sowie die mittelständische Struktur und die Witterungsabhängigkeit; *Hase*, in: Düsing/Martínez (Hrsg.), Agrarrecht, Art. 40 AEUV, Rn. 15.

306 Insbesondere zum Grundsatz der Nichtdiskriminierung. Siehe näher hierzu sogleich Teil 2, § 4, II.

al"[307] zu. Insofern ist insbesondere die Förderung von kleinen und mittleren Unternehmen aufgrund der Eigenart der Landwirtschaft und ihrem sozialen Aufbau oder die Bevorzugung bestimmter Regionen aufgrund naturbedingter Unterschiede gegenüber dem Diskriminierungsverbot des Art. 40 Abs. 2 AEUV zu rechtfertigen.[308] Voraussetzung für eine Rechtfertigung über die Gründe des Art. 39 Abs. 2 AEUV ist jedoch, dass objektiv bestehende und nachweisbare Unterschiede vorliegen.[309]

Die modifizierte Einbeziehung der Landwirtschaft in den Binnenmarkt wird damit durch die landwirtschaftlichen Zielbestimmungen in besonderer Weise zentralistisch geprägt.[310] Grund für diese Prägung ist zum einen, dass einmal erzeugte Produkte nur eine gewisse Zeit lagerfähig sind und die landwirtschaftliche Produktion in besonderer Weise von äußeren Faktoren abhängig ist, die sich nur schwer oder gar nicht beeinflussen lassen, wie etwa Bodenerträge, Wetter und Jahreszeiten, was zu einer hohen Volatilität der Preise führt.[311] Aus dieser Abhängigkeit der Landwirtschaft folgt notwendigerweise eine geringere Flexibilität, also eine geringere Umstellungsfähigkeit der Produktion auf neue Produkte, als in anderen Wirtschaftsgebieten.[312] Zum anderen besitzt die landwirtschaftliche Produktion gewisse Strukturdefizite: Landwirtschaftliche Produkte sind sogenannte inferiore Güter, also solche, deren Nachfrage mit steigendem Einkommen privater Haushalte – wenn überhaupt – nur sehr gering steigt und die kaum preiselastisch sind, was bedeutet, dass Preisänderungen die Nachfra-

---

307 *Van Rijn*, in: Groeben/Schwarze/Hatje (Hrsg.), EuR, Art. 39 AEUV, Rn. 17.

308 *Van Rijn*, in: Groeben/Schwarze/Hatje (Hrsg.), EuR, Art. 39 AEUV, Rn. 16. Unter Hinweis auf die besondere Beachtung des speziellen Diskriminierungsverbots *Kopp*, in: Streinz (Hrsg.), EUV/AEUV, Art. 39 AEUV, Rn. 25; *Hase*, in: Düsing/Martínez (Hrsg.), Agrarrecht, Art. 40 AEUV, Rn. 14 und 33.

309 Kritisch zum Fortbestand des Art. 39 Abs. 2 AEUV insgesamt *Cardwell/McMahon*, Looking back to look forward, in: McMahon/Cardwell (Hrsg.), Research Handbook on EU Agriculture Law, S. 531 ff. (534 f.); *Van Rijn*, in: Groeben/Schwarze/Hatje (Hrsg.), EuR, Art. 39 AEUV, Rn. 17.

310 *Van Rijn*, in: Groeben/Schwarze/Hatje (Hrsg.), EuR, Art. 40 AEUV, Rn. 2 sowie *Hase*, in: Düsing/Martínez (Hrsg.), Agrarrecht, Art. 40 AEUV, Rn. 34 sprechen deswegen – entgegen der hier vertretenen Auffassung – von einer grundsätzlichen Entscheidung der Union für eine planwirtschaftlich-interventionistische Agrarpolitik.

311 Aus diesen Gründen verlieren jedes Jahr etwa 20% der Landwirte mehr als 30% ihres Einkommens, verglichen zu ihrem Durchschnittseinkommen der letzten drei Jahre; Europäische Kommission, Ernährung und Landwirtschaft in der Zukunft, Mitteilung vom 29.11.2017, COM(2017) 713 final, S. 4.

312 *Martínez*, in: Calliess/Ruffert (Hrsg.), EUV/AEUV, Art. 38 AEUV, Rn. 16; *Priebe*, in: Grabitz/Hilf/Nettesheim (Hrsg.), EuR, Art. 39 AEUV, Rn. 30 ff.

ge kaum beeinflussen, wohingegen Produktionssteigerungen lediglich zu Preisverfall führen.[313] Darüber hinaus wird von der europäischen Agrarwirtschaft verlangt, dass sie die historisch gewachsene Kulturlandschaft erhält und in besonders hohem Maße Umweltbelangen Rechnung trägt (sogenannten externen Effekte) die über den Marktpreis der jeweiligen Ware allerdings nur bedingt kompensiert werden.[314]

3. Auswirkungen der wirtschaftspolitischen Rahmenbedingungen auf die Subventionsvergabe

Im Ergebnis ist das Wirtschaftsordnungsrecht der Europäischen Union also durch marktwirtschaftliche Ordnungsprinzipien geprägt. Sektorenspezifisch – insbesondere im Agrarbereich – werden sie allerdings von interventionistischen Ausprägungen überlagert, sodass insofern ein gespaltenes Wirtschaftsordnungssystem vorliegt.[315] Es herrscht ein sektorenspezifischer Dualismus des Wirtschaftsordnungsrechts.[316] Für die Subventionsvergabe bedeutet das, dass in rein marktwirtschaftlich geprägten Bereichen Beihilfen zulasten des freien Wettbewerbs prima facie stärker rechtfertigungsbedürftig sind, als in interventionistischen Wirtschaftsbereichen. Unionsbeihilfen haben sich grundsätzlich in ein marktwirtschaftliches System einzupassen und müssen eine Wettbewerbsverzerrung vermeiden. Hierbei muss jedoch bedacht werden, dass auch der dezentralen Wirtschaftsordnung die Subventionsvergabe nicht wesensfremd ist,[317] sondern zum Teil sogar gebotene Staatsaufgabe im Falle von Marktunvollkommenheit und Marktversagen[318] im Rahmen der Allokations-, Distributions- und der Stabilisie-

---

313 *Baßeler/Heinrich/Utecht*, Grundlagen und Probleme der Volkswirtschaft, 19. Auflage 2010, S. 707.
314 Vgl. auch *Cardwell/McMahon*, Looking back to look forward, in: McMahon/Cardwell (Hrsg.), Research Handbook on EU Agriculture Law, S. 531 ff. (535).
315 *Herdegen*, Europarecht, S. 271; *Müller-Graff*, in: Müller-Graff (Hrsg.), Europäisches Wirtschaftsordnungsrecht, § 1, Rn. 11.
316 *Rodi*, Subventionsrechtsordnung, 2000, S. 77 f.
317 Mit der Betonung als unter bestimmten Bedingungen legitimes Ziel in einer sozialen Marktwirtschaft ebenso Bundesministerium der Finanzen, Subventionsbericht, 2015, S. 9.
318 *Dickertmann/Diller*, Subventionswirkungen, in: Wirtschaftswissenschaftliches Studium 1990, S. 478 ff. (482). Siehe näher zum Begriff des Marktversagens *Baßeler/Heinrich/Utecht*, Grundlagen und Probleme der Volkswirtschaft, 19. Auflage 2010, S. 50 ff.; Europäische Kommission, Rahmenregelung der Europä-

rungspolitik sein kann,[319] wenn auch nur subsidiär als Hilfe zur Selbsthilfe.[320]

Diese Feststellung steht auch in engem Zusammenhang mit der Erkenntnis, dass den europäischen Staatsbeihilfenregelungen der Art. 107 ff. AEUV keine allgemeine Regel entnommen werden kann, dass (wettbewerbsbedrohende) Subventionen generell verboten sind, sondern dass es sich beim Staatsbeihilfenregime um spezifische Regelungen handelt, die vornehmlich eine einseitige mitgliedstaatliche Verzerrung des binnenmarktlichen Wettbewerbs zugunsten des jeweils eigenen Standorts vermeiden möchten.[321]

Durch die modifizierte Einbeziehung der Landwirtschaft in den Binnenmarkt wird insbesondere durch die Ziele der Landwirtschaftspolitik partiell von dem allgemeinen dezentralen Wirtschaftssystem der Europäischen Union abgewichen. Dadurch sind Subventionen leichter zu rechtfertigen und in Teilen sogar erwünscht. So werden etwa in Art. 40 Abs. 2 AEUV Beihilfen und Einlagerungs- und Ausgleichsmaßnahmen als Maßnahmen intendiert und gemäß Absatz 3 die Errichtung eines Ausrichtungs- und Garantiefonds für die Landwirtschaft ausdrücklich ermöglicht. Die Errichtung dieser Fonds bezweckt den Einsatz finanzieller Mittel zur Wirtschaftslenkung, was auch Beihilfen beinhaltet.

4. Exkurs: Staatsbeihilferegelungen im Agrarbereich

Wie soeben dargelegt, bedeutet die modifizierte Einbeziehung der Landwirtschaft in den Binnenmarkt, dass die allgemeinen Binnenmarktregeln nur insofern greifen, als dass keine besonderen Regeln in den Art. 39 bis 44 AEUV vorgesehen sind. Art. 42 Abs. 1 AEUV statuiert insofern, dass „[die Art. 107 ff. AEUV] auf die Produktion landwirtschaftlicher Erzeugnisse und den Handel mit diesen nur insoweit Anwendung [finden], als das Europäische Parlament und der Rat dies [...] bestimmt." Die Norm geht von einer grundsätzlichen Unanwendbarkeit des Wettbewerbskapitels inklusive des Staatsbeihilfenregimes der Art. 107 ff. AEUV im Bereich der

---

ischen Union für staatliche Beihilfen im Agrar- und Forstsektor und in ländlichen Gebieten 2014-2020 vom 01.07.2014, ABl. 2014/C 204/01, Rn. 2.

319 Vgl. näher hierzu *Welfens*, Grundlagen der Wirtschaftspolitik, S. 538 f.

320 *Müller*, Wettbewerb und Unionsverfassung, 2014, S. 258 sowie S. 49 ff.; *Dickertmann/Leiendecker*, Subventionen, in: Hasse/Schneider/Weigelt (Hrsg.), Lexikon Soziale Marktwirtschaft, S. 444 ff. (445).

321 Siehe genauer hierzu oben Teil 2, § 1, II., 1.

Landwirtschaft aus und stellt insofern eine Ausnahme vom Binnenmarktgrundsatz dar.[322]

Unter Bezugnahme auf Rechtsprechung des Gerichtshofs wird vertreten, dass die Entscheidung des Parlaments und des Rates über das Wie der Anwendbarkeit nicht zu einem vollständigen Ausschluss des Wettbewerbskapitels führen könne.[323] In der zitierten Rechtsprechung hält der EuGH allerdings lediglich fest, dass der Rat das Recht besitzt, zu entscheiden, „inwieweit die Wettbewerbsregeln für den Agrarsektor gelten sollen. Bei der Ausübung dieser Befugnis kommt dem Rat wie bei der gesamten Durchführung der Agrarpolitik ein weites Ermessen zu. [...] [Die angefochtenen] Maßnahmen lassen im übrigen weiterhin einen gewissen Wettbewerb beim Preis, bei den Verkaufsbedingungen und bei der Qualität [...] [des betroffenen Produkts] zu. Der Rat hat somit sein Ermessen nicht überschritten."[324] Diese Rechtsprechung ist derart zu verstehen, dass ein Ausschluss der Anwendbarkeit des Wettbewerbskapitels nur im Ausnahmefall möglich ist, weil neben den agrarpolitischen Zielen auch dem allgemeinen Ziel des freien Wettbewerbs Rechnung getragen werden soll. Gleichwohl ist es nicht ausgeschlossen, dass eine Entscheidung über den Umfang der Anwendbarkeit auch zu einem vollständigen Ausschluss des Wettbewerbskapitels führen kann, wenn im konkreten Fall das Ziel des freien Wettbewerbs gegenüber den agrarpolitischen Zielen zu weichen hat.[325]

II. Diskriminierungsverbot

Bei der Agrarsubventionsvergabe ist der Grundsatz der Diskriminierungsfreiheit zu beachten, der das europäische Primärrecht in besonderer Weise

---

322 In diesem Sinne auch *Kopp*, in: Streinz (Hrsg.), EUV/AEUV, Art. 42 AEUV, Rn. 1; *Schubert*, Beihilfen im Agrarsektor, EuZW 2010, S. 92 ff. (93). Anderers hingegen *Belger*, Agrarbeihilfenrecht, 2011, S. 121, der der Auffassung ist, dass das Wettbewerbskapitel im Grundsatz Anwendung fände und Parlament und Rat nur über den Umfang der Anwendbarkeit entscheiden könnten. Nicht das Ob der Anwendbarkeit stünde im Ermessen der Organe, sondern nur das Wie, also das Ausmaß der Anwendbarkeit.

323 *Martínez*, Landwirtschaft und Wettbewerbsrecht, EuZW 2010, S. 368 ff. (S. 368) unter Bezugnahme auf EuGH, Urteil vom 29.10.1980, 139/79, ECLI:EU:C:1980:250 („Isoglukose").

324 EuGH, Urteil vom 29.10.1980, 139/79, ECLI:EU:C:1980:250 („Isoglukose").

325 Siehe näher Vergabe von Staatsbeihilfen im Agrarsektor unter Berücksichtigung des Art. 42 AEUV näher *Schubert*, Beihilfen im Agrarsektor, EuZW 2010, S. 92 ff.

prägt.[326] Art. 18 Abs. 1 AEUV statuiert insofern den Grundsatz, dass „[unbeschadet] besonderer Bestimmungen der Verträge [...] in ihrem Anwendungsbereich jede Diskriminierung aus Gründen der Staatsangehörigkeit verboten [ist]", wobei sich dieses Diskriminierungsverbot nur auf mitgliedstaatliche Staatsangehörigkeiten bezieht.[327] Verpflichtet sind nicht nur die Mitgliedstaaten, sondern auch die Europäische Union selbst[328] und Privatpersonen werden unmittelbar anwendbare Rechte gewährt.[329] Neben Art. 18 Abs. 1 AEUV findet sich der Grundsatz der Nichtdiskriminierung auch in weiteren Normen des Primärrechts, wie etwa in Art. 20 GRCh, Art. 21 Abs. 1 und Abs. 2 GRCh,[330] den personenbezogenen europäischen Grundfreiheiten[331] und landwirtschaftsspezifisch in Art. 40 Abs. 2 UAbs. 2 AEUV wieder.

---

326 *Epiney*, in: Calliess/Ruffert (Hrsg.), EUV/AEUV, Art. 18 AEUV, Rn. 1.

327 EuGH, Urteil vom 20.10.1993, C-92 und 326/92, ECLI:EU:C:1993:847 („Phil Collins"), Rn. 32.

328 EuGH, Urteil vom 18.05.1994, C-309/89, ECLI:EU:C:1994:197 („Cordoníu"), Rn. 26; EuGH, Urteil vom 09.09.2004, C-304/01, ECLI:EU:C:2004:495 („Spanien/Kommission"), Rn. 30 f. und 46; *Schmahl*, in: Grabenwarter (Hrsg.), Europäischer Grundrechteschutz, § 15, Rn. 66.

329 *Schmahl*, in: Grabenwarter (Hrsg.), Europäischer Grundrechteschutz, § 15, Rn. 73 ff. Vgl. unter anderem EuGH, Urteil vom 13.02.1985, 293/83, ECLI:EU:C:1985:69 („Gravier"), Rn. 14 f.; EuGH, Urteil vom 12.05.1998, C-85/96, ECLI:EU:C:1998:217 („Martínez Sala"), Rn. 63.

330 Art. 21 Abs. 1 GRCh enthält den Auffangtatbestand des Allgemeinen Diskriminierungsverbots. Im Gegensatz zu Art. 18 Abs. 1 AEUV ist der Anwendungsbereich des Art. 21 Abs. 2 GRCh in Bezug auf die Mitgliedstaaten auf die „Durchführung des Rechts der Union" beschränkt (Art. 51 Abs. 1 Satz 1 GRCh), während Art. 18 Abs. 1 AEUV allgemein gilt; vgl. hinsichtlich des Anwendungsbereichs des Diskriminierungsverbots der GRCh auf Mitgliedstaaten etwa *Diest*, Änderungen im Diskriminierungsschutz durch die Europäische Grundrechtecharta, 2016, S. 59 ff.

331 Keine personenbezogenen Grundfreiheiten sind die Warenverkehrsfreiheit und die Kapital- und Zahlungsverkehrsfreiheit; *Schmahl*, in: Grabenwarter (Hrsg.), Europäischer Grundrechteschutz, § 15, Rn. 66. Vgl. zur Bindung der Europäischen Union an die Grundfreiheiten EuGH, Urteil vom 20.04.1978, verb. Rs. 80 u. 81/77, ECLI:EU:C:1978:87 („Ramel"), Rn. 27/33; EuGH, Urteil vom 27.02.1984, 37/83, ECLI:EU:C:1984:89 („Rewe"), Rn. 18; EuGH, Urteil vom 09.08.1994, C-51/93, ECLI:EU:C:1994:312 („Meyhui"), Rn. 11; EuGH, Urteil vom 25.06.1997, C-114/96, ECLI:EU:C:1997:316 („Kieffer und Thill"), Rn. 27; EuGH, Urteil vom 14.07.1998, C-284/95, ECLI:EU:C:1998:352 („Safety Hi-Tech"), Rn. 63; *Tietje*, in: Grabitz/Hilf/Nettesheim (Hrsg.), EuR, Art. 114 AEUV, Rn. 48. Für eine unmittelbare Anwendbarkeit *Forsthoff*, in: Grabitz/Hilf/Nettesheim (Hrsg.), EuR, Art. 45 AEUV, Rn. 131; *Ehlers*, Die Grundfreiheiten des europäischen Gemeinschaftsrechts, JURA 2001, S. 266 ff. (274); *Cichy*, Gemein-

Inhaltlich verbietet der Grundsatz der Nichtdiskriminierung dem Unionsbeihilfengesetzgeber nicht nur jede offene, direkte Diskriminierung durch ein unmittelbares Anknüpfen an das Staatsangehörigkeitskriterium, sondern auch versteckte, indirekte Diskriminierungen, die sich lediglich faktisch wie ein unmittelbares Anknüpfen an die Staatsangehörigkeit auswirken.[332] Rechtfertigen lassen sich – entgegen früherer Skepsis[333] – nicht nur versteckte, indirekte Diskriminierungen, sondern in engeren Grenzen auch offene, direkte Diskriminierungen.[334]

Die Landwirtschaft – insbesondere der Ackerbau – ist in besonderem Maße durch eine Ortsgebundenheit geprägt. Werden Landwirte in verschiedenen Mitgliedstaaten unterschiedlich behandelt, trifft diese Ungleichbehandlung aufgrund der Ortsgebundenheit damit typischerweise die jeweiligen staatsangehörigen Landwirte. Damit wirkt sich eine Ungleichbehandlung in unterschiedlichen Mitgliedstaaten durch die Europäische Union wie eine Diskriminierung aufgrund der Staatsangehörigkeit aus (versteckte, mittelbare Diskriminierung). Mit anderen Worten ist aufgrund der Ortsgebundenheit der Landwirtschaft eine unterschiedliche Behandlung von Mitgliedstaaten mit einem Wohnsitzerfordernis in Bezug

---

schaftsbeihilfen, 2002, S. 158; *Schwemer*, Die Bindung des Gemeinschaftsgesetzgebers an die Grundfreiheiten, 1995, S. 37. Mindestens auf die Personenfreizügigkeit begrenzte unmittelbare Anwendbarkeit *Wollenschläger*, in: Groeben/Schwarze/Hatje (Hrsg.), EuR, Art. 15 GRCh, Rn. 16. Ausdrücklich gegen eine unmittelbare Bindung, aber für eine mittelbare Anwendbarkeit der rechtlichen Wertungen der Grundfreiheiten als allgemeine Grundsätze *Scheffer*, Die Marktfreiheiten des EG-Vertrages als Ermessensgrenze des Gemeinschaftsgesetzgebers, 1997, S. 132 f.; *Rodi*, Subventionsrechtsordnung, 2000, S. 281. Von einer unmittelbaren oder mittelbaren Bindungswirkung im Ergebnis ausgehend *Classen*, in: Groeben/Schwarze/Hatje (Hrsg.), EuR, Art. 114 AEUV, Rn. 179 sowie *Müller-Graff*, in: Streinz (Hrsg.), EUV/AEUV, Art. 49 AEUV, Rn. 37.

332 Vgl. zu den Begriffen der direkten und indirekten Diskriminierung *Ellis/Watson*, EU Anti-Discrimination Law, 2. Auflage 2012, S. 143 ff.; *Rust*, in: Groeben/Schwarze/Hatje (Hrsg.), EuR, Art. 18, Rn. 50 ff.

333 Vgl. etwa EuGH, Urteil vom 20.10.1993, C-92 und 326/92, ECLI:EU:C:1993:847 („Phil Collins"), Rn. 32; EuGH, Urteil vom 20.01.1994, C-129/92, ECLI:EU:C:1994:13 („Owens"), Rn. 17; *Kischel*, Zur Dogmatik des Gleichheitssatzes in der Europäischen Union, EuGRZ 1997, S. 1 ff. (5).

334 Vgl. etwa EuGH, Urteil vom 16.12.2008, C-524/06, ECLI:EU:C:2008:724 („Huber"), Rn. 76 ff.; *Schmahl*, in: Grabenwarter (Hrsg.), Europäischer Grundrechteschutz, § 15, Rn. 78.

auf die Landwirte vergleichbar, welches anerkanntermaßen „stets diskriminierungsverdächtig" ist.[335]

Sofern eine Ungleichbehandlung festgestellt wurde, muss sich eine Rechtfertigung auf „objektive, von der Staatsangehörigkeit der Betroffenen unabhängige Erwägungen" stützen.[336] Dem europäischen Gesetzgeber kommt allerdings gerade im Rahmen der Gemeinsamen Agrarpolitik ein weiter Beurteilungsspielraum hinsichtlich der Rechtfertigung von Eingriffen zu, der der ihm in den Art. 40 bis 43 AEUV übertragenen politischen Verantwortung entspricht.[337] Wenn der Gesetzgeber die künftigen Auswirkungen seines Handelns nicht einfach voraussagen und nur schwer beurteilen kann, muss eine gerichtliche Überprüfung darauf beschränkt bleiben, ob der Gesetzgeber ex ante offensichtlich über die ihm zur Verfügung stehenden Erkenntnisse irrte.[338] Hierbei kann er in gewissen Grenzen auf pauschalierte Erfahrungswerte abstellen.[339] Aufgrund dieses weiten Beurteilungsspielraums des Gesetzgebers wird das Diskriminierungsverbot teilweise nur als Willkürverbot verstanden.[340] So oder so muss eine Rechtfertigung der Ungleichbehandlung allerdings auf objektiven, nachvollziehbaren Gründen des Gemeinwohls geschehen und darf nicht von sachfremden Erwägungen getragen sein. Bei der Rechtfertigung von Ungleichbehandlungen im Rahmen der europäischen Agrarpolitik sind insbesondere die strukturellen und naturbedingten Unterschiede der verschiedenen landwirtschaftlichen Gebiete (Art. 39 Abs. 2 lit. a AEUV) zu beachten, die auch eine gezielte Förderung benachteiligter oder von einer wirtschaftlichen Entwicklung besonders betroffener Gebiete rechtfertigen kann.

---

335 In Bezug auf Wohnsitzerfordernisse *Rust*, in: Groeben/Schwarze/Hatje (Hrsg.), EuR, Art. 18 AEUV, Rn. 52. Vgl. außerdem EuGH, Urteil vom 29.04.1999, C-224/97, ECLI:EU:C:1999:212 („Ciola"), Rn. 14.

336 EuGH, Urteil vom 02.10.2003, C-148/02, ECLI:EU:C:2003:539 („Avello"), Rn. 31; EuGH, Urteil vom 23.01.1997, C-29/95, ECLI:EU:C:1997:28 („Pastoors"), Rn. 19; *Jarass*, GRCh, Art. 21, Rn. 52.

337 EuGH, Urteil vom 19.03.1992, C-311/90, ECLI:EU:C:1992:138 („Hierl"), Rn. 13; EuGH, Urteil vom 21.02.1990, C-267/88 bis C-285/88, ECLI:EU:C:1990:79 („Wuidart"), Rn. 14; EuGH, Urteil vom 05.10.1994, C-280/93, ECLI:EU:C:1994:367 („Deutschland/Rat"), Rn. 89 und Rn. 47; EuGH, Urteil vom 14.05.2009, C-34/08, ECLI:EU:C:2009:304 („Azienda Agricola Disarò Antonio"), Rn. 45.

338 EuGH, Urteil vom 11.07.1989, 265/87, ECLI:EU:C:1989:303 („Schräder"), Rn. 22.

339 EuGH, Urteil vom 19.09.1985, 192/83, ECLI:EU:C:1958:356 („Griechenland./.Kommission"), Rn. 33.

340 Kritisch hierzu *Englisch*, Zur Bedeutung des gemeinschaftsrechtlichen Gleichheitssatzes im Recht der Gemeinschaftsbeihilfen, EuR 2009, S. 488 ff. (494 ff.).

Über das Diskriminierungsverbot von Privaten hinaus ist in Art. 4 Abs. 2 Satz 1 EUV der Grundsatz der Gleichheit der Mitgliedstaaten vor den Verträgen niedergelegt. Dieser Grundsatz legt eine statusrechtliche Gleichheit der Mitgliedstaaten gegenüber der Union fest – unabhängig von potentiellen Diskriminierungen Privater.[341]

Der Agrarsubventionsgesetzgeber bewegt sich insbesondere bei den Beihilfen im Hopfensektor (Art. 58 ff. VO 1308/2013) und den Programmen zur Stützung des Sektors Olivenöl und Tafeloliven (Art 29 ff. VO 1308/2013) im sensiblen Bereich dieses Diskriminierungsverbots in Form der versteckten, mittelbaren Diskriminierung. Die genannten Subventionsprogramme werden sekundärrechtlich ausdrücklich nur für bestimmte Mitgliedstaaten aufgesetzt und die entsprechend ansässigen Landwirte damit finanziell gegenüber den Landwirten anderer Mitgliedstaaten bevorzugt. Im Rahmen der Hopfenbeihilfen werden Gelder ausschließlich für Deutschland festgesetzt, bei den Olivenbeihilfen ausschließlich für Griechenland, Frankreich und Italien.

Es ist insofern zu untersuchen, aus welchen Gründen die Europäische Union bestimmte Beihilfenprogramme nur in bestimmten Mitgliedstaaten implementiert. Zunächst kommen hierfür besondere wirtschaftliche Gründe in Betracht. Im Hopfensektor werden in Europa auf etwa 26.500 Hektar in 14 Mitgliedstaaten 60% der weltweiten Hopfenproduktion angebaut. 60% dieser europäischen Hopfenproduktion entfallen auf Deutschland, das damit zu den größten Hopfenproduzenten der Welt gehört, wobei auch Tschechien, Polen, Slowenien und das Vereinigte Königreich eine beachtliche Hopfenproduktion besitzen.[342] Gleichwohl hat sich der europäische Agrargesetzgeber dazu entschieden, die Beihilfen im Hopfensektor gemäß Art. 58 ff. VO 1308/2013 ausschließlich auf Deutschland anzuwenden. Der VO 1308/2013 lassen sich keine Gründe entnehmen, weshalb dieses Beihilfenprogramm derartig einseitig ausgestaltet wurde. Alleine die Tatsache, dass Deutschland der flächen- und mengenmäßig größte Hopfenproduzent in Europa ist, kann nicht rechtfertigen, dass eine deutsche Hopfenerzeugerorganisation und damit letztlich auch der deutsche Hopfenbauer die Beihilfen im Hopfensektor erhält, während etwa eine Erzeugerorganisation in Tschechien und damit der tschechische Hopfenbauer diese Beihilfen nicht erhält.

Eine ähnliche Situation – wenngleich unter anderen Vorzeichen – ergibt sich beim Beihilfenprogramm im Sektor Olivenöl und Tafeloliven der

---

341 *Bogdandy/Schill*, in: Grabitz/Hilf/Nettesheim (Hrsg.), EuR, Art. 4 EUV, Rn. 7.
342 www.ec.europa.eu/agriculture/hops_de (31.01.2019).

Art. 29 ff. VO 1308/2013. In der Europäischen Union werden in den Mitgliedstaaten Spanien, Italien, Griechenland, Portugal, Frankreich, Zypern, Slowenien und Malta Oliven angebaut und dort etwa 73% der weltweiten Olivenölmengen produziert. Auf Spanien entfallen 62% der europäischen Olivenölproduktion und auf Griechenland und Italien zusammen weitere 35%.[343] Dennoch werden die Beihilfen im Sektor Olivenöl und Tafeloliven ausschließlich in Griechenland, Italien und Frankreich angewendet und damit nicht in Spanien, das auf dem Olivenölsektor der mit Abstand größte Produzent ist. Auch in diesem Sektor lassen sich der VO 1308/2013 keine Gründe für diese Ungleichbehandlung der Mitgliedstaaten entnehmen.

In diesen beiden Beihilfenprogrammen werden also einzelne Mitgliedstaaten und damit mittelbar auch die entsprechenden nationalen Landwirte gegenüber nicht subventionierten Mitgliedstaaten beziehungsweise ihren ausländischen Konkurrenten privilegiert und damit die Landwirte in nichtprivilegierten Mitgliedstaaten nicht nachvollziehbar ungleichbehandelt. Hinsichtlich dieser Ungleichbehandlungen werden keine objektiven Rechtfertigungsgründe vorgebracht[344] und sind auch bei näherer Betrachtung nicht ersichtlich. Aus diesem Grund ist im Rahmen dieser beiden Beihilfenprogramme von einer Diskriminierung auszugehen.

Anstatt – wie in den Bereichen Hopfen und Oliven bisher – Gelder ausschließlich für bestimmte Mitgliedstaaten zur Verfügung zu stellen, sollte die Europäische Union künftig die Förderbedingungen in den betroffenen landwirtschaftlichen Sektoren entsprechend den wirtschaftlichen Bedürfnissen objektiv und transparent anpassen. Eine Mittelaufteilung auf die betroffenen Mitgliedstaaten sollte ebenfalls objektiv und transparent geschehen.

Abgesehen von diesen beiden Beihilfenprogrammen kommt eine Diskriminierung insbesondere bezüglich der Aufteilung der finanziellen Mittel auf die Mitgliedstaaten im Rahmen der Direktzahlungen in Betracht. Dort werden die finanziellen Mittel, die von der Europäischen Union zum Zweck der Finanzierung ihrer Agrarsubventionen bestimmt wurden, nicht unmittelbar durch die EU selbst auf die Anspruchsberechtigten aufgeteilt und ausgezahlt, sondern die Union weist die Gelder zunächst den jeweiligen Mitgliedstaaten als Förderkontingente in unterschiedlichen Höhen zu

---

343 Vgl. hierzu insgesamt Europäische Kommission, GD Landwirtschaft, Analyse économique du secteur oléicole, 2012, https://ec.europa.eu/agriculture/sites/agriculture/files/olive-oil/economic-analysis_fr.pdf (31.01.2019).

344 Vgl. zum Transparenzgrundsatz insbesondere in Bezug auf die beiden Beihilfensektoren Hopfen und Oliven Teil 3, § 3, VI., 2.

(Art. 6 Abs. 1 UAbs. 1 i.V.m. Anhang II VO 1307/2013, sogenannte nationale Obergrenzen). Die nationalen Obergrenzen werden sodann von den Mitgliedstaaten auf die jeweiligen „Zahlungsansprüche" aufgeteilt.[345] Durch diesen Mechanismus und insbesondere durch die Zuweisung nationaler Obergrenzen in unterschiedlicher Höhe durch die Europäische Union besteht die Möglichkeit, dass Landwirte in einem Mitgliedstaat finanziell schlechter gestellt werden, als vergleichbare Landwirte in einem anderen Mitgliedstaat.

Durch die Aufteilung der nationalen Obergrenzen erhält beispielsweise Deutschland für das Jahr 2017 etwa € 5,08 Milliarden als nationale Obergrenze, Frankreich etwa € 7,89 Milliarden und Litauen lediglich etwa € 0,46 Milliarden.[346] Diese Ungleichbehandlung durch die Aufteilung der europäischen Mittel muss nach objektiven Kriterien vorgenommen werden und darf damit nicht willkürlich geschehen.[347] Ebenso wenig wie bei den Beihilfenprogrammen in den Sektoren Hopfen und Oliven, ist bei der Zuweisung der nationalen Obergrenzen aus dem einschlägigen Sekundärrecht ersichtlich, anhand welcher Kriterien diese Zuweisung vorgenommen wurde.[348] Stattdessen ist bei genauerer Betrachtung zu erkennen, dass sich die Aufteilung der finanziellen Mittel an der Aufteilung durch die Vorgängerverordnung orientiert hat,[349] in der Deutschland für das Jahr 2009 etwa € 5,77 Milliarden, Frankreich € 8,40 Milliarden und dem Litauen etwa € 0,23 Milliarden zugewiesen wurden. Wie sich am Beispiel Litauen und Frankreich sehen lässt, hat die GAP-Reform 2013 in Bezug auf die

---

345 Vgl. näher zu den nationalen Obergrenzen und zum Mechanismus der Zahlungsansprüche Teil 3, § 3, I. und II., 1., a).

346 Siehe näher zur jährlichen Aufteilung auf die Mitgliedstaaten der Union die Tabelle in Anhang II VO 1307/2013.

347 Bei den nationalen Obergrenzen ist zu beachten, dass sich eine Diskriminierung von Privaten nur schwer feststellen lässt, da sich die nationalen Obergrenzen nur mittelbar auf die Beihilfenbeträge auswirken. Insbesondere die Modulation (Art. 14 VO 1307/2013), also die im Ermessen der Mitgliedstaaten stehende Umschichtung von Geldern der nationalen Obergrenzen von der ersten GAP-Säule in die zweite GAP-Säule, beeinflusst die Höhe der Beträge, die zur Aufteilung auf die Beihilfenempfänger zur Verfügung stehen. Aufgrund des Grundsatzes der Gleichheit der Mitgliedstaaten vor den Verträgen (Art. 4 Abs. 2 Satz 1 EUV) besitzen allerdings die Mitgliedstaaten selbst – und damit ohne die Feststellung einer potentiellen Diskriminierung von Privaten – das Recht, dass sie selbst gegenüber anderen Mitgliedstaaten nicht ungerechtfertigt ungleich behandelt werden.

348 Vgl. auch zum Transparenzgrundsatz hinsichtlich der Aufteilung der nationalen Obergrenzen Teil 2, § 4, III.

349 Vgl. Anhang VIII VO 73/2009.

Aufteilung der nationalen Obergrenzen zu einer externen Konvergenz geführt,[350] indem die weniger bedachten Mitgliedstaaten durch die GAP-Reform 2013 mehr und die bisher stärker bedachten Mitgliedstaaten weniger an finanziellen Mitteln zugewiesen bekamen. Zur Rechtfertigung potentieller Ungleichbehandlungen durch das schrittweise Abändern der Mittelzuweisung bei den nationalen Obergrenzen können insbesondere die Wertungen des Art. 39 Abs. 2 lit. b AEUV herangezogen werden, wonach „[bei] der Gestaltung der gemeinsamen Agrarpolitik und der hierfür anzuwendenden besonderen Methoden [...] Folgendes zu berücksichtigen [ist]: [...] b) die Notwendigkeit, die geeigneten Anpassungen stufenweise durchzuführen". Angesichts des weiten Einschätzungs- und Ermessensspielraums des Agrargesetzgebers ist hinsichtlich der Mittelaufteilung auf nationale Obergrenzen nicht von einer Diskriminierung auszugehen.[351]

III. Transparenzgrundsatz

Wie bereits dargestellt, werden Unionsbeihilfen insbesondere auf dem landwirtschaftlichen Bereich mit enormen Fördervolumen in Höhe mehrerer Milliarden Euro jährlich vergeben, die in besonderer Weise das Marktgeschehen im Landwirtschaftssektor prägen. Angesichts dieser eingesetzten Beträge, haben nicht nur die Beihilfenempfänger ein potentielles Interesse daran, ob die ihnen (nicht) gewährten Subventionen richtig, das heißt nach rechtsstaatlichen Grundsätzen, berechnet wurden. Stehen potentielle Diskriminierungen von Beihilfenempfängern im Raum, so können diese Vorwürfe nur durch eine Transparenz des Gesetzgebungs- und des Verwaltungsverfahrens ausgeräumt oder bestätigt werden. Transparenz ist damit für den Einzelnen notwendige Voraussetzung um effektiven Rechtsschutz ausüben zu können,[352] gewährleistet aber auch „größere Legitimität, Effizienz und Verantwortung der Verwaltung gegenüber dem Bürger in einem demokratischen System"[353] und damit auch eine höhere Akzeptanz des Einsatzes der finanziellen Mittel.

---

350 *Harvey*, What does the history of the Common Agricultural Policy tell us?, in: McMahon/Cardwell (Hrsg.), Research Handbook on EU Agriculture Law, S. 3 ff. (25).

351 Vgl. hinsichtlich der Transparenz in diesem Bereich sogleich Teil 2, § 4, III.

352 In Bezug auf das Vergaberecht *Bungenberg*, in: Müller-Graff (Hrsg.), Europäisches Wirtschaftsordnungsrecht, § 16, Rn. 89.

353 EuGH, Urteil vom 09.11.2010, C-92/09, ECLI:EU:C:2010:662 („Schecke GbR"), Rn. 68; EuGH, Urteil vom 06.03.2003, C-41/00, ECLI:EU:C:2003:125 („Inter-

Das bedeutet, dass neben den Privaten gerade im finanzintensiven Bereich der Landwirtschaftssubventionen auch die europäische Öffentlichkeit ein Interesse daran besitzt, dass die im Haushaltsplan zur Verfügung gestellten Mittel in korrekter Weise verwendet werden.[354] Um sowohl den privaten, wie auch den öffentlichen Interessen an Kontrolle gerecht werden zu können, hat sich der Transparenzgrundsatz im Europarecht etabliert, der sich primärrechtlich konkretisiert in den Art. 1 Abs. 2 EUV und Art. 10 Abs. 3 Satz 2 EUV sowie insbesondere in Art. 15 Abs. 1 AEUV wiederfinden lässt.[355] Er beinhaltet das Gebot, dass „Entscheidungen möglichst offen und möglichst bürgernah getroffen werden." (Art. 1 EUV)

Dem Transparenzgrundsatz wurde im Landwirtschaftssektor insbesondere durch die Veröffentlichungspflichten personenbezogener Daten von Leistungsempfängern entsprochen, die in der rechtswissenschaftlichen Literatur bereits vielfach diskutiert wurden.[356] Angesichts der Tatsache, dass dieses Instrument in seiner konkreten Form einzigartig ist,[357] einen empfindlichen Eingriff in das Privatleben der Betroffenen (Art. 7 und 8 GRCh) darstellt[358] und der Gerichtshof die Primärrechtswidrigkeit von Veröffentlichungspflichten unterhalb gewisser Schwellenwerte festgestellt hat,[359] ist diese Aufmerksamkeit auch nachvollziehbar. Im aktuellen Sekundärrecht

---

porc"), Rn. 39; EuGH, Urteil vom 29.06.2010, C-28/08 P, ECLI:EU:C:2010:378 („Bavarian Lager"), Rn. 54.

354 Das öffentliche Interesse besonders hervorhebend *Belger*, Das Agrarbeihilfenrecht, 2012, S. 180 und S. 196 ff.

355 *Guckelberger*, Veröffentlichung der Leistungsempfänger von EU-Subventionen und unionsgrundrechtlicher Datenschutz, EuZW 2011, S. 126 ff. (126); näher zum Transparenzgrundsatz im Einzelnen *Nettesheim*, in: Grabitz/Hilf/Nettesheim (Hrsg.), Art. 1 EUV, Rn. 35 ff.

356 Vgl. etwa *Martínez*, Generalbericht der Kommission I, in: Norer (Hrsg.), CAP Reform: Market Organisation and Rural Areas, 2017, S. 137 ff. (150); *Belger*, Das Agrarbeihilfenrecht, 2012, S. 183 ff.; *Guckelberger*, Veröffentlichung der Leistungsempfänger von EU-Subventionen und unionsgrundrechtlicher Datenschutz, EuZW 2011, S. 126 ff.; *Kilian*, Subventionstransparenz und Datenschutz, NJW 2011, S. 1325 ff. (1326 ff.). Vgl. insofern auch die amtliche Überschrift zu Art. 111 ff. VO 1306/2013 „Transparenz".

357 *Booth*, in: Dombert/Witt (Hrsg.), Münchener Anwaltshandbuch Agrar, § 27 II, Rn. 242.

358 EuGH, Urteil vom 09.11.2010, C-92/09, ECLI:EU:C:2010:662 („Schecke GbR"), Rn. 58.

359 EuGH, Urteil vom 09.11.2010, C-92/09, ECLI:EU:C:2010:662 („Schecke GbR"), Rn. 89. Eine Einordnung dieser Entscheidung in die bisherige Rechtsprechung findet sich bei *Kilian*, Subventionstransparenz und Datenschutz, NJW 2011, S. 1325 ff. (1326 ff.). Siehe auch Hase, in: Düsing/Martínez (Hrsg.), Agrarrecht, Art. 40 AEUV, Rn. 82.

finden sich die Veröffentlichungspflichten in Bezug auf persönliche Daten der Subventionsempfänger der beiden Agrarfonds in den Art. 111 VO 1306/2013.[360] Danach müssen die Mitgliedstaaten jedes Jahr die nachträgliche Veröffentlichung bestimmter persönlicher Daten, wie etwa Vorname, Name, Wohnort und Postleitzahl der Begünstigten der Fonds oberhalb eines in Art. 112 VO 1306/2013 festgelegten Schwellenwertes vornehmen. Diese Regelungen schaffen im Ergebnis eine ex-post Transparenz, die es der Öffentlichkeit ermöglicht, die konkrete Verwendung der Subventionsmittel nachzuvollziehen.[361] Dadurch kann – wie auch bereits geschehen[362] – eine Debatte über die Verwendung der Gelder im Einzelfall ermöglicht werden.

Neben dieser nachträglichen, also ex-post Transparenz zugunsten einer öffentlichen Debatte in Form der Internetveröffentlichungen personenbezogener Daten, ist jedoch auch eine Transparenz im Rahmen des Gesetzgebungsverfahrens beziehungsweise des gesetzgeberischen Entscheidungsfindungsprozesses erforderlich (legislative Transparenz). Da im Europarecht ein strenger Gesetzesvorbehalt auch im Rahmen der Leistungsverwaltung und damit eine öffentliche Zugänglichkeit der Rechtsakte herrscht, wird hinsichtlich der Fördervoraussetzungen bereits eine umfassende Transparenz vollzogen. Mit anderen Worten herrscht insofern Transparenz, als dass alle wesentlichen Fördervoraussetzungen durch einen Blick ins Sekundärrecht zur Kenntnis genommen werden können. Gleichwohl behindert die konkrete Ausgestaltung des Agrarsekundärrechts als hoch technisches Gesetzeswerk die Verständlichkeit und damit in gewissem Maße auch die Transparenz des landwirtschaftlichen Subventionssekundärrechts.[363]

Der Bereich der Mittelaufteilung durch Sekundärrecht auf die Mitgliedstaaten weist allerdings bisher ein Transparenzdefizit auf. Insbesondere auf den im Rahmen des Diskriminierungsverbots angesprochenen Bereichen

---

360 Vgl. eine ausführliche Grundrechtsprüfung zur alten Rechtslage, die allerdings im Wesentlichen der aktuellen Rechtslage entspricht *Belger*, Das Agrarbeihilfenrecht, 2012, S. 184 ff.

361 Neben dem Ziel der Transparenz bezweckt diese Regelung auch den Schutz der finanziellen Interessen der EU sowie „die Leistungen der Begünstigten bei der Bereitstellung von öffentlichen Gütern hervorzuheben". (Erwägungsgrund Nr. 72 VO 1306/2013.)

362 Vgl. etwa *Guckelberger*, Veröffentlichung der Leistungsempfänger von EU-Subventionen und unionsgrundrechtlicher Datenschutz, EuZW 2011, S. 126 ff. (126) unter Hinweis auf die Berichterstattung über kuriose Beihilfenempfänger, wie Akkordeon-Clubs oder Amateur-Fußballclubs.

363 In diesem Sinne auch *Belger*, Das Agrarbeihilfenrecht, 2012, S. 180.

der nationalen Obergrenzen, Hopfenbeihilfen und Olivenbeihilfen, ist weder in den Erwägungsgründen der entsprechenden Sekundärrechtsakte, noch in den Veröffentlichungen der am Gesetzgebungsverfahren beteiligten Organe ersichtlich, anhand welcher konkreten Schlüssel die Aufteilung der im Haushaltsplan zur Verfügung gestellten Mittel auf die Mitgliedstaaten erfolgt. In Bezug auf die Aufteilung der nationalen Obergrenzen lässt sich nur die Grobstruktur der externen Konvergenz erkennen. Zwar sind die Ergebnisse der Mittelaufteilungen in den Sekundärrechtsakten öffentlich zugänglich, die Berechnungsmethoden allerdings nicht. Insofern ist nicht nachvollziehbar, ob diese Schlüssel objektiven Maßstäben entsprechen.[364] Möglicherweise sind die Aufteilungsmaßstäbe auch der (willkürlichen) Verhandlungsmacht der Mitgliedstaaten im Gesetzgebungsprozess ausgesetzt und damit gegebenenfalls in Teilen von sachfremden Erwägungen beeinflusst. Gerade hinsichtlich der Mittelaufteilung wäre eine Transparenz in Bezug auf die Aufteilungskriterien erforderlich, da die Mittelaufteilung im Rahmen der sekundärrechtlichen Verwaltungsmechanismen (mittelbar) Auswirkung auf die Höhe der Subventionen besitzt, die später an den einzelnen Beihilfenempfänger im jeweiligen Mitgliedstaat gewährt werden.

IV. Wirtschaftliche Grundrechte und Vertrauensschutz

Neben der Diskriminierungsfreiheit garantiert die Europäische Union ihren Bürgern auch wirtschaftliche Grundrechte, also subjektive Abwehrrechte gegenüber hoheitlichen Eingriffen. Hierzu zählen aus Sicht der Unionsbeihilfenvergabe insbesondere die Wettbewerbsfreiheit und die Eigentumsfreiheit. Die Wettbewerbsfreiheit kann dem Einzelnen die Möglichkeit eröffnen, sich gegen Beeinträchtigungen der eigenhändig erarbeiteten Wettbewerbsposition zu wehren. Insbesondere bei der Vergabe von Unionsbeihilfen, also bei Markt- und damit auch Wettbewerbsinterventionen, besitzt dieses Abwehrrecht Relevanz. Des Weiteren könnte der Marktteilnehmer aus der Eigentumsfreiheit einen Anspruch auf Subventionierung beziehungsweise auf Beibehaltung bestehender Subventionsregelungen ableiten. Daher ist auch die Eigentumsfreiheit an dieser Stelle genauer zu untersuchen.

---

364 Entsprechende Anfragen des Autors bei der Europäischen Union und bei deutschen Behören haben zu keinen weiterführenden Erkenntnissen geführt.

Bei dem Vertrauensschutzgrundsatz handelt es sich zwar nicht unmittelbar um ein Grundrecht, dieser Grundsatz steht allerdings in besonders enger Beziehung zu den Grundrechten und wird im Rahmen von Grundrechtsprüfungen regelmäßig als Prüfungsmaßstab und damit Auslegungshilfe der Grundrechte herangezogen. Daher wird er an dieser Stelle ebenfalls im Hinblick auf seine Bedeutung für die Subventionsvergabe untersucht. Im vorliegenden Fall könnte sich auch aus dem Vertrauensschutzgrundsatz ein subjektiver Anspruch der Marktteilnehmer auf Beibehaltung einer Subventionsrechtslage ergeben, wenn der Einzelne ein legitimes Vertrauen auf den Bestand einer Subventionslage besäße.

Sowohl die wirtschaftlichen Grundrechte als auch der Vertrauensschutzgrundsatz machen dem Unionsbeihilfengesetzgeber besondere Vorgaben, inwiefern er Beihilfenprogramme inhaltlich ausgestalten darf und welche Rechtspositionen der Marktteilnehmer zu berücksichtigen hat beziehungsweise in welchem Umfang der Gesetzgeber diese Rechtspositionen beeinträchtigen darf. Bei den wirtschaftlichen Grundrechten und dem Vertrauensschutzgrundsatz handelt es sich damit um Kompetenzausübungsschranken für den Unionsbeihilfengesetzgeber.

1. Grundrechtsverpflichtungen der EU

Seit dem Vertrag von Lissabon besitzt die Grundrechtecharta Rechtsverbindlichkeit und besitzt Primärrechtsrang (Art. 6 Abs. 1 UAbs. 1 GRCh). Neben der Grundrechtecharta ist die Union dogmatisch allerdings noch in mehrfacher Hinsicht grundrechtsverpflichtet. Gemäß Art. 6 Abs. 3 EUV sind die „Grundrechte, wie sie in der Europäischen Konvention zum Schutz der Menschenrechte und Grundfreiheiten gewährleistet sind und wie sie sich aus den gemeinsamen Verfassungsüberlieferungen der Mitgliedstaaten ergeben, [...] als allgemeine Grundsätze Teil des Europarechts". Die Union ist damit mittelbar auch an die EMRK und an die Grundrechte aus den gemeinsamen Verfassungsüberlieferungen der Mitgliedstaaten gebunden. Sie selbst ist nicht unmittelbar an die Grundrechtsverpflichtungen der nationalen Verfassungen gebunden.[365] Im Folgenden

---

365 Sofern Mitgliedstaaten europäisches Subventionssekundärrecht innerstaatlich konkretisieren, bleiben die Mitgliedstaaten jedoch (auch) an die jeweiligen nationalen Grundrechte gebunden, "sofern durch diese Anwendung weder das Schutzniveau der Charta, wie sie vom Gerichtshof ausgelegt wird, noch der Vorrang, die Einheit und die Wirksamkeit des Unionsrechts beeinträchtigt werden."

wird sich auf eine Besprechung der unionsrechtlich kodifizierten Rechte der Grundrechtecharta beschränkt und auf eine parallele Herleitung der entsprechenden Grundrechte als allgemeine Grundsätze des Europarechts zwecks Übersichtlichkeit verzichtet.

Der Anwendungsbereich der Grundrechtecharta ist in Art. 51 Abs. 1 Satz 1 GRCh festgelegt. Sie gilt für sämtliche Stellen der Europäischen Union und ist für die Mitgliedstaaten nur sofern sie Europarecht durchführen verbindlich.[366] Darüber hinaus müssen Einschränkungen der in der Charta gewährten Rechte insbesondere gesetzlich vorgesehen sein (Art. 52 Abs. 1 Satz 1 GRCh) und verhältnismäßig sein (Art. 52 Abs. 1 Satz 2 GRCh). Um dem Verhältnismäßigkeitsgrundsatz zu entsprechen müssen die Einschränkungen insbesondere einem legitimen Zweck geschuldet, geeignet, erforderlich und angemessen sein. Hierbei bedeutet Geeignetheit, dass das eingesetzte Mittel zweckdienlich sein muss, Erforderlichkeit bedeutet, dass kein milderes, gleich geeignetes Mittel vorhanden sein darf und Angemessenheit bedeutet, dass dem Einzelnen die Beeinträchtigung zumutbar sein muss, also dass die Einsetzung des Mittels verhältnismäßig im engeren Sinne sein muss.[367]

2. Wettbewerbsfreiheit

Subventionen wirken sich regelmäßig auf die Wettbewerbspositionen der Empfänger und damit in der Regel auch auf die erarbeiteten Wettbewerbspositionen ihrer Konkurrenten aus. Deswegen wird im Anschluss untersucht, inwiefern die Europäische Union das Grundrecht der Wettbewerbsfreiheit bei der Vergabe von Unionbeihilfen auf dem Landwirtschaftssektor zu beachten hat.

(EuGH, Urteil vom 26.02.2013, C-617/10, ECLI:EU:C:2013:105 ("Åkerberg Fransson"), Rn. 29). Kritisch zum Fortbestand dieser sogenannten Kumulationsthese unter Berücksichtigung der Rechtsprechung EuGH, Urteil vom 10.07.2014, C-198/13, ECLI:EU:C:2014:2055 ("Hernández"), *Kingreen*, in: Calliess/Ruffert (Hrsg.), EUV/AEUV, Art. 51 GRCh, Rn. 10.

366 Siehe näher zum Anwendungsbereich der Grundrechtecharta *Borowsky*, in: Meyer (Hrsg), GRCh, Art. 51, Rn. 16 ff.

367 Statt vieler *Frenz*, Europäische Grundrechte, Rn. 601.

a) Herleitung des Grundrechts auf Wettbewerbsfreiheit

Die Wettbewerbsfreiheit wird in der GRCh nicht ausdrücklich als eigenständiges Grundrecht genannt.[368] Dennoch lässt sich den Erläuterungen zur Grundrechtecharta – die gemäß Art. 57 Abs. 7 GRCh als Anleitung für die Auslegung der Charta gebührend zu berücksichtigen ist – entnehmen, dass sich Art. 16 GRCh unter anderem „auf Artikel 119 Absätze 1 und 3 [AEUV] stützt, in dem der freie Wettbewerb anerkannt wird." Anhand der Erläuterung könnte die Wettbewerbsfreiheit als selbstständiger Teilbereich[369] der unternehmerischen Freiheit verstanden werden. Sofern keine selbstständige Tätigkeit ausgeübt wird, könnte die Wettbewerbsfreiheit als Teil der Berufsfreiheit des Art. 15 Abs. 1 GRCh verstanden werden.[370]

Eindeutig lässt sich der Erläuterung nicht entnehmen, ob hierdurch die unstreitig objektiv-rechtlich bestehende Wettbewerbsfreiheit[371] auch eine grundrechtliche, also subjektiv-rechtliche Komponente erhalten soll.[372] Wegen dieser Unklarheiten wird von Teilen der Literatur die Freiheit zur wirtschaftlichen Betätigung im Rahmen eines geordneten und freien Wettbewerbs aus den mitgliedstaatlichen Verfassungen abgeleitet.[373] Andere Teile der Literatur lehnen dagegen eine subjektiv-rechtliche Wettbewerbs-

---

368 Die Wettbewerbsfreiheit wurde vom Gerichtshof bereits vor Bestehen der Grundrechtecharta bereits mehrmalig im Rahmen der unternehmerischen Freiheit angesprochen, allerdings nicht eindeutig geklärt, ob es sich hierbei um ein subjektives Recht des Einzelnen handelt; siehe etwa EuGH, Urteil vom 21.05.1987, 133 bis 135/85, ECLI:EU:C:1987:244 („Rau Lebensmittelwerke"), Rn. 15; EuGH, Urteil vom 05.10.1994, C-280/93, ECLI:EU:C:1994:367 („Deutschland/Rat"), Rn. 62; *Streinz*, in: Streinz (Hrsg.), EUV/AEUV, Art. 16 GRCh, Rn. 5.

369 *Grabenwarter*, in: Grabenwarter (Hrsg.), Europäischer Grundrechteschutz, § 13, Rn. 32.

370 *Jarass*, GRCh, Art. 16, Rn. 4a.

371 Vgl. *Klement*, Wettbewerbsfreiheit, 2015, S. 44 f.

372 *Bernsdorff*, in: Meyer (Hrsg.), GRCh, Art. 16, Rn. 14; *Sasse*, Unternehmerische Freiheit, EuR 2012, S. 628 ff. (629); *Grabenwarter*, in: Grabenwarter (Hrsg.), Europäischer Grundrechteschutz, § 13, Rn. 32; *Ganglbauer*, Das Grundrecht der unternehmerischen Freiheit gem Art 16 GRC, in: Kahl/Raschauer/Storr (Hrsg.), Grundsatzfragen der Europäischen Grundrechtecharta, 2013, S. 203 ff. (211 ff.).

373 So bereits *Wunderlich*, Berufsfreiheit, 2000, S. 108 ff.; *Nowak*, in: Heselhaus/Nowak (Hrsg.), Handbuch EuGR, § 30, Rn. 14 ff. Kritisch hierzu *Blanke*, in: Stern/Sachs (Hrsg.), GRCh, Art. 16, Rn. 9.

freiheit insgesamt ab,[374] denn angesichts des objektiv-rechtlichen Charakters der Wettbewerbsfreiheit, der bei der Interpretation der einschlägigen Grundrechte zu berücksichtigen sei,[375] bestehe kein Erfordernis für eine subjektiv-rechtliche Komponente.[376]

Gleichwohl hat der Europäische Gerichtshof spätestens in den Entscheidungen Sky Österreich[377] und Schaible[378] die Wettbewerbsfreiheit als eine spezielle Ausprägung der unternehmerischen Freiheit anerkannt.[379] Er führt insofern aus, dass „Art. 16 […] die Freiheit, eine Wirtschafts- oder Geschäftstätigkeit auszuüben, die Vertragsfreiheit und den freien Wettbewerb [umfasst]".[380]

Im Ergebnis drehen sich die vertretenen Ansätze somit lediglich darum, ob der Wettbewerbsfreiheit das Prädikat einer Unterkategorie der unternehmerischen Freiheit zukommt oder ob das Grundrecht der unternehmerischen Freiheit in besonderem Maße im Lichte der objektiv-rechtlichen Wettbewerbsfreiheit zu interpretieren ist. Materiell betrachtet führt auch letztgenannter Ansatz de facto zur Versubjektivierung der Wettbewerbsfreiheit, sodass materiell von der subjektiv-rechtlichen Wettbewerbsfreiheit gesprochen werden kann. Außerdem ist die unternehmerische Freiheit beziehungsweise die Berufsfreiheit in untrennbarer Weise mit dem Wettbewerb verbunden; die freie Berufswahl und die freie Berufsausübung erfordern

---

374 Vgl. hierzu bereits die Literaturnachweise in *Schwier*, Unternehmerische Freiheit, 2007, S. 119.

375 *Sodann*, Vorrang der Privatheit als Prinzip der Wirtschaftsverfassung, DÖV 2000, S. 361 ff. (367).

376 *Schwier*, Unternehmerische Freiheit, 2007, S. 120 f. Vgl. im Einzelnen zur Kritik an einer „institutionellen Grundrechtstheorie" des Grundrechts auf Wettbewerbsfreiheit *Klement*, Wettbewerbsfreiheit, 2015, S. 272 ff.

377 EuGH, Urteil vom 22.01.2013, C-283/11, ECLI:EU:C:2013:28 („Sky Österreich"), Rn. 42.

378 EuGH, Urteil vom 17.10.2013, C-101/12, ECLI:EU:C:2013:661 („Schaible"), Rn. 25; zuletzt bestätigt durch EuGH, Beschluss vom 30.06.2016, C-134/15, ECLI:EU:C:2016:442, Rn. 28.

379 *Jarass*, GRCh, Art. 16, Rn. 9; *Everson/Gonçalves*, in: Peers et al. (Hrsg.), The EU Charter of Fundamental Rights, Art. 16, Rn. 16.37 ff.; *Hase*, in: Düsing/Martínez (Hrsg.), Agrarrecht, Art. 40, Rn. 61; im Ergebnis ebenso *Blanke*, in: Stern/Sachs (Hrsg.), GRCh, Art. 16, Rn. 8 sowie *Ruffert*, in: Ehlers (Hrsg.), EuGR, § 19, Rn. 12. Zur Interpretation der zuvor ergangenen Rechtsprechung zur Wettbewerbsfreiheit im Einzelnen sowie kritisch zur Anerkennung durch den Gerichtshof *Klement*, Wettbewerbsfreiheit, 2015, S. 397 ff.

380 EuGH, Urteil vom 22.01.2013, C-283/11, ECLI:EU:C:2013:28 („Sky Österreich"), Rn. 42.

den Wettbewerb, bewirken ihn gleichzeitig aber auch, sodass eine Subjektivierung des Wettbewerbs auch angemessen erscheint.[381]

b) Wettbewerbsfreiheit und Agrarsubventionen

Die Wettbewerbsfreiheit gilt gemäß Art. 51 Abs. 1 Satz 1 GRCh „für die Organe, Einrichtungen und sonstigen Stellen der Europäischen Union", was auch bedeutet, dass die Wettbewerbsfreiheit für sämtliches Handeln gilt. Damit gilt das Grundrecht auf Wettbewerbsfreiheit auch in der Landwirtschaftspolitik, die über die Verträge nur modifiziert in den Binnenmarkt einbezogen wurde und in weiten Teilen eine interventionistische Politik ermöglicht.[382] Die interventionistische Prägung der Landwirtschaftspolitik in den Art. 39 bis 44 AEUV ist im Rahmen der Rechtfertigung von Eingriffen zugunsten der Subventionierungsmöglichkeiten der Union gebührend zu berücksichtigen.

Inhaltlich stellt die Wettbewerbsfreiheit einen Teilbereich der unternehmerischen Freiheit dar, die als solche eine freie wirtschaftliche Betätigung in allen ihren Ausprägungen schützt,[383] sodass der Schutzbereich der Wettbewerbsfreiheit im Konkreten das Abwehrrecht umfasst, dass die erarbeitete Wettbewerbsposition nicht durch hoheitliches Eingreifen negativ verzerrt wird (Funktion der Begrenzung staatlicher Macht[384]). Es besteht somit ein subjektiv-rechtlicher Anspruch auf freien und unverfälschten Wettbewerb.

Eine Beeinträchtigung der Wettbewerbsfreiheit durch Subventionierung setzt zunächst voraus, dass der begünstigte und der nicht (oder weniger) begünstigte Personenkreis auf demselben sachlichen, räumlichen und zeitlichen Markt tätig sind, also konkurrieren.[385] Die Wettbewerbsfreiheit besitzt insofern gewisse gleichheitsrechtliche Züge.[386] Statt – wie im Rahmen des allgemeinen Gleichheitssatzes – auf die Vergleichbarkeit der Gruppen

---

381 So auch bereits *Wunderlich*, Berufsfreiheit, 2000, S. 109.

382 Siehe hierzu bereits Teil 2, § 4, I., 2.

383 *Ruffert*, in: Ehlers (Hrsg.), EuGR, § 19, Rn. 13; *Jarass*, GRCh, Art. 16, Rn. 9.

384 *Seitel*, Wettbewerb, in: Hasse/Schneider/Weigelt (Hrsg.), Lexikon Soziale Marktwirtschaft, S. 485 ff. (485).

385 Vgl. hinsichtlich der Kriterien zur Bestimmung des relevanten Markts Europäische Kommission, Bekanntmachung über die Definition des relevanten Marktes, Amtsblatt Nr. C 372 vom 09.12.1997, S. 5 ff.

386 Ebenso *Englisch*, Zur Bedeutung des gemeinschaftsrechtlichen Gleichheitssatzes im Recht der Gemeinschaftsbeihilfen, EuR 2009, S. 488 ff. (501 f.).

abzustellen, wird im Rahmen der Wettbewerbsfreiheit die Konkurrenzsituation hinsichtlich der konkret erzeugten Güter unter freiheitsrechtlichen Aspekten untersucht.

Um zu vermeiden, dass Wettbewerb als Gut von hoher Bedeutung für das Gemeinwohl[387] zu einer Monopolisierung und damit zu einer faktischen Beseitigung desselben führt,[388] wird aus dem Grundrecht der Wettbewerbsfreiheit die Schutzpflicht abgeleitet, dass die Grundrechtsverpflichteten den bestehenden Wettbewerb – vornehmlich durch die konsequente Anwendung des Wettbewerbskapitels (Art. 101 ff. AEUV) – zu sichern haben.[389] Ein Leistungsanspruch auf Subventionierung kann aus der Wettbewerbsfreiheit nicht abgeleitet werden.[390]

Wenn einer bestimmten Gruppe an Marktteilnehmern Subventionen gewährt werden, einer anderen auf diesem Markt konkurrierenden Gruppe allerdings nicht (oder nicht in derselben Höhe), wird hierdurch die Wettbewerbsposition des nicht (oder weniger) begünstigten Konkurrenten beeinträchtigt, da die begünstigte Gruppe ihre vergleichbaren Erzeugnisse zu günstigeren Preisen anbieten kann und dementsprechend Abnehmer bevorzugt das subventionierte Produkt kaufen werden. Hierdurch wird der Absatz des nicht subventionierten Produkts erschwert. Kurz gesagt kann die Begünstigung des einen die Belastung des anderen darstellen und seine Wettbewerbsfreiheit verletzen. Grundsätzlich können sich also alle Subventionierungen für die nichtbegünstigten Konkurrenten wettbewerbsbenachteiligend auswirken. Werden Subventionen allerdings allen Konkurrenten auf einem relevanten Markt gewährt (sogenannte Gießkannensub-

---

387 Wettbewerb dient der Aufrechterhaltung einer funktionsfähigen Wirtschaft und somit letztlich den Verbrauchern, weil Waren zum bestmöglichen Preis angeboten werden können (Funktion der Orientierung an Konsumentenbedürfnissen); vgl. *Seitel*, Wettbewerb, in: Hasse/Schneider/Weigelt (Hrsg.), Lexikon Soziale Marktwirtschaft, S. 485 ff. (485); GA Kokott, Schlussanträge vom 19.02.2009, C-8/08, ECLI:EU:C:2009:110 („T-Mobile Netherlands"), Rn. 71: "Ziel des europäischen Wettbewerbsrechts muss es aber sein, *den Wettbewerb und nicht die Wettbewerber* zu schützen, weil davon mittelbar auch die Verbraucher und die Allgemeinheit profitieren.".

388 Sogenanntes Paradoxon der Freiheit, vgl. *Popper*, Die offene Gesellschaft und ihre Feinde, Bd. 2: Falsche Propheten: Hegel, Marx und die Folgen, S. 57 f. und *Popper*, Die offene Gesellschaft und ihre Feinde, Bd. 1: Der Zauber Platons, S. 173.

389 *Frenz*, Europäische Grundrechte, Rn. 2767; *Grabenwarter*, in: Grabenwarter (Hrsg.), Europäischer Grundrechteschutz, § 13, Rn. 48; *Jarass*, GRCh, Art. 16, Rn. 17a.

390 Ebenso *Bernsdorff*, in: Meyer (Hrsg.), GRCh, Art. 16, Rn. 9.

ventionen[391]), existiert diese Möglichkeit nicht.[392] Als Gießkannensubventionen können die Landwirtschaftsbeihilfen der Basisprämie (Art 21 ff. VO 1307/2013) eingeordnet werden. Sie werden im Wesentlichen für die bloße landwirtschaftliche Tätigkeit pro bewirtschafteter Fläche (Art. 21 Abs. 1 i.V.m. Art. 4 Abs. 1 lit. a VO 1307/2013) ausgeschüttet, sodass sie der gesamten Landwirtschaft in der Europäischen Union zu Gute kommen. Die Basisprämie wirkt sich damit nicht wettbewerbsverzerrend aus.[393]

Eine Subventionierung eines Konkurrenten bewirkt allerdings nicht unmittelbar, sondern nur mittelbar faktisch die Benachteiligung eines anderen Konkurrenten.[394] Der Kreis der Betroffenen ist damit für den Subventionsgesetzgeber unüberschaubar. Aus diesem Grund wird im Rahmen der Wettbewerbsfreiheit die Eingriffsschwelle an ein Spürbarkeitskriterium gebunden, sodass nur wahrnehmbare Nachteile einen Eingriff darstellen.[395] Diese Spürbarkeitsschwelle führt dazu, dass Eingriffe in die subjektiv-rechtliche Wettbewerbsfreiheit nur selten nachweisbar und daher nur selten anzunehmen sind.[396] Dementsprechend stellen auch die Absatzmaßnahmen der Europäischen Union im Rahmen der Unionsbeihilfe der öffentlichen Intervention (Art. 8 ff. VO 1308/2013 i.V.m. DurchfVO 2016/1240) zwar eine faktische Beeinträchtigung der Wettbewerbsposition der Erzeuger entsprechender Waren, aber keinen Eingriff in deren Grundrecht auf Wettbe-

---

391 Vgl. hierzu bereits oben Teil 2, § 1, I., 4.

392 So bereits *Müller-Graff*, Die Erscheinungsformen der Leistungssubventionstatbestände aus wirtschaftsrechtlicher Sicht, ZHR 1988, S. 403 ff. (414); *Cichy*, Gemeinschaftsbeihilfen, 2002, S. 82 ff.; *Englisch*, Zur Bedeutung des gemeinschaftsrechtlichen Gleichheitssatzes im Recht der Gemeinschaftsbeihilfen, EuR 2009, S. 488 ff. (490).

393 Insofern zutreffend, wenn auch nicht direkt zur Basisprämie entschieden, EuGH, Urteil vom 16.07.1998, C-298/96, ECLI:EU:C:1998:372 („Oehlmühle"), Rn. 37. Ebenso *von Wallenberg*/Schütte, in: Grabitz/Hilf/Nettesheim (Hrsg.), EuR, Art. 107, Rn. 72. Etwaige Abweichungen der Höhe nach sind nicht im Rahmen der Wettbewerbsfreiheit, sondern im Rahmen des Diskriminierungsverbots zu behandeln; vgl. insofern bereits oben Teil 2, § 4, II.

394 *Cichy*, Gemeinschaftsbeihilfen, 2002, S. 188.

395 *Blanke*, in: Stern/Sachs (Hrsg.), GRCh, Art. 16, Rn. 15 i.V.m. Art. 15, Rn. 43; *Jarass*, GRCh, Art. 15, Rn. 10; *Grabenwarter*, in: Grabenwarter (Hrsg.), Europäischer Grundrechteschutz, § 13, Rn. 40 i.V.m. Rn. 17. *Cichy*, Gemeinschaftsbeihilfen, 2002, S. 188 verlangt insofern sogar eine „schwere Beeinträchtigung oder Existenzvernichtung". Entsprechende Grundüberlegungen lassen sich auch im Bereich des Vergaberechts finden; vgl. hierzu *Bungenberg*, Vergaberecht im Wettbewerb der Systeme, 2007, S. 238 ff.

396 So auch *Cichy*, Gemeinschaftsbeihilfen, 2002, S. 188.

werbsfreiheit dar, wenn durch den Absatz der Interventionswaren das Angebot der entsprechenden Waren (wieder) erhöht wird und damit der Marktpreis in Maßen sinkt. Um spürbare Auswirkungen auf die Marktteilnehmer zu verhindern, schreibt Art 16 Abs. 1 lit. a VO 1308/2013 der Kommission vor, dass der „Absatz der zur öffentlichen Intervention angekauften Erzeugnisse [...] auf solche Weise [erfolgt], dass [...] jede Marktstörung vermieden wird", also bestehende Wettbewerbspositionen nicht spürbar verzerrt werden.

Darüber hinaus können Eingriffe in die Wettbewerbsfreiheit in der Regel aus Gemeinwohlerfordernissen beziehungsweise aus den in Art. 39 Abs. 1 AEUV genannten Zielen und den in Art. 39 Abs. 2 AEUV bezeichneten landwirtschaftlichen Notwendigkeiten gerechtfertigt werden,[397] da bei deren Bewertung der Europäischen Union ein weites Ermessen einzuräumen ist, welchem Ziel (Wettbewerb, Erhöhung der Produktivität, Erhöhung der landwirtschaftlichen Einkommen, Stabilisierung der Märkte etc.) Vorrang einzuräumen ist.[398]

Aufgrund der erhöhten Eingriffsschwelle im Rahmen der Wettbewerbsfreiheit und aufgrund der weiten Einschätzungsprärogative des Agrargesetzgebers stellt die grundrechtliche Wettbewerbsfreiheit damit nur geringe Vorgaben hinsichtlich der Ausübung der Subventionskompetenzen auf dem Agrarbereich auf. Ihr kommt also nur bedingt eine Qualität als Schranke der Subventionskompetenz zu.[399] Gleichwohl hat der Subventionsgesetzgeber zumindest den objektiven Grundsatz des freien und unverfälschten Wettbewerbs zu beachten, der – unabhängig von etwaigen Eingriffsschwellen – jede ungerechtfertigte Wettbewerbsverzerrung durch hoheitliches Handeln verbietet.

3. Eigentumsfreiheit

Betrachtet man die Eigentumsfreiheit aus dem Blickwinkel der Subventionsgesetzgebung, so ergeben sich zwei typische Problemfelder. Zum einen

---

397 *Cichy*, Gemeinschaftsbeihilfen, 2002, S. 188.

398 EuGH, Urteil vom 19.03.1992, C-311/90, ECLI:EU:C:1992:138 („Hierl"), Rn. 13; EuGH, Urteil vom 21.02.1990, C-267/88 bis C-285/88, ECLI:EU:C:1990:79 („Wuidart"), Rn. 14; EuGH, Urteil vom 05.10.1994, C-280/93, ECLI:EU:C:1994:367 („Deutschland/Rat"), Rn. 89 und Rn. 47; EuGH, Urteil vom 14.05.2009, C-34/08, ECLI:EU:C:2009:304 („Azienda Agricola Disarò Antonio"), Rn. 45.

399 *Cichy*, Gemeinschaftsbeihilfen, 2002, S. 188.

könnte es gegen das Eigentumsgrundrecht verstoßen, wenn Beihilfen an Konkurrenten vergeben werden, sodass mittelbar die Absatzmöglichkeiten und somit auch die Verdienstchancen verringert werden.[400] Zum anderen führt die bloße Existenz von Subventionsprogrammen der Europäischen Union dazu, dass gegebenenfalls potentiell davon begünstigte Personen zu Dispositionen veranlasst werden, um die festgesetzten Förderbedingungen zu erfüllen. Werden nun die einmal festgesetzten Programme vor oder nach Erfüllung der Fördervoraussetzungen geändert oder aufgehoben, so könnte durch diese Rechtsänderung das Eigentum der ehemals Anspruchsberechtigten und der Anspruchsanwärter verletzt sein.

Im Gegensatz zur Berufsfreiheit und zur unternehmerischen Freiheit, die beide den Erwerb schützen, schützt die Eigentumsfreiheit das Erworbene.[401] Auch der EuGH verfährt nach dieser Methode, wenn auch nicht ausdrücklich.[402] Der Eigentumsbegriff des Art. 17 GRCh erfasst grundsätzlich Sacheigentum an beweglichen und unbeweglichen Sachen, geistiges Eigentum sowie private Forderungsrechte, also alle privatrechtlichen vermögenswerten Rechte und Güter, die einem Privaten „eine gesicherte Rechtsposition [geben], die eine selbstständige Ausübung dieser Rechte durch und zugunsten ihres Inhabers [ermöglichen]."[403] Art. 17 Abs. 1 GRCh erfasst dagegen keine bloßen kaufmännischen Aussichten, Interessen, Hoffnungen und Verdienstmöglichkeiten, weil diese Rechtspositionen noch nicht hinreichend gefestigt sind.[404] Ebenso wenig stellen bestimmte Marktanteile angesichts ihrer Volatilität Eigentum im Sinne des

---

400 Ausgangssituation im Fall EuGH, Urteil vom 06.12.1984, C-59/83, ECLI:EU:C:1984:380 („Biovilac").
401 *Frenz*, Europäische Grundrechte, Rn. 2502; *Vosgerau*, in: Stern/Sachs (Hrsg.), GRCh, Art. 17, Rn. 33; *Wollenschläger*, in: Peers et al. (Hrsg.), The EU Charter of Fundamental Rights, Art. 17, Rn. 17(1).02 unter Hinweis auf Rechtsprechung des BVerfG.
402 *Frenz*, Europäische Grundrechte, Rn. 2503 f.; näher zur Dogmatik vgl. *Calliess*, in: Ehlers (Hrsg.), EuGR, § 20, Rn. 52 f.
403 EuGH, Urteil vom 22.01.2013, C-283/11, ECLI:EU:C:2013:28 („Sky Österreich"), Rn. 34. *Calliess*, in: Ehlers (Hrsg.), EuGR, § 20, Rn. 18; *Sonnevend*, in: Grabenwarter (Hrsg.), Europäischer Grundrechteschutz, § 14, Rn. 47.
404 EuGH, Urteil vom 14.05.1974, C-4/73, ECLI:EU:C:1975:114 („Nold"), Rn. 14; EuGH, Urteil vom 09.09.2008, C-120/06, ECLI:EU:C:2008:476 („Fiamm"), Rn. 185; EuGH, Urteil vom 22.01.2013, C-283/11, ECLI:EU:C:2013:28 („Sky Österreich"), Rn. 34; *Sonnevend*, in: Grabenwarter (Hrsg.), Europäischer Grundrechteschutz, § 14, Rn. 33; *Jarass*, GRCh, Art. 17, Rn. 7; *Bernsdorff*, in: Meyer (Hrsg.), GRCh, Art. 17, Rn. 15; *Löw*, Der Rechtsschutz des Konkurrenten gegenüber Subventionen aus gemeinschaftsrechtlicher Sicht, 1992, S. 129 ff.

Art. 17 Abs. 1 GRCh dar,[405] da diese Ungewissheiten das Risiko eines jeden Wirtschaftsteilnehmers darstellen.[406] Das Vermögen des Betroffenen wird insofern nicht geschützt.[407]

Wenn durch eine Subventionierung des Konkurrenten dieser seine Waren preisgünstiger und damit besser absetzen kann, werden mittelbar die Absatzmöglichkeiten des nichtbegünstigten Konkurrenten verschlechtert. Diese Intervention stellt – bei Überschreitung der wettbewerbsfreiheitlichen Spürbarkeitsschwelle – einen Eingriff in die Wettbewerbsfreiheit dar, der nicht im Rahmen des Art. 17 GRCh behandelt werden kann. Nur dort, wo das Erworbene betroffen ist, bleibt Platz für die Eigentumsfreiheit. Der Nichtbegünstigte bleibt durch die Subventionierung des Konkurrenten aber weiterhin Sacheigentümer seiner Waren. Lediglich seine Absatzmöglichkeiten haben sich verringert. Die Absatzmöglichkeiten sind aus eigentumsrechtlicher Sicht aber bloße kaufmännische Aussichten, Hoffnungen und Verdienstmöglichkeiten, die nicht vom Eigentumsbegriff umfasst werden, sodass auch kein Eingriff in den Schutzbereich vorliegt.[408] Sofern sich durch verringerte Absatzchancen zusätzlich der Wert der Ware verringert hat, so ist dies als Reflex der Verringerung der Absatzchancen ebenfalls nicht im Rahmen des Eigentumsgrundrechts zu beachten. Die Situation der Subventionierung von Konkurrenten und die damit verbundene Verringerung der Absatzchancen eigener Waren wird mithin nicht vom Schutzbereich der Eigentumsfreiheit erfasst.

Etwas komplizierter stellt sich das zweite Problemfeld dar. Wenn einmal festgesetzte Subventionsregelungen nachträglich geändert oder die Programme sogar ganz aufgehoben werden, so kann dieser Fall unter dem Gesichtspunkt der Enttäuschung legitimer Erwartungen, also des Vertrauensschutzes betrachtet werden. Der Vertrauensschutzgrundsatz kann einerseits bei Subventionsanspruchsanwärtern, die Investitionen tätigen um die Förderbedingungen zu erfüllen, zu berücksichtigen sein. Andererseits kann er bei Subventionsempfängern, die auf einen Fortbestand der Subventionsprogramme unter gleichen Bedingungen und mit gleichen Begünstigungen angewiesen sind, relevant werden. Diese Vertrauensschutzproblematik

---

405 EuGH, Urteil vom 12.07.2005, C-154/04 und C-155/04, ECLI:EU:C:2005:449 („Alliance for Natural Health"), Rn. 128; *Wollenschläger*, in: Peers et al. (Hrsg.), The EU Charter of Fundamental Rights, Art. 17, Rn. 17(1).02..

406 EuGH, Urteil vom 04.05.1974, 4/73, ECLI:EU:C:1975:114 („Nold"), Rn. 14 f.

407 *Jarass*, GRCh, Art. 17, Rn. 6; *Calliess*, in: Ehlers (Hrsg.), EuGR, § 20, Rn. 20.

408 In diesem Sinne auch *Cichy*, Gemeinschaftsbeihilfen, 2002, S. 184.

wird jedoch nicht im Rahmen der Eigentumsfreiheit, sondern später grundrechtsübergreifend geklärt.[409]

Aus eigentumsrechtlicher Sicht ist folgende Konstellation der Änderung der Förderbedingungen hervorzuheben. Derjenige Wirtschaftsteilnehmer, der bereits alle Anforderungen an die Subventionsprogramme erfüllt hat, hat einen sekundärrechtlichen Anspruch auf eine ordnungsgemäße Subventionsbescheidung. Dieser öffentlich-rechtliche Anspruch könnte geschütztes Eigentum im Sinne des Art. 17 GRCh darstellen. Öffentlich-rechtliche Positionen werden aber nur dann als Eigentum anerkannt, wenn sie auf einer Eigenleistung des Grundrechtsträgers beruhen, also wenn die vorteilhafte Rechtsposition Folge des Einsatzes von Eigentum oder der Berufstätigkeit ist.[410] Darüber hinaus werden nur ausnahmsweise einzelne öffentlich-rechtliche Rechtspositionen, die nicht auf einer Eigenleistung beruhen, vom Eigentumsbegriff erfasst,[411] wie etwa öffentlich-rechtliche Genehmigungen.[412] Ob eine Ausnahme greift oder nicht, ist danach zu klären, ob es sich um wohlerworbene Rechte handelt, die vermögenswerten Charakter haben.[413]

Subventionen stellen aber gerade keinen Ausgleich für erbrachte Eigenleistungen des Grundrechtsträgers dar, sondern bringen dem Empfänger einen Mehrwert, der über den Marktwert einer möglicherweise zur Erfüllung der Fördervoraussetzungen erbrachten Leistung hinausgeht. Insofern sei noch einmal an oben genannte Definition der Beihilfe erinnert, die nur dann einschlägig ist, wenn es sich um eine Begünstigung ohne marktübliche Gegenleistung handelt, also eine möglicherweise erbrachte Gegenleistung des Empfängers einen geringeren Marktwert besitzt als die erbrachte Subvention. Subventionen fallen insofern also als öffentlich-rechtliche Position ohne Eigenleistung nicht unter den Eigentumsbegriff. Der öffent-

---

409 Siehe hierzu Teil 2, § 4, IV., 4.

410 *Heselhaus*, in: Heselhaus/Nowak (Hrsg.), Handbuch EuGR, § 32, Rn. 46; *Sonnevend*, in: Grabenwarter (Hrsg.), Europäischer Grundrechteschutz, § 14, Rn. 31; *Calliess*, in: Calliess/Ruffert (Hrsg.), EUV/AEUV, Art. 17 GRCh, Rn. 8; *Jarass*, GRCh, Art. 17, Rn. 11. Kritisch hierzu *Sonnevend*, in: Grabenwarter (Hrsg.), Europäischer Grundrechteschutz, § 14, Rn. 41.

411 Zu den Ausnahmen im Einzelnen *Jarass*, GRCh, Art. 17, Rn. 11 f.

412 Unter Hinweis auf Rechtsprechung *Sonnevend*, in: Grabenwarter (Hrsg.), Europäischer Grundrechteschutz, § 14, Rn. 37; EGMR, Urteil vom 29.11.1991, Nr. 12742/87, Rn. 51.

413 *Jarass*, GRCh, Art. 17, Rn. 11; EGMR, Urteil vom 16.04.2002, Nr. 36677/97, Rn. 48; unter Hinweis auf die Rechtsprechung des EGMR und im Ergebnis zustimmend *Sonnevend*, in: Grabenwarter (Hrsg.), Europäischer Grundrechteschutz, § 14, Rn. 36 und 43.

lich-rechtliche Anspruch stellt auch kein wohlerworbenes Recht mit vermögenswertem Charakter dar, weil die Erfüllung von Fördervoraussetzungen keinen Erwerb darstellen. Sekundärrechtliche Ansprüche auf Unionsbeihilfen und somit auch auf europäische Landwirtschaftssubventionen fallen damit nicht als geschütztes Eigentum unter Art. 17 GRCh.[414]

4. Vertrauensschutz

Neben den Grundrechten wird die Subventionskompetenz der Europäischen Union auch durch den allgemeinen Grundsatz des Vertrauensschutzes begrenzt. Der Grundsatz des Vertrauensschutzes stellt einen allgemeinen Rechtsgrundsatz des Europarechts dar und ist in der Rechtsprechung des EuGH anerkannt.[415] Er beinhaltet einen objektiven Rechtssatz, der bei jeglicher Anwendung des Europarechts beachtet werden muss, sowie ein subjektives Abwehrrecht des Einzelnen.[416] Aufgrund dieser dogmatischen Nähe zu den Grundrechten ist er im Rahmen der Verhältnismäßigkeitsprüfung heranzuziehen und bildet insbesondere bei der Prüfung von Grundrechtsverletzungen eine zu berücksichtigende Größe.[417] Insofern ergänzt er die Grundrechte, wenngleich es sich weiterhin um einen selbstständigen Rechtsgrundsatz neben den Grundrechten handelt.[418] Inhaltlich umfasst der Vertrauensschutz die Verlässlichkeit der Rechtsordnung.[419] Voraussetzung hierfür ist ein berechtigtes Vertrauen, also eine legitime Vertrauensla-

---

414 Dennoch möchte *Mittermüller*, Umweltschutz im Europäischen Agrarrecht, 2017, S. 144 ff. in nicht nachvollziehbarer Weise die Greening-Prämie vom Eigentumsgrundrecht erfasst wissen. Kritisch zur Bezeichung „Zahlungsansprüche" im Rahmen der Direktzahlungen hinsichtlich etwaiger Erwartungshaltungen der Landwirte: Europäische Kommission, Schlussfolgerungen der Kommission I, in: Norer (Hrsg.), CAP Reform: Market Organisation and Rural Areas, 2017, S. 159 ff. (160).

415 Grundlegend EuGH, Urteil vom 13.07.1965, 111/63, ECLI:EU:C:1965:76 („Lemmerz-Werke"); EuGH, Urteil vom 05.07.1973, 1/73, ECLI:EU:C:1973:78 („Westzucker"); *Jarass*, GRCh, Einl., Rn. 35; *Frenz*, Europäische Grundrechte, Rn. 3012.

416 *Jarass*, GRCh, Einleitung, Rn. 35 f.

417 *Frenz*, Europäische Grundrechte, Rn. 3004; *Pache*, in: Pechstein/Nowak/Häde (Hrsg.), Frankfurter Kommentar, Art. 52 GRCh, Rn. 28.

418 Für eine grundrechtliche Ableitung *Frenz*, Grundrechtlicher Vertrauensschutz – nicht nur ein allgemeiner Rechtsgrundsatz, EuR 2008, S. 468 ff. (473 ff.).

419 *Bungenberg*, in: Heselhaus/Nowak (Hrsg.), Handbuch EuGR, § 33, Rn. 3.

ge und ein im Einzelfall schutzwürdiges Vertrauen des Betroffenen.[420] Der dadurch entstehende Konflikt zwischen Individualinteresse und Unionsbelangen ist im Rahmen einer Interessenabwägung in Einklang zu bringen.[421]

Im Rahmen des Beihilfenrechts wird der Vertrauensgrundsatz insbesondere im Rahmen der Subventionsrückforderung relevant.[422] In dieser Arbeit wird jedoch ausschließlich die Subventionsvergabe behandelt, weshalb das weite Anwendungsfeld des Vertrauensschutzes bei Rückforderung unberücksichtigt bleibt.[423] Bei der Vergabe spielt der Vertrauensschutz vorrangig bei der Subventionsgesetzgebung eine Rolle. Seine Relevanz wird im Folgenden grundrechtsübergreifend skizziert.

Der Vertrauensgrundsatz ist bei der Subventionsvergabe insbesondere dann von Belang, wenn bestehende Förderprogramme im Nachhinein geändert oder sogar ganz ausgesetzt werden. Der Subventionsempfänger erfüllt möglicherweise fortan die Fördervoraussetzungen nicht mehr oder die Höhe der Begünstigung wurde herabgesetzt. Für ihn kann dieser Einschnitt eine besondere Härte darstellen und schlimmstenfalls existenzgefährdend sein. Gleiches gilt für den Subventionsanwärter, der gegebenenfalls wirtschaftliche Dispositionen veranlasst, um den Förderbedingungen gerecht zu werden (Signalwirkung von Subventionen[424]). Seine Investitionen stellen sich nach der Änderung der Förderbedingungen als wertlos dar.[425] In beiden Fällen stellt sich damit die Frage, inwiefern Subventionsempfänger und -anwärter ein legitimes und schutzwürdiges Vertrauen auf den Bestand der Subventionsrechtslage besitzen.

Es ist also zu klären, ob der Einzelne objektiv auf den Bestand einer Subventionsrechtslage vertrauen darf. Eine legitime Vertrauenslage erfordert zunächst ein vertrauensbegründendes Verhalten der durch den Vertrauens-

---

420 EuGH, Urteil vom 14.06.2012, C-606/10, ECLI:EU:C:2012:348 („ANAFE"), Rn. 78; *Jarass*, GRCh, Einl., Rn. 36.

421 *Schmahl*, in: Schulze/Zuleeg/Kadelbach (Hrsg.), Europarecht, § 6, Rn. 42.

422 Vgl. hierzu nur etwa *Frenz*, Grundrechtlicher Vertrauensschutz – nicht nur ein allgemeiner Rechtsgrundsatz, EuR 2008, S. 468 ff. (469 f.).

423 Zum Vertrauensschutz bei der Verwaltung landwirtschaftlicher Subventionen siehe etwa *Seimetz*, „Darf er oder darf er nicht?" – Vertrauensschutzregelungen im Recht der Europäischen Landwirtschaftsförderung, AUR 2016, S. 11 ff.

424 *Dickertmann/Diller*, Subventionswirkungen, in: Wirtschaftswissenschaftliches Studium 1990, S. 478 ff. (480).

425 Siehe auch EuGH, Urteil vom 28.04.1986, 120/86, ECLI:EU:C:1988:2013 („Mulder"); EuGH, Urteil vom 11.07.1991, C-368/89, ECLI EU:C:1991:307 („Crispoltini"); *Hase*, in: Düsing/Martínez (Hrsg.), Agrarrecht, Art. 40, Rn. 50.

grundsatz gebundenen Organe.[426] Das Setzen einer bestimmten Subventionsrechtslage bewirkt kein generelles und dauerhaftes legitimes Vertrauen auf den Fortbestand einer Subventionsrechtslage.[427] Vielmehr muss der (potentielle) Empfänger stets mit einer Änderung der Rechtslage rechnen. Diese Feststellung hat der EuGH insbesondere für Reformen der gemeinsamen Marktorganisationen im Rahmen der Agrarpolitik festgehalten, da hier der Gesetzgeber die Rechtslage stets an die sich ändernden wirtschaftlichen Rahmenbedingungen anzupassen hat.[428] Diese Änderungen dürfen nur nicht allzu kurzfristig geschehen; gewisse Übergangsfristen müssen gewahrt bleiben. Welche Maßstäbe an die Angemessenheit dieser Änderungsfrist und die Übergangsfristen zu stellen sind, ist einzelfallabhängig. Insbesondere in bestehenden Krisensituationen und im Falle ungewöhnlicher Marktentwicklungen[429] kann selbst eine Frist von wenigen Tagen angemessen sein,[430] das heißt in solchen Situationen ist die Zeit für legitimes Vertrauen auf sehr kurze Zeit beschränkt, während in Normalsituationen auch ein längerer Zeitraum dem legitimen Vertrauen entgegenlaufen kann. In diese wertende Betrachtung sind neben den Gemeinwohlinteressen auch die Interessen und Verhaltensweisen der Beteiligten einzubeziehen, insbesondere die Höhe der von Subventionsanwärtern getätigten Investitionen und die finanzielle Abhängigkeit der Subventionsempfänger vom Bestand der Begünstigung.

Mit anderen Worten hat der potentielle Subventionsempfänger nur ausnahmsweise ein bedingtes legitimes Vertrauen auf den Fortbestand der getroffenen Regelung.[431] Hat der Gesetzgeber einmal ein Beihilfenprogramm aufgesetzt, so hat er dadurch lediglich insofern einen Vertrauenstatbestand gesetzt, als dass er diese Fördervoraussetzungen nicht in unmittel-

---

426 *Bungenberg*, in: Heselhaus/Nowak (Hrsg.), Handbuch EuGR, § 33, Rn. 11.

427 Vgl. etwa *Jarass*, GRCh, Art. 16, Rn. 30 f. und Art. 17, Rn. 7; EuGH, Urteil vom 30.06.2005, C-295/03, ECLI:EU:C:2005:413 („Alessandrini"), Rn. 89; ebenso lässt sich auch EuGH, Urteil vom 27.09.1979, 230/78, ECLI:EU:C:1979:216 („Eridania"), Rn. 22 und EuGH, Urteil vom 21.05.1987, verb. C-133/85, ECLI:EU:C:1987:244 („Rau"), Rn. 18 verstehen. Kritisch zu dieser Pauschalität *Heselhaus*, in: Heselhaus/Nowak (Hrsg.), Handbuch EuGR, § 32, Rn. 44.

428 EuGH, Urteil vom 26.06.2012, C-335/09, ECLI:EU:C:2012:385 („Polen/Kommission"), Rn. 180; EuGH, Urteil vom 15.07.2004, C-37/02, ECLI:EU:C:2004:443 („Di Leonardo Adriano"), Rn. 70; *Jarass*, GRCh, Einl., Rn. 36; *Schmahl*, in: Schulze/Zuleeg/Kadelbach (Hrsg.), Europarecht, § 6, Rn. 42.

429 *Bungenberg*, in: Heselhaus/Nowak (Hrsg.), Handbuch EuGR, § 33, Rn. 27.

430 So die Ausgangslage in der Sache EuGH, Urteil vom 14.04.1975, 74/74, ECLI:EU:C:1975:59 („CNTA").

431 *Hase*, in: Düsing/Martínez (Hrsg.), Agrarrecht, Art. 40, Rn. 50.

barer Zukunft, also allzu kurzfristig ändern wird.[432] Hierin liegt jedoch kein mittel- oder langfristiger Bestandsschutz der Regelung. Selbstverständlich darf der Gesetzgeber demnächst seine einmal gesetzten Förderbedingungen auch nachträglich ändern oder das Förderprogramm ganz aussetzen. Das legitime Vertrauen verlangt also, dass der Bürger von einer anstehenden Gesetzesänderung Kenntnis erhalten kann.[433] Diese Möglichkeit der Kenntnisnahme kann durch einen Gesetzgebungsvorschlag der Kommission an den Rat oder die Veröffentlichung einer Information über die Absicht eines Gesetzesvorschlags im Amtsblatt der Europäischen Union erfüllt werden.[434]

Der Vertrauensgrundsatz begrenzt die Subventionskompetenzen der Europäischen Union deswegen nur insofern, als dass der Gesetzgeber bestehende Unionsbeihilfenprogramme nicht ohne angemessene Übergangsfrist ändern darf. Die Angemessenheit der Frist ist einzelfallabhängig. In die wertende Betrachtung sind Gemeinwohlinteressen, die Interessen des Betroffenen und seine Verhaltensweise einzubeziehen.

V. Zusammenfassung

Die Wirtschaftsordnung der Europäischen Union ist grundsätzlich marktwirtschaftlich geprägt, wobei diese Grundentscheidung in Richtung einer sozialen Marktwirtschaft ausgestaltet ist, die neben wirtschaftlichen und sozialen Gesichtspunkten insbesondere auch Umweltschutzaspekte zu berücksichtigen hat. Der Landwirtschaftssektor wird grundsätzlich in diese Marktwirtschaft einbezogen, Spezialregelungen lassen allerdings in weiten Teilen stärker interventionistische Prägungen auf dem Agrarsektor zu. Für die Unionsbeihilfenvergabe bedeuten diese Grundentscheidungen, dass

---

432 Der EuGH erkennt ein derartiges legitimes Vertrauen implizit bereits in der Sache EuGH, Urteil vom 14.05.1975, 74/74, ECLI:EU:C:1975:59 („CNTA") an.

433 Ebenso *Bungenberg*, in: Heselhaus/Nowak (Hrsg.), Handbuch EuGR, § 33, Rn. 26; *Frenz*, Europäische Grundrechte, Rn. 3039; EuGH, Urteil vom 01.02.1978, 78/77, ECLI:EU:C:1978:20 („Lührs"), Rn. 6; EuGH, Urteil vom 14.03.2013, C-545/11, ECLI:EU:C:2013:169, Rn. 26 ff.

434 *Bungenberg*, in: Heselhaus/Nowak (Hrsg.), Handbuch EuGR, § 33, Rn. 26; *Frenz*, Europäische Grundrechte, Rn. 3117 ff; EuGH, Urteil vom 10.12.1975, 95/74 u.a., ECLI:EU:C:1975:172 („Union nationale de coopératives agricoles des céréales"), Rn. 42 ff.; EuGH, Urteil vom 13.07.1965, 111/63, ECLI:EU:C:1965:76 („Lemmerz-Werke"); EuGH, Urteil vom 21.02.1991, C-143/88 u.a., ECLI:EU:C:1991:65 („Zuckerfabrik Süderdithmarschen"), Rn. 59.

die Vergabe von Subventionen außerhalb des Landwirtschaftssektors stärker rechtfertigungsbedürftig ist. Gleichwohl sind auch marktwirtschaftlichen Wirtschaftssystemen Marktinterventionen in Form von Subventionen bei Marktversagen nicht systemfremd.

Unionsbeihilfen müssen insbesondere diskriminierungsfrei vergeben werden. In den Bereichen der Hopfen- und der Olivenbeihilfen werden Subventionsmittel ausschließlich für einzelne Mitgliedstaaten angesetzt, ohne hierfür Gründe anzugeben. Insofern kann eine Diskriminierung vermutet werden. Gleichzeitig kann insofern ein Mangel an Transparenz festgestellt werden. Die Aufteilung der nationalen Obergrenzen im Rahmen der Direktzahlungen wird stufenweise zwischen den Mitgliedstaaten angenähert, allerdings ohne die genaueren (objektiven) Aufteilungsschlüssel offenzulegen, sodass hier ebenfalls ein Mangel an Transparenz vorhanden ist.

Das Grundrecht der Wettbewerbsfreiheit ist nur in begrenztem Maße geeignet die Subventionskompetenzen in der Landwirtschaftspolitik der Europäischen Union einzuschränken, da bei ihr ein Spürbarkeitskriterium als Eingriffsschwelle angelegt wird und dem Agrargesetzgeber ein weiter Einschätzungsspielraum eingeräumt werden muss. Der Schutzbereich der Eigentumsfreiheit ist bei der Unionsbeihilfenvergabe grundsätzlich nicht eröffnet. Der Vertrauensschutz verlangt grundrechtsübergreifend allerdings, dass Subventionsprogramme nur mit einer angemessenen Übergangsfrist abgeändert werden. Einen mittel- oder langfristigen Bestandsschutz hinsichtlich der konkreten Ausgestaltung von Subventionsprogrammmen bietet er allerdings nicht.

§ 5 Wirtschaftsvölkerrechtlicher Regelungsrahmen

Wie in den vorherigen Abschnitten aufgezeigt wurde, ist die Europäische Union bei der Vergabe von Unionsbeihilfen auf dem Bereich der Landwirtschaft in mehrfacher Hinsicht europarechtlich gebunden. Über diese innereuropäische Bindung hinaus ist die Europäische Union auch wirtschaftsvölkerrechtliche Verpflichtungen eingegangen, die sie völkerrechtlich binden und bei der Vergabe von Unionsbeihilfen zu beachten sind. Landwirtschaftssubventionen können welthandelsrechtlich die Importmöglichkeiten internationaler Konkurrenten in die Europäische Union verschlechtern beziehungsweise die subventionierten Güter gegenüber ihren internationalen Konkurrenzprodukten übervorteilen und dadurch das internationale „level playing field" des Weltwarenhandels beeinträchtigen.[435]

Zu den Verpflichtungen hinsichtlich der Subventionsvergabe gehören insbesondere die Verpflichtungen der Europäischen Union im Bereich der Welthandelsorganisation, die im Folgenden näher untersucht werden. Darüber hinaus werden die von der Europäischen Union geschlossenen Freihandelsabkommen auf ihre Relevanz für die Vergabe von landwirtschaftlichen Unionsbeihilfen hin untersucht. Im folgenden Abschnitt wird das Recht der Unionsbeihilfenvergabe also in seinen wirtschaftsvölkerrechtlichen Kontext eingeordnet.

I. Welthandelsrecht

Das Recht der Welthandelsorganisation stellt das „Herzstück der modernen Welthandelsordnung"[436] dar und umfasst als internationale Organisation seit dem 01.01.1995[437] neben Regelungen für den internationalen Warenhandel auch Vorgaben in weiteren Bereichen, etwa für den Bereich des Dienstleistungshandels, handelsbezogene Aspekte des geistigen Eigentums und insbesondere auch einen Streitbeilegungsmechanismus. Für die vorliegende Untersuchung wird allerdings der Warenhandel, als der für die Landwirtschaft relevante Teil des Welthandelsrechts, in Bezug auf die Subventionsvergabe näher beleuchtet. Im Rahmen des Warenhandels werden die landwirtschaftlichen Erzeugnisse einer besonderen Regelung unterworfen, für die mit dem Nairobi-Paket im Dezember 2015 wesentliche Durchbrüche für Exportsubventionen erzielt wurden.

1. Bedeutung des Welthandelsrechts für das Recht der Europäischen Union

Das WTO-Abkommen mit seinen Anhängen bindet die Europäische Union völkervertraglich. In das innereuropäische Recht werden diese Außen-

---

435 *McMahon/Desta*, in: McMahon/Desta (Hrsg.), WTO Agriculture Agreement, S. 1 ff. (7).
436 *Herdegen*, Völkerrecht, S. 423.
437 Siehe näher zur Entwicklung des Welthandelsrechts *Krajewski*, Wirtschaftsvölkerrecht, S. 46 ff.

bindungen umgesetzt,[438] indem Art. 216 Abs. 2 AEUV statuiert, dass die „von der Union geschlossenen Übereinkünfte [...] die Organe der Union und die Mitgliedstaaten [binden]", wodurch die völkervertragsrechtlichen Bindungen einen Rang zwischen Primär- und Sekundärrecht erhalten und integrierende Bestandteile der Unionsrechtsordnung werden.[439]

2. Agreement on Agriculture

Im folgenden Abschnitt werden die speziellen Subventionsregelungen des Warenhandels in Bezug auf landwirtschaftliche Erzeugnisse dargestellt. Diese Regelungen lassen sich im Agreement on Agriculture (AoA) finden.

a) Verhältnis von AoA zu SCM und GATT

Subventionsregelungen lassen sich im Welthandelsrecht in Bezug auf den Warenhandel im AoA, dem Agreement on Subsidies and Countervailing

---

438 *Vöneky/Beylage-Haarmann*, in: Grabitz/Hilf/Nettesheim, EuR, Art. 216 AEUV, Rn. 26.

439 EuGH, Urteil vom 30.04.1974, 181/73, ECLI:EU:C:1974:41 („Haegeman"), Rn. 2; vgl. *Matsushita/Schoenbaum/Mavroidis/Hahn*, The World Trade Organization, 3. Auflage 2015, S. 37. Von diesem Verständnis des Art. 216 Abs. 2 AEUV ist auch das WTO-Recht als völkerrechtlicher Vertrag erfasst. Der EuGH hat zwar in Bezug auf das GATT (EuGH, Urteil vom 12.12.1972, 21/72, ECLI:EU:C:1972:115 („International Fruit Company"), Rn. 21) und später auch in Bezug auf das WTO-Recht in der Rechtssache Portugal gegen Rat (EuGH, Urteil vom 23.11.1999, C-149/96, ECLI:EU:C:1999:574 („Portugal/Rat"), Rn. 46; EuGH, Urteil vom 09.10.2001, C-377/98, ECLI:EU:C:2001:523 („Niederlande/Parlament und Rat"), Rn. 52-54) entschieden, dass trotz der unmittelbaren europarechtlichen Geltung des WTO-Rechts über Art. 216 Abs. 2 AEUV, ausnahmsweise die Rechtmäßigkeit von europäischen Sekundärrechtsakten durch den EuGH nicht anhand des Welthandelsrechts zu überprüfen sei. Der EuGH bestreitet in diesen Rechtsprechungen nicht die Stellung des WTO-Rechts im Rang zwischen Primär- und Sekundärrecht, sondern hat „lediglich" bestritten, dass Parteien vor dem EuGH die Vereinbarkeit von Sekundärrecht mit WTO-Recht einklagen können. Zur Bedeutung des Welthandelsrechts für die europäische Rechtsordnung unter der Rechtsprechung Portugal gegen Rat siehe *Bungenberg*, in: Terhechte (Hrsg.), EuVwR, § 11, Rn. 11; *Tietje*, in: Tietje (Hrsg.), Internationales Wirtschaftsrecht, § 15, S. 812 f.; *Matsushita/Schoenbaum/Mavroidis/Hahn*, The World Trade Organization, 3. Auflage 2015, S. 37 ff.; *Rodi*, Subventionsrechtsordnung, 2000, S. 136.

Duties (SCM) und dem General Agreement on Tariffs and Trade 1994 (GATT) finden. In Bezug auf landwirtschaftliche Erzeugnisse stellen die Subventionsvorgaben des AoA allerdings grundsätzlich die spezielleren Regelungen gegenüber den Subventionsvorgaben des SCM und des GATT dar.[440] Dem AoA kommt ein Vorrang jedoch nur dann zu, wenn es sich um bestimmte Vorschriften handelt, die spezifisch („specifically") die gleiche Sache betreffen,[441] wobei spezifisch von den WTO-Streitbeilegungsorganen als „ausdrücklich" verstanden wird.[442]

Dementsprechend ist das AoA als nicht abschließend zu verstehen. In den Bereichen, in denen keine Vorschriften des AoA existieren oder diese nicht spezifisch sind, können die Normen des SCM und die des GATT greifen. Sie finden beispielsweise im Bereich von Verarbeitungsbeihilfen für landwirtschaftliche Produkte im Rahmen der zweiten GAP-Säule unter den nationalen ELER-Programmen (Art. 26 VO 1305/2013) Anwendung, da das Landwirtschaftsübereinkommen hierfür keine besonderen Regelungen vorsieht.[443] Werden andererseits Verstöße gegen das AoA etwa im Bereich von Ausfuhrsubventionen festgestellt, so kann zusätzlich auch ein Verstoß gegen das GATT oder das SCM vorliegen,[444] an dessen Feststellung eine Vertragspartei insbesondere wegen unterschiedlicher Verfahrensrege-

---

440 *Tietje*, in: Tietje (Hrsg.), Internationales Wirtschaftsrecht, § 3, S. 204; *Zouré*, Le commerce des produits agricoles dans le droit de l'OMC, 2012, S. 150 ff.; *Franken*, Ausfuhrsubventionen nach dem Landwirtschaftsübereinkommen, in: Ehlers/Wolffgang/Schröder (Hrsg.), Subventionen im WTO- und EG-Recht, 2007, S. 53 ff. (56); *Möhler*, in: Krenzler/Hermann/Niestedt (Hrsg.), EU-Außenwirtschafts- und Zollrecht, Abschn. 40, Rn. 114. Vgl. insofern auch *Jirousek*, Die subventionsrechtlichen Systeme der Welthandelsorganisation, der Europäischen Gemeinschaft und der Nordamerikanischen Freihandelszone, 2007, S. 111 ff.
441 WTO Appelate Body Report vom 09.09.1997, WT/DS27/AB/R („EC – Bananas III"), Rn. 155; *Möhler*, in: Krenzler/Hermann/Niestedt (Hrsg.), EU-Außenwirtschafts- und Zollrecht, Abschn. 40, Rn. 114.
442 Damit wird ein strenger Maßstab an die Spezifizität der AoA-Regeln gegenüber anderen WTO-Vorschriften gelegt; WTO Panel Report vom 08.09.2004, ("US – Subsidies on Upland Cotton"), Rn. 7.1038; WTO Appelate Body Report vom 03.03.2005, WT/DS267/AB/R ("US – Subsidies on Upland Cotton"), Rn. 533 ff. Kritisch hierzu *Möhler*, in: Krenzler/Hermann/Niestedt (Hrsg.), EU-Außenwirtschafts- und Zollrecht, Abschn. 40, Rn. 114.
443 WTO Appelate Body Report vom 03.03.2005, WT/DS267/AB/R ("US – Subsidies on Upland Cotton"), Rn. 533 ff., insbesondere Rn. 545 f.; *Franken*, Ausfuhrsubventionen nach dem Landwirtschaftsübereinkommen, in: Ehlers/Wolffgang/Schröder (Hrsg.), Subventionen im WTO- und EG-Recht, 2007, S. 53 ff. (56).
444 WTO Panel Report vom 08.09.2004, WT/DS267/R ("US – Subsidies on Upland Cotton"), Rn. 7.1058; *McMahon/Desta*, in: McMahon/Desta (Hrsg.), WTO Agriculture Agreement, S. 1 ff. (12).

lungen in Bezug auf Fristsetzungen zur Subventionsbeseitigung (Art. 4.7 SCM) ein Interesse haben kann.[445]

b) Subventionsregelungen des AoA

Das AoA zählt Regelungen in Bezug auf „interne Stützungsmaßnahmen" und Exportsubventionen zu seinen Kernverpflichtungen.[446] Diese Bereiche enthalten die für die vorliegende Untersuchung relevanten Beihilfenregelungen, die im Folgenden dargestellt werden.

aa) Interne Stützungsmaßnahmen

Art. 6 AoA statuiert die Regelungen für interne Stützungsmaßnahmen, also alle Subventionen, die keinen direkten Bezug zum Export landwirtschaftlicher Produkte besitzen.[447] Gemäß Art. 3.2 AoA darf ein Mitglied keine Stützung zugunsten einheimischer Erzeuger gewähren, die über das in den Zugeständnislisten[448] notifizierte Verpflichtungsniveau hinaus-

---

445 *Franken*, Ausfuhrsubventionen nach dem Landwirtschaftsübereinkommen, in: Ehlers/Wolffgang/Schröder (Hrsg.), Subventionen im WTO- und EG-Recht, 2007, S. 53 ff. (56 f.).

446 Das AoA besteht aus fünf Kernverpflichtungen, nämlich der Schaffung eines verbesserten Marktzugangs, der Beachtung der in Art. 13 AoA enthaltenen Friedensklausel, der besonderen und differenzierten Behandlung der Entwicklungsländer, der Disziplinen für interne Stützungsmaßnahmen und der Disziplinen für Exportsubventionen. Zur Sonderstellung der Entwicklungsländer im Rahmen des AoA vgl. *Jessen*, in: Hilf/Oeter (Hrsg.), WTO-Recht, § 17, Rn. 38 ff.

447 *Tietje*, in: Tietje (Hrsg.), Internationales Wirtschaftsrecht, § 3, S. 204. Der Begriff der internen Stützungsmaßnahme ist weitestgehend deckungsgleich mit dem Subventionsbegriff im Sinne des SCM; WTO Panel Report vom 08.10.1999, WT/DS108/R („US-FSC"), Rn. 7.150; *McMahon/Desta*, in: McMahon/Desta (Hrsg.), WTO Agriculture Agreement, S. 1 ff. (12); *Matsushita/Schoenbaum/Mavroidis/Hahn*, The World Trade Organization, 3. Auflage 2015, S. 269; *Möhler*, in: Krenzler/Herrmann/Niestedt (Hrsg.), EU-Außenwirtschafts- und Zollrecht, Abschn. 40, Rn. 109. Vgl. zum Subventionsbegriff im Sinne des SCM und dort insbesondere die Spezifität der landwirtschaftlichen Unionsbeihilfen unten Teil 2, § 5, 3., a).

448 Die Zugeständnislisten sind gemäß Art. 3.1 AoA und Art. II:7 GATT integraler Bestandteil des GATT. Teil IV der jeweiligen list of concession bezieht sich auf

geht.[449] Ist das notifizierte Volumen der internen Stützungsmaßnahmen in einem Jahr erschöpft, dürfen keine weiteren internen Stützungsmaßnahmen mehr vergeben werden. Damit verbietet das AoA Subventionen nicht grundsätzlich, sondern möchte die Mitglieder dazu verpflichten sich an international ausgehandelte und publizierte betragsmäßige Obergrenzen zu halten. Zurzeit hat die Europäische Union insgesamt € 71,724 Milliarden an internen Stützungsmaßnahmen zugunsten landwirtschaftlicher Erzeuger pro Jahr notifiziert.[450]

Die wesentlichen Regelungen des AoA in Bezug auf interne Stützungsmaßnahmen drehen sich darum, unter welchen Voraussetzungen entsprechende Subventionsbeträge zu diesen jährlichen Maximalbeträgen gezählt werden und so das notifizierte Fördervolumen ausschöpfen. Für die jeweiligen Kategorien von Subventionen hat sich das Bild verschiedenfarbiger Boxen etabliert (Amber Box, Blue Box und Green Box). Diejenigen Subventionen, die vollumfänglich dem Höchstbetrag der Zugeständnislisten unterfallen, gehören zur Amber Box. Neben den de minimis-Stützungsmaßnahmen (Art. 6.4 AoA) werden die Blue Box- (Art. 6.5 AoA) und die handelsneutralen Green Box-Subventionen (Art. 7.2 lit. a i.V.m. Anhang 2 AoA) hingegen nicht in die Berechnung der jährlichen Höchstbeträge einbezogen.

Für die vorliegende Untersuchung ist insbesondere die Kategorie der handelsneutralen Green Box-Subventionen interessant. Sie werden nicht in die notifizierten Höchstbeträge für interne Stützungsmaßnahmen eingerechnet, da sie „keine oder höchstens geringe Handelsverzerrungen oder Auswirkungen auf die Erzeugung"[451] erwarten lassen. Grundvoraussetzung hierfür ist jedoch, dass sie im Rahmen eines aus öffentlichen Mitteln finanzierten Programms bereitgestellt werden, das keinen Transfer von den Verbrauchern mit sich bringt und sich nicht wie eine Preisstützung für die Erzeuger auswirkt.[452]

Art. 3 AoA und ergänzt ihn. Die aktuelle Liste der Europäischen Union ist Schedule CLXXIII – European Union, WT/Let/1220 (Stand 01.12.2016).

449 Spiegelbildlich gelten gemäß Art. 6.3 AoA die Verpflichtungen in jedem Jahr als erfüllt, in dem die interne Stützung das entsprechende jährliche oder endgültige gebundene Verpflichtungsniveau in Teil IV der Liste des Mitglieds nicht übersteigt.

450 Schedule CLXXIII – European Union, Part IV, Section I, WT/Let/1220 (Stand 01.12.2016).

451 Anhang 2 Abs. 1 Satz 1 AoA.

452 Anhang 2 Abs. 1 Satz 2 AoA.

Über diese Grundvoraussetzungen hinaus müssen die Green Box-Subventionen auch noch den in Anhang 2 Abs. 2 bis 13 AoA genannten Anforderungen entsprechen. Die Absätze 6 bis 13 erlauben unterschiedliche Formen der Direktzahlungen,[453] wovon die entkoppelten Direktzahlungen des Absatzes 6 die für die vorliegende Untersuchung relevantesten Subventionsformen darstellen. Danach muss die Berechtigung zum Erhalt der Subventionen anhand eindeutiger Förderkriterien festgelegt sein und dabei unabhängig von Art und Menge der Erzeugung, (Markt-)Preisen, Produktionsfaktoren und Erzeugung sein. Kurz gesagt sollen Subventionen nicht mehr zur Preisstützung bestimmter Produkte, wie etwa Weizen, Zucker oder Milch gewährt werden, sondern produktunabhängig, also entkoppelt.

Unklar bleibt bei dem Regelungssystem des Anhangs 2 Abs. 1 i.V.m. Abs. 6 AoA, ob – wie in den Grundvoraussetzungen angelegt – die (materiellen) Auswirkungen der Zahlung („payment impact") oder – wie in Absatz 6 angelegt – die (formelle) Ausgestaltung der Förderkriterien, also die Unabhängigkeit von Marktpreisen, Produktionsfaktoren oder Erzeugung („policy design") die entscheidenden Faktoren zur Einordnung in die Green Box sind.[454]

Die Subventionspolitik im Rahmen der Gemeinsamen Agrarpolitik hat sich seit 1992 zunehmend weg von reinen Preisstützungsmechanismen einzelner Erzeugnisse hin zu direkten Einkommensunterstützungen entwickelt, sodass die Preisstützungsbeihilfen mittlerweile die Ausnahme darstellen.[455] Insofern kann ein Anstieg der Inanspruchnahme von Green Box-

---

453 *McMahon/Desta*, in: McMahon/Desta (Hrsg.), WTO Agriculture Agreement, S. 1 ff. (11).

454 Für die Auswirkung der Zahlung als entscheidendes Kriterium OECD, Decoupling: a conceptual overview, 2000, S. 17; für eine Ausgestaltung der Förderkriterien hingegen *Burfisher/Hopkins*, Decoupled Payments: Household Income Transfers in Contemporary U.S., 2003, S. 4; in diesem Sinne wohl auch *Usher*, EC Agricultural Law, 2001, S. 66. Offengelassen von WTO Panel Report vom 08.09.2004, WT/DS267/R ("US – Subsidies on Upland Cotton"), Rn. 7.423; vgl. *McMahon/Desta*, in: McMahon/Desta (Hrsg.), WTO Agriculture Agreement, S. 1 ff. (12).

455 Vgl. insbesondere das Schaubild zur Entwicklung der Agrarausgaben von 1990 bis 2020, auf dem der deutliche Zuwachs von entkoppelten Beihilfen zu erkennen ist, siehe Teil 3, § 1, V. Vgl. auch *Rodi*, Subventionsrechtsordnung, 2000, S. 133; *O'Connor*, The impact of the Doha Round on the European Union's Common Agricultural Policy, in: McMahon/Cardwell (Hrsg.), Research Handbook on EU Agriculture Law, S. 387 ff. (397); *Cardwell/McMahon*, Looking back

Ausnahmen festgestellt werden.[456] Dieser Trend der Green Box-konformen Ausgestaltung vermeidet beziehungsweise hält die Verzerrung des Handels mit landwirtschaftlichen Gütern durch die Verwendung international anerkannter und vereinbarter Standards möglichst gering.[457] Das europäische Subventionsprogramm der öffentlichen Intervention, die den Ankauf bestimmter Waren im Falle von Marktkrisen (Preisverfall) ermöglicht, stellt allerdings weiterhin eine Preisstützung dar und unterfällt damit nicht den Green Box-Ausnahmen.[458]

Über die entkoppelten Einkommensbeihilfen nach Anhang 2 Abs. 6 AoA hinaus ist für die Gemeinsame Agrarpolitik insbesondere die Green Box-Ausnahme für Zahlungen im Rahmen von Umweltprogrammen (Anhang 2 Abs. 12 AoA) von Interesse. Diese Umweltsubventionen erfordern, dass die entsprechende Zahlung in „staatlichen Umwelt- oder Erhaltungsprogrammen [verankert und] [...] abhängig von der Erfüllung bestimmter Bedingungen dieses Programms [ist]". Die Höhe dieser Umweltsubventionen ist „auf die Sonderaufwendungen oder den Einkommensverlust infolge der Erfüllung des staatlichen Programms begrenzt". Denkbar wäre es, die Greening-Prämie (Art. 43 ff. VO 1307/2013) im Rahmen der ersten GAP-Säule unter diese Umwelt-Ausnahme zu subsumieren. Hierbei handelt es sich um Subventionen für die Einhaltung bestimmter Landbe-

---

to look forward, in: McMahon/Cardwell (Hrsg.), Research Handbook on EU Agriculture Law, S. 531 ff. (532); *Mittermüller*, Umweltschutz im Europäischen Agrarrecht, 2017, S. 115 f. Siehe zur historischen Entwicklung der Green Box auch *Stancanelli*, The historical context of the green box, in: Meléndez-Ortiz/Bellmann/Hepburn (Hrsg.), Agricultural Subsidies in the WTO Green Box, 2009, S. 19 ff.

456 *McMahon/Desta*, in: McMahon/Desta (Hrsg.), WTO Agriculture Agreement, S. 1 ff. (12). Kritisch zur Einordnung der ehemaligen Betriebsprämien vor der GAP-Reform 2013 als entkoppelte Direktzahlungen *Matsushita/Schoenbaum/Mavroidis/Hahn*, The World Trade Organization, 3. Auflage 2015, S. 274 im Hinblick auf WTO Appelate Body Report vom 03.03.2005, WT/DS267/AB/R ("US – Subsidies on Upland Cotton"), Rn. 142.

457 *Usher*, EC Agricultural Law, 2001, S. 69.

458 Im Übrigen stellt die öffentliche Intervention auch keine „Öffentliche Lagerhaltung aus Gründen der Ernährungssicherheit" (Anhang 2 Abs. 3 SCM) dar, da durch sie legidlich ökonomische Ziele verfolgt. *O'Connor*, The impact of the Doha Round on the European Union's Common Agricultural Policy, in: McMahon/Cardwell (Hrsg.), Research Handbook on EU Agriculture Law, S. 387 ff. (389) stellt in Bezug auf die gesamte GAP fest: „For the present, the CAP is not under external WTO pressure."; *Cardwell*, The direct payments regime: Delivering 'a fair standard of living for the agricultural community'?, in: McMahon/Cardwell (Hrsg.), Research Handbook on EU Agriculture Law, S. 41 ff. (60).

wirtschaftungsmethoden, wie etwa Anbaudiversifizierung, Erhaltung von Dauergrünland und Einrichtung ökologischer Vorrangflächen.

Selbst wenn die Einordnung der Greening-Prämie als Umweltschutzbeihilfe im Sinne der oben bezeichneten Ausnahme prima facie möglich erscheint, hat die Europäische Kommission im Gesetzgebungsverfahren die Greening-Prämie allerdings nicht als Green Box-Umweltzahlung bezeichnet, sondern hat sie lediglich als entkoppelte Green Box-Ausnahme im Sinne des Anhangs 2 Abs. 6 AoA eingeordnet.[459] Als Grund für diese Klassifikation kommt die Begrenzung der Subventionshöhe auf die Sonderaufwendungen oder Einkommensverluste in Betracht, da diese Begrenzung eine genaue Berechnung der Beträge erfordert und keine überschießenden Subventionen zulässt, die zusätzliche Anreize schaffen würden, das entsprechende Umweltprogramm einzuhalten. Vielmehr muss die Subvention eine bloße Kompensation der Verluste darstellen. Die Greening-Prämie scheint diese genaue Begrenzung auf die bloße Kompensation allerdings nicht erbringen zu können, weshalb sie lediglich als entkoppelte Direktzahlungs-Green Box-Subvention zu qualifizieren ist.[460]

Anhand dieser Nichteinordnung der Greening-Prämie als Green Box-Ausnahme für Zahlungen im Rahmen von Umweltprogrammen zeigt sich die deutliche Schwäche dieser Regelung. Es besteht der große Nachteil, dass Subventionsbeträge auf eine bloße Kompensation beschränkt bleiben müssen. Zusätzliche Anreizbeträge sind nicht vorgesehen. Dadurch werden Umweltschutzsubventionen zum Schutze des unverzerrten Welthandels mehr behindert als gefördert.

---

459 Europäische Kommission, 12.10.2011, SEC (2011) 1153, Impact assessment: Common Agricultural Policy towards 2020, S. 71 f.; *Smith*, Mind the gap: 'Greening' direct payments and the World Trade Organization, in: McMahon/Cardwell (Hrsg.), Research Handbook on EU Agricultural Law, 2015, S. 412 ff. (420).

460 Europäische Kommission, 12.10.2011, SEC (2011) 1153, Impact assessment: Common Agricultural Policy towards 2020, S. 32. Kritisch hierzu insbesondere in Bezug auf die Abhängigkeit von bestimmten Erzeugungen gemäß Anhang 2 Abs. 6 lit. b AoA *Smith*, Mind the gap: 'Greening' direct payments and the World Trade Organization, in: McMahon/Cardwell (Hrsg.), Research Handbook on EU Agricultural Law, 2015, S. 412 ff. (418 ff.). Richtigerweise ist die Greening Prämie aber als bloße Landbewirtschaftungsmethode und damit als produktneutral einzuordnen..

bb) Ausfuhrsubventionen und Nairobi Paket

Da Ausfuhrsubventionen darauf abzielen, die Ausfuhr bestimmter Waren zu einem vergünstigten Preis zu ermöglichen, verzerren sie per se den internationalen Handel. Ihnen sind gravierende marktverzerrende Auswirkungen also immanent. Die AoA-Regelungen für Exportsubventionen ähneln denen der internen Stützungsmaßnahmen. Gemäß Art. 3.3 und Art. 8 AoA dürfen keine Ausfuhrsubventionen gewährt werden, die über das in der Liste des jeweiligen WTO-Mitglieds angegebene Maß hinausgehen. Auch Ausfuhrsubventionen werden damit durch das AoA alleine nicht verboten, sondern nur fiskalisch in Form von produktbezogenen Subventionshöchstbeträgen und mengenmäßigen Subventionsgrenzen beschränkt.[461] Art. 9.1 AoA definiert abschließend, welche Ausfuhrsubventionen im Sinne des Art. 1 lit. e AoA den Verpflichtungen des Absatzes 2 in Verbindung mit der Zugeständnislisten unterfallen.[462]

Der Mechanismus der fiskalischen Beschränkung von Agrarausfuhrsubventionen ist allerdings aufgrund jüngerer Entwicklungen weitestgehend hinfällig geworden.[463] Die WTO-Ministerkonferenz hat im Rahmen des Nairobi Pakets vom 21.12.2015 für den Exportwettbewerb im Agrarbereich beschlossen, dass alle Industriestaaten unmittelbar nach Annahme der Erklärung ihre noch vorhandenen Agrarexportsubventionsberechtigungen aus den Listen beseitigen sollen.[464] Ausnahmen hiervon wurden unter bestimmten Auflagen bis zum Jahr 2020 für verarbeitete Erzeugnisse, Milcherzeugnisse und Schweinefleisch vorgesehen. Voraussetzung hierfür war allerdings, dass sich das betroffene Mitglied damit einverstanden erklärt hatte, alle Subventionen für Exporte in die am wenigsten entwickelten Länder („least developed countries") bis zum 01.01.2016 abzuschaffen und dass die Exportsubventionen für diese Ausnahmeprodukte bereits in einer der drei

---

461 Annual and Final outlay commitment level und Annual and Final Quantity commitment level, vgl. Schedule CLXXIII – European Union, WT/Let/1220, S. 851.

462 Vgl. näher zum Begriff der Ausfuhrsubvention im Sinne des AoA *Prieß/Pitschas*, in: Prieß/Berrisch (Hrsg.), WTO-Handbuch, B.I.2., Rn. 80 ff.

463 Vgl. *Van den Bossche/Zdouc*, Law and Policy of the World Trade Organization, S. 872.

464 „Developed Members shall immediately eliminate their remaining scheduled export subsidy entitlements as of the date of adoption of this Decision." (Nairobi-Paket, Export Wettbewerb vom 21.12.2015, WT/MIN(15)/45 und WT/L/980, Rn. 6). *Schmieg/Rudloff*, Die Zukunft der WTO nach der Ministerkonferenz in Nairobi, SWP-Aktuell, 02/2016, S. 2.

letzten Notifikationen vorgesehen waren.[465] Die Europäische Union hat von dieser Ausnahmemöglichkeit keinen Gebrauch gemacht.

Stattdessen hat die Europäische Union auch weiterhin Exportsubventionsberechtigungen in Höhe von etwa € 8 Milliarden in den Zugeständnislisten notifiziert.[466] Insofern ist sie ihren Verpflichtungen aus dem Nairobi Paket noch nicht nachgekommen. Würde die Europäische Union entgegen ihrer Beseitigungsverpflichtung dennoch Exportsubventionen im Rahmen ihrer Notifikationen vergeben, würde sie gegen das im Nairobi Paket enthaltene Umgehungsverbot verstoßen.[467]

Auf die jüngere Subventionspolitik der Europäischen Union hat das Nairobi Paket keinen direkten Einfluss, da sie „in den letzten Jahren […] beim Verzicht auf Ausfuhrsubventionen mit guten Beispiel vorangegangen [ist]“[468] und seit 2013 keine Exportsubventionen im Agrarsektor mehr vergibt.[469] Im Jahr 1992 wurden ca. € 8 Milliarden, im Jahr 2010 € 340 Millionen und 2012 nur noch € 150 Millionen an Exportsubventionen für Agrarprodukte gezahlt.[470] Mit der GAP-Reform 2013 wurde das Instrument der Exportsubventionen aus dem Kanon der landwirtschaftlichen Marktstützungsmaßnahmen de facto gestrichen, indem zwar noch in Art. 196 ff. VO 1308/2013 wortgleich die Regelungen der Vorgängernorm übernommen wurden,[471] die Geldmittel hierfür allerdings in Art. 196 Abs. 3 VO 1308/2013 mit € 0,00 angesetzt wurden.[472] Insofern konnte die EU also ohne Weiteres auf der Nairobi-Ministerkonferenz den Beschlüssen

---

465 Nairobi-Paket, Export Wettbewerb vom 21.12.2015, WT/MIN(15)/45 und WT/L/980, Rn. 6, Fußnote 4.

466 Schedule CLXXIII – European Union, Part IV, Section II, WT/Let/1220 (Stand 01.12.2016.)

467 Nairobi-Paket, Export Wettbewerb vom 21.12.2015, WT/MIN(15)/45 und WT/L/980, Rn. 9.

468 So Agrarkommissar Phil Hogan, Europäische Kommission – Pressemitteilung vom 19.12.2015, WTO erzielt wegweisende Vereinbarung für die Entwicklung.

469 Vgl. die neueste Notifikation der Europäischen Union für Export Subventionen vom 25.04.2017 für das Wirtschaftsjahr 2015/2016, G/AG/N/EU/38.

470 Österreichisches Bundesministerium für Land- und Forstwirtschaft, Umwelt und Wasserwirtschaft, Die Rolle von Ausfuhrerstattungen in der Gemeinsamen Agrarpolitik der EU, 2014, www.bmlfuw.gv.at/land/eu-international/aussenhandel/erstattungen.html (18.05.2018).

471 Art. 162 ff. VO 1234/2007.

472 *Vandenberghe*, The Single Common Market Organization, in: McMahon/Cardwell (Hrsg.), Research Handbook on EU Agriculture Law, S. 62 ff. (82). Er weist allerdings noch auf die Einführungsmöglichkeit im Falle von Marktkrisen hin, die durch die Vereinbarungen des Nairobi Pakets allerdings hinfällig geworden ist.

zustimmen und damit die völkerrechtliche Verpflichtung eingehen, das Instrument der Agrarsubventionen für die Zukunft auszuschließen.

3. Allgemeine Subventionsregeln zum Warenhandel

Sofern das AoA keine spezielleren Regelungen vorsieht, finden die allgemeinen Subventionsregeln im Warenhandel Anwendung. Hierzu gehören die Regelungen des SCM und des GATT, die beide auch den Handel mit landwirtschaftlichen Gütern einschließen.[473] Die Subventionsregeln des SCM und des GATT sind für die vorliegende Untersuchung insbesondere wegen der weitgehenden Identität zwischen dem Begriff der internen Stützungsmaßnahme im Sinne des AoA und dem der Subvention im Sinne des SCM von Interesse. Im Übrigen werden die Subventionsregelungen nur knapp dargestellt.

Das SCM und das GATT stehen in keinem Spezialitätsverhältnis zueinander, sondern stehen gleichrangig nebeneinander,[474] wenngleich die Subventionsregeln in weiten Teilen deckungsgleich sind. Das SCM ist dabei allerdings in Bezug auf Subventionsregeln detailreicher, sodass es die Normen des GATT konkretisiert und fortentwickelt.[475]

a) Subventionsbegriff

Während sich im GATT keine Legaldefinition des Subventionsbegriffs finden lässt, was vor dem Abschluss des WTO-Abkommens mit einer bedeutenden Rechtsunsicherheit verbunden war,[476] enthält das SCM in Art. 1 SCM eine Legaldefinition.[477] Diese Legaldefinition deckt weitestge-

---

473 *Möhler*, in: Krenzler/Herrmann/Niestedt (Hrsg.), EU-Außenwirtschafts- und Zollrecht, Abschn. 40, Rn. 109.

474 WTO Panel Report vom 20.04.2005, WT/DS174/R ("EC – Geographical Indications"), Rn. 7.208; *Göttsche*, in: Hilf/Oeter (Hrsg.), WTO-Recht, § 5, Rn. 12; a.A. und für ein lex specialis *Cichy*, Gemeinschaftsbeihilfen, 2002, S. 140.

475 *Weiß*, Der Subventionsbegriff im EG- und im WTO-Recht, in: Ehlers/Wolffgang/Schröder (Hrsg.), Subventionen im WTO- und EG-Recht, 2007, S. 21 ff. (29).

476 Vgl. *Pitschas*, in: Prieß/Berrisch (Hrsg.), WTO-Handbuch, B.I.12., Rn. 4 und 17.

477 WTO Panel Report vom 08.10.1999, WT/DS108/R ("US-FSC"), Rn. 7.80 bezeichnet diese detaillierte und umfassende Legaldefinition als die wichtigste Errungenschaft der Uruguay Runde im Bereich der Subventionsregelungen.

hend auch den Begriff der internen Stützungsmaßnahme im Sinne des AoA ab.[478] Eine „international relevante Subvention"[479] liegt danach vor, wenn eine Regierung (oder ein hoheitlich angewiesener Privater[480]) eine „financial contribution"[481] leistet und dadurch ein Vorteil gewährt wird („conferring a benefit").[482] Im Gegensatz zu den Art. 107 ff. AEUV ist das SCM nicht auf staatliche Beihilfen beschränkt, sondern erfasst Subventionen aller WTO-Vertragsparteien und somit auch Unionsbeihilfen.[483] Für die vorliegende Untersuchung der Landwirtschaftssubventionen ist insbesondere das in Art. 1.1 lit. a Nr. 1 i) SCM genannte Beispiel des direkten Transfers von Geldern sowie Art. 1.1 lit. a Nr. 1 iii) SCM, also der Warenankauf durch die Regierung von Belang. Letzteres Beispiel erfüllt die öffentliche Intervention, also der Warenankauf durch die Europäische Union im Falle von Marktkrisen (Art. 8 ff. VO 1308/2013). Ansonsten stellt das Beispiel des direkten Transfers von Geldern durch die „Regierung", respektive die Europäischen Kommission oder die die Zahlung ausführenden mitgliedstaatlichen Stellen, den Standardfall der Unionsbeihilfe dar. Exempla-

---

478 Vgl. insofern bereits oben Teil 2, § 5, I., 2., b), aa).

479 *Rodi*, Subventionsrechtsordnung, 2000, S. 107 ff. und S. 126 ff.

480 Vgl. Art. 1.1 lit. a Nr. 1 iv) SCM.

481 Die Spruchpraxis des WTO-Rechts folgt nicht der europäischen, sondern der US-amerikanischen Praxis, wonach es für eine „financial contribution" entscheidend ist, ob dem Empfänger ein ökonomischer Wert zugeführt wird. Auf eine Belastung der hoheitlichen Haushalte (wie etwa in Art. 107 Abs. 1 AEUV und somit auch für den Begriff der Unionsbeihilfen im Rahmen dieser Arbeit) kommt es hingegen nicht an; vgl. WTO Panel Report vom 14.04.1999, WT/DS70/R ("Canada – Aircraft I"), Rn. 9.119 f.; WTO Appelate Body Report vom 19.01.2004, WT/DS257/AB/R ("US – Softwood Lumber"), Tz. 51 f.; WTO Panel Report vom 07.03.2005, WT/DS273/R ("Korea – Commercial Vessels"), Rn. 7.84; *Weiß*, Der Subventionsbegriff im EG- und im WTO-Recht, in: Ehlers/Wolffgang/Schröder (Hrsg.), Subventionen im WTO- und EG-Recht, 2007, S. 21 ff. (32); *Van den Bossche/Zdouc*, Law and Policy of the World Trade Organization, S. 776 ff.; *Bungenberg/Scheelhaas*, Beihilfenrechtliche Regelungen in (Freihandels-)Abkommen der EU, in: Jaeger/Haslinger (Hrsg.), Jahrbuch Beihilferecht 17, 2017, S. 591 ff. (602 f.).

482 *Tietje*, in: Tietje (Hrsg.), Internationales Wirtschaftsrecht, § 3, S. 229; *Matsushita/Schoenbaum/Mavroidis/Hahn*, The World Trade Organization, 3. Auflage 2015, S. 303. Den Begriff des finanziellen Beitrags erläutert Art. 1.1 lit. a SCM im Einzelnen kasuistisch; näher zu den einzelnen Fallgruppen vgl. *Hahn*, in: Birnstiel/Bungenberg/Heinrich (Hrsg.), EuropBeihR, S. 1407 ff., Rn. 41 ff. Siehe auch *Rydelski*, EG und WTO Antisubventionsrecht, 2001, 284 ff.

483 *Weiß*, Der Subventionsbegriff im EG- und im WTO-Recht, in: Ehlers/Wolffgang/Schröder (Hrsg.), Subventionen im WTO- und EG-Recht, 2007, S. 21 ff. (21).

risch können hier die Direktzahlungen im Rahmen der ersten GAP-Säule genannt werden.[484]

Subventionen müssen gemäß Art. 1.2 SCM das Spezifizitätskriterium des Art. 2 SCM erfüllen.[485] Für anfechtbare Subventionen[486] nach Teil III muss grundsätzlich die Spezifizität positiv festgestellt werden, wobei die in Art. 2.1 lit. a bis c SCM niedergelegten Grundsätze herangezogen werden.[487] Um das Spezifizitätskriterium zu erfüllen, müssen Subventionen im Sinne des SCM für ein Unternehmen oder einen Wirtschaftszweig oder eine Gruppe von Unternehmen oder Wirtschaftszweigen, also an „bestimmte Unternehmen" gewährt werden (Art. 2.1 SCM). Insofern überschneidet sich der Subventionsbegriff des SCM mit dem Tatbestandsmerkmal der Subventionierung „bestimmter Unternehmen" im Sinne des Unionsbeihilfenbegriffs.[488]

---

484 *Möhler*, in: Krenzler/Herrmann/Niestedt (Hrsg.), EU-Außenwirtschafts- und Zollrecht, Abschn. 40, Rn. 109. Vgl. zum Subventionsbegriff insgesamt auch *Jirousek*, Die subventionsrechtlichen Systeme der Welthandelsorganisation, der Europäischen Gemeinschaft und der Nordamerikanischen Freihandelszone, 2007, S. 117 ff.

485 Für verbotene Subventionen nach Teil II wird diese Spezifizität fingiert (Art. 2.3 SCM). Spezifizitätskriterium dient dazu, selektive Subventionen von allgemeinen wirtschaftspolitischen Maßnahmen zu unterscheiden, wodurch nur diejenigen Subventionen erfasst werden, die eine Ressourcenfehlallokation und/oder eine Wettbewerbsverzerrung bewirken; *Nowak*, in: Hilf/Oeter (Hrsg.), WTO-Recht, § 13, Rn. 11; *Tietje*, in: Tietje (Hrsg.), Internationales Wirtschaftsrecht, § 15, S. 230.

486 Zu den Begriffen der verbotenen und anfechtbaren Subventionen sogleich Teil 2, § 5, 3., b).

487 Hierbei kann zwischen einer de jure- (lit. a und b) und einer de facto-Spezifizität (lit. c) unterschieden werden; näher zum Tatbestandsmerkmal der Spezifizität vgl. *Hahn*, in: Birnstiel/Bungenberg/Heinrich (Hrsg.), EuropBeihR, S. 1407 ff., Rn. 46 ff. Bei regionalen Subventionen wird eine Spezifizität angenommen (Art. 2.2 SCM).

488 Siehe insofern oben Teil 2, § 1, I., 3. Ebenso *Bungenberg/Scheelhaas*, Beihilfenrechtliche Regelungen in (Freihandels-)Abkommen der EU, in: Jaeger/Haslinger (Hrsg.), Jahrbuch Beihilferecht 17, 2017, S. 591 ff. (600); *Möhler*, in: Krenzler/Herrmann/Niestedt (Hrsg.), EU-Außenwirtschafts- und Zollrecht, Abschn. 40, Rn. 109. Ebenfalls für eine weitestgehende Konformität von Subventionsbegriff des SCM und Unionsbeihilfenbegriff, wenn auch hinsichtlich der Zurechnungskriterien zur EU nicht identisch mit dem Zurechnungskriterium im Rahmen dieser Arbeit *Cichy*, Wettbewerbsverfälschungen durch Gemeinschaftsbeihilfen, 2002, S. 142.

b) Subventionsvorgaben des SCM und des GATT

Das SCM unterscheidet zwischen verbotenen (roten) und anfechtbaren (gelben) Subventionen.[489] Daneben spricht das SCM auch noch von nicht-anfechtbaren (grünen) Subventionen, die allerdings durch Zeitablauf ihre Relevanz verloren haben (vgl. Art. 31 SCM) und als anfechtbare Subventionen behandelt werden (sog. Traffic Light Approach).[490]

Die Kategorie der verbotenen[491] roten Subventionen nach Art. 3.1 SCM umfasst Exportsubventionen und Importsubstitutionssubventionen. Importsubstitutionssubventionen liegen vor, wenn einheimische Waren Vorrang vor importierten Waren erhalten,[492] sodass dadurch der Import ausländischer Waren verhindert wird; Exportsubventionen liegen vor, wenn die Subvention von der Ausfuhrleistung abhängig ist, wobei ein strenger Maßstab hinsichtlich der konditionellen Verknüpfung anzulegen ist.[493] Für diese beiden Subventionstypen wird bereits in Art. XVI:2 GATT festgehalten, dass bei ihnen die Gefahr besteht, nachteilige Auswirkungen und un-

---

489 Hinsichtlich der Subventionierung von Agrarprodukten finden teilweise speziellere Regel des Agreement on Agriculture (AoA) Anwendung, die die Regelungen des GATT und des SCM insofern verdrängen.

490 Sogenannte Subventionsampel, vgl. *Pitschas*, in: Prieß/Berrisch (Hrsg.), WTO-Handbuch, B.II., Rn. 27 f.; *Tietje*, in: Tietje (Hrsg.), Internationales Wirtschaftsrecht, § 3, S. 228 f.; *Raaflaub*, Subventionsregeln der EU und des GATT, 1994, S. 110 ff. Vgl. zur schrittweisen Entwicklung dieser partiellen Subventionsbeschränkungen und –verbote *Grave*, Der Begriff der Subvention im WTO-Übereinkommen über Subventionen und Ausgleichsmaßnahmen, 2002, S. 86.

491 Vgl. Art. 3.2 SCM: „Ein Mitglied wir in Absatz 1 genannte Subventionen weder gewähren noch beibehalten.".

492 Näher zu Importsubstitutionssubventionen siehe *Van den Bossche/Zdouc*, Law and Policy of the World Trade Organization, S. 803; sowie *Grave*, Der Begriff der Subvention im WTO-Übereinkommen über Subventionen und Ausgleichsmaßnahmen, 2002, S. 86 f.

493 WTO Appelate Body Report vom 02.08.1999, WT/DS70/AB/R ("Canada – Aircraft I"), Rn. 166 ff.; WTO Panel Report vom 28.01.2002, WT/DS222/R ("Canada – Regional Aircraft"), Rn. 7.365 ff.; *Tietje*, in: Tietje (Hrsg.), Internationales Wirtschaftsrecht, § 3, S. 231 f. Siehe näher zum Begriff der Ausfuhrsubvention im Rahmen des SCM sowie einige Beispiele *Grave*, Der Begriff der Subvention im WTO-Übereinkommen über Subventionen und Ausgleichsmaßnahmen, 2002, S. 84 ff. In Anhang I zum SCM findet sich eine nicht enumerative Beispielliste für Exportsubventionen, der im Rahmen der Rechtsprechung eine große Relevanz zukommt (*Nowak*, in: Hilf/Oeter (Hrsg.), WTO-Recht, § 13, Rn. 14); Näher zu Ausfuhrsubventionen im Rahmen des SCM siehe *Van den Bossche/Zdouc*, Law and Policy of the World Trade Organization, S. 770 ff.

billige Störungen der normalen Handelsinteressen[494] hervorzurufen und die Erreichung der Ziele des GATT[495] zu behindern, wenngleich sich im Rahmen des GATT (noch) kein Konsens finden ließ, diese Subventionstypen insgesamt zu verbieten. Das Verbot von Export- und Importsubstitutionssubventionen in Bezug auf den allgemeinen Warenhandel wurde erst im SCM erreicht.[496]

Anfechtbare gelbe Subventionen sind in Art. 5 SCM geregelt, wonach die Vertragsparteien durch die Verwendung dieser schadensgeneigten Subventionen[497] keine nachteiligen Auswirkungen („adverse effects")[498] auf die Interessen anderer Vertragsparteien verursachen sollen.[499] Da diese Norm eine Sollvorschrift ist, kommt ihr keine unmittelbare Begrenzungswirkung hinsichtlich der Unionssubventionskompetenzen zu. Allerdings kann der Norm ein intendiertes Ermessen entnommen werden, wonach nachteilige Auswirkungen zu vermeiden sind, weshalb die Norm im Rah-

---

494 Vgl. insofern auch *Kenen*, The International Economy, S. 139 ff.

495 Die Ziele des GATT lassen sich der Präambel entnehmen. Hierzu gehören insbesondere: Erhöhung des Lebensstandards, Vollbeschäftigung, hohes und steigendes Realeinkommen ebenso wie Nachfrage, volle Erschließung aller Hilfsquellen der Welt, Steigerung der Produktion und Austausch von Waren.

496 Vgl. zum Verbot der Ausfuhrsubventionen für Agrarzeugnisse nach dem Nairobi Paket Teil 2, § 5, I., 2., b), bb).

497 *Hahn*, in: Birnstiel/Bungenberg/Heinrich (Hrsg.), EuropBeihR, S. 1407 ff., Rn. 39.

498 Nachteiligen Auswirkungen liegen zum einen bei der Schädigung eines inländischen Wirtschaftszweiges eines anderen Mitglieds vor (Art. 5 lit. a SCM). Das ist dann der Fall, wenn ein inländischer Wirtschaftszweig bedeutend geschädigt wird oder eine derartige Schädigung droht oder wenn die Errichtung eines inländischen Wirtschaftszweigs erheblich verzögert wird (vgl. Fußnote 45 zu Art. 15 SCM). Außerdem liegt eine nachteilige Auswirkung gemäß Art. 5 lit. b SCM bei einer Zunichtemachung oder Schmälerung eines aus dem GATT – insbesondere Art. II GATT – fließenden Vorteils und nach Art. 5 lit. c SCM bei der ernsthaften Schädigung der Interessen eines Mitglieds vor. Hinsichtlich der Konkretisierung des unbestimmten Rechtsbegriffs der ernsthaften Schädigung kann allerdings nicht mehr auf Art. 6.1 SCM und insbesondere nicht mehr auf dessen Beweislastumkehr zurückgegriffen werden, da diese Norm ebenfalls nach Art. 32 SCM durch Zeitablauf außer Kraft getreten ist. Vgl. näher zu anfechtbaren gelbe Subventionen *Lukas*, Anfechtbare Subventionen nach dem WTO-Subventionsübereinkommen, in: Ehlers/Wolffgang/Schröder (Hrsg.), Subventionen im WTO- und EG-Recht, 2007, S. 43 ff. Näher zu Art. 6.1 SCM *Nowak*, in: Hilf/Oeter (Hrsg.), WTO-Recht, § 13, Rn. 16.

499 Siehe zur Problematik der Feststellung der wirtschaftlichen Auswirkungen etwa *Reblin*, Das GATT und der Weltagrarhandel, 1993, S. 119.

men der Verhältnismäßigkeitsprüfung des einzelnen Sekundärrechtsakts mittelbar herangezogen werden kann.

Schließlich wird in Art. III:8 lit. b GATT statuiert, dass der Grundsatz der Inländerbehandlung es nicht ausschließt, dass Subventionen lediglich an inländische Erzeuger – und somit auch Landwirte – gewährt werden.[500] Das bedeutet folglich, dass Erzeugersubventionen vom Grundsatz der Inländerbehandlung nicht erfasst werden und nach GATT ausländische Waren nach Grenzübertritt insofern weiterhin unterschiedlich behandelt,[501] sprich unterschiedlich subventioniert werden dürfen. Damit verstößt der (politische) GAP-Grundsatz der Unionspräferenz[502] in Bezug auf die Subventionsvergabe aufgrund der Ausnahme des Art. III:8 lit. b GATT nicht gegen den welthandelsrechtlichen Grundsatz der Inländerbehandlung.

c) Notifikationspflichten

Dem SCM und dem GATT lassen sich außerdem Notifikationspflichten entnehmen. Art. XVI:1 GATT sieht Notifikationspflichten der Mitglieder für Subventionen vor, „die mittelbar oder unmittelbar die Wirkung [haben] [...], die Ausfuhr einer Ware aus ihrem Gebiet zu steigern oder die Einfuhr einer Ware in ihr Gebiet zu vermindern". Art. 25.2 SCM erweitert diese Notifikationspflichten für alle von Mitgliedern in ihrem Gebiet gewährten Subventionen im Sinne der Art. 1 und 2 SCM und trägt damit zu einem hohen Maß an Transparenz hinsichtlich der vergebenen Subventionen bei. Die Notifikationspflichten unterscheiden sich zwar ihrem Wortlaut nach, stellen inhaltlich allerdings weitestgehend einen einheitlichen Standard auf.[503] Materiell wird eine hinreichend bestimmte Notifikation verlangt, „damit die anderen Mitglieder die Auswirkungen aus den Handel

---

500 Siehe näher zur Ausnahmebestimmung des Art. III:8 lit. b GATT *Van den Bossche/Zdouc*, Law and Policy of the World Trade Organization, S. 351; *Matsushita/Schoenbaum/Mavroidis/Hahn*, The World Trade Organization, 3. Auflage 2015, S. 301; *Danielsen*, EU Agriculture Law, 2013, S. 193.

501 Zum Grundsatz der Inländerbehandlung statt vieler *Krajewski*, Wirtschaftsvölkerrecht, S. 92; *Herdegen*, Principles of International Economic Law, 2013, S. 195 ff.

502 Hiernach sind europäische Landwirtschaftsprodukte vor nicht-europäischen Erzeugnissen zu bevorzugen. Vgl. *Martínez*, in: Calliess/Ruffert (Hrsg.), EUV/AEUV, Art. 39 AEUV, Rn. 21.

503 *Pitschas*, in: Prieß/Berrisch (Hrsg.), WTO-Handbuch, B.II., Rn. 14.

abschätzen und das Funktionieren der notifizierten Subventionsprogramme verstehen können" (Art. 25.3 Satz 1 SCM).

II. Freihandelsabkommen

Die Europäische Union ist nicht nur Mitglied der WTO, sondern schließt auch Freihandelsabkommen, die in letzter Zeit zunehmend im Fokus der öffentlichen Wahrnehmung und Debatte stehen.[504] Im Folgenden werden deswegen die jeweiligen völkerrechtlichen Verpflichtungen zwischen der EU (sowie ihren Mitgliedstaaten) und Kanada,[505] den möglichen Verpflichtungen zu den USA,[506] sowie die Verpflichtungen in den Freihandelsabkommen mit Singapur, Südkorea und Japan dargestellt.

Über die bestehenden Regelungen im Rahmen des WTO-Abkommens hinaus können den Freihandelsabkommen keine wesentlichen weitergehenden Verpflichtungen in Bezug auf Agrarsubventionen entnommen werden.[507]

Die Regelungen des CETA wurden in Bezug auf die Subventionierung von Agrarprodukten weitestgehend von den Entwicklungen des Nairobi Pakets in den Schatten gestellt. In Art. 7.5 CETA wurden Agrarexportsubventionen zwischen den Vertragsparteien unter der Voraussetzung verboten, dass Zollbeseitigungsverpflichtungen für Agrarprodukte eingehalten wurden. Durch den zwischenzeitlich international bestehenden Konsens des grundsätzlichen Verbots von Agrarexportsubventionen[508] ist die Regelung mittlerweile hinfällig. Bestehen bleiben lediglich die in Bezug auf Agrarsubventionen und öffentliche Unterstützung („government sup-

---

504 Siehe etwa *Niendorf*, 25.000 demonstrieren in Frankfurt, FAZ.NET vom 18.09.2016; *Mayr*, „Mixed" oder „EU-only" – Sind die Investitionsschutzbedingungen im CETA von der Außenhandelskompetenz der EU „gedeckt"?, EuR 2015, S. 575 ff. (575).

505 Siehe zur Bestätigung des CETA als gemischtes Abkommen EuGH, Gutachten vom 16.05.2017, 2/15, ECLI:EU:C:2017:376.

506 CETA gilt allgemein als Blaupause für das mögliche Freihandelsabkommen mit den USA (TTIP); *Mayr*, „Mixed" oder „EU-only" – Sind die Investitionsschutzbedingungen im CETA von der Außenhandelskompetenz der EU „gedeckt"?, EuR 2015, S. 575 ff. (575); *Kilian/Wendt*, Europäisches Wirtschaftsrecht, Rn. 144.

507 Siehe allerdings hinsichtlich der Subventionsregeln der Freihandelsabkommen außerhalb der Subventionen für landwirtschaftlicher Erzeugnisse *Bungenberg/Scheelhaas*, Beihilfenrechtliche Regelungen in (Freihandels-)Abkommen der EU, in: Jaeger/Haslinger (Hrsg.), Jahrbuch Beihilferecht 17, 2017, S. 591 ff. (612 ff.).

508 Siehe hierzu genauer Teil 2, § 5, I., 2., b), bb).

port") vereinbarten Konsultationsverpflichtungen und Abbaubemühungen über tatsächliche oder potentielle negative Auswirkungen der Maßnahmen (Art. 7.4 Abs. 2 und 3 CETA).[509]

Auch die Entwürfe der Europäischen Union zum TTIP in Bezug auf ein Subventionskapitel[510] sowie in Bezug auf ein Landwirtschaftskapitel[511] enthalten keine weitergehenden Regelungen. Das TTIP-Draft Chapter on Agriculture sieht allerdings ein deutliches Bekenntnis zur Multifunktionalität der Landwirtschaft, wenn in Art. X.2 Abs. 1 neben der Nachhaltigkeit in Bezug auf die wirtschaftliche Dimension auch auf die soziale und umweltbezogene Dimension der Landwirtschaft abgestellt wird. Der Vorschlag der Europäischen Union enthält im Gegensatz zu CETA allerdings keine Konsultationspflichten in Bezug auf Agrarsubventionen.

Weder das Singapore-FTA[512] noch das Korea-FTA[513] noch das Japan-FTA[514] enthalten besondere Regelungen für Agrarsubventionen.

III. Zusammenfassung

Die entscheidenden welthandelsrechtlichen Regelungen zur Vergabe landwirtschaftlicher Unionsbeihilfen lassen sich im Agreement on Agriculture finden. Seit dem Nairobi Paket sind Agrarexportsubventionen verboten worden, wodurch endlich die Lücke zum allgemeinen Verbot von Exportsubventionen des SCM geschlossen[515] und dadurch die handelsverzerrenden Effekte von Exportsubventionen auch auf dem Agrarsektor ausgeschlossen wurden. Die Agrarsubventionen der Europäischen Union fallen weitestgehend unter die Green Box-Ausnahmen nach Anhang 2

---

509 Die allgemeinen Konsultationsverpflichtungen in Bezug auf Subventionen sind gemäß Art. 7.3 Abs. 4 CETA ausdrücklich nicht auf landwirtschaftliche Erzeugnisse anwendbar, sodass sie auch nicht subsidiär zu den agrarspezifischen Regelungen greifen.

510 Europäische Union, Art. X.1 Abs. 4 Textual Proposal Possible Provisions on Subsidies vom 07.01.2015, http://trade.ec.europa.eu/doclib/docs/2015/january/tradoc_153031.pdf (31.01.2019).

511 Europäische Union, TTIP-Draft Chapter on Agriculture vom 21.03.2016, http://trade.ec.europa.eu/doclib/docs/2016/march/tradoc_154371.pdf (31.01.2019).

512 Sofern das Singapore-FTA besondere Subventionsregelungen in Bezug auf den Warenhandel festlegt, gelten diese Vorgaben nicht für landwirtschaftliche Erzeugnisse (Art. 12.5 Abs. 3 Singapore-FTA).

513 Gleiches gilt für das Korea-FTA (Art. 15 Abs. 1 Korea-FTA).

514 Ebenso Art. 12.3 Abs. 5 Japan-FTA.

515 *Josling/Tangermann/Warley*, Agriculture in the GATT, 1996, S. 214.

Abs. 6 AoA im Rahmen der internen Stützungsmaßnahmen, da die europäischen Agrarsubventionen mittlerweile weitestgehend entkoppelt wurden. Die Ausnahme für Umweltsubventionen verlangt hingegen eine detaillierte Kosten-/Einkommensverlust-Rechnung. Hierbei darf die Subvention nicht über das Maß einer bloßen Kompensation hinausgehen und darf keine weitergehenden Subventionsanreize setzen. Der Begriff der Subvention im Rahmen des SCM, der Begriff der internen Stützungsmaßnahme und der Unionsbeihilfenbegriff im Rahmen dieser Arbeit sind weitgehend identisch.

Anhand der welthandelsrechtlichen Regelungen im Agrarsektor zeigt sich, dass der Agrarsektor im Vergleich zum allgemeinen Weltwarenhandel noch deutlich weniger stark liberalisiert ist.[516] Die Europäische Union gibt ihre protektionistischen Vorbehalte schrittweise auf.[517] Hierbei stimmt sie wirtschaftsvölkerrechtlich allerdings erst dann den Reformen zu, wenn sie ihre internationalen Verpflichtungen bereits weitestgehend einseitig umgesetzt hat.[518] Insbesondere das Nairobi Paket kann zu Recht als Meilenstein des Weltagrarhandels bezeichnet werden, da es das lange Zeit unerreichbar scheinende Ziel des Verbots der Exportsubventionen statuierte,[519] welches

---

516 *Trebilcock/Pue*, The Puzzle of Agricultural Exceptionalism in International Trade Policy, Journal of International Economic Law, 2015, S. 233 ff. mit einem weltweiten Vergleich unterschiedlicher protektionistischer Politiken im Bereich der Landwirtschaft (S. 235 ff.).

517 Vgl. *Tietje*, in: Tietje (Hrsg.), Internationales Wirtschaftsrecht, § 3, S. 203 f.; Siehe insofern auch den Geasamteindruck in der historischen Darstellung von *O'Connor*, The impact of the Doha Round on the European Union's Common Agricultural Policy, in: McMahon/Cardwell (Hrsg.), Research Handbook on EU Agriculture Law, S. 387 ff. (389 ff. und 391 ff.).

518 Vgl. etwa die interne Abschaffung der Exportsubventionen zwei Jahre vor dem Nairobi Paket; vgl. oben Teil 2, § 5, I., 2., b), bb). Dieses Verhalten lässt sich auch bereits in der antizipierten Erfüllung (bereits im Jahr 1993/1994) der im Rahmen des Abschlusses des WTO-Übereinkommens eingegangenen Senkungsverpflichtungen für interne Stützungsmaßnahmen um 20% bis Ende 2000 erkennen; *Jessen*, in: Hilf/Oeter (Hrsg.), WTO-Recht, § 17, Rn. 24; *Martínez*, Die Zukunft der Agrarbeihilfen, AUR 2010, S. 261 ff. (262). Diese 80% des ursprünglichen Subventionsniveaus des Referenzzeitraums 1986 bis 1988 stellt heute im Wesentlichen das notifizierte Subventionsniveau dar, das aufgrund der Stillhalteverpflichtung der Art. 13 und Art. 20 AoA zumindest nicht angehoben werden darf; *Pitschas*, Ausfuhrsubventionen nach dem WTO-Übereinkommen über die Landwirtschaft, RIW 2001, S. 205 ff. (215 ff.).

519 Vgl. etwa *Jessen*, in: Hilf/Oeter (Hrsg.), WTO-Recht, § 17, Rn. 31. Dieses Verbot wurde bereits von der Cairns Gruppe im Vision Statement vom 03.04.1998, http://cairnsgroup.org/Pages/vision_statement.aspx (31.01.2019) gefordert. Kri-

für den Exportwettbewerb fortan ein internationales „level playing field" schafft.

In Bezug auf die untersuchten Freihandelsabkommen lässt sich zusammenfassend sagen, dass sie keine beziehungsweise nur unwesentliche, über das Verpflichtungsmaß im Rahmen des Welthandelsrechts hinausgehende Vorgaben in Bezug auf die Subventionierung von Agrarerzeugnissen aufstellen.

§ 6 Ergebnis zu Teil 2

Der Begriff der Unionsbeihilfe kann in Abgrenzung zum Staatsbeihilfenbegriff wie folgt definiert werden: Alle Begünstigung bestimmter Unternehmen, durch die Wettbewerbsverfälschungen verursacht werden können, die auf Rechtsakten der Europäischen Union beruhen und von ihr allein oder zumindest mitfinanziert werden. Kofinanzierte Unionsbeihilfen können anhand des Finanzierungsteils in europäische und staatliche Mischbeihilfen unterteilt werden. Die Art. 107 ff. AEUV sind auf Unionsbeihilfen insgesamt und damit auch auf staatliche Mischbeihilfen als Unterkategorie der Unionsbeihilfen unanwendbar. Auf Schein-Unionsbeihilfen, also Beihilfen, soweit sie quantitativ oder qualitativ über die Unionsbeihilfenprogramme hinausgehen, sind die Art. 107 ff. AEUV hingegen (zumindest analog) anwendbar.

Nach dem Prinzip der begrenzten Einzelermächtigung, welches auch auf dem Bereich der Leistungsverwaltung und damit auch für die Vergabe von Unionsbeihilfen gilt, muss die Europäische Union ihre Subventionskompetenzen (gegebenenfalls als implied power) aus den Verträgen herleiten. Insofern besitzt die Union keine allgemeine politikbereichsübergreifende Subventionskompetenz, sondern muss ihre Subventionskompetenzen auf den jeweiligen Politikbereichen sachbereichsbezogen herleiten. Für den Landwirtschaftssektor findet sich in Art. 40 Abs. 2 UAbs. 1 AEUV eine ausdrückliche Subventionskompetenz der Europäischen Union.

Da diese Subventionskompetenz eine geteilte Zuständigkeit darstellt (Art. 4 Abs. 2 lit. d AEUV), ist bei der Subventionsvergabe der Subsidiaritätsgrundsatz zu beachten. Aus Subsidiaritätsgesichtspunkten besteht hinsichtlich der Diskriminierungsfreiheit und damit auch hinsichtlich der

---

tisch zum Erfolg des Systems multilateraler Verhandlungen auf WTO Ebene im Ganzen z.B. *Altemöller*, Das Welthandelssystem nach der Ministerkonferenz in Bali: Eine Zukunft für den Multilateralismus?, EuZW 2015, S. 135 ff. (135 f.).

Förderung des Binnenmarkts bei der Beihilfenvergabe durch die Europäische Union – im Gegensatz zur mitgliedstaatlichen Beihilfenvergabe – nicht die Gefahr, dass die EU einzelne nationale Interessen über die gemeineuropäischen Interessen stellt und damit den Binnenmarkt zugunsten einzelner Mitgliedstaaten verzerrt. Insofern können Beihilfen besser auf europäischer als auf mitgliedstaatlicher Ebene vergeben werden.

Unionsbeihilfen müssen dem europäischen Gesetzesvorbehalt entsprechen, nach dem eine bloße Festsetzung der Gelder im Haushaltsplan und eine rein exekutive Durchführung von Beihilfenprogrammen nicht ausreichend ist. Stattdessen müssen die Beihilfenprogramme entweder auf Gesetzgebungsakten oder in nur unwesentlichem Umfang auf delegierten Rechtsakten beruhen. Die Handlungsform der Verordnung ist die eingriffsintensivste Form gegenüber den Mitgliedstaaten. Ihr ist allerdings zugute zu halten, dass sie, verglichen mit den sonstigen Gesetzgebungsformen, den Mitgliedstaaten den geringsten Umsetzungsspielraum überlässt und damit auch die geringste Gefahr besteht, dass sie Spielräume zu ihren einseitigen nationalen Interessen ausnutzen. Aufgrund des strengen europäischen Gesetzesvorbehalts ist der europäische Gesetzgeber der wesentliche Akteur bei der Unionsbeihilfenvergabe, sodass sich dieser Bereich als legislativlastig darstellt.

Entsprechend den Subventionskompetenzen müssen auch die Finanzierungskompetenzen der Europäischen Union politikbereichsspezifisch hergeleitet werden. Das Konnexitätsprinzip des Art. 104a Abs. 1 GG lässt sich insbesondere aufgrund seines bundesstaatlichen Charakters nicht auf den Staatenverbund der Europäischen Union übertragen, weshalb insofern kein europäisches Verbot der Kofinanzierung hergeleitet werden kann. Aufgrund der nationalen Haushaltsautonomien der Mitgliedstaaten ist die obligatorische Kofinanzierung allerdings sowohl europarechtlich als auch nach Grundgesetz unzulässig, wohingegen die fakultative Kofinanzierung zulässig ist, da sie auf ein rechtliches Zwangselement verzichtet. Vollziehen Mitgliedstaaten europäische Beihilfenprogramme haben sie die Verwaltungslasten aus eigenem Haushalt zu tragen.

Die Europäische Union ist im Grundsatz marktwirtschaftlich geprägt. Der Landwirtschaftssektor wird jedoch nur modifiziert in den Binnenmarkt einbezogen und lässt primärrechtlich in weiten Teilen eine interventionistische Agrarpolitik der Europäischen Union zu, weshalb die Vergabe von Beihilfen auf dem Landwirtschaftssektor weniger stark rechtfertigungsbedürftig ist als auf anderen Politikbereichen. Bei der Vergabe von Unionsbeihilfen ist insbesondere der Grundsatz der Nichtdiskriminierung und der Transparenzgrundsatz zu beachten, der notwendige Voraussetzung für den materiellen europäischen Grundrechtsschutz ist. Im Agrarsekundärrecht ist der Grundsatz der Nichtdiskriminierung insbesondere im Bereich der Hopfen- und Olivenbeihilfen zu beanstanden. Mittlerweile stellt das Sekundärrecht zwar eine hohe ex post-Transparenz durch die Veröffentlichung personenbezogener Daten aller Beihilfenempfänger oberhalb eines gewissen Schwellenwertes sicher, insbesondere bei der Verteilung der im Haushaltsplan der Europäischen Union festgesetzten Finanzmittel auf die Mitgliedstaaten zum Zwecke der Subventionsvergabe lässt die Union die gebotene Transparenz hinsichtlich der Aufteilungsschlüssel allerdings vermissen. Das Grundrecht der Wettbewerbsfreiheit ist aufgrund des Spürbarkeitskriteriums bei der Eingriffsschwelle sowie des weiten Beurteilungsspielraums des Gesetzgebers im Agrarbereich nur in begrenztem Maße geeignet, die Subventionskompetenzen der Union zu beschränken. Die Eigentumsfreiheit ist darüber hinaus regelmäßig nicht einschlägig. Der allgemeine Grundsatz des Vertrauensschutzes, der grundrechtsübergreifend zu berücksichtigen ist, bietet zwar keinen mittel- oder langfristigen Bestandsschutz hinsichtlich konkreter sekundärrechtlicher Subventionslagen, schützt den Grundrechtsberechtigten allerdings vor allzu kurzfristigen Subventionsrechtsänderungen ohne angemessene Übergangsfristen.

Das Agreement on Agriculture stellt welthandelsrechtlich die entscheidenden Vorgaben für die Vergabe von Unionsbeihilfen auf dem Gebiet der Landwirtschaft auf. Seit Dezember 2015 ist wirtschaftsvölkerrechtlich die Vergabe von Agrarausfuhrsubventionen grundsätzlich verboten. Die EU hat die zuvor jahrzehntelang extensiv genutzte Möglichkeit der Exportsubventionen allerdings bereits zum Jahr 2013 eingestellt. Die europäischen Agrarsubventionen sind weitestgehend entkoppelt und unterfallen als interne Stützungsmaßnahmen damit zum größten Teil den Green Box-Ausnahmen für entkoppelte Beihilfen nach Anhang 2 Abs. 6 AoA. Die Ausnahme für Umweltkompensationssubventionen nach Anhang 2 Abs. 12 AoA lässt keine Subventionen über das Maß einer Kompensation von Aufwendungen für die Einhaltung von Umweltstandards zu. Die Höhe einer reinen Kompensationszahlung müsste nach einer genauen Kosten-/Einkommensverlust-Rechnung berechnet wurde, die aber bei der Greening-Prämie nicht aufgestellt werden kann, weshalb diese nicht unter die bezeichnete Ausnahme zu subsumieren ist. Die untersuchten Freihandelsabkommen sehen hinsichtlich der Subventionierung von Agrargütern im Wesentlichen keine über das WTO-Maß hinausgehenden Regelungen vor.

Teil 3: Das Agrarbeihilfenrecht

In vorstehendem Teil 2 dieser Arbeit wurden der primärrechtliche und der völkerrechtliche Regelungsrahmen für das Recht der Unionsbeihilfenvergabe am Beispiel der europäischen Landwirtschaftssubventionen dargestellt. Nur vereinzelt wurden sekundärrechtliche Subventionsprogramme als Anschauungsbeispiel herangezogen. Teil 3 dieser Untersuchung soll sich nun detaillierter dem landwirtschaftlichen Subventionssekundärrecht widmen und das aktuelle Agrarsubventionsrecht der Europäischen Union darstellen. Hierbei soll das umfangreiche, hoch technische und komplexe Sekundärrecht systematisiert und die konkrete Umsetzung des primärrechtlichen Rahmens aufgezeigt werden.

Um das europäische Agrarsubventionsrecht in seiner aktuellen Ausprägung zu kontextualisieren, soll zunächst die historische Entwicklung der Gemeinsamen Agrarpolitik aufgezeigt und in verschiedene Phasen eingeteilt werden. Danach wird mit der Darstellung der Säulenstruktur der GAP ein erster grober Überblick über das Sekundärrecht gegeben. Anschließend werden die relevanten Beihilfenprogramme entsprechend der Säulenstruktur dargestellt und die säulenübergreifenden sonstigen Regelungen aufgezeigt.

§ 1 Historische Entwicklung der GAP

Das europäische Agrarsekundärrecht hat seit Bestehen der europäischen Integration eine Vielzahl von Reformen über sich ergehen lassen müssen. Seit den Anfangsjahren der Gemeinsamen Agrarpolitik hat die europäische Landwirtschaft zwar eine erhebliche Effizienzsteigerung durch technologischen und agrarstrukturellen Fortschritt erfahren, gleichzeitig ist aber auch die Nachfrage an Nahrungsmitteln nicht nur aufgrund des weltweiten Bevölkerungszuwachses, sondern mittlerweile auch wegen eines erhöhten Bedarfs an Bioenergiebrennstoffen[520] in die Höhe geschossen.[521] Darüber hinaus sind mit der EU-Osterweiterung weitere stark landwirtschaftlich geprägte Mitgliedstaaten Teil der GAP geworden. Um diesen Herausforderungen Herr zu werden, hat die EU sich bemüht, die GAP sekundärrechtlich weg von einer produktstützungsorientierten, hin zu einer marktorientierten Agrarpolitik zu wandeln.[522] Dieser Wandel wird im Nachfolgenden dargestellt.

Die Geschichte der GAP kann dabei in drei große Phasen unterteilt werden, die im Anschluss näher beleuchtet werden, nämlich die Phase der Gründungsjahre, die Krisenphase in den 1970er und 1980er Jahren und schließlich die letzte Phase seit der MacSharry-Reform des Jahres 1992.

I. Gründungsjahre

Die Landwirtschaft wurde bereits in den Römischen Verträgen als gemeinschaftlicher europäischer Politikbereich festgelegt und der EU – bzw. ihren Vorgängern – die entsprechenden Kompetenzen eingeräumt.[523] Zum einen sollte mit der Europäisierung der Agrarpolitik der sechs Gründungsmitglieder die Lebensmittelproduktion als Sektor von besonderer Bedeutung in den Gemeinsamen Markt integriert werden. Des Weiteren sollte durch die erhofften Produktionssteigerungen und Wohlfahrtseffekte die anfänglich noch bestehende Importabhängigkeit der wichtigsten Agrarprodukte und der Einkommensrückstand des Agrarsektors beseitigt werden (ökonomischer Aspekt).[524] Zum anderen wurde diese Einbeziehung der Landwirtschaft auch als Kompromiss zwischen dem stärker agrarisch

---

520 Siehe näher zur wirtschaftlichen Bedeutung von Bioenergiebrennstoffen *Koester*, Landwirtschaftliche Marktlehre, S. 423 f. sowie aus europarechtlicher Sicht *Switzer*, European Union biofuels policy: Past, present and future?, in: McMahon/ Cardwell (Hrsg.), Research Handbook on EU Agriculture Law, S. 203 ff. Vgl. auch *Cardwell/McMahon*, Looking back to look forward, in: McMahon/Cardwell (Hrsg.), Research Handbook on EU Agriculture Law, S. 531 ff. (533).

521 Siehe zur veränderten wirtschaftlichen Gesamtlage insgesamt *Martínez*, in: Niedobitek (Hrsg.), Politiken der Union, § 6, Rn. 5.

522 *Martínez*, in: Niedobitek (Hrsg.), Politiken der Union, § 6, Rn. 26.

523 Wenn im folgenden Abschnitt von EU gesprochen wird, sind damit entweder die EU oder ihre entsprechenden Vorgängerorganisationen gemeint. Siehe zur Lage der Europäischen Agrarpolitik bis zu den Römischen Verträgen aus geschichtswissenschaftlicher Sicht *Thiemeyer*, Vom „Pool Vert" zur Europäischen Wirtschaftsgemeinschaft, 1999.

524 *Priebe*, in: Grabitz/Hilf/Nettesheim (Hrsg.), EuR, Art. 38 AEUV, Rn. 1.

geprägten Frankreich gegenüber dem stark industriell geprägten West-deutschland vereinbart.[525] Deutschland sollte seine Industrieprodukte auf dem Gemeinsamen Markt absetzen dürfen, solange es akzeptierte, dass ein gemeinschaftlich unterstützter und geschützter Agrarmarkt existierte (politischer Aspekt).[526] Da die Landwirtschaften der Gründungsmitglieder unterschiedliche Leistungsfähigkeiten aufwiesen, der Agrarsektor aber gleichzeitig wesentlicher Teil der europäischen Integration sein sollte, wurde die oben dargestellte modifizierte Einbeziehung der Landwirtschaft in den Binnenmarkt (heute Art. 38 Abs. 1 UAbs. 2 und Abs. 2 AEUV) vereinbart,[527] um auf diese Weise weiterhin ein hohes Maß an Intervention zu gewährleisten.

Als Ausgangspunkt der sekundärrechtlichen Ausgestaltung kann die Konferenz von Stresa des Jahres 1958 bezeichnet werden, auf der die GAP-Grundsätze festgelegt wurden. Die GAP der Anfangsjahre war durch Preisgarantien für Lebensmittel bestehend aus Marktintervention, Importabschöpfung und Exportsubventionen geprägt.[528] Insbesondere wurden die Getreidepreise gesichert, da Getreide als Hauptnahrungsmittel und größter Kostenpunkt in der Viehhaltung von besonderer Bedeutung war. Interventionskäufe und Exportsubventionen sollten den Interessen der exportorientierten Agrarvolkswirtschaften entgegenkommen[529] und entweder einen Ankauf der Überproduktion ermöglichen oder den Absatz auf dem Weltmarkt erleichtern. Die durch den Ankauf vom Markt genommene Überproduktion konnte gezielt weiterverarbeitet, vernichtet oder exportiert werden.[530] Gleichzeitig wurde der europäische Agrarmarkt nach außen

---

525 *Hase*, in: Düsing/Martínez (Hrsg.), Agrarrecht, Vor. §§ 38 – 44 AEUV, Rn. 2.

526 *Karpenstein*, Die Finanzierung der Gemeinsamen Agrarpolitik der Europäischen Gemeinschaften, in: Ress/Will (Hrsg.), Vorträge, Reden und Berichte aus dem Europa-Institut Nr. 40, 1985, S. 3; *Härtel*, in: Terhechte (Hrsg.), EuVwR, § 37, Rn. 11; *Martínez*, in: Niedobitek (Hrsg.), Politiken der Union, § 6, Rn. 27; *Harvey*, What does the history of the Common Agricultural Policy tell us?, in: McMahon/Cardwell (Hrsg.), Research Handbook on EU Agriculture Law, S. 3 ff. (7).

527 *Martínez*, in: Niedobitek (Hrsg.), Politiken der Union, § 6, Rn. 27 f. Zur Ausprägung der modifizierten Einbeziehung der Landwirtschaft in den Binnenmarkt siehe Teil 2, § 4, I., 2.

528 *Booth*, in: Dombert/Witt (Hrsg.), Münchener Anwaltshandbuch Agrar, § 27 II, Rn. 69.

529 *Harvey*, What does the history of the Common Agricultural Policy tell us?, in: McMahon/Cardwell (Hrsg.), Research Handbook on EU Agriculture Law, S. 3 ff. (9).

530 *Härtel*, in: Ruffert (Hrsg.), EuropSektWirtschR, § 7, Rn. 35.

über Importzölle vor Niedrigpreisen und Weltmarktpreisschwankungen geschützt. Direkte Beihilfen an Landwirte waren nicht vorgesehen.[531] Es wurde also von Anfang an eine interventionistische und protektionistische europäische Agrarpolitik verfolgt.

II. Krise der GAP

Diese Agrarpolitik der Anfangsjahre führte dazu, dass sich die Preise für Agrarprodukte auf dem Binnenmarkt zunehmend deutlich über dem Weltmarktniveau hielten und eine Überproduktion der künstlich verteuerten Lebensmittel einsetzen konnte. Von dieser erhöhten Preispolitik waren insbesondere die Produkte Milch, Getreide und Fleisch betroffen.[532] Um diese hohen Preise aufrechtzuerhalten, musste der europäische Haushalt zunehmend belastet werden.[533] Entgegen der Erwartungen führte dieser finanzielle Einsatz aber nicht gleichzeitig zu einer Steigerung des landwirtschaftlichen Einkommens.

Diesen bereits anfänglichen Fehlentwicklungen sollte mit dem Mansholt-Plan[534] (1968) entgegengewirkt werden, der die europäische Landwirtschaft durch eine Umstrukturierung reformieren wollte. Insgesamt sollte das Funktionieren des Agrarmarktes durch die Förderung größerer Betriebseinheiten, die Aufgabe kleinbäuerlicher Unternehmen und durch Ausgleichsprämien für die Stilllegung von Produktionsflächen, im Ergebnis also durch die Beschränkung der Subventionsanspruchsberechtigten er-

---

531 *Harvey*, What does the history of the Common Agricultural Policy tell us?, in: McMahon/Cardwell (Hrsg.), Research Handbook on EU Agriculture Law, 2015, S. 3 ff. (8).

532 *Hase*, in: Düsing/Martínez (Hrsg.), Agrarrecht, Vor. §§ 38 – 44 AEUV, Rn. 4. Generell bewegten sich die Agrarpreise auf einem Niveau von 150-200%, bei Butter sogar 400% des Weltmarktpreises; *Harvey*, What does the history of the Common Agricultural Policy tell us?, in: McMahon/Cardwell (Hrsg.), Research Handbook on EU Agriculture Law, 2015, S. 3 ff. (9).

533 *Martínez*, in: Niedobitek (Hrsg.), Politiken der Union, § 6, Rn. 30. Die Ausgaben der GAP erreichten im Jahr 1985 fast 70% des europäischen Haushalts; siehe Gesamthaushaltsplan der Europäischen Gemeinschaften für das Haushaltsjahr 1985, Abl. L 206 vom 05.08.1985, S. 1-1247 (286 f.).

534 Benannt nach Sicco Mansholt, der seit 1958 Landwirtschaftskommissar in der Europäischen Kommission war und im Jahr 1972 Präsident der Europäischen Kommission wurde.

reicht werden.[535] Da aber durch die Reform die Preisgarantien und die Mengenabnahmeverpflichtungen unberührt blieben, führte der Mansholt-Plan im Ergebnis zu einer Steigerung der Überproduktion.[536]

In den 1980er Jahren wurden die Produzenten in die Mitverantwortung genommen, indem Produzentenabgaben für die Überproduktion von Zucker und Milch eingeführt wurden und die Anstiege der garantierten Preise unterhalb der Inflationsrate gehalten wurden.[537] Auch diese Mechanismen führten zu keiner Senkung der Überproduktion. Deswegen führte kein Weg an der Einführung von produktspezifischen Produktionsobergrenzen (insbesondere der Milchquote im April 1984) vorbei.[538] Außerdem wurden die Agrarausgaben im europäischen Haushalt gedeckelt, indem sie nicht weiter wachsen durften, als es der Zuwachs der europäischen Eigenmittel tat.[539]

III. MacSharry-Reform und anschließende Reformen

Die bisherige europäische Agrarpolitik mit ihrer Überproduktion und ihren Exportsubventionen führte auf dem Weltmarkt zu erheblichen Verzerrungen zulasten der nicht-europäischen Agrarprodukte, die zu Verstimmungen bei den internationalen Handelspartnern führten.[540] Vor diesem Hintergrund wurde 1986 die Uruguay-Runde ins Leben gerufen, die eben

---

535 *Danielsen*, EU Agriculture Law, 2013, S. 3 f.; *Härtel*, in: Ruffert (Hrsg.), EuropSektWirtschR, § 7, Rn. 40; *Harvey*, What does the history of the Common Agricultural Policy tell us?, in: McMahon/Cardwell (Hrsg.), Research Handbook on EU Agriculture Law, S. 3 ff. (10).

536 *Härtel*, in: Ruffert (Hrsg.), EuropSektWirtschR, § 7, Rn. 40. Näher zu den Gründen der zögerlichen Reform siehe *Martínez*, in: Niedobitek (Hrsg.), Politiken der Union, § 6, Rn. 31.

537 *Harvey*, What does the history of the Common Agricultural Policy tell us?, in: McMahon/Cardwell (Hrsg.), Research Handbook on EU Agriculture Law, S. 3 ff. (15).

538 *Härtel*, in: Ruffert (Hrsg.), EuropSektWirtschR, § 7, Rn. 41; *Harvey*, What does the history of the Common Agricultural Policy tell us?, in: McMahon/Cardwell (Hrsg.), Research Handbook on EU Agriculture Law, S. 3 ff. (15).

539 *Härtel*, in: Ruffert (Hrsg.), EuropSektWirtschR, § 7, Rn. 41 f.

540 *Harvey*, What does the history of the Common Agricultural Policy tell us?, in: McMahon/Cardwell (Hrsg.), Research Handbook on EU Agriculture Law, S. 3 ff. (16).

diesen Entwicklungen auf dem Gebiet des Handels mit Agrarprodukten entgegenwirken sollte und 1995 zum Abschluss des AoA führte.[541]

Im Jahr 1992 griff die EU die internationale Kritik an der europäischen Überproduktion und Exportsubventionen auf und ging zum ersten Mal eine grundlegende Reform ihrer Agrarpolitik an.[542] In dieser sogenannten MacSharry-Reform[543] wurde das alte Konstrukt der Preisgarantien durch Überschussankäufe, Exportsubventionen und Importabschöpfungen abgesenkt und erstmals Flächenprämien für bestimmte Produktionen und Kompensationszahlungen für Flächenstilllegungen eingeführt.[544] Damit wurden die bisherigen an die Produktionsmengen gebundenen Beihilfen von der unmittelbaren Produktionshöhe entkoppelt, dabei allerdings weiterhin an die grundsätzliche Produktion bestimmter Erzeugnisse pro Hektarfläche gebunden (Teilentkopplung).[545] Seitdem stellten direkte Einkommensbeihilfen das zentrale Steuerungselement der GAP dar. Die dem US-amerikanischen System nachempfundenen Flächenstilllegungsprämien waren dem Eingeständnis geschuldet, dass alleine eine Senkung der Binnenmarktpreise nicht zu einer Beseitigung der Überschussproduktion und somit auch nicht zu einer Stabilisierung der Weltmarktpreise führen würde.[546] Die MacSharry-Reform war im Hinblick auf die Stabilisierung der Agrarmärkte, die Eindämmung der Überproduktion, die Senkung des Außenhandelsdefizits, die Annäherung an Weltmarktpreise und die Anhebung des landwirtschaftlichen Durchschnittseinkommens erfolgreich.[547]

---

541 Innerhalb der Uruguay-Runde wurden insbesondere Forderungen der Entwicklungsländer laut, die Agrarsubventionen zu senken; *Hase*, in: Düsing/Martínez (Hrsg.), Agrarrecht, Vor. §§ 38 – 44 AEUV, Rn. 6. Zu den Bestimmungen des AoA in Bezug auf Landwirtschaftssubventionen siehe Teil 2, § 5, I., 2., b).

542 *Martínez*, in: Niedobitek (Hrsg.), Politiken der Union, § 6, Rn. 33; *Potter*, Agricultural multifunctionality, working lands and public goods: Contested models of agri-environmental governance under the Common Agricultural Policy, in: McMahon/Cardwell (Hrsg.), Research Handbook on EU Agriculture Law, S. 113 ff. (114 f.).

543 Benannt nach Raymond MacSharry, der ab 1989 zum Landwirtschaftskommissar in der Europäischen Kommission war.

544 *Harvey*, What does the history of the Common Agricultural Policy tell us?, in: McMahon/Cardwell (Hrsg.), Research Handbook on EU Agriculture Law, S. 3 ff. (17).

545 *Martínez*, in: Niedobitek (Hrsg.), Politiken der Union, § 6, Rn. 33.

546 *Harvey*, What does the history of the Common Agricultural Policy tell us?, in: McMahon/Cardwell (Hrsg.), Research Handbook on EU Agriculture Law, S. 3 ff. (17 f.).

547 *Härtel*, in: Ruffert (Hrsg.), EuropSektWirtschR, § 7, Rn. 43.

Eine weitere bedeutende Herausforderung stellte die erste EU-Osterweiterung dar, da die aufzunehmenden Mitgliedstaaten eine starke landwirtschaftliche Prägung aufwiesen.[548] Auf diese Entwicklung reagierte die EU mit der Agenda 2000. Fortan wurden die Agrarausgaben stärker beschränkt, die Marktstützungspreise weiter gesenkt, die direkten Einkommensbeihilfen für Landwirte erhöht und somit deren Einkommensniveau gesichert. Außerdem wurden die Flächenstilllegungsmaßnahmen weiter verstärkt und den Mitgliedstaaten gestattet, die direkten Einkommensbeihilfen der Landwirte von spezifischen Umweltauflagen abhängig zu machen (fakultative Cross Compliance).[549] Daneben wurde die zweite GAP-Säule eingeführt, welche die Entwicklung des ländlichen Raums fördern sollte. Die europäische Landwirtschaft sollte sich noch stärker am Marktgeschehen orientieren, dadurch die Wettbewerbsfähigkeit erhöht und künftig die Preisstützungsregelungen reduziert werden.[550] Gleichwohl hielt die Agenda 2000 weiterhin an der Einkommenssicherung durch staatliche Preis- und Mengenbeeinflussung fest.[551] Die neuen Mitgliedstaaten der EU-Osterweiterung bekamen zwar sofortigen und umfassenden Zugang zum Gemeinsamen Markt und seinen Interventionsmechanismen, die Direktzahlungen wurden allerdings nur schrittweise eingeführt.[552] Das Preisstützungssystem der GAP wurde mit dieser Reform weiter abgesenkt und dadurch eine stärkere Orientierung der Landwirtschaft am Marktgeschehen, an Umweltstandards und am Verbraucherschutz angeregt.[553]

Derselben Richtung folgte auch die Fischler-Reform[554] des Jahres 2003, die die Überproduktion weiter reduzieren, eine Anpassung der GAP an welthandelsrechtliche Entwicklungen vornehmen und den Umwelt- und

---

548 Die landwirtschaftliche Fläche der Union wurde mit der Osterweiterung um 44%, die Ackerfläche um 55% erhöht (*Härtel*, in: Ruffert (Hrsg.), EuropSektWirtschR, § 7, Rn. 48).

549 *O'Connor*, The impact of the Doha Round on the European Union's Common Agricultural Policy, in: McMahon/Cardwell (Hrsg.), Research Handbook on EU Agriculture Law, S. 387 ff. (399).

550 *Harvey*, What does the history of the Common Agricultural Policy tell us?, in: McMahon/Cardwell (Hrsg.), Research Handbook on EU Agriculture Law, S. 3 ff. (19).

551 *Härtel*, in: Ruffert (Hrsg.), EuropSektWirtschR, § 7, Rn. 46 ff.

552 *Martínez*, in: Niedobitek (Hrsg.), Politiken der Union, § 6, Rn. 36.

553 Ebenso *Härtel*, in: Ruffert (Hrsg.), EuropSektWirtschR, § 7, Rn. 51.

554 Benannt nach dem damaligen Agrarkommissar Franz Fischler.

Verbraucherschutz weiter implementieren sollte.[555] Die bedeutenden Erneuerungen dieser Reform waren die weitere Entkopplung der Direktzahlungen durch Einführung der Betriebsprämie, von nun an endgültig unabhängig von Art und Menge der Produktion und damit grundsätzlich Green Box-kompatibel, wenngleich diese Form der Entkopplung noch nicht zwingend mitgliedstaatlich umgesetzt werden musste.[556] Außerdem wurde die bisher fakultative Cross Compliance nunmehr obligatorisch und den Mitgliedstaaten die Möglichkeit geboten, die ihnen im Rahmen der GAP zugewiesenen Mittel fortan teilweise zwischen den beiden GAP-Säulen bedarfsgerecht zu verschieben (Modulation).[557] In diesem Zusammenhang wurde der bisherige Fonds in den Europäischen Garantiefonds für die Landwirtschaft (EGFL) und den Europäischen Landwirtschaftsfonds für die Entwicklung des ländlichen Raums (ELER) aufgeteilt.[558]

Der sogenannte Health-Check des Jahres 2008 wurde als Halbzeitbewertung der Fischler Reform des Jahres 2003 beschlossen. Die anschließende Reform führte zu einer weiteren Marktorientierung der Landwirtschaftspolitik. Durch den Health-Check wurden die Modulationskapazitäten erhöht, die Cross Compliance vereinfacht, die Flächenstilllegungen der MacSharry-Reform abgeschafft und beschlossen, die Milchquoten schrittweise anzuheben und sie 2015 auslaufen zu lassen.[559] Außerdem wurden die Interventionskäufe, die bisher regelmäßig dazu genutzt wurden, die

---

555 *O'Connor*, The impact of the Doha Round on the European Union's Common Agricultural Policy, in: McMahon/Cardwell (Hrsg.), Research Handbook on EU Agriculture Law, S. 387 ff. (399 f.).

556 *Potter*, Agricultural multifunctionality, working lands and public goods: Contested models of agri-environmental governance under the Common Agricultural Policy, in: McMahon/Cardwell (Hrsg.), Research Handbook on EU Agriculture Law, S. 113 ff. (117). Siehe näher hierzu *Härtel*, in: Ruffert (Hrsg.), EuropSektWirtschR, § 7, Rn. 49.

557 *Harvey*, What does the history of the Common Agricultural Policy tell us?, in: McMahon/Cardwell (Hrsg.), Research Handbook on EU Agriculture Law, S. 3 ff. (S. 20); *Härtel*, in: Ruffert (Hrsg.), EuropSektWirtschR, § 7, Rn. 49.

558 *Härtel*, in: Ruffert (Hrsg.), EuropSektWirtschR, § 7, Rn. 50.

559 *Harvey*, What does the history of the Common Agricultural Policy tell us?, in: McMahon/Cardwell (Hrsg.), Research Handbook on EU Agriculture Law, S. 3 ff. (21). Näher zum Auslaufen der Milchquoten in 2015 siehe *Busse*, Das Auslaufen der EU-Milchquotenregelung zum Milchquotenjahr 2014/2015, AUR 2015, S. 10 ff.

Überproduktion aufzufangen, in ihrem Anwendungsbereich auf den Fall von Marktkrisen beschränkt (Reduktion auf das Sicherheitsnetz).[560]

IV. Die neueste GAP-Reform 2013

Im Jahr 2013 wurde die GAP der bisher letzten Agrarreform unterzogen, die im Jahr 2015 umgesetzt wurde. Auch diese Reform stand in der Tradition der MacSharry-Reform und der anschließenden Entwicklung, also im Lichte der Reduktion der Preisstützungsregelungen und der zunehmenden Marktausrichtung der GAP. Die GAP-Reform 2013 entwickelte diese Reformansätze beachtlich weiter.[561] Die Generaldirektion Landwirtschaft und ländliche Entwicklung der Kommission sprach selbst von einer historischen Reform und einem radikalen Wandel der Ausrichtung der GAP.[562]

Die GAP-Reform 2013 ist zunächst durch das sogenannte Greening gekennzeichnet. Hierbei handelt es sich um Regelungen im Rahmen der überarbeiteten Direktzahlungen, die von den Landwirten verpflichtend die Einhaltung von Umweltstandards verlangen, die über die (seit der Fischler Reform von 2003 obligatorischen) Cross Compliance-Regelungen hinausgehen. Die Landwirte erhalten umfangreiche Subventionen (die sogenannte Greening-Prämie), sofern sie die Greening-Anforderungen einhalten.[563] Die Basisprämie als Teil der überarbeiteten Direktzahlungen ersetzt das bisherige System der Betriebsprämien. Im Gegensatz zur Betriebsprämie wird bei der Basisprämie nur noch die nachgewiesene, tatsächliche landwirtschaftliche Tätigkeit pro Hektarfläche bezuschusst, während die Betriebsprämie noch Zuschüsse für die Nutzung zur Landschaftspflege

---

560 *Harvey*, What does the history of the Common Agricultural Policy tell us?, in: McMahon/Cardwell (Hrsg.), Research Handbook on EU Agriculture Law, S. 3 ff. (21).

561 *Krüger/Haarstrich*, Die Reform der Gemeinsamen Agrarpolitik, AUR 2015, S. 129 ff. (129).

562 Europäische Kommission, Überblick über die Reform der GAP 2014-2020, 2013, S. 1 und S. 4, https://ec.europa.eu/agriculture/sites/agriculture/files/policy-perspectives/policy-briefs/05_de.pdf (31.01.2019).

563 Siehe näher zur Greening-Prämie im Einzelnen unten Teil 3, § 3, II., 2. Vgl. zur Bedeutung der GAP-Reform 2013 für die Beziehung von Umweltschutz und Landwirtschaft *Baldock*, Twisted together: European agriculture, environment and the Common Agricultural Policy, in: McMahon/Cardwell (Hrsg.), Research Handbook on EU Agriculture Law, S. 125 ff. (144 ff.).

und zum Naturschutz vorsah. [564] Außerdem wurde die Entkopplung der Direktzahlungen weiter vorangetrieben. An die Produktion gekoppelte Subventionen sind nur noch möglich, wenn die Mitgliedstaaten sich hierzu jeweils entschließen (fakultative gekoppelte Direktzahlungen[565]). Mit der Kleinerzeugerregelung wurde kleineren landwirtschaftlichen Unternehmen der Zugang zu Subventionen erleichtert und mit der Umverteilungsprämie eine stärkere Förderung kleiner und mittlerer Unternehmen ermöglicht (beides fakultative Teile der Direktzahlungen).[566]

Außerdem wurden durch die GAP-Reform 2013 die Sicherheitsnetze verstärkt und es wurden neue Krisenreserven geschaffen. Die Sicherheitsnetze bestanden in einer ersten Stufe aus Grundstützungen wichtiger Agrarprodukte und bestehen in der zweiten Stufe seit 2013 aus einem lückenlosen System von ad-hoc Maßnahmen im Falle gravierender Marktkrisen.[567]

Zwischen den Mitgliedstaaten wurde außerdem die Verteilung der finanziellen Mittel überarbeitet und die Unterschiede der Zuteilung an die Mitgliedstaaten verringert (externe Konvergenz).[568] Die Mitgliedstaaten mit einem Beihilfeanteil von unter 90% des EU-Durchschnitts wurden stärker als zuvor bedacht. Innerhalb der Mitgliedstaaten werden bis 2020 die Höhe der Zahlungsansprüche pro Hektarfläche landesweit angepasst (interne Konvergenz).

Durch die Reform wurde außerdem die Modulation, also die bedarfsgerechte Verschiebung finanzieller Mittel zwischen den beiden GAP-Säulen, auf bis zu 15% erhöht, wodurch die Gelder in den einzelnen Mitgliedstaaten noch zielgerichteter als bisher eingesetzt werden sollen. Im Wesentlichen blieb auch nach der 2013er Reform die Zwei-Säulen-Struktur der GAP[569] erhalten, die beiden Säulen wurden jedoch in noch stärkerem Maße als bisher miteinander verwoben.[570] Außerdem wurden durch die Re-

---

564 *Härtel*, in: Ruffert (Hrsg.), EuropSektWirtschR, § 7, Rn. 141.

565 Näher hierzu Teil 3, § 3, II., 7.

566 Siehe auch hierzu im Einzelnen unten Teil 3, § 3, II., 6.

567 *Busse*, Das neue Agrarmarktrecht der GAP-Reform 2014/2015, AUR 2015, S. 321 ff. (322).

568 *Harvey*, What does the history of the Common Agricultural Policy tell us?, in: McMahon/Cardwell (Hrsg.), Research Handbook on EU Agriculture Law, S. 3 ff. (25).

569 Hierzu ausführlich sogleich Teil 3, § 2.

570 Kritisch zu dieser Flexibilisierung bei gleichzeitiger Beibehaltung des Zwei-Säulen Modells *Priebe*, in: Grabitz/Hilf/Nettesheim (Hrsg.), EuR, Art. 38 AEUV, Rn. 12.

form die Gestaltungsspielräume der Mitgliedstaaten erweitert, um eine zielgerichtetere Anwendung der GAP-Regeln durch die Mitgliedstaaten zu gewährleisten.[571]

Das europäische Agrarsekundärrecht ist nach wie vor durch eine Vielzahl an Subventionsprogrammen und damit in hohem Maße interventionistisch geprägt. Auch nach der GAP-Reform 2013 fließen weiterhin bedeutende Teile des europäischen Haushalts in den Landwirtschaftssektor. Angesichts dieser Tatsache stellt sich die Frage, in welchem Umfang die Subventionspolitik der Europäischen Union Rückhalt in der Bevölkerung besitzt. Laut einer Umfrage der Europäischen Kommission vom Oktober 2015 findet die Agrarsubventionspolitik nicht nur Befürworter, sondern stößt auf ein geteiltes Echo. Während 13% der befragten Europäer die finanzielle Unterstützung der europäischen Landwirte als zu hoch einstufen, finden 41% der befragten Europäer die Förderung als der Höhe nach angemessen und 29% der befragten Europäer die Subventionen sogar als zu niedrig. Unter den befragten Deutschen verschiebt sich diese Einschätzung etwas stärker in Richtung weniger Intervention, da 19% der befragten Deutschen die finanziellen Unterstützungen der Landwirtschaft als zu hoch einschätzen, 42% als der Höhe nach angemessen und nur 20% der befragten Deutschen sie als zu niedrig ansehen.[572] In Bezug auf die zukünftige Entwicklung der finanziellen Unterstützungen in der Agrarpolitik bis zum Jahr 2025 bevorzugen nur 13% der Europäer eine Senkung und sogar 45% eine Erhöhung der finanziellen Anstrengungen der Europäischen Union im Agrarsektor.[573] Diese Umfrage der Europäischen Kommission zeichnet damit ein relativ ausgeglichenes Verhältnis der Bevölkerung zur Agrar-Förderpolitik der EU mit der Tendenz dahin, zukünftig die finanziellen Anstrengungen in diesem Bereich auszuweiten.

V. Zusammenfassung

Die GAP war bereits seit ihren Anfangsjahren durch starken Marktinterventionismus durch die EU geprägt. Dieser Interventionismus führte spä-

---

571 *Martínez*, Generalbericht der Kommission I, in: Norer (Hrsg.), CAP Reform: Market Organisation and Rural Areas, 2017, S. 137 ff. (144).
572 Vgl. Europäische Kommission, Spezial Eurobarometer 440, S. 16 und Europäische Kommission, Spezial Eurobarometer 440 Factsheet Germany, S. 4.
573 Vgl. Europäische Kommission, Spezial Eurobarometer 440, S. 18 f. und Europäische Kommission, Spezial Eurobarometer 440 Factsheet Germany, S. 4.

testens in den 1980er Jahren zu einer untragbaren Belastung des europäischen Haushalts und zu einer unwirtschaftlichen Überproduktion. Auf äußeren Druck hin setzte die EU ab 1992 marktorientierte Reformen in Gang. Seitdem ist die GAP nicht mehr durch eine Preisstützungspolitik, sondern durch die Politik der direkten Einkommensstützung geprägt.[574]

Die folgende Darstellung zeigt die bisherige und die geplante Verwendung der Agrarmittel seit 1990 bis 2020:

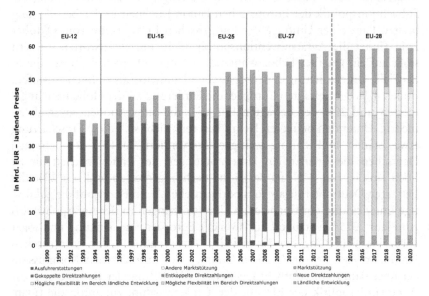

Entwicklung der Agrarausgaben von 1990 bis 2020[575]

Anhand dieser Tabelle kann die Bedeutung und Kontinuität der Reformen seit 1992 nachvollzogen werden. Die Marktstützungen, die Anfang der 1990er Jahren einen Großteil der finanziellen Mittel der GAP banden, stellen seit 2014 nur noch einen verschwindend geringen Teil der Haushaltsposten dar. Stattdessen nehmen nun die entkoppelten, flächenabhängigen

---

574 *O'Connor*, The impact of the Doha Round on the European Union's Common Agricultural Policy, in: McMahon/Cardwell (Hrsg.), Research Handbook on EU Agriculture Law, S. 387 ff. (402); *Groteloh*, in: Dombert/Witt (Hrsg.), Münchener Anwaltshandbuch Agrar, § 27 I, Rn. 29.

575 Entnommen: Europäische Kommission, Überblick über die Reform der GAP 2014-2020, 2013, S. 4, https://ec.europa.eu/agriculture/sites/agriculture/files/policy-perspectives/policy-briefs/05_de.pdf (31.01.2019).

Direktzahlungen einen Großteil der Mittel in Anspruch, während der Anteil der Mittel für die ländliche Entwicklung im Wesentlichen konstant geblieben ist. Gleichzeitig sind die Agrarausgaben der EU trotz leichter Schwankungen insgesamt angestiegen, wobei allerdings die kontinuierliche Erweiterung der EU nicht außer Acht gelassen werden darf. Seit der MacSharry-Reform bemüht sich die EU ihre GAP kontinuierlich stärker am Marktgeschehen auszurichten. Seit der Fischler-Reform sind die Agrarbeihilfen weitestgehend entkoppelt. Außerdem wurde insbesondere mit der GAP-Reform 2013 die Ökologisierung der Landwirtschaft bedeutend vorangetrieben.

VI. Künftige Herausforderungen der GAP

Unklar ist bisher, welchen Weg die europäische Agrarpolitik ab dem Jahr 2021 einschlagen wird. Inwiefern sich der Austritt des Vereinigten Königreichs, das bisher eher neo-liberale Strömungen in der GAP vertreten hat, auf die Entwicklung der Gemeinsamen Agrarpolitik auswirken wird und die eher neo-merkantilistischen Tendenzen, insbesondere vertreten durch Frankreich, an Bedeutung zunehmen werden, bleibt abzuwarten.[576] Bisher wird noch angenommen, dass sich die bisherigen europäischen und welthandelsrechtlichen Entwicklungslinien seit 1992 hin zu weniger Interventionismus und damit zu einer stärkeren Marktorientierung des Agrarsektors auch in Zukunft im Agrarsekundärrecht fortsetzen werden.[577] Der Ausstieg des Vereinigten Königreichs hat sich allerdings bereits in den Haushaltsplänen für die kommenden Jahre niedergeschlagen. Haushaltskommissar Oettinger hat in seinem Entwurf für den Mehrjährigen Finanzrahmen der Europäischen Union für 2021-2027 vorgeschlagen bei der GAP

---

576 *Potter*, Agricultural multifunctionality, working lands and public goods: Contested models of agri-environmental governance under the Common Agricultural Policy, in: McMahon/Cardwell (Hrsg.), Research Handbook on EU Agriculture Law, S. 113 ff. (118).

577 Europäische Kommission, Ernährung und Landwirtschaft in der Zukunft, Mitteilung vom 29.11.2017, COM(2017) 713 final, S. 30; Ebenso Bundeministerium für Ernährung und Landwirtschaft, Schmidt zur Zukunft der Gemeinsamen Agrarpolitik, www.bmel.de/DE/Landwirtschaft/Agrarpolitik/_Texte/GAP2020-Eckpunkte-BMEL.html (31.01.2019). Kritisch hingegen *Koester*, Landwirtschaftliche Marktlehre, S. 428.

5% der Kosten einzusparen „um den neuen Gegebenheiten in einer Union mit 27 Mitgliedern Rechnung zu tragen".[578]

Seit der Einführung der Greening-Prämie durch die GAP Reform 2013 wird die europäische Landwirtschaft hinsichtlich ökologischer Landbewirtschaftung besonders gefördert. Auch hier lassen sich angesichts steigender Verbraucherwünsche hinsichtlich hoher Tierschutz-, Umweltschutz- und Lebensmittelstandards[579] künftige Schritte in Richtung einer stärkeren Ökologisierung der Landwirtschaft erwarten.[580] Insofern werden auch die Notwendigkeiten des Klimawandels den Gesetzgeber dazu zwingen, die Landwirtschaft noch stärker als bisher zu klimafreundlichen Landbewirtschaftungsmethoden zu verpflichten. Insgesamt kann also eine Entwicklung der Landwirtschaft in Richtung stärkerer ökologischer Nachhaltigkeit erwartet werden.[581]

Neben einer Stärkung der ökologischen Aspekte, wird von der GAP in Zukunft eine Vereinfachung erwartet, insbesondere ein Abbau der Bürokratie im Bereich des Greenings, bei der Anwendung der Beihilfenprogramme und bei den Kontrollmechanismen.[582] Die Kommission beabsichtigt außerdem eine weitere Dezentralisierung der GAP – auch in der ersten Säule – und verspricht sich davon eine effizientere Nutzung der finanziel-

---

578 Vgl. Europäische Kommission, Pressemitteilung vom 02.05.2018, IP/18/3570, insbesondere Anhang 2. Eine Einigung auf den Mehrjährigen Finanzrahmen 2021-2027 ist im Herbst 2019 zu erwarten, vgl. Europäischer Rat, Schlussfolgerungen – 13. und 14. Dezember 2018, CO EUR 22, CONCL 7, 2018, S. 1.

579 Europäische Kommission, Eurobarometer: Europeans, agriculture and the Common Agricultural Policy (2016), https://ec.europa.eu/agriculture/survey (31.01.2019).

580 Ebenso *Koester*, Landwirtschaftliche Marktlehre, S. 428. Europäische Kommission – Factsheet, EU-Haushalt: die Gemeinsame Agrarpolitik in der Zeit nach 2020, 2018.

581 Europäische Kommission, Ernährung und Landwirtschaft in der Zukunft, Mitteilung vom 29.11.2017, COM(2017) 713 final, S. 8; Europäische Kommission, Public consultation "Modernising and Simplifying the Common Agricultural Policy" Highlights, 2017, S. 3, https://ec.europa.eu/agriculture/sites/agriculture/ files/ consultations/cap-modernising/highlights-public-consul.pdf (18.05.2018); Europäische Kommission – Factsheet, EU-Haushalt: die Gemeinsame Agrarpolitik in der Zeit nach 2020, 2018.

582 Europäische Kommission, Public consultation "Modernising and Simplifying the Common Agricultural Policy" Highlights, 2017, S. 3, https://ec.europa.eu/ agriculture/sites/agriculture/files/consultations/cap-modernising/highlights-public-consul.pdf (18.05.2018).

len Mittel.[583] Diese Absichten haben sich auch im Kommissionsentwurf für die GAP nach 2020 niedergeschlagen.[584]

Doch unabhängig von den innereuropäischen Erwartungen, steht die europäische Landwirtschaft vor globalen Herausforderungen, welche die Europäische Union insbesondere mit ihrer Subventionspolitik im Rahmen der GAP bestreiten muss. Zu diesen künftigen globalen Herausforderungen für die europäische Landwirtschaftssubventionspolitik zählt insbesondere, einen angemessenen Anteil an der Versorgung der Weltbevölkerung mit Lebensmitteln sicherzustellen (sogenannte Food Security[585]). Zurzeit wird weltweit etwa ein Drittel mehr Kalorien produziert, als zur Versorgung der momentanen Weltbevölkerung erforderlich wäre,[586] gleichzeitig leiden zurzeit etwa 800 Millionen Menschen an Unterernährung.[587] Das bedeutet, dass die Staatengemeinschaft aktuell, und damit trotz ihrer kalorienmäßigen Überproduktion, nicht in der Lage ist, die erzeugten landwirtschaftlichen Erzeugnisse bedarfsgerecht zu verteilen und die Weltbevölkerung angemessen zu ernähren.[588]

Bis zum Jahr 2050 wird sich diese Situation noch verschärfen, da zu erwarten ist, dass die Weltbevölkerung auf 9 Milliarden Menschen anwachsen wird, was einen Anstieg der bisherigen Weltnahrungsmittelproduktion

---

583 Europäische Kommission, Ernährung und Landwirtschaft in der Zukunft, Mitteilung vom 29.11.2017, COM(2017) 713 final, S. 11; Europäische Kommission – Factsheet, EU-Haushalt: die Gemeinsame Agrarpolitik in der Zeit nach 2020, 2018. Erkennbar kritisch zu den „Reformgedanken" der Europäischen Kommission *Busse*, Herausforderungen einer teilweisen Renationalisierung der GAP, AUR 2018, S. 121.

584 Europäische Kommission, CAP-Strategic Plans – Proposal for a Regulation, COM(2018) 392; Europäische Kommission, Financing, Managing and Monitoring oft he CAP – Proposal for a Regulation, COM(2018), 393; Europäische Kommission, Common Organisation of the Markets – Proposal for a Regulation, COM(2018) 394; mit weiteren Erläuterungen hierzu: Europäische Kommission – Factsheet, EU-Haushalt: die Gemeinsame Agrarpolitik in der Zeit nach 2020, 2018. Zu den aktuell insbesondere seitens des Europäischen Parlaments diskutierten Aspekte des Entwurfs siehe *Massot*, Die künftige Gemeinsame Agrarpolitik nach 2020, 2018, S. 5.

585 Siehe näher zum Begriff der Food Security *Jambor/Babu*, Competitiveness of Global Agriculture, 2016, S. 7 f.

586 Bundesministerium für Ernährung und Landwirtschaft, Welternährung verstehen, 2015, S. 3, www.bmel.de/SharedDocs/Downloads/Broschueren/Welternaehrung-verstehen.pdf?__blob=publicationFile (31.01.2019).

587 Food and Agriculture Organization of the United Nations, The State of Food Insecurity, 2015, S. 8, www.fao.org/3/a-i4646e.pdf (31.01.2019).

588 Vgl. zum Status Quo der Food Security *Jambor/Babu*, Competitiveness of Global Agriculture, 2016, S. 8 ff.

um zwei Drittel erforderlich machen würde.[589] Der hierfür erforderliche enorme Produktionszuwachs kann nicht alleine von der europäischen Landwirtschaft geleistet werden, sie muss allerdings einen angemessenen Betrag zur Ernährung der künftigen Weltbevölkerung leisten. Die größten Entwicklungs- und damit Produktionszuwächse lassen sich in Afrika und Asien erwarten, deren weitestgehend kleinbäuerlichen Familienbetriebe momentan etwa 60% der weltweiten Anbauflächen bewirtschaften.[590] Die Europäische Union muss sich insofern darauf konzentrieren, die Entwicklung ausländischer Landwirtschaften nicht durch den Export hochsubventionierter europäischer Agrarerzeugnisse zu untergraben. Hieran besitzt die Europäische Union auch aus dem Gesichtspunkt der Gefahr der unbeherrschbaren Verstärkung künftiger Migrationsbewegungen ein bedeutendes Eigeninteresse.[591] Das Verbot von Ausfuhrsubventionen im Nairobi-Paket ist daher bereits als Schritt in die richtige Richtung zu verstehen, den Export der hochsubventionierten agrarindustriellen Erzeugnisse auch in Entwicklungsländer nicht noch zu forcieren. Hierdurch wird es den einheimischen Landwirtschaftserzeugnissen zumindest nicht zusätzlich erschwert, mit den europäischen Agrarprodukten in Wettbewerb zu treten. Die Europäische Union sollte bei der Ausgestaltung ihrer künftigen Agrarpolitik zur Verwirklichung der ambitionierten Sustainable Development Goals der Vereinten Nationen beitragen und bis zum Jahr 2030 das Ende des Hungers in der Welt, sichere Lebensmittelversorgung und die Förderung nachhaltiger Landwirtschaft anstreben und umzusetzen helfen.[592]

Die europäische Landwirtschaft wird künftig also einen Spagat zwischen wachsenden europäischen Umweltschutzinteressen und der Bekämpfung des Weltklimawandels einerseits, sowie ihrem Beitrag zur Nahrungsmittelversorgung der Weltbevölkerung durch einen weiteren Produktionszuwachs andererseits meistern müssen und bis dahin die nachhaltige Ent-

---

589 Bundesministerium für Ernährung und Landwirtschaft, Welternährung verstehen, 2015, S. 2, www.bmel.de/SharedDocs/Downloads/Broschueren/Welternaehrung-verstehen.pdf?__blob=publicationFile (31.01.2019).

590 Bundesministerium für Ernährung und Landwirtschaft, Welternährung verstehen, 2015, S. 3, www.bmel.de/SharedDocs/Downloads/Broschueren/Welternaehrung-verstehen.pdf?__blob=publicationFile (31.01.2019).

591 Vgl. hierzu insbesondere die entwicklungspolitischen Ansätze in Europäische Kommission, Ernährung und Landwirtschaft in der Zukunft, Mitteilung vom 29.11.2017, COM(2017) 713 final, S. 30 f.

592 Siehe insbesondere UN-Sustainable Development Goal No. 2: End hunger, achieve food security and improbed nurtition and promonte sustainable agriculture, http://www.un.org/sustainabledevelopment/hunger/ (31.01.2019).

wicklung der Landwirtschaft in den Entwicklungsländern unterstützend fördern müssen. Ob ihr dies gelingt, wo genau und wie die künftige GAP in dieser Gemengelage von Interessen zu verorten sein wird, bleibt abzuwarten.

§ 2 Die Säulenstruktur der GAP

Die Gemeinsame Agrarpolitik wird seit der Agenda 2000 in einem Zwei-Säulen-Modell dargestellt. Die erste Säule bildet das Marktordnungsrecht, das durch den EGFL finanziert wird. Im Rahmen der ersten Säule werden produktionsentkoppelte Flächenprämien, also finanzielle Leistungen pro bewirtschaftetem Hektar – die sogenannten Direktzahlungen – geleistet. Neben den Direktzahlungen (insbesondere VO 1307/2013) existieren in der ersten Säule auch die Beihilfen der öffentlichen Intervention und die Beihilfen zur privaten Lagerhaltung (insbesondere VO 1308/2013) sowie sonstige kleinere Beihilfenprogramme.[593] Über die Unionsbeihilfenregelungen hinaus enthält die erste Säule weitere Regelungen zur Agrarmarktordnung, wie etwa Vermarktungsregelungen (Art. 73 ff. VO 1308/2013) oder Regelungen zu Ursprungsbezeichnungen, geografischen Angaben und traditionellen Begriffen im Weinsektor (Art. 92 ff. VO 1308/2013). Die zweite Säule befasst sich mit der Entwicklung des ländlichen Raums. Diese Politik wird seitens der Union durch den ELER und die mitgliedstaatlichen Haushalte kofinanziert. Inhaber landwirtschaftlicher Betriebe können in der zweiten Säule Unionsbeihilfen erhalten, die sich im Rahmen der VO 1305/2013 bewegen und Teil der mitgliedstaatlichen ELER-Programme sind.[594]

Grundsätzlich unterliegen die beiden Säulen der GAP jeweils eigenen Regeln im Hinblick auf Finanzierung, Verwaltung und Zielsetzung. Seit der GAP-Reform 2013 werden diese Grenzen allerdings zunehmend verwischt,[595] wenngleich weiterhin an dem Zwei-Säulen-Modell festgehalten wird.[596]

---

593 Siehe jeweils zu den einzelnen Beihilfenprogrammen der ersten Säule im Einzelnen Teil 3, § 3.
594 Näher hierzu Teil 3, § 4.
595 Ebenso *Härtel*, in: Ruffert (Hrsg.), EuropSektWirtschR, § 7, Rn. 124.
596 Siehe zu Subventionen in den unterschiedlichen Säulen im aktuellen Agrarrecht auch *Mittermüller*, Umweltschutz im Europäischen Agrarrecht, 2017, S. 61 ff.

Das Zwei-Säulen-Modell der GAP lässt sich dementsprechend graphisch wie folgt darstellen:

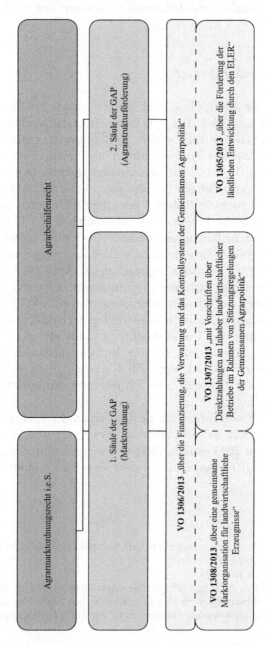

§ 3 Beihilfenprogramme in der ersten Säule der GAP

Die erste Säule der GAP stellt das Marktordnungsrecht dar. Innerhalb dieser ersten Säule findet sich eine Vielzahl an einzelnen Subventionsprogrammen, die sich teilweise sehr stark in Struktur und Systematik unterscheiden. Innerhalb der ersten Säule werden sowohl der Begriff der Beihilfe als auch der Begriff der Unionsbeihilfe verwendet, wenngleich nicht identisch zu dem Unionsbeihilfenbegriff im Rahmen dieser Arbeit.[597]

Die erste Säule der GAP bilden im Wesentlichen die VO 1307/2013 und VO 1308/2013. Finanziert werden die darin festgelegten Maßnahmen durch den EGFL, dessen nähere Regelungen in VO 1306/2013 festgelegt sind. Wie im Rahmen dieses Abschnitts aufgezeigt wird, erfolgt die Vergabe der Unionsbeihilfen in einem Zusammenspiel aus nationalen Verwaltungsstellen und Europäischer Union.

Im Folgenden werden die Finanzierungsmechanismen der ersten GAP-Säule näher betrachtet und im Anschluss die relevanten Unionsbeihilfenprogramme in der ersten GAP-Säule hinsichtlich ihres Aufbaus dargestellt. Hierbei wird aufgezeigt, in welchem Umfang den Mitgliedstaaten Rechtsetzungskompetenzen und Verwaltungskompetenzen übertragen worden sind. Im Anschluss daran werden die Unionsbeihilfenprogramme der Direktzahlungen untersucht, wobei sich auf diejenigen Programme beschränkt wird, die die Bundesrepublik Deutschland umgesetzt hat. Darüber hinaus wird die fakultative gekoppelte Stützung dargestellt. Neben den Direktzahlungen werden auch die öffentliche Intervention und die Beihilfen zur privaten Lagerhaltung erläutert. Sofern die sonstigen Unionsbeihilfenprogramme der ersten Säule dargestellt werden, wird sich hierbei auf die Untersuchung der begrifflichen oder systematischen Besonderheiten beschränkt.

I. Finanzierung der ersten Säule

Die VO 1306/2013 stellt Vorschriften für die Finanzierung der Ausgaben im Rahmen der GAP (erste und zweite Säule) auf. Hierzu werden über Art. 3 Abs. 1 VO 1306/2013 der EGFL und der ELER finanziert, die jedoch keine eigenständigen Fonds mit Rechtspersönlichkeit, sondern Teile des Gesamthaushaltsplans der Europäischen Union sind (Art. 3 Abs. 2 VO 1306/2013). Der EGFL finanziert die erste Säule der GAP (Art. 4 Abs. 1

---

597 Siehe hierzu bereits oben Teil 2, § 1, I., 3.

VO 1306/2013). Hierbei ist die geteilte Mittelverwaltung vorgeschrieben. Geteilte Mittelverwaltung bedeutet gemäß Art. 58 Abs. 1 lit. b i.V.m. Art. 59 VO 966/2012, dass die Europäische Union den Mitgliedstaaten Haushaltsvollzugsaufgaben übertragen hat. Vereinzelt werden Maßnahmen zwingend (Art. 4 Abs. 2 VO 1306/2013)[598] oder fakultativ direkt, also durch die Kommission verwaltet (Art. 6 VO 1306/2013)[599]. Die Verwaltungs- und Personalkosten, die den Mitgliedstaaten bei der Verwaltung der Beihilfenprogramme entstehen, werden vom EGFL nicht übernommen, die Mitgliedstaaten haben insofern also selbst die Verwaltungslasten zu tragen (Art. 19 VO 1306/2013).

Die finanziellen Mittel der ersten Säule stammen im Grundsatz aus dem Haushalt der Europäischen Union. Eine Kofinanzierung findet nur ausnahmsweise statt.[600] Sofern in der ersten Säule somit der Tatbestand der Beihilfe erfüllt ist, können diese Beihilfen auch der Europäischen Union entsprechend der oben erarbeiteten Finanzierungstheorie zugerechnet werden.[601] Insofern liegen also Unionsbeihilfen vor.

Der EGFL ist im Mehrjährigen Finanzrahmen der EU für 2014 bis 2020 mit insgesamt € 308,726 Milliarden ausgestattet. Davon fallen € 291,273 Milliarden auf die Direktzahlungen und € 17,453 Milliarden auf marktbezogene Ausgaben.[602] Die Finanzmittel der Direktzahlungen werden in Art. 6 Abs. 1 UAbs. 1 i.V.m. Anhang II VO 1307/2013 zunächst auf die einzelnen Mitgliedstaaten pro Förderjahr verteilt (nationale Obergrenzen) und sodann von den mitgliedstaatlichen Stellen verwaltet. Entscheidet sich ein Mitgliedstaat, bestimmte Beihilfenprogramme der Direktzahlungen auf regionaler statt auf nationaler Ebene zu vergeben, werden die Beiträge der nationalen Obergrenzen anteilig auf die jeweiligen Regionen dieses Mitgliedstaats verteilt (regionale Obergrenzen). Für Deutschland be-

---

598 Hierzu gehören die Absatzförderung für landwirtschaftliche Erzeugnisse, Maßnahmen in Bezug auf die genetische Vielfalt, Aufbau und Pflege von Informationsnetzen landwirtschaftlicher Buchführung und Systeme für landwirtschaftliche Erhebungen.

599 Insbesondere Aktivitäten zur Analyse, zur Verwaltung, zur Begleitung und zum Informationsaustausch, zur Durchführung der GAP-Maßnahmen und zum Aufbau von Kontrollsystemen sowie zur technischen und administrativen Hilfe (lit. a).

600 Siehe zu den kofinanzierten Unionsbeihilfen der ersten Säule unten Teil 3, § 3, VI.

601 Siehe näher hierzu oben Teil 2, § 1, I., b), aa).

602 Vgl. zur Übersicht Tabelle I der Europäischen Kommission auf Grundlage des Mehrjährigen Finanzrahmens der EU, www.europarl.europa.eu/atyourservice/de/displayFtu.html?ftuId=FTU_3.2.2.html (18.05.2018).

trugen die nationalen Obergrenzen für Direktzahlungen im Jahr 2015 etwa € 5,144 Milliarden, im Jahr 2016 etwa € 5,110 Milliarden und im Jahr 2017 etwa € 5,076 Milliarden. Frankreich beispielsweise wurde hingegen im Jahr 2015 etwa € 7,553 Milliarden, im Jahr 2016 etwa € 7,521 Milliarden und im Jahr 2017 etwa € 7,488 Milliarden an nationalen Obergrenzen zugewiesen. Die der Bundesrepublik Deutschland im Jahr 2016 zur Verfügung stehenden Mittel wurden gemäß § 9 DirektZahlDurchfG auf die Regionen verteilt. Baden-Württemberg erhielt beispielsweise etwa € 228,733 Millionen, Bayern etwa € 596,064 Millionen und das Saarland nur etwa € 12,146 Millionen.[603]

II. Direktzahlungen

Die Direktzahlungen stellen das Kernstück der europäischen Agrarsubventionen dar. Sie sind als direkt gewährte Zahlungen an Betriebsinhaber im Rahmen der in Anhang I aufgeführten Stützungsregelungen legaldefiniert (Art. 1 lit. a VO 1307/2013). Hierzu zählen die Basisprämienregelung, die Regelung für die einheitliche Flächenzahlung, die Umverteilungsprämie, die Zahlung für dem Klima- und Umweltschutz förderlichen Landbewirtschaftungsmethoden (Greening-Prämie), die Zahlung in Gebieten mit naturbedingten Benachteiligungen, die Zahlungen für Junglandwirte, die fakultative gekoppelte Stützung, die kulturspezifische Zahlung für Baumwolle, die Kleinerzeugerregelung, das POSEI-Programm[604] und Subventionen für die Ägäischen Inseln.

Aufgrund des Umfangs der sekundärrechtlichen Regelungen für die Direktzahlungen wird sich bei der vorliegenden Untersuchung auf diejenigen Direktzahlungen konzentriert, die in Deutschland umgesetzt werden, namentlich auf die obligatorischen Direktzahlungen der Basisprämie, der Greening-Prämie, der Junglandwirtprämie, sowie die fakultativen Direkt-

---

603 Bekanntmachung des Ministeriums für Ernährung und Landwirtschaft vom 16.11.2016, BAnz AT 25.11.2016 B2. Vgl. zur Aufteilung des nationalen Obergrenzen unter dem Gesichtspunkt des Diskriminierungsverbots oben Teil 2, § 4, II.

604 POSEI steht für „Programme d'Options Spécifiques à l'Éloignement et l'Insularité". Dieses Programm sieht Beihilfen für Guadeloupe, Französisch Guyana, Martinique, la Réunion, Saint-Martin, Mayotte, die Azoren, Madeira und die kanarischen Inseln vor. Vgl. näher hierzu Europäische Kommission, POSEI programmes and specific measures in favour of the smaller Aegean islands, https:// ec.europa.eu/agriculture/markets/outermost-regions/intro_en (31.01.2019).

zahlungen der Umverteilungsprämie und der Kleinerzeugerprämie.[605] Ergänzend hierzu wird noch das Programm der fakultativen gekoppelten Stützungen wegen seiner systematischen Besonderheiten besprochen.

Um eine übermäßige Förderung großer Betriebe zu vermeiden und um ausreichend finanzielle Mittel für kleinere und mittlere Betriebe zur Verfügung zu stellen, werden Direktzahlungen, deren Gesamtbetrag in einem Jahr über € 150.000,00 hinausgehen seitens der Mitgliedstaaten grundsätzlich um mindestens 5% gekürzt (Degressivität nach Art. 11 Abs. 1 VO 1307/2013). Mit der Degressivität entgegnet der Agrargesetzgeber der Kritik, bisher Zahlungsempfänger begünstigt zu haben, die finanzielle Unterstützungen nicht in gleichem Maße bedurft hätten.[606] In Deutschland wird dieser Kürzungsmechanismus allerdings nicht angewendet (§ 4 DirektZahlDurchfG), da Deutschland durch die Umverteilungsprämie eine besondere Förderung kleiner und mittlerer Betriebe eingeführt hat und daher gemäß Art. 11 Abs. 3 UAbs. 1 VO 1307/2013 von der Degressivität befreit ist.[607]

1. Basisprämie

Im Nachstehenden wird der Vergabemechanismus der Basisprämie näher beleuchtet und anschließend bewertet.

a) Verfahren

Die Basisprämie ist entsprechend ihrer Bezeichnung das Grundinstrument der verschiedenen Unionsbeihilfenprogramme der Direktzahlungen, auf der die sonstigen Direktzahlungsbeihilfen aufbauen. Bei der Basisprämie handelt es sich um eine von der Produktion bestimmter Erzeugnisse unabhängige Beihilfe, die für die bloße landwirtschaftliche Bewirtschaftung von Flächen vergeben wird (entkoppelte Beihilfe). Die Basisprämie wird – wie alle Direktzahlungen – nur an aktive Betriebsinhaber vergeben

---

605 Siehe zur unterschiedlichen Umsetzung der Direktzahlungen in den verschiedenen Mitgliedstaaten die Aufstellung in *Ragonnaud/Massot*, Die künftige gemeinsame Agrarpolitik nach 2020, 2017.

606 *Cardwell*, The direct payments regime: Delivering 'a fair standard of living for the agricultural community'?, in: McMahon/Cardwell (Hrsg.), Research Handbook on EU Agriculture Law, S. 41 ff. (60).

607 Siehe zur Umverteilungsprämie Teil 3, § 3, II., 5.

(Art. 9 VO 1307/2013). Aktiv sind alle Betriebsinhaber, die einen Betrieb in der Europäischen Union haben und eine landwirtschaftliche Tätigkeit ausüben. Irrelevant sind dabei die Rechtsnatur des Betriebsinhabers und die Eigentumsverhältnisse hinsichtlich der förderungsfähigen Flächen.[608] Auch Pächter der Nutzflächen können die Basisprämie erhalten.[609] Gefördert werden sollen also gerade nicht die Grundeigentümer, wenngleich sich Mitnahmeeffekte der Eigentümer – etwa durch Zuschläge auf den Pachtzins – nicht vermeiden lassen.

Die Zahlungsansprüche der Basisprämie werden grundsätzlich einmalig, für jeden Mitgliedstaat einzeln vergeben und dabei von den Mitgliedstaaten jährlich neu der Höhe nach bewertet und durch den Mitgliedstaat selbst verwaltet. Sind die Zahlungsansprüche einmal vergeben, steht den anspruchsberechtigten Betriebsinhabern ein Anspruch auf jährliche Auszahlung der Basisprämie zu. Die Zahlungsansprüche in diesem Sinne stellen aber aufgrund der jährlichen Neubewertung der Betragshöhe lediglich verwaltungstechnische Rechnungseinheiten und erforderliche Zwischenschritte zur Subventionsvergabe dar. Sie sagen noch nichts unmittelbar über die Höhe des auszuzahlenden Betrages aus. Bei der Basisprämie ist dementsprechend zwischen der Erstzuweisung, der Wertberechnung und der Aktivierung von Zahlungsansprüchen zu unterscheiden.

aa) Erstzuweisung der Zahlungsansprüche

Die Erstzuweisung der Zahlungsansprüche wurde im Jahr 2015 anhand der in diesem Jahr eingegangenen Förderanträge vorgenommen (Art. 24 Abs. 1 VO 1307/2013). Grundsätzlich erhielten diejenigen Betriebsinhaber eine Erstzuweisung der Zahlungsansprüche, die bereits im Jahr 2013 zum Empfang von Betriebsprämien berechtigt gewesen waren.[610] Hierbei ent-

---

608 Vgl. Art. 4 Abs. 1 lit. a VO 1307/2013. *Mögele*, Aktuelle Direktzahlungssysteme: Europäische Union, in: Norer (Hrsg.), Agrarische Direktzahlungen, 2010, S. 71 ff. (75).

609 Näher zum Begriff des aktiven Betriebsinhabers im Detail siehe *Booth*, Dombert/Witt (Hrsg.), Münchener Anwaltshandbuch Agrar, § 27 II, Rn. 105 ff.

610 Kritisch hierzu *Booth*, Dombert/Witt (Hrsg.), Münchener Anwaltshandbuch Agrar, § 27 II, Rn. 116. Hatte ein Betriebsinhaber im Jahr 2013 keine Betriebsprämien erhalten, so war er nur ausnahmsweise berechtigt, wenn er: (1) auf Antrag im Jahr 2013 keine Direktzahlungen erhalten hat und am 15. Mai 2013 Rebflächen bewirtschaftet hatte, (2) im Jahr 2014 Zahlungsansprüche aus nationalen Reserven erhalten hatte oder (3) niemals eigene Zahlungsansprüche inne-

sprach ein beantragter förderungsfähiger Hektar einem Zahlungsanspruch. Die Erstzuweisung von Zahlungsansprüchen knüpft damit grundsätzlich nur an historische Anspruchsberechtigungen bis zum Stichtag an.

Außerhalb der Erstzuweisung im Jahr 2015 werden nur noch ausnahmsweise Zahlungsansprüche gewährt. Solche späteren Zuweisungen von Zahlungsansprüchen finden nur noch an Junglandwirte, Neulandwirte oder in bestimmten Fällen höherer Gewalt oder außergewöhnlicher Umstände statt.[611] Eine Zuweisung von Mitteln aus nationalen Reserven ist unter Umständen noch später möglich.[612]

bb) Bewertung der Zahlungsansprüche

Die zugewiesenen Zahlungsansprüche werden für jedes Förderjahr gesondert bewertet. Die Bewertung erfolgt anhand der jeweiligen nationalen oder regionalen Obergrenzen für Basisprämien (abzüglich der Mittel für die sogenannten nationalen Reserven).[613] In Deutschland findet bis Ende 2018 eine regionale Bewertung anhand der regionalen Obergrenzen statt (§§ 9 und 10 DirektZahlDurchfG). Bei dieser Bewertung werden jeweils die den Mitgliedstaaten (bzw. den Regionen) jährlich zugewiesenen Mittel durch die Anzahl der erstzugewiesenen Zahlungsansprüche dividiert und der Wert des Quotienten sodann als Wert jedes Zahlungsanspruchs festgesetzt. Der jährliche Wert der Zahlungsansprüche ist abhängig von dem als nationale Obergrenze zugewiesenen Subventionsvolumen.

Da in Deutschland die Basisprämie nicht national, sondern regional vergeben wird, wird die nationale Obergrenze für Deutschland auf die jeweiligen Regionen aufgeteilt. Zwischen 2017 und 2019 werden die aus dieser Aufteilung resultierenden regional unterschiedlichen Bewertungen der Zahlungsansprüche stufenweise angeglichen (interne Konvergenz). Die folgenden Beispiele verdeutlichen die interne Konvergenz. Für das Jahr 2016 betrug ein Zahlungsanspruch im Rahmen der Basisprämie im Saarland lediglich € 154,05 und damit den bundesweit niedrigsten Wert, in

---

hatte und nachweisen konnte, dass er zum 15. Mai 2013 bestimmte landwirtschaftliche Tätigkeiten betrieben hatte.

611 Bundesministeriums für Ernährung und Landwirtschaft, Umsetzung der EU-Agrarreform in Deutschland, 2015, S. 29. Siehe näher hierzu, insbesondere zur höheren Gewalt *Booth*, Dombert/Witt (Hrsg.), Münchener Anwaltshandbuch Agrar, § 27 II, Rn. 109 ff.

612 Vgl. hierzu sogleich Teil 3, § 3, II., 8.

613 Hierzu sogleich Teil 3, § 3, II., 8.

Niedersachsen und Bremen hingegen € 190,93 und damit den bundesweit höchsten Wert.[614] Für 2017 steigen die Beträge im Saarland auf € 161,39 und für 2018 auf € 168,73, in Niedersachsen und Bremen fallen sie hingegen von € 185,86 im Jahr 2017 auf € 180,89 im Jahr 2018.

cc) Aktivierung der Zahlungsansprüche

Aktiviert werden die erstzugewiesenen und bewerteten Zahlungsansprüche durch einen späteren Nachweis der Antragssteller, dass die beantragten Förderflächen auch tatsächlich förderfähig sind. Insofern ist der Antragssteller beweisbelastet.[615] Dieser jährliche Nachweis erfolgt im Rahmen eines weiteren Antrags auf Direktzahlung gemäß Art. 72 Abs. 1 VO 1306/2013.[616] Förderfähig bedeutet dabei, dass die beantragte Fläche landwirtschaftlich genutzt wird, sodass grundsätzlich alle Flächen, die das gesamte Förderjahr über Ackerland, Dauergrünland oder Dauerkulturen darstellen, förderfähig sind.[617]Darüber hinaus sind Landschaftselemente, die Teil der Landwirtschaftsfläche sind und wegen Cross Compliance Regelungen nicht beseitigt werden dürfen sowie sonstige Landschaftselemente der Cross Compliance förderfähig.[618] Die landwirtschaftlichen Flächen dürfen dabei für alle Arten landwirtschaftlicher Erzeugung genutzt werden, also für die Aussaat, die Ernte oder die Beweidung.[619]

---

614 Siehe zu den festgesetzten Beträgen für 2016 im Einzelnen die Bekanntmachung des Bundesministeriums für Ernährung und Landwirtschaft vom 25.11.2016, BAnz AT 25.11.2016 B2, S. 1.

615 Siehe näher hierzu *Schulze*, in: Düsing/Martínez (Hrsg.), Agrarrecht, Art. 18 VO 640/2014, Rn. 24.

616 *Hase*, in: Düsing/Martínez (Hrsg.), Agrarrecht, Art. 40 AEUV, R n 71 f.

617 Die Dauerkulturen sind insbesondere in der Forstwirtschaft von Belang. Näher hierzu: Bundesministeriums für Ernährung und Landwirtschaft, Umsetzung der EU-Agrarreform in Deutschland, 2015, S. 30. Ausnahmsweise kann auch ein Nachweis ausreichen, dass die Fläche im Jahr 2008 für die alte Betriebsprämie in besonderer Weise beihilfefähig war (Art. 32 Abs. 2 lit. a und b VO 1307/2013).

618 Siehe zu den Cross-Compliance Regelungen unten Teil 3, § 5.

619 Bundesministeriums für Ernährung und Landwirtschaft, Umsetzung der EU-Agrarreform in Deutschland, 2015, S. 31. Näher zum Tatbestandsmerkmal der landwirtschaftlichen Nutzung siehe *Haarstrich*, Anforderungen an eine landwirtschaftliche Mindesttätigkeit zur Aktivierung von Zahlungsansprüchen, AUR 2016, S. 434 ff.

Werden die beantragten Flächen nicht ganzjährlich landwirtschaftlich genutzt, so muss wenigstens eine Mindesttätigkeit auf ihnen nachgewiesen werden. Das bedeutet, dass mindestens einmal jährlich vom Betriebsinhaber der Aufwuchs gemäht und abgefahren oder zerkleinert und ganzflächig verteilt werden muss.[620] Die landwirtschaftlichen Flächen dürfen nur ausnahmsweise auch nichtlandwirtschaftlich genutzt werden.[621]

Sind die Zahlungsansprüche aktiviert worden, so steht den Inhabern ein öffentlich-rechtlicher Anspruch auf Subventionsgewährung zu (Art. 32 Abs. 1 Satz 2 Halbsatz 1 VO 1307/2013), der auch übertragbar ist (Art. 34 VO 1307/2013).[622]

b) Bewertung

Bei der Basisprämie handelt es sich um eine entkoppelte Subvention, da sie als zentrales Förderkriterium die tatsächliche landwirtschaftliche Tätigkeit auf einer bestimmten Hektarfläche verlangt, sie also unabhängig von Art und Menge der Produktion ist. Die Basisprämie besitzt damit keine besonders spezifischen Förderkriterien. Die Basisprämie stellt eine Subvention „nach dem Gießkannenprinzip" dar und ist damit mangels Spezifizität keine Unionsbeihilfe im strengen Sinne.[623] In weiten Teilen knüpft die Basisprämie noch an die Förderungsfähigkeit nach alter Rechtslage an, wodurch eine Kontinuität im Rahmen der GAP-Subventionierung gewährleistet wird.[624]

Die Basisprämie ermöglicht es, allen Landwirten, die eine bloße landwirtschaftliche Tätigkeit auf ihren Hektarflächen ausüben, eine Subvention auszuschütten. Bereits insofern ist die Bezeichnung als Basisprämie mehr als zutreffend, da nur ein Minimum an landwirtschaftlicher Aktivität

---

620 Bundesministeriums für Ernährung und Landwirtschaft, Umsetzung der EU-Agrarreform in Deutschland, 2015, S. 30. Näher zu der Mindesttätigkeit siehe ebenda.

621 Sieh näher hierzu Bundesministeriums für Ernährung und Landwirtschaft, Umsetzung der EU-Agrarreform in Deutschland, 2015, S. 30 f.

622 Für den Fall der Übertragung des Anwartschaftsrechts auf Erstzuweisung von Zahlungsansprüchen siehe Art. 24 Abs. 8 VO 1307/2013; näher hierzu *Booth*, Dombert/Witt (Hrsg.), Münchener Anwaltshandbuch Agrar, § 27 II, Rn. 122. Im Allgemeinen zur Übertragung *Booth*, Dombert/Witt (Hrsg.), Münchener Anwaltshandbuch Agrar, § 27 II, Rn. 124 ff.

623 Vgl. insofern bereits oben Teil 2, § 1, I., 3.

624 Kritisch hierzu *Norer*, in: Pechstein/Nowak/Häde (Hrsg.), Frankfurter Kommentar, Art. 40 AEUV, Rn. 25.

ausgeübt werden muss. Darüber hinaus trifft die Bezeichnung auch insofern zu, als dass die Verwaltungsmechanismen der Basisprämie – mit der Erstzuweisung und der Aktivierung von Zahlungsansprüchen sowie der anschließenden Aktivierung der Basisprämie – auch den sonstigen Direktzahlungen zugrunde gelegt wird.

2. Greening-Prämie

Die Greening-Prämie ist das bedeutendste Novum der GAP-Reform 2013 und stößt in der Bevölkerung auf starke positive Resonanz.[625] Die Greening-Prämie ist eine Zahlung als Ausgleich für klima- und umweltpolitische Verpflichtungen, die den Landwirten – über die bereits länger bestehenden Cross Compliance-Pflichten hinaus – auferlegt wurde.[626]

Sie ist zwingend mit der Basisprämie verbunden, denn Art. 43 Abs. 1 VO 1307/2013 statuiert, dass „Betriebsinhaber, die Anrecht auf eine Zahlung im Rahmen der Basisprämienregelung […] haben, […] auf allen ihren beihilfefähigen Hektarflächen dem Klima- und Umweltschutz förderliche Landbewirtschaftungsmethoden oder gleichwertige Methoden einhalten [müssen]". Gleichgültig ist dabei, ob die Zahlungsansprüche aktiviert wurden oder gewisse Mindestparzellengrößen nicht erreicht wurden.[627] Die Greening-Prämie setzt zwingende, aber nicht suspendierende umweltrechtliche Vorgaben zur Landbewirtschaftung und macht den Landwirten damit Auflagen.[628] Im Gegensatz zur Cross Compliance sind die Greening-Anforderungen allerdings nicht als anspruchsvernichtende Sanktionsmechanismen, sondern als anspruchsbegründende Fördervoraussetzung ausgestaltet. Zur Finanzierung der Greening-Prämie verwenden die Mitgliedstaaten obligatorisch 30% ihrer nationalen Obergrenzen gemäß Anhang II.

---

625 81% der deutschen und 87% der europäischen Befragten insgesamt begrüßen die Ökologisierungsprämien der Landwirtschaftspolitik in Form der Greening-Prämie und sind dafür, dass diese Politik weiter fortgesetzt wird, vgl. Europäische Kommission, Spezial-Eurobarometer 440, 2016, S. 21.

626 Siehe zu den Cross Compliance Verpflichtungen unten Teil 3, § 5.

627 Bundesministeriums für Ernährung und Landwirtschaft, Umsetzung der EU-Agrarreform in Deutschland, 2015, S. 35.

628 Die Auflage ist dogmatisch von der Bedingung zu unterscheiden, welche zwar nicht zwingt, wohl aber suspendiert, vgl. *Detterbeck*, Allgemeines Verwaltungsrecht, S. 370.

Zu den Greening-Maßnahmen gehören die Anbaudiversifizierung, der Erhalt bestehenden Dauergrünlands und die Ausweisung landwirtschaftlicher Flächen zur Nutzung im Umweltinteresse, die sogenannten ökologischen Vorrangflächen (Art. 43 Abs. 2 VO 1307/2013).[629]

Das Vergabeverfahren der Greening-Prämie knüpft im Wesentlichen an die im Rahmen der Basisprämien zugewiesenen Zahlungsansprüche an. Nach Art. 43 Abs. 9 UAbs. 1 und UAbs. 2 VO 1307/2013 gewähren die Mitgliedstaaten die Greening-Prämie an Betriebsinhaber, soweit sie die Greening-Landbewirtschaftungsmethoden einhalten und zahlen die Prämie jährlich für die im Rahmen der Basisprämie angemeldeten Hektarflächen aus.[630]

Es stellt sich die Frage, welche Sanktionen und Druckmittel der Europäischen Union zur Verfügung stehen, falls Betriebsinhaber ihren Greening-Verpflichtungen nicht nachkommen. Ausgangspunkt ist hierbei die Feststellung, dass die Europäische Union es den Betriebsinhabern nicht freigestellt hat, ob sie ökologische Maßnahmen ergreifen und dafür belohnt werden, sondern dass ihnen eine Rechtspflicht aufgetragen wurde, die Maßnahmen einzuhalten (obligatorisches Greening). Art. 43 Abs. 9 UAbs. 1 VO 1307/2013 ermöglicht eine Auszahlung der Gelder nur soweit die Greening-Verpflichtungen eingehalten wurden. Dementsprechend besteht die Möglichkeit die Greening-Prämie bei teilweiser Nichteinhaltung der Verpflichtungen anteilig zu kürzen (Art. 24 bis 27 DelegVO 640/2014). Würde es bei dieser Regelung bleiben, würden die Greening-Verpflichtungen allerdings de facto zu Greening-Obliegenheiten, da der Betriebsinhaber selbst entscheiden könnte, in welchem Umfang er den Verpflichtungen nachkommt und sich dementsprechend die Höhe seiner auszuzahlenden Greening-Prämie ausrechnen kann. Um dieses Ergebnis zu vermeiden, sind zusätzliche Sanktionen erforderlich. In den Förderjahren 2015 und 2016 waren derartige Verwaltungssanktionen noch nicht vorgesehen (Art. 77 Abs. 6 UAbs. 3 Fall 1 VO 1306/2013). Seit Beginn des Jahres 2017 greifen jedoch die Verwaltungssanktionen des Art. 28 DelegVO 640/2014.[631] Gemäß Art. 77 Abs. 6 UAbs. 3 Fall 2 und 3 VO 1306/2013 können die dem Betriebsinhaber zustehenden Zahlungsansprüche bei Verstößen gegen die

---

629 Eine detaillierte Darstellung der Greening-Maßnahmen findet sich in: Bundesministeriums für Ernährung und Landwirtschaft, Umsetzung der EU-Agrarreform in Deutschland, 2015, S. 35 bis 54.

630 Die zur Verfügung stehenden Gelder werden hierbei durch die Anzahl der beantragten Förderflächen dividiert und der Wert des Quotienten als Wert der Greening-Prämie festgesetzt (Art. 43 Abs. 9 UAbs. 2 VO 1307/2013).

631 vgl. Art. 28 Abs. 3 Satz 2 DelegVO 640/2014.

Greening-Anforderungen für 2017 um bis zu 20% und für 2018 um bis zu 25% gekürzt werden.[632]

Nimmt ein Betriebsinhaber also in Kauf, auf die Greening-Prämie zu verzichten, existieren keine Sanktionsmechanismen, die ihn zu Greening-Maßnahmen drängen könnten, wenngleich er hierzu de jure verpflichtet bleibt. Ein Rückgriff auf nationale Verwaltungssanktionen oder nationalen Verwaltungszwang, der über das in Art. 77 VO 1306/2013 bezeichnete Maß hinausgeht ist angesichts der umfassenden und somit abschließenden europarechtlichen Vorgaben nicht mehr möglich.[633]

Mit der Greening-Prämie trägt die Gemeinsame Agrarpolitik den zunehmenden Ansprüchen der Europäer an eine ökologische Landwirtschaft Rechnung. Die Greening-Auflagen stellen – wie bereits dargelegt – einen integralen Bestandteil der GAP-Reform 2013 dar. Die Greening-Prämie betrug im Jahr 2016 in Deutschland € 87,31[634] und im Jahr 2017 noch € 86,75[635].

3. Exkurs: Ferring, Altmark Trans und Greening-Prämie

Bei der Greening-Prämie handelt es sich um eine Subvention, die den Landwirten für die Einhaltung bestimmter klima- und umweltfreundlicher Landbewirtschaftungsmethoden gewährt wird. Diese Art der Bewirtschaftung kommt dabei nicht unmittelbar den Landwirten zugute, sondern verpflichtet sie Leistungen für die Allgemeinheit zu erbringen. Insbesondere an dieser Stelle lässt sich die Multifunktionalität der Landwirt-

---

632 Siehe zur genaueren Berechnung der Verwaltungssanktionen im Rahmen der VO 1306/2013, Art. 28 Abs. 3 Satz 2 in Verbindung mit Abs. 1 und 2 DirektZahlDurchfG.

633 Ebenso, wenn auch in anderem Zusammenhang EuGH, Urteil vom 24.05.2007, C-45/05, ECLI:EU:C:2007:296 („Rinderschlachtprämie"), Rn. 63 ff. Siehe näher zu den Sanktionsmöglichkeiten bei der Greening-Prämie *Mittermüller*, Umweltschutz im Europäischen Agrarrecht, 2017, S. 96 ff. Zu einer genauen Darstellung des Kürzungs- und Sanktionsmechanismus vgl. Bundesministeriums für Ernährung und Landwirtschaft, Umsetzung der EU-Agrarreform in Deutschland, 2015, S. 70 f.

634 Bekanntmachung des Bundesministeriums für Ernährung und Landwirtschaft vom 25.11.2016, BAnz AT 25.11.2016 B2.

635 Bekanntmachung des Bundesministeriums für Ernährung und Landwirtschaft vom 29.11.2017, BAnz AT 29.11.2017 B2, S. 1.

schaft erkennen.[636] Dieses Schlagwort fasst die Erkenntnis zusammen, dass die Landwirtschaft einerseits nicht nur eigennützliche Leistungen (wie etwa die Produktion bestimmter Erzeugnisse zum Zwecke des Absatzes), sondern gleichzeitig auch gemeinwirtschaftliche Leistungen erbringt (beispielsweise die Pflege und den Erhalt der Kulturlandschaft,[637] den Erhalt der Biodiversität oder die Erbringung ökologischer Leistungen im Wasser-, Boden- oder Klimaschutz) und hierzu teilweise gesetzlich verpflichtet wird. Diesem Gedanken folgend stellt sich die Frage, ob es sich bei der Greening-Prämie tatsächlich um eine Begünstigung im Sinne der Beihilfendefinition handelt. Hieran könnten sich nämlich deshalb Zweifel ergeben, weil die Greening-Prämie als Ausgleich für die Erbringung gewisser gemeinwirtschaftlicher Leistungen gezahlt wird und daher wieder vom allgemeinen Beihilfentatbestand ausgenommen werden könnte. Kurz gesagt kann die Greening-Prämie als umweltrelevante Agrarzahlung verstanden werden, bei der eine Gleichwertigkeit von Subventionsleistung und Umweltleistung angenommen werden kann. Im Ergebnis wäre damit eine Begünstigung im Sinne der Beihilfendefinition zu verneinen.[638]

Diese Gedanken wurden vom EuGH im Rahmen der Prüfung der Art. 107 ff. AEUV in den Rechtssachen Ferring[639] und später Altmark Trans[640] außerhalb des Agrarrechts in Bezug auf gemeinwirtschaftliche Leistungen angewendet. Aufgrund der gleichen Verwendung des Begriffs der Beihilfe im Rahmen dieser Arbeit für den Begriff der Unionsbeihilfe und der Staatsbeihilfe, ist zu klären, inwiefern sich diese Rechtsprechungslinie insbesondere auf die Greening-Prämie übertragen lässt und was die Konsequenz daraus ist.[641]

---

636 Siehe zum Begriff der Multifunktionalität etwa *Potter*, Agricultural multifunctionality, working lands and public goods: Contested models of agri-environmental governance under the Common Agricultural Policy, in: McMahon/Cardwell (Hrsg.), Research Handbook on EU Agriculture Law, S. 113 ff. (113 f.); *Norer*, Lebendiges Agrarrecht, 2005, S. 485 ff.; *Matsushita/Schoenbaum/Mavroidis/Hahn*, The World Trade Organization, 3. Auflage 2015, S. 256; *Zerger/Holm-Müller*, Gemeinwohl steigernde Leistungen der Landwirtschaft, 2008, S. 6 ff.

637 *Matsushita/Schoenbaum/Mavroidis/Hahn*, The World Trade Organization, 3. Auflage 2015, S. 257 sprechen insofern anschaulich von „externalities, such as the beauty of the European Alps".

638 *Belger*, Agrarbeihilfenrecht, 2011, S. 102.

639 EuGH, Urteil vom 22.11.2001, C-53/00, ECLI:EU:C:2001:627 („Ferring").

640 EuGH, Urteil vom 24.07.2003, C-280/00, ECLI:EU:C:2003:415 („Altmark Trans").

641 *Martínez*, Landwirtschaft und Wettbewerbsrecht, EuZW 2010, S. 368 ff. (372) und *Belger*, Agrarbeihilfenrecht, 2011, S. 99 ff. haben diese Übertragung ur-

a) Ferring- und Altmark Trans-Rechtsprechung

In der Entscheidung Ferring wurde dem EuGH die Frage vorgelegt, ob eine finanzielle Zuwendung des Staates in Form der Abgabenentlastung eine Beihilfe im Sinne des Art. 107 Abs. 1 AEUV darstellt, die Arzneimittelgroßhändlern als Kompensation dafür geleistet wurde, dass sie eine gewisse Menge an Arzneimitteln dauerhaft auf Lager hatten, um eine kontinuierliche Versorgung der Bevölkerung mit Arzneimitteln sicherzustellen. Es wurde also eine Kompensation für die Erbringung gemeinwirtschaftlicher Dienste gezahlt.

Bei der Beantwortung der Frage, ob derartige Kompensationszahlungen unter den Begriff der Begünstigung fallen, entschied der Gerichtshof, dass für den Fall, dass die finanzielle Zuwendung des Staates den entstandenen zusätzlichen Kosten der Gemeinwohlverpflichtung entspricht, kein tatsächlicher Vorteil im Sinne des Art. 107 Abs. 1 AEUV gewährt wird, weshalb der Tatbestand der Beihilfe nicht erfüllt sei.[642]

In dem der Entscheidung Altmark Trans zugrundeliegenden Sachverhalt ging es um ein Busunternehmen (Altmark Trans), das eine Genehmigung zum Betreiben des Linienverkehrs – also eine gemeinwirtschaftliche Aufgabe – vom Landkreis erhalten hatte und dabei Zuschüsse pro Fahrtkilometer als Ausgleich für diese finanziell unwirtschaftliche Dienstleistung erhalten hatte. Dem EuGH stellte sich unter anderem nun auch hier die Frage, ob die Zuschüsse zur Dienstleistung durch Altmark Trans als Begünstigung und damit Beihilfe zu werten seien oder nicht.

Der Gerichtshof entschied in Konkretisierung der Entscheidung Ferring, dass eine staatliche Leistung nicht als Begünstigung, sondern als Gegenleistung zur Leistung gemeinwirtschaftlicher Verpflichtungen, und somit auch nicht als Beihilfe zu verstehen sei, wenn folgende vier Kriterien erfüllt sind: (1) das begünstigte Unternehmen muss tatsächlich mit der Erfüllung gemeinwirtschaftlicher Verpflichtungen betraut sein; (2) die Parameter, anhand derer der (finanzielle) Ausgleich gewährt wird, müssen zuvor objektiv und transparent aufgestellt worden sein; (3) dieser Ausgleich darf

---

sprünglich zu Zahlungen im Rahmen der zweiten GAP-Säule entwickelt. Seit der GAP-Reform 2013 und mit Einführung der Greening-Prämie drängt sich diese Frage allerdings insbesondere an dieser Stelle auf. Siehe zu den entsprechenden umweltrelevanten Maßnahmen im Rahmen der zweiten GAP-Säule unten Teil 3, § 4, II., 1., b) sowie zu den allgemeinen Cross Compliance-Regeln Teil 3, § 5.

642 EuGH, Urteil vom 22.11.2001, C-53/00, ECLI:EU:C:2001:627 („Ferring"), Rn. 27.

nicht über das Maß hinausgehen, das erforderlich ist, um die Kosten der Erfüllung der gemeinwirtschaftlichen Verpflichtung unter Berücksichtigung der dabei erzielten Einnahmen und eines angemessenen Gewinns aus der Erfüllung dieser Verpflichtung ganz oder teilweise zu decken; (4) wurde die Auswahl des begünstigten Unternehmens nicht im Rahmen eines Vergabeverfahrens vorgenommen, welches sicherstellt, dass für die Allgemeinheit die geringsten Kosten anfallen, ist die Höhe des zulässigen Ausgleichs aufgrund einer Kostenanalyse vorzunehmen, die die Kosten eines durchschnittlichen, gut geführten Unternehmens bei der Erfüllung der gemeinwirtschaftlichen Aufgabe zugrunde legt.[643]

b) Anwendung auf die Greening-Prämie

Die Ferring- sowie Altmark Trans-Rechtsprechung bezieht sich zunächst nur auf Staatsbeihilfen im Sinne des Art. 107 Abs. 1 AEUV. Der Begünstigungsbegriff des Art. 107 Abs. 1 AEUV wird auch dem Beihilfenbegriff der Unionsbeihilfen zugrunde gelegt, weshalb das zur Begünstigung im Rahmen der Staatsbeihilfe Gesagte auch für die Begünstigung im Rahmen der Unionsbeihilfe gelten muss.[644] Die Entscheidung Ferring ist als Grundentscheidung des EuGH in diesem Zusammenhang zu verstehen, die in Bezug auf die Höhe der Kompensationszahlungen vom EuGH in der Sache Altmark Trans konkretisiert wurde.

Die Greening-Vorgaben verpflichten die Landwirte zu Anbaudiversifizierung, zum Erhalt von Dauergrünland und zur Ausweisung ökologischer Vorrangflächen (1). Außerdem wird die Greening-Prämie gesetzgeberisch und im konkreten Fall durch die Verwaltung nach objektiven Kriterien transparent, nämlich anhand der sekundärrechtlichen Vorgaben berechnet (2). Problematisch ist allerdings, ob der Betrag der Greening-Prämie über denjenigen Betrag hinausgeht, der erforderlich ist, um die angefallenen Kosten – unter Berücksichtigung der angefallenen Kosten und eines angemessenen Gewinns – zu kompensieren (3 und 4).[645]

---

643 EuGH, Urteil vom 24.07.2003, C-280/00, ECLI:EU:C:2003:415 („Altmark Trans"), Rn. 89 ff.

644 Siehe insofern oben Teil 2, § 1, I., 2. In diesem Sinne auch *Belger*, Agrarbeihilfenrecht, 2011, S. 100.

645 Ebenso kritisch *Mittermüller*, Umweltschutz im Europäischen Agrarrecht, 2017, S. 153 f.

Die im Rahmen der Greening Prämie erbrachten Umweltleistungen an sich, also der ökologische Mehrwert der entsprechenden Landbewirtschaftungsmethode an sich lässt sich zwar nicht wertmäßig beziffern,[646] die Mehrkosten für die verpflichteten Landwirte hingegen schon. Die Einkommensverluste und damit die Kosten für die Einhaltung der Greening-Verpflichtungen lassen sich unter Zugrundelegung des im vierten Altmark Trans-Kriterium aufgestellten Standards berechnen. Die Kosten für die Anbaudiversifizierung ergeben sich aus der Differenz zwischen dem Gewinn, der mit einer Ackerfläche erwirtschaftet werden kann, auf der Anbaudiversifizierung betrieben wird, und dem Gewinn, den der Landwirt auf der gleichen Fläche beim Anbau lediglich einer Kultur in der gleichen Zeit hätte gewöhnlich erwirtschaften können. Die entsprechenden Betrachtungen lassen sich hinsichtlich des Erhalts von Dauergrünland und hinsichtlich der Ausweisung ökologischer Vorrangflächen anstellen, nämlich durch einen Vergleich des Gewinns bei konventioneller landwirtschaftlicher Nutzung einer Fläche im Gegensatz zum Gewinn bei Erhalt des Dauergrünlands bzw. Ausweisung ökologischer Vorrangflächen.

Geht die Greening-Prämie im konkreten Fall nicht über das auf diese Weise festgestellte Maß inklusive eines angemessenen Gewinns hinaus, so ist sie als Gegenleistung zur Einhaltung der allgemeinwirtschaftlichen Greening-Verpflichtungen anzusehen, sodass sie aus dem Tatbestand der Beihilfe auszunehmen ist. Mit der Möglichkeit einen „angemessenen Gewinn" in die Berechnung einzubeziehen, lassen die Altmark Trans-Kriterien im Gegensatz zu den bloßen Umweltkompensationsbeihilfen im Sinne des Anhangs 2 Abs. 12 AoA zusätzliche Subventionsanreize über ein reines Nullsummenspiel hinaus zu, wovon im Rahmen der Berechnung der Greening-Prämie auszugehen ist.[647] Geht die Prämie allerdings wertmäßig über das erforderliche Maß inklusive eines angemessenen Gewinns hinaus, stellt der überschießende Teil weiterhin eine Begünstigung und damit eine Unionsbeihilfe im engeren Sinne dar.[648]

---

646 *Mittermüller*, Umweltschutz im Europäischen Agrarrecht, 2017, S. 154.
647 Vgl. hierzu bereits die Überlegungen im Rahmen des Welthandelsrechts Teil 2, § 5, I., 2., b), aa).
648 In diesem Sinne auch *Belger*, Agrarbeihilfenrecht, 2011, S. 106 f. Siehe zur Problematik der Berechnung des Gegenwertes für die Erbringung von multifunktionalen Leistungen der Landwirtschaft *Holm-Müller*, Bewertung nicht-marktfähiger Leistungen der Landwirtschaft, Agrarwirtschaft 2003, S. 353 ff.

c) Konsequenz der Ausnahme vom Beihilfetatbestand

Sofern die Altmark Trans-Kriterien die Greening-Prämie oder – allgemeiner gesprochen – Unionsbeihilfen vom Beihilfetatbestand ausschließen, stellt sich allerdings die Frage, welche Konsequenz aus diesem Schluss zu ziehen ist. Im Gegensatz zum Regelungsregime der Staatsbeihilfen existieren nämlich bei den Unionsbeihilfen weder Notifizierungspflicht, Durchführungsverbot, noch sonstige verfahrenstechnischen Besonderheiten. Unterfällt eine Unionssubvention nicht dem Tatbestand der Beihilfe, so bleibt die EU dennoch weiterhin bestimmten primärrechtlichen (und völkerrechtlichen) Anforderungen verpflichtet. Die EU ist demnach auch bei der Kompensation von Dienstleistungen im allgemeinwirtschaftlichen Interesse nicht rechtlich ungebunden, sondern hat sich auch insofern an allgemeine Normen zu halten, die kongruent mit oben aufgezeigten Rechtsrahmen für Unionsbeihilfen sind. Insofern ergibt sich aus der Anwendbarkeit der Altmark Trans-Kriterien auf Unionsbeihilfen keine wesentlichen Konsequenzen. Die Europäische Union hat auch insofern insbesondere den wettbewerbsrechtlichen Anforderungen zu entsprechen.[649] Die Erkenntnis, ob und wenn ja, in welchem Umfang die Greening-Prämie eine bloße Kompensation inklusive eines angemessenen Gewinns oder gegebenenfalls eine darüber hinaus gehende zusätzliche Subvention darstellt, kann lediglich wertungsmäßig im Rahmen etwaiger Verhältnismäßigkeitsprüfungen herangezogen werden.

4. Junglandwirtprämie

Mit der GAP-Reform 2013 wurde die Junglandwirtförderung neu eingeführt. Die Europäische Union bezweckt hiermit, die finanzielle Herausforderung der Erstniederlassung junger Landwirte abzumildern und die anschließende strukturelle Anpassung ihrer Betriebe zu erleichtern. Durch diese Innovationseffekte und die Veränderung der Altersstruktur in der Landwirtschaft soll insgesamt die Wettbewerbsfähigkeit des europäischen Agrarsektors gestärkt werden.[650] Gefördert werden Junglandwirte, also na-

---

649 Siehe insofern oben Teil 2, § 4, IV., 2.
650 Erwägungsgrund (47) VO 1307/2013.

türliche Personen, die sich erstmals mit einem landwirtschaftlichen Betrieb niederlassen.[651]

Bei der Junglandwirtprämie werden die Mitgliedstaaten ermächtigt, in Bezug auf die einschlägigen Qualifikationen und/oder Ausbildungsanforderungen weitere objektive und nichtdiskriminierende Förderkriterien zu definieren (Art. 50 Abs. 3 VO 1307/2013). Die Europäische Union gibt also hier einen Teil der Rechtssetzungs- und somit der Subventionssteuerungshoheit aus der Hand, obwohl es sich um Gelder aus dem europäischen Haushalt handelt. Der mitgliedstaatliche Gestaltungsspielraum bleibt insofern allerdings lediglich auf die Definition zusätzlicher, ergänzender Qualifikations- und Ausbildungsanforderungen begrenzt. Zur Finanzierung setzen die Mitgliedstaaten nach Art. 51 Abs. 1 VO 1307/2013 jährlich bis zu 2% ihrer nationalen Obergrenze fest.[652]

Da mit der Junglandwirtprämie nur Personen gefördert werden können, die nicht älter als 40 Jahre sind, stellt sich hier insbesondere die Frage nach Altersdiskriminierungen. Hierbei ist allerdings nach Art. 39 Abs. 2 lit. a AEUV der Rechtfertigungsansatz der besonderen Eigenart der landwirtschaftlichen Tätigkeit wegen des sozialen Aufbaus der Landwirtschaft sowie der weite Einschätzungsspielraum des Agrargesetzgebers zu beachten,

---

651 Junglandwirte sind außerdem auch natürliche Personen, die sich in den letzten fünf Jahren vor der erstmaligen Beantragung der Basisprämie niedergelassen haben und im Jahr der Antragsstellung nicht älter als 40 Jahre sind (Art. 50 Abs. 2 VO 1307/2013). Handelt es sich beim Antragssteller um eine juristische Person, so muss grundsätzlich ein Junglandwirt den Betrieb kontrollieren (Art. 50 Abs. 11 VO 1307/2013 i.V.m. Art. 49 Abs. 1 lit. b DelegVO 639/2014), also die Entscheidungen zu Betriebsführung, Gewinnen und finanziellen Risiken auch ohne Zustimmung anderer treffen können; vgl. Bundesministeriums für Ernährung und Landwirtschaft, Umsetzung der EU-Agrarreform in Deutschland, 2015, S. 55. Die Junglandwirtprämie wird ebenfalls jährlich gewährt. Anders als die Greening-Prämie setzt sie jedoch die Aktivierung von Zahlungsansprüchen durch den Betriebsinhaber voraus (Art. 50 Abs. 4 VO 1307/2013). Zeitlich ist die Junglandwirtprämie auf höchstens fünf Jahre (Art. 50 Abs. 5 VO 1307/2014) und – je nach Mitgliedstaat – der Anzahl nach auf Prämien für 25 bis 90 Zahlungsansprüche begrenzt (Art. 50 Abs. 9 VO 1307/2013), wobei in Deutschland Junglandwirtprämien für höchstens 90 Zahlungsansprüche vergeben werden (§ 19 Abs. 2 DirektZahlDurchfG).

652 Übersteigen die in Junglandwirtprämien ausgezahlten Gelder das festgesetzte Volumen, so können die Mitgliedstaaten die nationalen Reserven zur Finanzierung des Überschusses verwenden und/oder durch eine lineare Kürzung aller Basisprämien finanzieren (Art. 51 Abs. 2 VO 1307/2013). Insgesamt müssen sich die Junglandwirtförderungen allerdings im Rahmen der von der Kommission jährlich festgesetzten Obergrenze halten (Art. 51 Abs. 4 VO 1307/2013).

da mit der Junglandwirtprämie eine Verjüngung der Altersstruktur in der Landwirtschaft erreicht werden soll. Im Ergebnis ist eine Ungleichbehandlung im Sinne der Altersdiskriminierung deswegen nachvollziehbar und damit in der Regel gerechtfertigt.

5. Umverteilungsprämie

Die Umverteilungsprämie stellt eine zusätzliche Subvention für kleinere und mittlere Betriebe dar, wodurch sie die bestehende typische Struktur der europäischen Landwirtschaft mit einer kleinbetrieblichen Prägung stärkt. Bei der Umverteilungsprämie handelt es sich um eine fakultative Direktzahlung in Form eines jährlichen Zuschlags auf aktivierte Zahlungsansprüche im Rahmen der Basisprämie (Art. 41 Abs. 1 UAbs. 1 und Abs. 3 VO 1307/2013).[653] Die Höhe der Umverteilungsprämie wird von jedem Mitgliedstaat selbst festgesetzt, sie darf jedoch 65% der nationalen oder regionalen Durchschnittszahlungen je Hektar nicht überschreiten (Art. 41 Abs. 4 Satz 1 VO 1307/2013). Außerdem darf die Anzahl der Zahlungsansprüche mit Umverteilungsprämie grundsätzlich 30 Hektar bzw. die hektarmäßige Durchschnittsgröße der mitgliedstaatlichen landwirtschaftlichen Betriebe nicht überschreiten (Art. 41 Abs. 4 Satz 2 VO 1307/2013), wobei Staffelungen möglich sind (Art. 41 Abs. 5 VO 1307/2013). Zur Finanzierung der Umverteilungsprämie dürfen die Mitgliedstaaten bis zu 30% ihrer jährlichen nationalen Obergrenzen gemäß Anhang II verwenden (Art. 42 Abs. 1 VO 1307/2013).

In Deutschland wird die Umverteilungsprämie bundesweit – also im Gegensatz zur Basisprämie nicht regional – für die ersten 46 aktivierten Zahlungsansprüche gewährt, wobei eine Staffelung stattfindet. Die letzten 16 Zahlungsansprüche erhalten eine Umverteilungsprämie lediglich in Höhe von 60% des Wertes der Umverteilungsprämie auf die ersten 30 aktivierten Zahlungsansprüche (§ 22 Abs. 2 und 3 DirektZahlDurchfG). In Deutschland werden 7% der nationalen Obergrenze jährlich zur Finanzierung der Umverteilungsprämie verwendet (§ 22 Abs. 1 DirektZahlDurchfG). Im Jahr 2016 betrug die Umverteilungsprämie der Gruppe 1 (erste 30 Zahlungsansprüche) € 50,14 und der Gruppe 2 (letzte 16 Zahlungsan-

---

653 Spiegelbildlich zur Basisprämie können auch die Umverteilungsprämien auf regionaler Ebene vergeben werden (Art. 41 Abs. 2 VO 1307/2013).

sprüche) € 30,08[654] und im Jahr 2017 € 50,48 in der Gruppe 1 und € 30,28 in der Gruppe 2[655].

6. Kleinerzeugerprämie

Durch die Möglichkeit der Kleinerzeugerprämie, soll den Mitgliedstaaten ermöglicht werden, den Verwaltungsaufwand landwirtschaftlicher Kleinbetriebe für Direktzahlungen möglichst gering zu halten, wodurch diese Betriebe im Ergebnis entlastet und dadurch die bestehenden Strukturen von Kleinerzeugern in Europa geschützt werden sollen. Gleichzeitig soll aber auch der administrative Aufwand für Verwaltung und Kontrolle der Subventionen seitens der Mitgliedstaaten gegenüber kleinen und damit grundsätzlich nur bedingt anspruchsberechtigten Betrieben verringert werden.[656] Die Kleinerzeugerprämie soll also die Bürokratie sowohl seitens der Anspruchsberechtigten als auch seitens der hoheitlichen Verwaltung abbauen.

Ebenso wie bei der Umverteilungsprämie handelt es sich auch bei der Kleinerzeugerprämie um eine fakultative Direktzahlung (Art. 61 Abs. 1 UAbs. 1 VO 1307/2013). Wurde sie mitgliedstaatlich umgesetzt, steht den Kleinerzeugern allerdings im Ergebnis offen, ob sie von dieser Möglichkeit Gebrauch machen möchten. Entscheiden sie sich für eine Teilnahme an der Kleinerzeugerregelung, so treten die Kleinerzeugerprämien grundsätzlich an die Stelle der oben bezeichneten sonstigen Direktzahlungen (Art. 61 Abs. 1 UAbs. 2, Abs. 2 UAbs. 1 VO 1307/2013).[657]

Neben der bürokratischen Entlastung besteht für Betriebsinhaber insbesondere der Vorteil, dass sie von den Landbewirtschaftungsmethoden des Greenings befreit werden (Art. 61 Abs. 3 VO 1307/2013). Der Nachteil besteht für sie jedoch darin, dass ihre jährlichen Zahlungen im Rahmen der Kleinerzeugerprämie auf absolute Höchstbeträge zwischen € 500,00 und

---

654 Bekanntmachung des Bundesministeriums für Ernährung und Landwirtschaft vom 25.11.2016, BAnz AT 25.11.2016 B2.

655 Bekanntmachung des Bundesministeriums für Ernährung und Landwirtschaft vom 29.11.2017, BAnz AT 29.11.2017 B2, S. 1.

656 Erwägungsgrund (54) VO 1307/2013.

657 Die Entscheidung an der Kleinerzeugerregelung teilzunehmen wurde von den Betriebsinhabern einmalig im Jahr 2015 getroffen (Art. 62 Abs. 1 VO 1307/2013).

€ 1.250,00 begrenzt bleiben.[658] Sie erhalten keine hektarbezogene Bezuschussung. Die Finanzierung der Kleinerzeugerprämie erfolgt durch eine Umlage der Gelder, die durch ihre Anwendung bei den sonstigen Direktzahlungen eingespart werden oder durch Verwendung der nationalen Reserven, der unverbrauchten Mittel für die Junglandwirtprämie oder eine lineare Kürzung der Basisprämie (Art. 65 Abs. 1 und Abs. 2 VO 1307/2013).

7. Fakultative gekoppelte Stützung

Die fakultative gekoppelte Stützung wird von allen Mitgliedstaaten außer Deutschland umgesetzt. Sie wird im Folgenden aufgrund ihrer systematischen Besonderheiten kurz dargestellt. Die fakultative gekoppelte Stützung soll Anreiz zur Beibehaltung eines bestimmten gegenwärtigen Produktionsniveaus schaffen. Damit ist die fakultative gekoppelte Stützung weiterhin an die Produktionshöhe gekoppelt, was sie aus dem Kreis der sonstigen Direktzahlungen heraushebt.[659] Als gekoppelte Beihilfe fällt sie nicht unter die Green Box-Ausnahme des AoA und ist voll auf die notifizierten Subventionshöchstbeträge im Rahmen des AoA anzurechnen.[660] Ihr Anwendungsbereich ist allerdings grundsätzlich auf die Produktion bestimmter landwirtschaftlicher Erzeugnisse in Regionen oder Sektoren beschränkt, denen entweder aus wirtschaftlichen, sozialen oder Umweltgründen eine ganz besondere Bedeutung zukommt, oder die sich in Schwierigkeiten befinden (Art. 52 Abs. 2 und 3 VO 1307/2013). Dadurch wird diese Art der Direktzahlung zumindest auch Teil des Sicherheitsnetzes im Falle von Marktkrisen. Sie wird ebenfalls jährlich gewährt und ist an Mengenbegrenzungen mit festgesetzten Flächen und Erträgen oder Anzahl an Tieren gebunden (Art. 52 Abs. 5 und 6 VO 1307/2013). Finanziert wird sie aus Prozentsätzen bis zu 8% bzw. 13% der jährlichen nationalen Obergrenzen (Art. 53 VO 1307/2013).

---

658 Die konkrete Berechnungsgrundlage steht im Ermessen der Mitgliedstaaten (Art. 63 Abs. 1 lit. a oder b VO 1307/2013).

659 Ansonsten existieren nur noch die kulturspezifischen Zahlungen für Baumwolle (Art. 56 ff. VO 1307/2013) als gekoppelte Direktzahlungen. Auf die Darstellung dieser Art von Direktzahlung wird an dieser Stelle aber zwecks Übersichtlichkeit verzichtet.

660 Siehe oben Teil 2, § 5, I., 2., b), aa).

8. Nationale Reserven

Eine Besonderheit der Basisprämie stellen die nationalen Reserven dar. Bei den nationalen Reserven handelt es sich um EGFL-Gelder,[661] welche die Mitgliedstaaten weitestgehend sekundärrechtlich ungebunden als Zahlungsansprüche Junglandwirten und Neulandwirten zuweisen können (Art. 30 Abs. 6 VO 1307/2013).[662] Sekundärrechtlich wird den Mitgliedstaaten lediglich vorgeschrieben, dass sie die Vergabe „nach objektiven Kriterien und unter Gewährleistung der Gleichbehandlung der Betriebsinhaber sowie unter Vermeidung von Markt- und Wettbewerbsverzerrungen" vorzunehmen haben (Art. 30 Abs. 4 VO 1307/2013). Den Mitgliedstaaten wird im Rahmen der nationalen Reserve also ein im Rahmen der ersten GAP-Säule außergewöhnlich weiter Gestaltungsspielraum eröffnet, unter welchen Voraussetzungen sie die europäischen Gelder verwenden möchten. Dieser Spielraum kann von den Mitgliedstaaten zur jeweils bedarfsgerechten besonderen finanziellen Förderung ihrer Jung- oder Neulandwirte genutzt werden. Von einer „Missbrauchsgefahr" kann allerdings nicht gesprochen werden, da diese finanziellen Handlungsspielräume allen Mitgliedstaaten zur Verfügung gestellt werden und die Europäische Union gerade die Situation beabsichtigt, dass die jeweiligen Mitgliedstaaten die Gelder bedarfsgerecht – im sekundärrechtlich festgesetzten Rahmen – einsetzen.

Gerade an der nationalen Reserve zeigt sich der Vorteil der oben erarbeiteten Zurechnungskriterien für Unionsbeihilfen. Subventionen mit Mitteln der nationalen Reserven beruhen letztlich auf Rechtsakten der Union und werden von ihr durch den EGFL finanziert. Unerheblich für die Zu-

---

661 Die nationalen Reserven wurden im Jahr 2015 gebildet, indem die nationalen Obergrenzen für Basisprämien linear um nicht mehr als 3% gekürzt wurden und diese Mittel in Sondertöpfe umgeleitet wurden (Art. 30 Abs. 1 bis 3 VO 1307/2013). In Deutschland betrug diese Kürzung 1,5% und damit knapp € 3 Milliarden; vgl. Bundesministeriums für Ernährung und Landwirtschaft, Umsetzung der EU-Agrarreform in Deutschland, 2015, S. 26. In den Folgejahren wurden und werden die nationalen Reserven insbesondere durch nicht genutzte Zahlungsansprüche und freiwillige Rückgaben von Zahlungsansprüchen aufgefüllt (Art. 31 VO 1307/2013).

662 Darüber hinaus können die nationalen Reserven noch zur Erfüllung von gerichtlich oder verwaltungsrechtlich festgestellten Ansprüchen auf Zuweisung oder zur nachträglichen Zuweisung an Betriebsinhaber im Falle von höherer Gewalt oder außergewöhnlicher Umstände verwendet werden (Art. 30 Abs. 7 VO 1307/2013). Vgl. außerdem Bundesministeriums für Ernährung und Landwirtschaft, Umsetzung der EU-Agrarreform in Deutschland, 2015, S. 27.

rechnung zur Union ist insofern, welchen Entscheidungsspielraum die Mitgliedstaaten bei der Mittelverwaltung haben. Dadurch können die Subventionen mit Mitteln der nationalen Reserven unproblematisch dem Regime der Unionsbeihilfen unterworfen werden. Nach der im Rahmen dieser Arbeit vertretenen Finanzierungstheorie handelt es sich also trotz des weiten Spielraums der Mitgliedstaaten nicht um Staatsbeihilfen im Sinne des Art. 107 Abs. 1 AEUV sondern um Unionsbeihilfen.

9. Zwischenfazit

Das System der flächenorientierten Direktzahlung bewirkt, dass die begünstigten Landwirte mit einem Grundstock an Einkommen rechnen können und insofern unabhängiger von Preisschwankungen oder europäischen Produktinterventionen sind.[663] Die Direktzahlungen der VO 1307/2013 stellen mittlerweile zwischen 40 und 46% der Einkommen der landwirtschaftlichen Betriebe dar.[664] Dadurch können die Direktzahlungen allerdings auch eine unangemessene Überkompensation der landwirtschaftlichen Besonderheiten in Hochpreisphasen beziehungsweise eine Unterkompensation in Tiefpreisphasen bewirken.[665] Mit anderen Worten kann die Europäische Union durch die Direktzahlung nicht bedarfsgerecht die Subventionshöhe an den Marktpreisen der Produkte ausrichten. Diese Ausgestaltung der Direktzahlungen ist allerdings der Erkenntnis und der entsprechenden welthandelsrechtlichen Vorgabe der Green Box geschuldet, dass produktpreisentkoppelte Subventionen den internationalen Exportwettbewerb mit landwirtschaftlichen Erzeugnissen weniger oder nicht verzerren und deshalb zu einem internationalen „level playing field" beitragen.[666]

---

663 *Cardwell/McMahon*, Looking back to look forward, in: McMahon/Cardwell (Hrsg.), Research Handbook on EU Agriculture Law, S. 531 ff. (536).

664 Europäische Kommission, Ernährung und Landwirtschaft in der Zukunft, Mitteilung vom 29.11.2017, COM(2017) 713 final, S. 4; Bundesministerium für Ernährung und Landwirtschaft, Grundzüge der Gemeinsamen Agrarpolitik (GAP) und ihre Umsetzung in Deutschland, www.bmel.de/DE/Landwirtschaft/ Agrarpolitik/_Texte/GAP-NationaleUmsetzung.html (31.01.2019).

665 Vgl. in Bezug auf die Gründe der modifizierten Einbeziehung der Landwirtschaft in den Binnenmarkt bereits oben Teil 2, § 4, I., 2. *Cardwell/McMahon*, Looking back to look forward, in: McMahon/Cardwell (Hrsg.), Research Handbook on EU Agriculture Law, S. 531 ff. (536).

666 Siehe oben Teil 2, § 5, I., 2., b), aa). Kritisch zur einseitigen Ausrichtung der Direktzahlungen an den Green Box-Vorgaben in sich verändernden äußeren Bedin-

Die verschiedenen Direktzahlungen bilden ein eng zusammenhängendes Konstrukt verschiedener einzelner Subventionen. Den Ausgangspunkt bildet die Zuweisung von Zahlungsansprüchen im Rahmen der Basisprämie. Deren Bezeichnung ist in doppelter Hinsicht zutreffend. Einerseits handelt es sich bei der Subvention der Basisprämie um eine nahezu flächendeckende Grundsubventionierung europäischer Landwirte ohne weitergehende Anforderungen der Bedürftigkeit, einer drohenden Marktkrise oder ähnlichem. Andererseits dient die Basisprämie auch als Anknüpfungspunkt der restlichen Subventionen im Rahmen der Direktzahlungen, sodass die Bezeichnung auch in verwaltungstechnischer Hinsicht gerechtfertigt ist. Die Basisprämie wird bis Ende 2018 im Gegensatz zu den sonstigen Direktzahlungen nicht bundesweit einheitlich vergeben, sondern auf regionaler Ebene. Aufgrund der Einordnung der Basisprämie als „Gießkannensubvention", fehlt es ihr an der Spezifität, sodass es sich nicht um eine Unionsbeihilfe im strengen Sinne handelt.

Die Greening-Prämie ist am engsten mit der Basisprämie verbunden, da sie die Empfänger von Basisprämien zur Einhaltung der Greening-Maßnahmen verpflichtet. Sanktionen von Verstößen gegen diese Verpflichtung bleiben allerdings auf die Berechnung der Höhe der Greening-Prämie beschränkt. Ein Rückgriff auf nationale Verwaltungssanktionen oder Verwaltungszwang ist aufgrund des abschließenden Sekundärrechts nicht mehr möglich. Die Auszahlung der Greening-Prämie steht damit de facto im Ermessen des Betriebsinhabers. Die Greening-Maßnahmen führen die mit der Einführung der Cross Compliance eingesetzte Entwicklung der zunehmenden Ökologisierung der Landwirtschaft bedeutend fort.

Die Greening-Prämie ist eine Umweltschutzbeihilfe, fällt allerdings nicht unter die Umweltsubventionen der Green Box im Rahmen des AoA.[667] Sofern die Greening-Prämie aus dem Begriff der Unionsbeihilfe entsprechend der EuGH-Rechtsprechung in der Sache Altmark Trans herausfällt, handelt es sich mangels Begünstigung ebenfalls nicht um eine Unionsbeihilfe im Sinne dieser Arbeit. Materiell bleiben allerdings soweit ersichtlich die gleichen Regelungen wie bei der Unionsbeihilfenvergabe anwendbar.

Die Junglandwirtprämie setzt als einzige obligatorische Direktzahlung Anforderungen an die Person des Antragsstellers und nicht an ihr Verhal-

---

gungen *Cardwell/McMahon*, Looking back to look forward, in: McMahon/Cardwell (Hrsg.), Research Handbook on EU Agriculture Law, S. 531 ff. (536).

667 Vgl. insofern oben Teil 2, § 5, I., 2., b), aa).

ten. Durch eine Förderung von Junglandwirten wird dazu beigetragen, dass die Altersstruktur der landwirtschaftlichen Betriebe verjüngt wird.

Deutschland hat sich entschieden, die fakultativen Direktzahlungen der Umverteilungs- und der Kleinerzeugerprämie einzuführen. Durch die Umverteilungsprämie wird sichergestellt, dass alle Betriebe für die Flächenanzahl bis zur durchschnittlichen Betriebsgröße zusätzliche Zahlungen erhalten, wodurch die Förderung der flächenmäßig überdurchschnittlich großen Betriebe begrenzt wird. Die Kleinerzeugerprämie kann auf Antrag die sonstigen Direktzahlungen ersetzen. Mit der Kleinerzeugerprämie verbunden sind die Befreiung von Greening-Maßnahmen und eine jährliche Förderung zwischen € 500,00 und € 1.250,00.

Der aktuelle Agrargesetzgeber räumt den Mitgliedstaaten in stärkerem Maße als in vorherigen Marktordnungsregimen der GAP Handlungs- und Entscheidungsspielräume ein – nicht nur in technischen oder regionalen Details, sondern auch hinsichtlich grundsätzlicher Fragen, wie etwa der Anwendung einzelnen fakultativer Programme oder wesentliche Ausgestaltungen etwa im Rahmen der Junglandwirtprämie ebenso wie die finanzielle Ausstattung der verschiedenen GAP-Säulen durch nationale Reserven und die Modulation.[668] Insofern zeigt sich ein leichter Trend zur Dezentralisierung der GAP.[669] Verglichen mit den Handlungsspielräumen der Mitgliedstaaten in der zweiten GAP-Säule sind sie allerdings noch relativ eng.[670]

Zur Veranschaulichung werden im Folgenden kurze Rechenbeispiele angeführt:

– Ein 35-jähriger Junglandwirt, der im Saarland im Jahr 2017 nicht die Greening-Anforderungen eingehalten hatte und 60 Hektar[671] (beantragt und ermittelt) bewirtschaftet hatte, wurde im Jahr 2017 mit insgesamt etwa € 14.200,- an Direktzahlungen gefördert. Bei Einhaltung der Greening-Anforderungen hätte er etwa € 5.200,- mehr an Direktzahlungen erhalten:

---

668 *Priebe*, Rückverlagerung von Aufgaben, EuZW 2015, S. 697 ff. (699).
669 EuGH, Urteil vom 19.09.2013, C-373/11, ECLI:EU:C:2013:567 („Ergänzungszahlungen im Tabaksektor"), Rn. 27.
670 Vgl. hierzu unten Teil 3, § 4.
671 Die im Rahmen des Rechenbeispiels angesetzten Hektarflächen entsprechen in etwa den im jeweiligen Bundesland durchschnittlichen Betriebsgrößen. Vgl. Statistisches Bundesamt, Landwirtschaft aud einen Blick, 2011, S. 7.

- 60 ha x € 161,38/ha [Basisprämie] +
  60 ha x € 44,27/ha [Junglandwirtprämie] +
  30 ha x € 50,48/ha [Umverteilungsprämie für die ersten 30 ZA] +
  14 ha x € 30,28/ha [Umverteilungsprämie für die restlichen 14 ZA]
  = € 14.277,32

- 60 ha x € 86,75/ha [Greening-Prämie]
  = € 5.205,00

Ein Betrieb von 60 Hektar entspricht in etwa der durchschnittlichen Betriebsgröße in Deutschland (55,8 Hektar).[672] Dem saarländischen Landwirt kommt die Junglandwirtprämie zugute. Die Umverteilungsprämie wird ihm auf etwa 2/3 seiner Hektarflächen ausgezahlt. Die Auszahlung der Greening-Prämie auf seinen gesamten Betrieb würde die Direktzahlungen um etwa 1/3 erhöhen.

– Ein 60-jähriger Landwirt, der in Mecklenburg-Vorpommern im Jahr 2017 nicht die Greening-Anforderungen eingehalten hat und 285 Hektar Land (beantragt und ermittelt) bewirtschaftet hatte, erhielt im Jahr 2017 hingegen etwa € 51.600,- an Direktzahlungen. Sofern er die Greening-Anforderungen eingehalten hätte, hätte er etwa € 24.700,- mehr an Direktzahlungen erhalten:

- 285 ha x € 174,31/ha [Basisprämie] +
  30 ha x € 50,48/ha [Umverteilungsprämie für die ersten 30 ZA] +
  14 ha x € 30,28/ha [Umverteilungsprämie für die restlichen 14 ZA]
  = € 51.616,67

- 285 ha x € 86,75/ha [Greening-Prämie]
  = € 24.723,75

Ein Betrieb von 285 Hektar stellt einen sehr großen Betrieb dar. Für den mecklenburg-vorpommerischen Landwirt wirkt sich die Umverteilungsprämie weniger stark aus. Dafür würde die Auszahlung der Greening-Prämie auf seinem gesamten Betrieb etwa die Hälfte mehr an Direktzahlungen bedeuten.

– Ein entsprechender bayerischer Landwirt mit einer Bewirtschaftung von 32 Hektar (beantragt und ermittelt) wurde mit lediglich € 7.500,- an Direktzahlungen gefördert. Hätte auch er den Greening-Anforde-

---

672 Vgl. Statistisches Bundesamt, Landwirtschaft aud einen Blick, 2011, S. 7.

rungen entsprochen, hätte er etwa € 2.800,- mehr an Direktzahlungen erhalten:

- 32 ha x € 183,93/ha [Basisprämie] +
  30 ha x € 50,48/ha [Umverteilungsprämie für die ersten 30 ZA] +
  2 ha x € 30,28/ha [Umverteilungsprämie für die restlichen 14 ZA]
  = € 7.460,72

- 32 ha x € 86,75/ha [Greening-Prämie]
  = € 2.776,00

Für einen durchschnittlichen bayerischen Betrieb von 32 Hektar wirkt sich die Umverteilungsprämie besonders begünstigend aus. Eine zusätzliche Greening-Prämie würde hingegen seine Direktzahlungen lediglich um 1/3 erhöhen.

III. Öffentliche Intervention

Bei der öffentlichen Intervention handelt es sich um Produktankäufe, -einlagerungen und spätere -absätze durch die EU selbst, die früher integraler Bestandteil der Preisstützungsmechanismen waren und heute nur noch als Sicherheitsnetz im Falle von Marktkrisen fungieren.[673]

1. Verfahren

Die öffentliche Intervention stellt neben den Beihilfen für die private Lagerhaltung ein Instrument der Marktintervention dar und bildet seit der letzten GAP-Reform 2013 einen Teil des sogenannten Sicherheitsnetzes.[674] Das Sicherheitsnetz soll nur im Falle von Marktkrisen und erheblichen Marktstörungen eingreifen.[675] Gemäß Art. 8 lit. a VO 1308/2013 werden bei der öffentlichen Intervention „Erzeugnisse von den zuständigen Behörden der Mitgliedstaaten angekauft und von diesen Behörden bis zu ihrem

---

673 Siehe detaillierter zur öffentlichen Intervention nach alter Rechtslage *Booth*, in: Dombert/Witt (Hrsg.), Münchener Anwaltshandbuch Agrar, § 27 II, Rn. 71; *Vandenberghe*, The Single Common Market Organization, in: McMahon/Cardwell (Hrsg.), Research Handbook on EU Agriculture Law, S. 62 ff. (78).

674 *Grimm/Norer*, Agrarrecht, S. 255.

675 *Ragonnaud/Massot*, Die erste Säule der GAP: I – Die Gemeinsame Marktorganisation (GMO) für landwirtschaftliche Erzeugnisse, 2017; *Vandenberghe*, The Single Common Market Organization, in: McMahon/Cardwell (Hrsg.), Research Handbook on EU Agriculture Law, S. 62 ff. (78).

Absatz gelagert", wobei nur Produkte mit EU-Ursprung angekauft werden dürfen (Art. 9 VO 1308/2013). Hier zeigt sich der GAP-Grundsatz der Unionspräferenz. Die öffentliche Intervention kann in drei Phasen untergliedert werden: eine Vorbereitungsphase, eine Durchführungsphase und eine Absatzphase.

a) Vorbereitungsphase

Die öffentliche Intervention wird zu jeweils bestimmten Interventionsperioden (Art. 12 VO 1308/2013) auf bestimmte Produkte (Art. 11 VO 1308/2013) angewendet. Dazu gehören bestimmte Getreidesorten, Rindfleisch, und bestimmte Kuhmilchprodukte. Im Falle von Weichweizen, Butter und Magermilchpulver ist die öffentliche Intervention mit Beginn des jeweils festgesetzten Interventionszeitraums de jure eröffnet. Ansonsten geht der öffentlichen Intervention ein Eröffnungsrechtsakt voraus (Art. 13 Abs. 1 lit. b und c VO 1308/2013). Nach Eröffnung der produktspezifischen Interventionsperiode setzt der Rat gemäß Art. 14 VO 1308/2013 die Ankaufspreise und gegebenenfalls mengenmäßige Beschränkungen fest, sofern die Ankäufe zu einem Festpreis erfolgen.

b) Durchführungsphase

In der Durchführungsphase werden die Interventionsprodukte angekauft. Hierbei kann zwischen dem Ankauf zum Festpreis (Art. 10 und 11 DurchfVO 2016/1240) und dem Ankauf im Wege einer Ausschreibung (Art. 12 bis 16 DurchfVO 2016/1240) unterschieden werden.

Der Ankauf zu einem Festpreis wird nur bei Weichweizen, Butter und Magermilchpulver vorgenommen (Überschrift zu Art. 10 DurchfVO 2016/1240).[676] Zum Zwecke des Ankaufs geben die Verkäufer Angebote ab, die von den nationalen Interventionsstellen auf ihre Zulässigkeit hin geprüft werden (Art. 7 und Art. 8 DurchfVO 2016/1240). Nationale Interventionsstelle ist gemäß § 7 Abs. 1 Satz 1 i.V.m. § 3 Marktordnungsgesetz die Bundesanstalt für Landwirtschaft und Ernährung als Marktordnungsstelle. Die Interventionsstellen teilen der Kommission wöchentlich die Ver-

---

676 Die Preisfestsetzung erfolgt grundsätzlich nach Art. 2 VO 1370/2013, wobei deren Art. 2 a.F. durch EuGH, Urteil vom 07.09.2016, C-113/14, ECLI:EU:C:2016:635 für nichtig, aber noch vorläufig anwendbar erklärt wurde.

kaufsangebote mit den entsprechenden Angaben mit (Art. 9 DurchfVO 2016/1240). Bis zur gegebenenfalls festgesetzten Interventionshöchstmenge kauft die Union sodann die Interventionswaren an.

Der Ankauf im Wege eines Ausschreibungsverfahrens ist hingegen bei sämtlichen Interventionswaren möglich und steht im Ermessen der Kommission (Art. 12 Abs. 1 DurchfVO 2016/1240). Das Ausschreibungsverfahren wird dabei entsprechend den Art. 12 bis 16 DurchfVO 2016/1240 durchgeführt. Dabei wird – nach Eingang der zulässigen Angebote und deren Mitteilung an die Kommission – durch die Kommission eine Entscheidung über die Festsetzung eines Höchstankaufspreises getroffen (Art. 14 DurchfVO 2016/1240). Wird kein Höchstankaufspreis festgelegt, so werden sämtliche Angebote abgelehnt (Art. 15 Abs. 1 DurchfVO 2016/1240). Wird er doch festgelegt, so werden alle mitgeteilten Angebote bis zu dem jeweils angebotenen Preis angenommen (Art. 15 Abs. 2 DurchfVO 2016/1240). Das bedeutet aber auch, dass Interventionswaren gegebenenfalls zu unterschiedlichen Preisen angekauft werden, je nach dem welcher Verkaufspreis seitens des Marktteilnehmers angeboten wurde (individueller Interventionspreis).

Wurde über den Ankauf der Interventionsware durch die Kommission positiv entschieden, wird gemäß Art. 17 ff. DurchfVO 2016/1240 ein Lieferberechtigungsschein an den Einzelnen ausgestellt und über die erfolgte Lieferung wird ein Übernahmeprotokoll erstellt (Art. 23 DurchfVO 2016/1240). Die Pflichten des liefernden Marktteilnehmers sind in Art. 24 DurchfVO 2016/1240 festgesetzt. Wenn danach die gelieferten Waren nicht den Anforderungen entsprechen, sind die Waren vom Lieferanten auf eigene Kosten zurückzunehmen. Die Zahlungspflichten der Zahlungsstelle ergeben sich aus Art. 27 DurchfVO 2016/1240. Damit legt die DurchfVO 2016/1240 die Pflichten der Ankaufsparteien relativ umfassend fest. Zwischen den Parteien findet jeweiliges nationales Privatrecht nur subsidiär Anwendung.[677] Im Anschluss an Ankauf (und Lieferung) werden die Interventionswaren in den Lagerorten eingelagert (Art. 3 DurchfVO 2016/1240).

Die Produktankäufe der öffentlichen Intervention erfolgen nicht unmittelbar von den Landwirten. Vielmehr erfolgen die Ankäufe von unverarbeiteten Produkten (Getreide und Rohreis) de facto nur auf Großhandelsstu-

---

677 So auch *Van Rijn*, in: Groeben/Schwarze/Hatje (Hrsg.), EuR, Art. 40 AEUV, Rn. 17; *Hase*, in: Düsing/Martínez (Hrsg.), Agrarrecht, Art. 40 AEUV, Rn. 15. Siehe insofern auch EuGH, Urteil vom 02.10.1991, C-113/90, ECLI:EU:C:1991:365 („Gebrüder Schulte").

fe, da es den Landwirten selbst regelmäßig nicht möglich ist, die zu liefernden Mindestmengen homogener Qualität (etwa mindestens 80 Tonnen
Getreide) zu leisten.[678] Dadurch werden die Landwirte nur mittelbar
durch die öffentliche Intervention begünstigt.[679]

c) Absatzphase

In der letzten Phase – der Absatzphase – werden die eingelagerten Interventionsprodukte wieder abgesetzt. Hierbei besteht in besonderem Maße
die Gefahr, dass durch den Absatz das Marktgleichgewicht erneut gestört
wird, da nun durch das Angebot der Interventionsware das Warenangebot
insgesamt erhöht wird und somit das Gleichgewicht von Angebot und
Nachfrage verzerrt wird. Es besteht somit beim Absatz der Interventionsware erneut die Gefahr einer erheblichen Marktverzerrung/Marktkrise. Da
aber eine Marktverzerrung durch den Absatz nicht vermieden werden
kann, andererseits die Union den Wettbewerb aber nicht verzerren soll,
kann von ihr lediglich das Bemühen verlangt werden, jede Marktstörung
zu vermeiden und allen Käufern gleichen Zugang zu den Waren und gleiche Behandlung zu gewähren (Art. 16 Abs. 1 lit. a und
lit. b VO 1308/2013). Unvermeidbare Marktstörungen werden dabei in
Kauf genommen. Neben dem Absatz der Interventionsprodukte auf dem
Markt kann die EU die Waren auch an Bedürftige als Nahrungsmittel ab-
geben (Abs. 2).

Der Absatz auf dem Markt erfolgt im Wege des Ausschreibungsverfahrens (Art. 28 bis 38 DurchfVO 2016/1240). Dieses Absatzverfahren stellt im
Wesentlichen das Gegenstück zur öffentlichen Intervention im Wege der
Ausschreibung dar. Nachdem die Ankaufsangebote der Marktteilnehmer
gegenüber den Interventionsstellen abgegeben, von diesen auf ihre Zulässigkeit hin überprüft und an die Kommission übermittelt wurden, legt die
Kommission entweder einen Mindestverkaufspreis fest oder nicht
(Art. 30 ff. DurchfVO 2016/1240). Dementsprechend lehnen die Zahlstellen alle Ankaufsangebote ab oder nehmen diejenigen über dem Mindestverkaufspreis an.

---

678 *Van Rijn*, in: Groeben/Schwarze/Hatje (Hrsg.), EuR, Art. 40 AEUV, Rn. 15.
679 Siehe auch *Hase*, in: Düsing/Martínez (Hrsg.), Agrarrecht, Art. 40 AEUV, Rn. 13.

2. Bewertung

Die öffentliche Intervention stellte bis in die 1990er Jahre einen tragenden Bestandteil der GAP und die Ausgaben für Produktankäufe stellten einen Großteil der Agrarhaushaltsausgaben der Europäischen Union dar. Seit der Reform von 1992 ist dieser Anteil kontinuierlich zurückgegangen. Mittlerweile wurde die öffentliche Intervention zu einem Teil des Sicherheitsnetzes reduziert. Das bedeutet, dass die öffentliche Intervention nur noch im Ausnahmefall zu Ankäufen bestimmter Agrarprodukte durch die Europäische Union führt. Da die öffentliche Intervention als Preisstützungsmechanismus unter die Amber Box des AoA fällt, müssen insofern die welthandelsrechtlichen Notifizierungspflichten und notifizierten Subventionskappungen für die Europäische Union eingehalten werden.[680]

Den Mitgliedstaaten obliegt der wesentliche Teil der Verwaltung der öffentlichen Intervention durch die nationalen Interventionsstellen. Die Kommission setzt die Interventionspreise fest und entscheidet über die Annahme der eingegangenen Angebote.

Der Ankaufspreis der öffentlichen Intervention durch Festpreis stellt einen garantierten Mindestpreis im Rahmen der gegebenenfalls festgesetzten Begrenzung der Interventionsmenge dar. Der Erzeuger trägt insofern kein Totalverlustrisiko.[681] Bei der öffentlichen Intervention im Wege der Ausschreibung kann hingegen nur dann von einem individuellen Mindestpreis gesprochen werden, wenn das eigene Angebot des Marktteilnehmers unterhalb oder auf Niveau des Interventionshöchstpreises lag. Durch das Ausschreibungsverfahren tragen die Marktteilnehmer mithin selbst das Risiko durch einen zu hohen Angebotspreis ihre Absatzmöglichkeiten an die Europäische Union zunichtezumachen. Dadurch werden die Marktteilnehmer angehalten, niedrigere und gleichzeitig wirtschaftlich noch vertretbare Angebote zu unterbreiten.

Anders als etwa bei Beihilfen zur privaten Lagerhaltung[682] wird bei der öffentlichen Intervention der Begriff der Beihilfe vermieden. Es stellt sich deswegen die Frage, weshalb die öffentliche Intervention den Beihilfentatbestand erfüllen, mithin einen geldwerten Vorteil ohne marktangemessene Gegenleistung darstellen sollte. Hiergegen ließe sich einwenden, dass der

---

680 Siehe hierzu bereits oben Teil 2, § 5, I., 2. und 3. Vgl. *McMahon/Desta*, in: McMahon/Desta (Hrsg.), WTO Agriculture Agreement, S. 1 ff. (8 ff.).

681 *Groteloh*, in: Dombert/Witt (Hrsg.), Münchener Anwaltshandbuch Agrar, § 27 I, Rn. 33.

682 Hierzu genauer Teil 3, § 3, IV.

Ankauf durch die Europäische Union erst dann erfolgt, wenn der Marktpreis so stark gesunken ist, dass er den Interventionspreis erreicht hat. Wenn tatsächlicher Marktpreis und Interventionspreis aber deckungsgleich sind, so stellt die Zahlung des Interventionspreises eine marktangemessene Gegenleistung und somit keine Beihilfe dar.

Eine derartige Betrachtungsweise würde jedoch übersehen, dass die öffentliche Intervention gerade bezweckt, dass der Marktpreis nicht entsprechend seiner natürlichen Entwicklung unter den Interventionspreis fällt (hypothetischer Marktpreis). Vielmehr soll der Marktpreis auf dem Niveau des Interventionspreises stabilisiert werden. Als notwendiges Zwischenziel wird deswegen ein Auseinanderfallen von hypothetischem Marktpreis und tatsächlichem Marktpreis, der dem Interventionspreis entspricht, in Kauf genommen. Ist der Fall eingetreten, dass der hypothetische Marktpreis unterhalb des Interventionspreises liegt, besteht die Möglichkeit, dass die öffentliche Intervention eine Subvention darstellt. Diese Situation besteht sowohl bei der öffentlichen Intervention mit Festpreis wie bei der öffentlichen Intervention im Wege des Ausschreibungsverfahrens.

Gemessen am hypothetischen Marktpreis stellt sich die Höhe des Interventionspreises demnach als marktinadäquat dar. Für die Einordnung als Beihilfe spricht auch der sogenannte Private-Investor-Test. Würde die öffentliche Intervention nicht vorgenommen, so fiele der Marktpreis unter das Niveau des Interventionspreises. Demzufolge würde kein wirtschaftlich handelnder privater Investor mehr Ankäufe zu diesem erhöhten Preisniveau durchführen. Entsprechendes gilt für den Fall, dass der Mindestverkaufspreis niedriger liegt als der hypothetische Marktpreis. Die öffentliche Intervention stellt damit regelmäßig eine marktinadäquate geldwerte Leistung dar, die aus den Mitteln der Europäischen Union finanziert wird, sodass eine Unionsbeihilfe vorliegt.[683]

IV. Beihilfen zur privaten Lagerhaltung

Bei Beihilfen zur privaten Lagerhaltung handelt es sich um Subventionen, die Privaten für die ihnen entstehenden Lagerkosten gewährt werden, wenn sich die Empfänger im Falle einer Marktkrise dazu entscheiden bestimmte Produkte auf Vorrat zu lagern, statt sie auf dem Markt anzubieten

---

683 Sogenannte Beschaffungssubventionen, vgl. *Dickertmann/Diller*, Subventionswirkungen, in: Wirtschaftswissenschaftliches Studium 1990, S. 478 ff. (479).

und dadurch den Binnenmarkpreis abzusenken.[684] Außerdem flankiert dieses Instrument die öffentliche Intervention und unterstützt sie dahingehend, dass die Union deutlich weniger Produkte ankaufen muss, um den Markt zu stabilisieren.[685]

1. Verfahren

Die Beihilfen zur privaten Lagerhaltung stellen ebenfalls einen Teil des Sicherheitsnetzes dar. Die Regeln der VO 1308/2013 sind für die Beihilfen der privaten Lagerhaltung allerdings sehr knapp gehalten. Art. 17 lit. a bis i VO 1308/2013 bestimmt, für welche Erzeugnisse diese Beihilfen vorgesehen werden dürfen. Die Konkretisierung der Voraussetzungen wurde in weiten Teilen der Kommission überlassen, die die einschlägigen Regelungen ebenfalls in der DurchfVO 2016/1240 erlassen hat.

Beihilfen für die private Lagerhaltung werden im Wege des Ausschreibungsverfahrens nach einem Eröffnungsrechtsakt in Form der Durchführungsverordnung vergeben (Art. 39 Abs. 1 VO 2016/1240). Auch deren Verfahren lässt sich in drei entsprechende Phasen unterteilen. Sodann sind Anträge von Marktteilnehmern entsprechend Art. 40 i.V.m. Art. 2 DurchfVO 2016/1240 an die Zahlstellen abzugeben, die wiederum über die Zulässigkeit beschließt (Art. 41 DurchfVO 2016/1240) und die zulässigen Angebote an die Kommission mitteilt (Art. 42 DurchfVO 2016/1240), woraufhin die Kommission einen Beihilfenhöchstbetrag festsetzt oder nicht (Art. 4 VO 1370/2013, Art. 43 DurchfVO 2016/1240) und im Falle der Festsetzung alle Angebote bis zum Höchstbetrag angenommen werden. Insofern stimmen die Verfahren mit oben genanntem Ausschreibungsverfahren der öffentlichen Intervention entsprechend überein.

Bei den Beihilfen zur privaten Lagerhaltung gemäß Art. 48 ff. DurchfVO 2016/1240 werden Lagerverträge zwischen den Beihilfenempfänger und der jeweiligen nationalen Interventionsstelle geschlossen, die privatrechtlicher Natur sind und den Vorgaben der Art. 48 ff. DurchfVO 2016/1240 genügen müssen. Hierbei sind die öffentlich-rechtlichen Vorgaben hinsichtlich des Inhalts der Verträge weniger eng als bei der öffentlichen Interven-

---

684 *Vandenberghe*, The Single Common Market Organization, in: McMahon/Cardwell (Hrsg.), Research Handbook on EU Agriculture Law, S. 62 ff. (79).

685 *Karpenstein*, Die Finanzierung der Gemeinsamen Agrarpolitik der Europäischen Gemeinschaften, in: Ress/Will (Hrsg.), Vorträge, Reden und Berichte aus dem Europa-Institut Nr. 40, 1985, S. 12.

tion. Es werden insbesondere keine Modifizierungen der Gewährleistungsrechte der Vertragsparteien vorgenommen. Hier findet dementsprechend die klassische Zwei-Stufen-Lehre Anwendung, bei der das Ob einer Beihilfe öffentlich-rechtlicher Natur entschieden wird und das Wie der Umsetzung privatrechtlich ausgestaltet wird.[686]

2. Bewertung

Bei den Beihilfen zur privaten Lagerhaltung handelt es sich um klassische Subventionen, also finanzielle Leistungen an diejenigen Personen, die sich bereit erklären, entsprechende landwirtschaftliche Erzeugnisse für einen gewissen Zeitraum einzulagern. Die finanzielle Zuwendung erfolgt dabei nicht mit der Gegenleistung der Einlagerung, sondern nur als Anreiz für eine freiwillige Zurückhaltung des Angebots bestimmter Waren auf dem Binnenmarkt bis sich der Marktpreis auf einem höheren Niveau erholt hat. Aufgrund der Finanzierung durch den EGFL und somit durch die Europäische Union handelt es sich auch um Unionsbeihilfen. Dieses eigenständige Instrument dient unabhängig vom Instrument der öffentlichen Intervention dazu, das Angebot bestimmter Waren künstlich niedrig zu halten und somit den Marktpreis zu beeinflussen. Gemäß Art. 18 Abs. 1 lit. b VO 1308/2013 kann die Europäische Union mittels Beihilfen zur privaten Lagerhaltung auf besonders schwierige Marktlagen oder wirtschaftliche Entwicklungen mit erheblichen negativen Auswirkungen auf die Gewinnspannen in dem jeweiligen Sektor reagieren.

V. Keine Exportsubventionen

Wie bereits dargelegt, haben sich die Exportsubventionen auf Agrarerzeugnisse in den letzten Jahren vom Regelfall zur eng begrenzten Ausnahme entwickelt und werden seit 2013 nicht mehr vergeben. Damit hat die EU Exportsubventionen bereits vor der WTO-rechtlichen Verpflichtung hierzu innereuropäisch abgeschafft.[687]

---

686 Siehe näher zur Zwei-Stufen-Lehre *Burgi*, in: Hoffmann-Riem/Schmidt-Aßmann/Voßkuhle (Hrsg.), Grundlagen des Verwaltungsrechts, § 18, Rn. 71.
687 Siehe insofern bereits oben Teil 2, § 5, I., 2., b), aa).

VI. Sonstige Beihilfenprogramme der ersten Säule

Ansonsten bestehen in der ersten GAP-Säule noch weitere produktspezifische Beihilfenprogramme. Zu den sonstigen Beihilfenprogrammen gehören das Schulobst- und Gemüseprogramm, das Schulmilchprogramm, das Beihilfenprogramm im Sektor Olivenöl und Tafeloliven, das Beihilfenprogramm im Obst- und Gemüsesektor, das Stützungsprogramm im Weinsektor, das Beihilfenprogramm im Bienenzuchtsektor und das Beihilfenprogramm im Hopfensektor. Im Folgenden werden die Programme lediglich hinsichtlich ihrer rechtlichen Besonderheiten dargestellt. Auf detaillierte Ausführungen aller Beihilfenprogramme wird verzichtet.

1. Schulobst- und Gemüseprogramm / Schulmilchprogramm

Beim Schulobst- und Gemüseprogramm werden bestimmte Obst- und Gemüsesorten an Schüler im Unterricht vergeben, um so einerseits die Kinder in Ernährungsfragen positiv zu beeinflussen, andererseits aber auch den Absatz der unterschiedlichen Agrarerzeugnisse sowohl auf lange Dauer – durch das Heranziehen der Schulkinder als zukünftige Abnehmer – als auch kurzfristig – durch die konkrete Abnahme durch die Schüler – zu erhöhen.[688] Hierbei handelt es sich um ein fakultatives Beihilfenprogramm. Bei Schulobst- und Gemüseprogrammen werden Gelder für die Abgabe von Erzeugnissen an Kinder in Bildungseinrichtungen und Beihilfen für die Kosten der Logistik und Verteilung, Ausrüstung, Öffentlichkeitsarbeit, Überwachung, Bewertung und flankierende Maßnahmen vergeben. Diese Gelder werden in Art. 23 Abs. 1 VO 1308/2013 und in Art. 5 VO 1370/2013 ausdrücklich als „Unionsbeihilfen" bezeichnet. Diese werden aber nach Art. 5 Abs. 2 VO 1370/2013 „an die Mitgliedstaaten vergeben" um auf diese Weise die von ihnen festgesetzten nationalen Strategien zu finanzieren. In Bezug auf die Mitgliedstaaten als Subventionsempfänger liegt jedoch keine Unionsbeihilfe im Sinne dieser Arbeit vor, da es sich nicht um eine Begünstigung von Unternehmen oder Produktionszweigen handelt. Beihilfen an die Mitgliedstaaten unterfallen nicht dem Unionsbeihilfenbegriff im Sinne dieser Arbeit.[689] Da die „Unionsbeihilfen" des Schulobst- und Gemüseprogramms und des Schulmilchprogramms im Ergebnis aber dazu verwendet werden, das Schulobst und das Gemüse kos-

---

688 *Hase*, in: Düsing/Martínez (Hrsg.), Agrarrecht, Art. 40 AEUV, Rn. 18.
689 Siehe oben Teil 2, § 1, 3.

tenfrei an Schüler zu vergeben, liegt im Ergebnis eine Verbrauchersubvention vor. Verbrauchersubventionen fallen aber – mangels eines Unternehmens oder eines Produktionszweigs als Beihilfenempfänger – ebenfalls nicht unter den im Rahmen dieser Arbeit verwendeten Begriff der Beihilfe.[690] Mithin liegen beim Schulobst- und Gemüseprogramm keine Unionsbeihilfen im Sinne dieser Arbeit vor. Der sekundärrechtlich verwendete Begriff der Unionsbeihilfe weicht also von dem in dieser Arbeit verwendeten Begriff ab.

Gemäß Art. 23 Abs. 7 VO 1308/2013 können die Mitgliedstaaten „zusätzlich zur Unionsbeihilfe eine nationale Beihilfe [...] gewähren". Hierbei handelt es sich jedoch lediglich um die Erlaubnis, auch mitgliedstaatliche Gelder zur Finanzierung der Strategien zu verwenden (fakultative Kofinanzierung). Die Einordnung dieser Aussage als Freistellung des Schulobst- und Gemüseprogramms vom Verbot staatlicher Beihilfen nach Art. 42 Abs. 1 AEUV scheidet ohnehin aus, da Verbrauchersubventionen bereits nicht unter den Begriff der Staatsbeihilfe fallen.[691] Insofern wird der Begriff „nationale Beihilfe" im Sinne dieser Norm nicht deckungsgleich mit dem Begriff der Staatsbeihilfe im Sinne des Art. 107 Abs. 1 AEUV verwendet, sondern lediglich im Gegensatz zur Finanzierung durch die Europäische Union.[692]

2. Oliven- und Hopfenbeihilfen

Beim Beihilfenprogramm für den Sektor Olivenöl und Tafeloliven besteht die Besonderheit, dass in Art. 29 Abs. 2 VO 1308/2013 Geldbeträge unterschiedlicher Höhe lediglich für die Mitgliedstaaten Griechenland, Frankreich und Italien vorgesehen sind. Beim Beihilfenprogramm für Hopfen sind sie gemäß Art. 58 Abs. 2 VO 1308/2013 ausschließlich zugunsten Deutschlands vorgesehen, nicht aber für andere hopfenanbauende Mitgliedstaaten. Gründe für diese unterschiedliche Behandlung sind weder in den Erwägungsgründen der einschlägigen Sekundärrechtsakte noch in den Veröffentlichungen der am Gesetzgebungsverfahren beteiligten Organe ersichtlich, sodass insofern Intransparenz vorliegt. Aufgrund dieser Intrans-

---

690 Vgl. insofern oben Teil 2, § 1, I.
691 Siehe auch insofern bereits oben Teil 2, § 1, I., 3.
692 Für das Schulmilchprogramm nach Art. 26 ff. VO 1308/2013 gilt Entsprechendes in Bezug auf die Verwendung des Begriffs „Unionsbeihilfe" (Art. 26 Abs. 1 VO 1308/2013) und „nationale Beihilfe" (Art. 26 Abs. 5 VO 1308/2013).

parenz kann der Verdacht der sekundärrechtlichen Diskriminierung der nicht begünstigten Mitgliedstaaten und ihrer Beihilfenempfänger nicht ausgeräumt werden. Im Ergebnis muss deshalb von einer Diskriminierung ausgegangen werden.[693]

In besonderer Weise ist im Beihilfenprogramm für den Sektor Olivenöl und Tafeloliven außerdem hervorzuheben, dass es sich bei diesen Programmen um obligatorische Beihilfenprogramme handelt, die entsprechenden Mitgliedstaaten also verpflichtet sind, die Programme umzusetzen. Die Europäische Union finanziert diese Beihilfenprogramme allerdings nicht in vollem Umfang, sondern grundsätzlich nur 75% der Kosten. Die restliche Finanzierung erfolgt durch die Mitgliedstaaten (Art. 29 Abs. 3 UAbs. 2 VO 1308/2013). Mit anderen Worten sollen die Mitgliedstaaten sekundärrechtlich dazu verpflichtet werden, 25% der obligatorischen Beihilfenprogramme zu finanzieren. Hierbei handelt es sich um eine unzulässige obligatorische Kofinanzierung, sodass insofern eine Kompetenzüberschreitung der Europäischen Union vorliegt und die entsprechende Finanzierungsnorm primärrechtswidrig und somit unwirksam ist.[694]

3. Beihilfen im Obst- und Gemüsesektor

Anders liegt die Sache etwa bei der Finanzierung des fakultativen Beihilfenprogramms im Obst- und Gemüsesektor. Hier erfolgt die Finanzierung der sogenannten Betriebsfonds durch die Erzeugerorganisation, ihre Mitglieder und durch finanzielle Unterstützung der Union. Es liegt demnach eine Kofinanzierung zwischen Union und Privaten vor, die primärrechtlich nicht zu beanstanden ist. Zusätzlich zu dieser Art der Finanzierung ermöglicht Art. 35 Abs. 1 VO 1308/2013 außerdem, dass die Mitgliedstaaten ermächtigt werden, zusätzlich bei der Finanzierung der Betriebsfonds einzusteigen. Hier liegt ein klassischer Fall der fakultativen Kofinanzierung vor, der kompetenzrechtlich zulässig ist.

VII. Zwischenfazit

Die Beihilfenprogramme in der ersten Säule der GAP umfassen unterschiedliche, weitestgehend von der EU selbst hinreichend fest vorgegebene

---

693 Siehe insofern bereits ausführlich oben Teil 2, § 4, III.
694 Siehe zum Verbot der obligatorischen Kofinanzierung oben Teil 2, § 3, IV.

und vorbestimmte Beihilfenprogramme. Besondere Individualisierungs- und Anpassungsmaßnahmen gegenüber dem Marktteilnehmer sind seitens der mitgliedstaatlichen Verwaltungsstellen nicht mehr erforderlich.[695] Gleichzeitig werden den Mitgliedstaaten in bestimmten, begrenzten Bereichen weite Entscheidungsspielräume hinsichtlich der Verwendung der europäischen Gelder – so etwa im Rahmen der nationalen Reserven oder der Modulation – oder hinsichtlich der Anwendung fakultativer Beihilfenprogramme eingeräumt. Insofern kann ein leichter Trend zur Dezentralisierung der GAP festgestellt werden. Im Gegensatz zu den Beihilfenprogrammen der zweiten GAP-Säule, tritt in der ersten Säule die Europäische Union als wesentliche subventionsgesetzgebende Entität auf. Insofern kann von einem „top down"-Ansatz gesprochen werden.

Die Direktzahlungen stellen das Kernstück der Beihilfenprogramme der ersten GAP-Säule dar. Sie untergliedern sich wiederum in eine Vielzahl an Unterprogrammen. Die bedeutendsten dieser Unterprogramme sind die Basisprämie und die Greening-Prämie (beide obligatorische Beihilfenprogramme). Diese beiden Subventionen sind eng miteinander verwoben. Zum einen sind die Antragsteller der Basisprämie verpflichtet, auch die Greening-Prämie mit ihren zwingenden Auflagen einzuhalten. Zum anderen greift die Greening-Prämie auf die verwaltungstechnischen Grundstrukturen der Basisprämie zurück.

Die Greening-Prämie stellt zwar nach den Altmark Trans-Kriterien des EuGH keine Beihilfe dar. Im Rahmen der Unionsbeihilfen bleibt diese Erkenntnis allerdings folgenlos, da auch weiterhin die allgemeinen Regeln des zweiten Teils dieser Arbeit auf sie Anwendung finden.

Die Instrumente der öffentlichen Intervention und der Beihilfen zur privaten Lagerhaltung stellen mittlerweile nur noch Teile der Sicherheitsnetze für Marktkrisen dar. Im Jahr 2017 griff das Sicherheitsnetz insbesondere für Magermilchpulver angesichts des Milchpreisverfalls nach dem Auslaufen der Milchquote.[696] Exportsubventionen werden nicht mehr gewährt.

Während die Direktzahlungen untereinander und die öffentliche Intervention gegenüber den Beihilfen zur privaten Lagerhaltung verwaltungstechnisch noch ähnliche Grundstrukturen aufweisen, lassen sich den sonstigen Beihilfenprogrammen der ersten GAP-Säule solche gemeinsamen

---

695 *Athanasiadou*, Der Verwaltungsvertrag im EU-Recht, 2017, S. 122.
696 Teil des Milchpakets für Milch- und Viehzuchtbetriebe aus dem Jahr 2016. Siehe näher hierzu Europäische Kommission, Bericht über die Entwicklung der Lage auf dem Milchmarkt und die Funktionsweise der Vorschriften des „Milchpakets" vom 24.11.2016, COM(2016)724 final.

Strukturen nicht mehr entnehmen. Es liegt auch keine einheitliche Begriffsverwendung vor. Deswegen muss jedes Beihilfenprogramm für sich interpretiert werden. Grundsätzlich werden die Beihilfenprogramme der ersten Säule alleine durch die EU finanziert. Bei den Beihilfen im Sektor Olivenöl und Tafeloliven liegt eine unzulässige obligatorische Kofinanzierung vor. Das Schulmilch- und das Schulobst- und Gemüseprogramm sehen fakultative Kofinanzierungen im Rahmen der ersten GAP-Säule vor. Mangels Unternehmenseigenschaft der Subventionsempfänger liegt aber insofern keine Unionsbeihilfe im Sinne dieser Arbeit vor.

§ 4 Beihilfenprogramm in der zweiten Säule der GAP

Die zweite Säule der GAP umfasst das Recht der Förderung der ländlichen Entwicklung (Agrarstrukturpolitik). Eine Abgrenzung zum Marktordnungsrecht der ersten GAP-Säule bietet sich anhand einer Negativdefinition an. Zur zweiten Säule zählen demnach alle diejenigen Maßnahmen, die spezifisch die landwirtschaftliche Struktur betreffen und nicht mit Mitteln der Marktpolitik oder Direktzahlungen (erste Säule) verfolgt werden.[697] Seitdem die Marktinterventionen der ersten Säule weniger verwendet werden, hat die Agrarstrukturpolitik zunehmend an Bedeutung gewonnen.

Die zweite GAP-Säule wird vom ELER und den Mitgliedstaaten kofinanziert. Die Mitgliedstaaten besitzen in bedeutend stärkerem Maße als in der ersten GAP-Säule die Kompetenz, die Beihilfenprogramme auszugestalten und zu verwalten. Im Folgenden wird das ELER-Verfahren dargestellt und dieses den Beihilfenprogrammen der ersten GAP-Säule gegenübergestellt.

I. Finanzierung der zweiten Säule der GAP

Die zweite Säule der GAP wird von europäischer Seite durch den ELER-Fonds finanziert, der durch den Mehrjährigen Finanzrahmen der Europäischen Union für die Jahre 2014 bis 2020 mit € 84,936 Milliarden ausgestattet ist.[698] Gemäß Art. 5 Satz 1 VO 1306/2013 wird der ELER ebenfalls in der geteilten Mittelverwaltung umgesetzt. Allerdings finanziert er nicht

---

697 *Van Rijn*, in: Groeben/Schwarze/Hatje (Hrsg.), EuR, Art. 40 AEUV, Rn. 54.
698 Vgl. zur Übersicht Tabelle I der Europäischen Kommission auf Grundlage des Mehrjährigen Finanzrahmens der EU, www.europarl.europa.eu/atyourservice/de/displayFtu.html?ftuId=FTU_5.2.10.html (18.05.2018).

sämtliche Ausgaben der zweiten Säule, sondern nur die „finanzielle Beteiligung der Union an den nach den Unionsvorschriften über die Förderung der Entwicklung des ländlichen Raums durchgeführten Entwicklungsprogrammen" (Art. 5 Satz 2 VO 1306/2013). Das bedeutet, dass die zweite Säule der GAP neben der finanziellen Beteiligung der Union noch eine finanzielle Beteiligung der Mitgliedstaaten erfordert. Die zweite Säule wird also grundsätzlich kofinanziert. Hierdurch unterscheidet sich die zweite Säule wesentlich von der ersten Säule hinsichtlich der Finanzierungsart. Im Folgenden werden die Finanzierungsregelungen des ELER näher untersucht.

1. Mittelverteilung an die Mitgliedstaaten

Die ELER-Gelder werden nicht für die gesamte Europäische Union einheitlich verwaltet, sondern die EU hat den Mitgliedstaaten jeweils jährliche Höchstbeträge zugeteilt. Die konkrete Zuteilung an die einzelnen Mitgliedstaaten lässt sich Anhang I zu VO 1305/2013 entnehmen. So sind der Bundesrepublik für das Jahr 2017 etwa € 1,174 Milliarden zugewiesen, Frankreich hingegen etwa € 1,415 Milliarden und Belgien nur etwa € 78 Millionen. Die Europäische Union besitzt – ebenso wie bei der Aufteilung der nationalen Obergrenzen – einen weiten Einschätzungs- und Beurteilungsspielraum, nach welchen objektiven Kriterien sie die Mittel auf die Mitgliedstaaten zuweist. Sie hat allerdings das europäische Diskriminierungsverbot zu beachten.[699] Inwiefern diese Mittelzuweisung tatsächlich nach objektiven Kriterien erfolgt lässt sich auch hier nicht transparent nachvollziehen.[700]

Gleichwohl wird den Mitgliedstaaten in Art. 14 VO 1307/2013 die Möglichkeit eröffnet, zusätzlich zu den im Rahmen der zweiten Säule zugewiesenen Mitteln bis zu 15% der Mittel der ersten Säule in die Agrarstrukturpolitik zu übertragen und somit das Finanzvolumen zu erhöhen (Modulation). In Deutschland werden derzeit 4,5% der EGFL-Mittel in die zweite Säule umgeschichtet.[701] Außerdem wird nach Art. 11 VO 1307/2013 der Betrag, der bei der Degressivität eingespart wurde,[702] ebenfalls im Rahmen

---

699   Siehe insofern oben Teil 2, § 4, II.
700   Vgl. in Bezug auf die nationalen Obergrenzen der ersten GAP-Säule bereits oben Teil 2, § 4, III.
701   § 5 DirektZahlDurchfG.
702   In Deutschland wurde hiervon keinen Gebrauch gemacht. Siehe insofern bereits oben Teil 3, § 3, II.

der zweiten Säule verwendet (Art. 7 Abs. 2 VO 1307/2013). Durch diese Zuteilung von jährlichen nationalen Höchstbeträgen wird die Finanzierung der ELER-Programme primär begrenzt.

2. Förderbeträge und -sätze

Eine zweite Begrenzung der Finanzierung erfolgt durch die nationalen ELER-Programme in Verbindung mit den einschlägigen Förderbeträgen und Fördersätzen. Bei den ELER-Beihilfenprogrammen haben die Mitgliedstaaten Programme zur Entwicklung des ländlichen Raums auszuarbeiten und von der Kommission genehmigen zu lassen. Hierbei können die Mitgliedstaaten Maßnahmen auswählen, die in den Art. 13 ff. VO 1305/2013 angeboten werden. In welchem Umfang die Europäische Union mittels des Fonds diese ELER-Maßnahmen in den mitgliedstaatlichen Programmen nun finanziert, hängt von der maßnahmenspezifischen Finanzierungsregelung in den Art. 13 ff. VO 1305/2013 ab, die sich jeweils auf den Anhang II zur Verordnung beziehen.[703] Innerhalb des Anhangs II existieren nun zwei Arten von Finanzierungsregelungen. Einerseits werden feste Förderbeträge festgelegt, wie beispielsweise in der Anhang II-Regelung zu den Agrarumwelt- und Klimamaßnahmen (Art. 28 Abs. 8 VO 1305/2013), die zwischen € 450,00 beziehungsweise € 600,00 pro Hektar für die Anpflanzung bestimmter Kulturen vorsieht. Andererseits existieren auch Regelungen, in denen lediglich Fördersätze in Prozentsätzen angegeben werden, wie beispielsweise in der Anhang II-Regelung zur ELER-Maßnahme der Investitionen in materielle Vermögenswerte (Art. 17 Abs. 3 VO 1305/2013), die zwischen 40% und 75% der förderfähigen Investitionen durch den ELER deckt – je nach konkreter Maßnahme.

Die Förderbeträge stellen eine feste Einheit dar, die nicht notwendigerweise eine zusätzliche nationale Finanzierung erfordern, sondern ermöglichen eine nationale Aufstockung der Förderbeträge auf Freiwilligkeitsbasis. Im Falle von prozentualen Fördersätzen müssen die Mitgliedstaaten allerdings den restlichen Fördersatz selbst aufbringen. Sofern die Mitgliedstaaten die freie Wahl haben, bestimmte ELER-Maßnahmen in ihre – obligatorisch zu erstellenden – nationalen ELER-Programme aufzunehmen, handelt es sich um fakultative Maßnahmen und daher, im Falle von Kofinanzierungen, höchstens um zulässige fakultative Kofinanzierungen.

---

703 Vgl. etwa Art. 17 Abs. 3 und Abs. 4, Art. 19 Abs. 6, Art. 26 Abs. 8 VO 1305/2013.

Müssten bestimmte Maßnahmen aber obligatorisch in die nationalen ELER-Programme integriert werden und der Finanzierungsmechanismus sähe nur eine anteilige Finanzierung zu Prozentsätzen vor, würde es sich um verbotene obligatorische Kofinanzierungsmechanismen handeln. Eine solche Situation sieht das aktuelle Agrarsekundärrecht der zweiten GAP-Säule allerdings nicht vor. Bei der einzigen obligatorischen ELER-Maßnahme, die in die nationalen ELER-Programme zu integrieren ist, wird ein Finanzierungsbetrag und kein -satz verwendet, sodass hier keine obligatorische Kofinanzierung vorliegt.[704]

II. ELER-Beihilfenprogramm

Art. 6 Abs. 1 Satz 1 und 2 VO 1305/2013 statuieren die Wirkungsweise des ELER-Fonds wie folgt: „Der ELER wirkt in den Mitgliedstaaten in Form von Programmen zur Entwicklung des ländlichen Raums. Mit diesen Programmen wird eine Strategie zur Verwirklichung der Prioritäten der Union für die Entwicklung des ländlichen Raums über ein Bündel von Maßnahmen umgesetzt [...]" Die einzelnen ELER-Beihilfenprogramme werden von den Mitgliedstaaten als nationale oder regionale Programme ausgearbeitet und der Kommission vorgelegt, die diese im Wege eines Durchführungsrechtsakts genehmigt (Art. 10 Abs. 2 VO 1305/2013). Welche konkreten Maßnahmen in die Programme zu integrieren sind, steht den Mitgliedstaaten bis auf die Agrarumwelt- und Klimamaßnahmen allerdings offen.

1. Verfahren

Im Folgenden wird das ELER-Programm näher dargestellt und hierbei insbesondere das Zusammenwirken von nationalen Planungsstellen und Europäischer Kommission untersucht.

a) Programmgestaltung

Um das ELER-Programm anzuwenden, sind die Mitgliedstaaten dazu verpflichtet, nationale oder regionale Programme auszuarbeiten, die den An-

---

704 Zu den Begriffen der obligatorischen und fakultativen Kofinanzierung siehe oben Teil 2, § 3, III.

forderungen des Art. 27 VO 1303/2013 und Art. 8 VO 1305/2013 entsprechen.[705] Zu diesen Anforderungen gehören insbesondere, dass die nationalen Programme mit den fondsspezifischen Prioritäten des Art. 5 VO 1305/2013 und den nationalen Partnerschaftsvereinbarungen nach Art. 14 ff. VO 1303/2013 vereinbar sind. Außerdem haben sich die nationalen ELER-Programme inhaltlich auf die in den Art. 13 bis 38 VO 1305/2013 beschriebenen Maßnahmen zu begrenzen.

Die fondsspezifischen Prioritäten setzen die Ziele des sogenannten Gemeinsamen Strategischen Rahmens um, welcher Kohärenz zwischen den Europäischen Struktur- und Investitionsfonds[706] sicherstellt und dadurch die Effizienz des Einsatzes der finanziellen Mittel erhöhen soll.[707] Die Partnerschaftsvereinbarungen sind Ausarbeitungen der Mitgliedstaaten in Bezug auf die Umsetzung der Fondsstrategien der Union, die von der Kommission angenommen werden.[708] Durch die Anforderung der Vereinbarkeit der nationalen ELER-Programme mit diesen beiden Instrumenten wird gewährleistet, dass sich die nationalen ELER-Programme in die Gesamtstrategie der Europäischen Union einpassen.

Die Europäische Union gibt den Mitgliedstaaten in den Art. 13 ff. VO 1305/2013 eine Vielzahl unterschiedlicher Maßnahmen vor (Numerus Clausus der ELER-Maßnahmen), unter denen sich die Mitgliedstaaten bei der Programmgestaltung die geeigneten Maßnahmen auswählen können. Die den Mitgliedstaaten zur Verfügung stehenden Maßnah-

---

705 Für den Zeitraum 2014-2020 existieren 118 unterschiedliche ELER-Programme in den 28 Mitgliedstaaten; Europäische Kommission, Entwicklung des ländlichen Raums 2014-2020, https://ec.europa.eu/agriculture /rural-development-2014-2020_de (31.01.2019).

706 Zu den Europäischen Struktur- und Investitionsfonds zählen neben dem ELER, der EFRE, der Europäische Sozialfonds (ESF), der Kohäsionsfonds (KF) und der EMFF. Der EGFL gehört nicht zu den Europäischen Struktur- und Investitionsfonds. Auf ihn findet die VO 1303/2013 keine Anwendung.

707 Zu diesen Prioritäten gehören die Förderung von Wissenstransfer und Innovation, die Verbesserung der Lebensfähigkeit der landwirtschaftlichen Betriebe und der Wettbewerbsfähigkeit aller Arten von Landwirtschaft, die Förderung innovativer landwirtschaftlicher Techniken und nachhaltiger Waldbewirtschaftungsmethoden, die Förderung einer Organisation der Nahrungsmittelkette, die Wiederherstellung, Erhaltung und Verbesserung der mit Land- und Forstwirtschaft verbundenen Ökosysteme, die Förderung der Ressourceneffizienz und die Unterstützung des Agrar-, Nahrungsmittels- und Forstsektors beim Übergang zu einer klimafreundlichen Wirtschaft, die Förderung der sozialen Inklusion, der Armutsbekämpfung und der wirtschaftlichen Entwicklung.

708 Siehe zur deutschen Partnerschaftsvereinbarung vom 15.09.2014 https://ec.europa.eu/info/publications/ partnership-agreement-germany_en (31.01.2019).

men können an dieser Stelle nicht einzeln dargestellt werden. Sie reichen von Berufsbildungsmaßnahmen, über Investitionen in materielle Vermögenswerte zur Verbesserung der Gesamtleistung und Nachhaltigkeit, Existenzgründungsbeihilfen für Junglandwirte, Investitionen zur Stärkung der Widerstandsfähigkeit und des ökologischen Werts der Waldökosysteme, bis hin zur Förderung des ökologischen und biologischen Landbaus. Allen Maßnahmen ist gemein, dass sie den Mitgliedstaaten nur grobe Ziele vorgeben, deren konkrete Ausgestaltungen im Ermessen der Mitgliedstaaten stehen.[709]

b) Ausgewählte ELER-Maßnahmen

Gemäß Art. 17 VO 1305/2013 sind etwa Förderungen zur Verbesserung der Gesamtleistung und Nachhaltigkeit von landwirtschaftlichen Betrieben vorgesehen. Die seitens der Union durch den ELER teilfinanzierten Förderungen werden dabei unmittelbar den Landwirten oder Zusammenschlüssen von Landwirten gewährt. Was genau die Gesamtleistung und Nachhaltigkeit eines Betriebs verbessert, ist im Einzelfall von den Mitgliedstaaten in ihren Programmen zu konkretisieren. Ihnen kommt eine weite Subventionskonkretisierungskompetenz zu. Das Sekundärrecht gibt insofern lediglich Zielvorgaben. Des Weiteren sieht Art. 19 VO 1305/2013 beispielsweise Existenzgründungsbeihilfen für Junglandwirte, nicht landwirtschaftlich Tätige und kleine Betriebe vor. Auch hier liegen Subventionen im klassischen Sinne vor.

Es existieren allerdings auch eine Vielzahl an Maßnahmen, die keine Beihilfen darstellen. So fördert der ELER im Rahmen mitgliedstaatlicher Programme etwa die Ausarbeitung und Aktualisierung von Plänen für die Entwicklung von Gemeinden und Dörfern (Art. 20 Abs. 1 lit. a VO 1305/2013) oder den Ausbau von Breitbandinfrastruktur (Art. 20 Abs. 1 lit. c VO 1305/2013). Hierbei liegt grundsätzlich keine Begünstigung von Privaten und somit keine Beihilfe vor.

Unter den, den Mitgliedstaaten zur Ausarbeitung ihrer Programme zur Verfügung stehenden Maßnahmen, ist Art. 28 VO 1305/2013 in doppelter Hinsicht besonders hervorzuheben. Zum einen sind gemäß Art. 28 Abs. 1 Satz 3 VO 1305/2013 die Zahlungen für Agrarumwelt- und Klimamaßnahmen zwingend von den Mitgliedstaaten in ihre ELER-Programme aufzunehmen. Zum anderen handelt es sich bei diesen Zahlungen ausdrücklich

---

709 *Härtel*, in: Ruffert (Hrsg.), EuropSektWirtschR, § 7, Rn. 160.

um Ausgleichszahlungen dafür, dass Landwirte sich zur Einhaltung eines über das übliche Maß hinausgehenden Umwelt- und Klimaschutzniveau verpflichten (Art. 28 Abs. 3 VO 1305/2013). Letztere Besonderheit trifft auch auf Ausgleichzahlungen für ökologischen bzw. biologischen Landbau zu (Art. 29 Abs. 4 VO 1305/2013). Bei diesen beiden Maßnahmen zeigt sich deutlich die Ausgleichsfunktion bestimmter Agrarsubventionen für gemeinwirtschaftliche Leistungen landwirtschaftlicher Tätigkeit, bei denen der Beihilfencharakter nach den Altmark Trans-Kriterien gegebenenfalls abgelehnt werden kann.[710]

c) Genehmigung durch die Kommission

Sind die nationalen ELER-Maßnahmen seitens der Mitgliedstaaten ausgearbeitet, legen diese ihre Programme der Kommission zur Genehmigung vor (Art. 10 Abs. 1 VO 1305/2013). Daraufhin „genehmigt [die Kommission] jedes Programm [...] im Wege eines Durchführungsrechtsakts" (Art. 10 Abs. 2 VO 1305/2013). Ob und in welchem Umfang die Kommission die nationalen Programme auf ihre Vereinbarkeit mit dem Sekundärrecht hin überprüft, wird in Art. 3 DurchfVO 808/2014 i.V.m. Art. 29 VO 1303/2013 näher festgelegt. Danach „bewertet [die Kommission] die Übereinstimmung der Programme mit [VO 1303/2013] [...] und den fondsspezifischen Regelungen, ihren wirksamen Beitrag zu den ausgewählten thematischen Zielen und den [fondsspezifischen Prioritäten] [...] sowie auch die Übereinstimmung mit der Partnerschaftsvereinbarung [...]" (Art. 29 Abs. 1 VO 1303/2013). Daraufhin bringt die Kommission binnen drei Monaten Anmerkungen vor, denen spätestens binnen sechs Monaten nach Einreichung der Programme seitens der Mitgliedstaaten „in angemessener Weise Rechnung getragen [werden müssen]", bevor die Kommission das Programm genehmigen darf (Art. 29 Abs. 3 und 4 VO 1303/2013).

Das Genehmigungsverfahren ist demnach als ein Kooperationsverfahren zwischen Kommission und Mitgliedstaat ausgestaltet, bei dem sich der Gesetzgeber darum bemüht hat, bereits dem Wortlaut nach kein streng hierarchisches Prüfungs- und Genehmigungsverfahren auszugestalten, wenn er Begriffe wie „Anmerkungen der Kommission" verwendet, denen die Mitgliedstaaten „angemessener Weise" Rechnung zu tragen haben. Inhaltlich wird der Kommission damit dem Wortlaut nach zwar eine vollumfängliche formelle und materielle Prüfungskompetenz eingeräumt. Sie darf eine

---

710 Siehe insofern oben Teil 3, § 3, II., 3. in Bezug auf die Greening-Prämie.

Genehmigung der Programme allerdings nicht wegen unwesentlicher Abweichungen von ihren Anmerkungen durch den jeweiligen Mitgliedstaat verweigern.[711]

2. Bewertung

Die Mitgliedstaaten besitzen bei der Ausarbeitung ihrer Programme deutlich größere Gestaltungsspielräume als sie diese bei Konkretisierungen von Beihilfenprogrammen im Rahmen der ersten GAP-Säule besitzen. Die Vorgaben des Sekundärrechts beschränken sich im Wesentlichen auf eine Einpassung der nationalen Programme in die strategischen Vorgaben der Union. Die Mitgliedstaaten bleiben bei der Ausgestaltung der nationalen Programme zwar an den Numerus Clausus der ELER-Maßnahmen gebunden, inhaltlich besitzen sie bei deren Konkretisierung aber weitestgehende Freiräume. Außerdem bestehen bis auf eine Maßnahme nur fakultative Maßnahmen. Darüber hinaus ist das Prüfungs- und Genehmigungsverfahren der nationalen Programme durch die Kommission als ein Kooperationsverfahren ausgestaltet, bei dem die Kommission eine Genehmigung nicht wegen unwesentlicher Abweichungen der Mitgliedstaaten von den Anmerkungen der Kommission verweigern darf. Insofern kann von dem Prinzip der mitgliedstaatlichen Autonomie im Rahmen der ELER-Vorgaben gesprochen werden. Spiegelbildlich zu dieser Autonomie ist im Rahmen der ELER-Verordnung allerdings auch ein enges Zusammenwirken der EU mit ihren Mitgliedstaaten erforderlich um den Zielen der Verordnung gerecht werden zu können.[712]

III. Zwischenfazit

Die Besonderheiten des Unionsbeihilfenprogramms der zweiten GAP-Säule, also des ELER-Programms, lassen sich am besten in Abgrenzung zu oben bereits skizzierten Beihilfenprogrammen der ersten GAP-Säule darstellen. Unabhängig von der unterschiedlichen rechtlichen Einordnung der beiden Säulen – als zum einen Marktordnungsrecht und zum anderen

---

711 Ähnlich *Priebe*, in: Grabitz/Hilf/Nettesheim (Hrsg.), EuR, Art. 39 AEUV, Rn. 66.
712 *Booth*, in: Dombert/Witt (Hrsg.), Münchener Anwaltshandbuch Agrar, § 27 II, Rn. 231.

Agrarstrukturrecht – unterscheiden sich die Unionsbeihilfenprogramme der beiden Säulen stark voneinander.

Das ELER-Programm ist seitens des europäischen Haushalts mit deutlich weniger finanziellen Mitteln ausgestattet als die erste GAP-Säule. Es können allerdings von mitgliedstaatlicher Seite Gelder von der ersten in die zweite GAP-Säule umgeschichtet werden. Das Programm wird zwar weitestgehend mitgliedstaatlich kofinanziert, es findet allerdings ausschließlich eine zulässige mittelbare Kostenüberwälzung statt, während in der grundsätzlich unionsfinanzierten ersten GAP-Säule ein Programm eine unzulässige direkte Kostenüberwälzung darstellt.[713]

In Bezug auf die Konkretisierung des ELER-Programms lässt der europäische Gesetzgeber den Mitgliedstaaten und der Europäischen Kommission weite Gestaltungsfreiräume. Der Gesetzgeber spielt eine deutlich untergeordnetere Rolle als in der ersten GAP-Säule. Die Europäische Kommission legt die fondsspezifischen Prioritäten fest und erarbeitet die nationalen Partnerschaftsvereinbarungen in Kooperation mit den Mitgliedstaaten. Allerdings kann sie die mitgliedstaatlich ausgearbeiteten nationalen Programme nur in begrenztem Umfang überprüfen, sodass die Mitgliedstaaten der letzten Konkretisierung der Beihilfenprogramme bedeutenden Einfluss besitzen. Die Mitgliedstaaten stellen insofern die Hauptakteure in der zweiten GAP-Säule dar. Daher kann in der zweiten GAP-Säule von einem „bottom up"-Ansatz gesprochen werden,[714] was bedeutet, dass den Mitgliedstaaten der wesentliche Teil der Beihilfenkonkretisierung zukommt. Im Gegensatz zur ersten GAP-Säule ist beim ELER-Programm ein Kooperationsverhältnis zwischen Mitgliedstaat und Kommission angelegt, wohingegen in der ersten Säule ein streng hierarchisches verwaltungstechnisches Geflecht von Kommission und Mitgliedstaat mit streng voneinander getrennten Zuständigkeiten existiert. Nicht sämtliche Maßnahmen im Rahmen des ELER-Programms stellen Beihilfen der Europäischen Union dar. Deswegen muss von Maßnahme zu Maßnahme gegebenenfalls untersucht werden, ob Beihilfen vorliegen oder nur etwa allgemeine Infrastrukturmaßnahmen.

---

713 Siehe insofern oben Teil 2, § 3, V.
714 Vgl. *Norer*, in: Pechstein/Nowak/Häde (Hrsg.), Frankfurter Kommentar, Art. 39 AEUV, Rn. 24.

§ 5 Cross Compliance-Regelungen und Integriertes Verwaltungs- und Kontrollsystem

Unabhängig von der durch die GAP-Reform 2013 eingeführten Greening-Prämie, haben die Landwirte im Rahmen bestimmter Beihilfenprogramme die sogenannten Cross Compliance-Regeln einzuhalten. Diese umfassen 7 Standards für die Erhaltung von Flächen in gutem landwirtschaftlichen und ökologischen Zustand,[715] 13 Rechtsakte zu Grundanforderungen der Betriebsführung[716] und je nach Region Regelungen zur Erhaltung von Dauergrünland (Art. 93 Abs. 3 und 4 VO 1306/2013) und konkretisieren die Querschnittsklauseln des Umwelt-, Verbraucher- und Tierschutzes aus Art. 11, 12 und 13 AEUV sekundärrechtlich.[717]

Bei den Cross Compliance-Regelungen handelt es sich um grundlegende Anforderungen an eine landwirtschaftliche Tätigkeit in Bezug auf Umwelt-, Gesundheits- und Tierschutz, bei deren Konkretisierung den Mitgliedstaaten teilweise beachtliche Spielräume eingeräumt werden.[718] Auf eine Darstellung der genauen Cross Compliance-Anforderungen wird aufgrund der Diversität der Anforderungen zwecks Übersichtlichkeit verzichtet. Die Cross Compliance-Regelungen gelten sowohl für Direktzahlungen,[719] als auch für bestimmte Maßnahmen im Rahmen der ELER-Programme[720] und Zahlungen für die Umstrukturierung und Umstellung von

---

715 Vgl. Anhang II VO 1306/2013. Hierzu zählen die Schaffung von Pufferzonen entlang von Wasserläufen, die Einhaltung von Genehmigungsverfahren für die Verwendung von Wasser zur Bewässerung, der Schutz des Grundwassers vor Verschmutzung, Mindestanforderungen an die Bodenbedeckung, Mindestpraktiken der Bodenbearbeitung zur Begrenzung von Erosion, Erhaltung des Anteils der organischen Substanz im Boden, Keine Beseitigung von Landschaftselementen und das Schnittverbot von Hecken/Bäumen. Siehe näher hierzu im Einzelnen *Booth*, in: Dombert/Witt (Hrsg.), Münchener Anwaltshandbuch Agrar, § 27 II, Rn. 175 ff.

716 Vgl. Anhang II VO 1306/2013. Hierzu gehören sowohl Richtlinien als auch Verordnungen, wie beispielsweise die Gewässerschutzrichtlinie, die Vogelschutzrichtlinie, die Flora und Fauna Habitat-Richtlinie oder die Rindfleischetikettierungsverordnung.

717 Ebenso *Mittermüller*, Umweltschutz im Europäischen Agrarrecht, 2017, S. 124 ff.

718 Vgl. insofern *Härtel*, in: Ruffert (Hrsg.), EuropSektWirtschR, § 7, Rn. 177.

719 Mit Ausnahme von Kleinerzeugern (Art. 92 UAbs. 2 VO 1306/2013).

720 Aufforstung und Anlage von Wäldern (Art. 21 Abs. 1 lit. a und b, Art. 22 und 23 VO 1305/2013), Agrarumwelt- und Klimamaßnahmen (Art. 28 VO 1305/2013), Zahlungen für aus naturbedingt oder anderen spezifischen Gründen benachteiligten Gebieten (Art. 31 VO 1305/2013), Tierschutz

Rebflächen (Art. 46 und 47 VO 1308/2013) und ergänzen damit bestimmte Beihilfenprogramme der ersten und der zweiten GAP-Säule.

Bei den Cross Compliance-Regelungen handelt es sich nicht per se um Beihilfenprogramme, sondern um ergänzende Verpflichtungen zu den bestehenden Programmen. Werden die Cross Compliance-Regeln nicht eingehalten, führt dies zu einer anteiligen Kürzung der Ansprüche auf Auszahlung der jeweiligen Beihilfe. Es handelt sich hierbei nach seiner konkreten sekundärrechtlichen Ausgestaltung um anspruchsvernichtende Sanktionen und nicht um anspruchsbegründende Tatbestandsvoraussetzungen, weshalb die Behörde hinsichtlich etwaiger Verstöße und darauffolgende Sanktionen beweisbelastet ist.[721] Die Beihilfenprogramme, auf die die Cross Compliance-Regeln Anwendung finden, werden nach wertender Betrachtung also zumindest teilweise als Umweltschutzbeihilfe gewährt.

Durch das Integrierte Verwaltungs- und Kontrollsystem (InVeKoS) werden die Mitgliedstaaten säulenübergreifend verpflichtet, gewisse europäisch einheitliche Verwaltungsinstrumente zur Verwaltung der Agrarbeihilfen zu verwenden, wie etwa die Verwendung einer einheitlichen elektronische Datenbank, eines einheitlichen Systems zur Identifizierung von landwirtschaftlichen Parzellen und Zahlungsansprüchen, einheitlicher Beihilfe- und Zahlungsantragsformulare und eines einheitlichen Systems zur Erfassung der Begünstigten (Art. 68 ff. VO 1306/2013).[722] Darüber hinaus werden die Mitgliedstaaten auch zur Einrichtung von zentralen nationalen Zahlstellen verpflichtet, die Empfänger der monatlichen Zahlungen durch die Kommission sind und diese Gelder anschließend an die Marktteilnehmer weiterleiten (Art. 7 Abs. 2 VO 1306/2013). Außerdem verlangt Art. 51 ff. VO 1306/2013 von den Mitgliedstaaten ein einheitliches Rechnungsabschlussverfahren, durch das der Europäischen Kommission die Möglichkeit gegeben wird, die Rechtmäßigkeit der von den nationalen Zahlungsstellen vorgenommenem Zahlungen zu überprüfen. Inhaltlich werden den Mitgliedstaaten vollzugstechnisch die Wahrung der finanziellen Interessen der Europäischen Union (Art. 58 ff. VO 1306/2013) und eine wirtschaftliche Haushaltsführung – insbesondere in Bezug auf die Verwaltung des EGFL – auferlegt (Art. 24 ff. VO 1306/2013). Das InVeKoS verein-

---

(Art. 33 VO 1305/2013) oder Waldumwelt- und -klimadienstleistungen und Erhaltung der Wälder (Art. 34 VO 1305/2013).

721 *Booth*, in: Dombert/Witt (Hrsg.), Münchener Anwaltshandbuch Agrar, § 27 II, Rn. 168.

722 Erfasst werden vom InVeKoS insbesondere die Direktzahlungen und einzelne Maßnahmen im Rahmen des ELER (Art. 67 Abs. 2 VO 1306/2013).

heitlicht sekundärrechtlich also die Verwaltung und Kontrolle der Unionsbeihilfenvergabe, wobei den Mitgliedstaaten allerdings inhaltlich nur bedingt Vorgaben zur konkreten Subventionsverwaltung gemacht werden.

§ 6 Ergebnis zu Teil 3

In Teil 3 der Arbeit wurden die Agrarbeihilfen der Europäischen Union näher untersucht. Die Gemeinsame Agrarpolitik hat sich von einer interventionistischen Preisstützungspolitik hin zu einer stärker am Marktgeschehen ausgerichteten Politik der entkoppelten, direkten Einkommensbeihilfen entwickelt, die nicht in die welthandelsrechtlich notifizierten Subventionsvolumina einzurechnen sind, sondern weitestgehend unter die Green Box-Ausnahmen zu subsumieren sind. Insbesondere die öffentliche Intervention und die Beihilfen zur privaten Lagerhaltung sind weiterhin Preisstützungsmechanismen. Sie werden allerdings nur noch im Falle von Marktkrisen angewendet. Exportsubventionen werden mittlerweile nicht mehr vergeben. Die GAP hat sich seit der Agenda 2000 mit der Einführung der fakultativen Cross Compliance über die Fischler Reform von 2003 mit der obligatorischen Cross Compliance und der Einführung der Greening-Prämie durch die GAP-Reform 2013 zunehmend ökologisiert.

Seit der Agenda 2000 besitzt die GAP Zwei-Säulen, wobei die erste Säule das Recht der Marktorganisation erfasst und die zweite Säule das Recht der Agrarstrukturförderung. Die erste GAP-Säule ist durch eine Alleinfinanzierung durch die Europäische Union geprägt. Ihr Kernelement stellen die Unionsbeihilfen der Direktzahlungen dar, die sich in verschiedene Unterbeihilfen unterteilen lassen. Die Direktzahlungen sehen sowohl obligatorische als auch fakultative Beihilfenprogramme vor. Dabei ist das Wie der Beihilfenprogramme allerdings weitestgehend durch einen engen Regelungsrahmen durch die Europäische Union vorgegeben, wenngleich eine leichte Dezentralisierung festgestellt werden kann. Neben der Konkretisierung gewisser Beihilfenprogramme werden den Mitgliedstaaten gewisse Handlungsspielräume insbesondere hinsichtlich der Zuweisung der europäischen Gelder zugestanden. Insgesamt wird in der ersten GAP-Säule ein „top down"-Ansatz verfolgt, also eine Konkretisierung der Beihilfenprogramme zunächst maßgeblich durch die Europäische Union und erst in einem zweiten Schritt in engeren grenzen durch die Mitgliedstaaten. Die bedeutendste Neuerung in der ersten GAP-Säule stellt die Greening-Prämie dar. Sie wird als Ausgleich und Anreiz für die Erbringung von gemeinwirtschaftlichen Leistungen gewährt. Damit handelt es sich nach der Übertragung der Altmark Trans-Kriterien mangels Begünstigung um keine Beihilfe im strengen Sinne. Dennoch finden bei der Vergabe von Greening-Prämien im Wesentlichen die gleichen Regelungen wie auf die Vergabe von Unionsbeihilfen im strengen Sinne Anwendung.

Die Unionsbeihilfen der zweiten Säule stellen die ELER-Beihilfen dar, die weitgehend zwischen Europäischer Union und den Mitgliedstaaten kofinanziert werden. Durch die Modulation wird den jeweiligen Mitgliedstaaten ermöglicht, bis zu 15% ihrer nationalen Obergrenzen der ersten GAP-Säule für die Umsetzung des ELER-Programms zu verwenden. Zur Umsetzung des ELER-Programms haben die Mitgliedstaaten jeweils nationale ELER-Programme auszuarbeiten. Die Mitgliedstaaten müssen bei der konkreten Ausgestaltung auf den ELER-Maßnahmenkatalog zurückgreifen. Die nationalen ELER-Programme werden der Kommission sodann zur Genehmigung vorgelegt, wobei die Kommission nur eingeschränkte Genehmigungskompetenzen besitzt. Es wird ein „bottom up"-Ansatz verfolgt, bei dem die Mitgliedstaaten deutlich stärker als im Rahmen der ersten GAP-Säule als subventionsgestaltende Entität auftreten. Das ELER-Beihilfenprogramm ist außerdem durch ein starkes Maß an Kooperation zwischen Europäischer Union und Mitgliedstaaten geprägt. Die EU gibt den Mitgliedstaaten beim ELER-Programm also weitgehende Freiräume zur konkreten Ausgestaltung.

Literaturverzeichnis

Altemöller, Frank: Das Welthandelssystem nach der Ministerkonferenz in Bali: Eine Zukunft für den Multilateralismus?, EuZW 2015, S. 135 ff.

Altmeyer, Sabine: Gemeinschaftsrechtswidrige staatliche Beihilfen, 1999.

Arnim, Hans Herbert von: § 138 Finanzzuständigkeit, in: Isensee/Kirchhof (Hrsg.), Handbuch Staatsrecht, Band 6, S. 837 ff. (zitiert als: *von Arnim*, in: Isensee/Kirchhof (Hrsg.), Handbuch Staatsrecht, Bd. 6, § 138, Rn. …)

Athanasiadou, Natasa: Der Verwaltungsvertrag im EU-Recht, 2017

Augsberg, Steffen: Europäisches Verwaltungsorganisationsrecht und Vollzugsformen, in: Terhechte (Hrsg.), Verwaltungsrecht der Europäischen Union, 1. Auflage 2010 (zitiert als: *Augsberg*, in: Terhechte (Hrsg.), EuVwR, § 6, Rn. …)

Baldock, David: Twisted together: European agriculture, environment and the Common Agricultural Policy, in: McMahon/Cardwell (Hrsg.), Research Handbook on EU Agriculture Law, 2015, S. 125 ff. (zitiert als: *Baldock*, Twisted together: European agriculture, environment and the Common Agricultural Policy, in: McMahon/Cardwell (Hrsg.), Research Handbook on EU Agriculture Law, S. 125 ff. (…))

Bartosch, Andreas: Die Selektivität der Selektivität – Wie ist es um die Gestaltungsfreiräume der Mitgliedstaaten in der Wirtschaftsförderung bestellt?, EuZW 2015, S. 99 ff. (zitiert als *Bartosch*, Die Selektivität der Selektivität, EuZW 2015, S. 99 ff. (…)).

ders.: EU-Beihilfenrecht, 2. Auflage 2016 (zitiert als: *Bartosch*, EU-BeihR, Art. …, Rn. …)

Basedow, Jürgen: Das Sozialmodell von Lissabon: Solidarität statt Wettbewerb?, EuZW 2008, S. 225.

Baßeler, Ulrich/Heinrich, Jürgen/Utecht, Burkhard: Grundlagen und Probleme der Volkswirtschaft, 19. Auflage 2010

Behrens, Peter: Der Wettbewerb im Vertrag von Lissabon, EuZW 2008, S. 193.

Belger, Guido: Das Agrarbeihilfenrecht, 2011 (zitiert als: *Belger*, Agrarbeihilfenrecht, 2011, S. …)

Beljin, Sasa: § 28 Beihilfenrecht, in: Schulze/Zuleeg/Kadelbach (Hrsg.), Europarecht – Handbuch für die deutsche Rechtspraxis, 3. Auflage 2015 (zitiert als: *Beljin*, in: Schulze/Zuleeg/Kadelbach (Hrsg.), Europarecht, § 28, Rn. …)

Bickenbach, Christian: Das Subsidiaritätsprinzip in Art. 5 EUV und seine Kontrolle, EuR 2013, S. 523 ff.

Bievert, Bernd: Der Mißbrauch von Handlungsformen im Gemeinschaftsrecht, 1999

Blanke, Hermann-Josef: Vertrauensschutz im deutschen und europäischen Verwaltungsrecht, 2000

Bleckmann, Albert: Beihilfenkompetenz der europäischen Gemeinschaften, DöV 1977, S. 615 ff.

ders.: Zur Auflage im europäischen Beihilferecht, NVwZ 2004, S. 11 ff.

Booth, John Leonhard: § 27 Europäisches Marktordnungs- und Beihilfenrecht, II. Europäisches (Agrar-)Beihilfenrecht, in: Dombert/Witt (Hrsg.), Münchener Anwaltshandbuch Agrarrecht, 2. Auflage 2016 (zitiert als: *Booth*, in: Dombert/Witt (Hrsg.), Münchener Anwaltshandbuch Agrar, § 27 II, Rn. …)

Bungenberg, Marc: Anwendungsbereich des Europäischen Beihilferechts und Ausnahmen, in: Birnstiel/Bungenberg/Heinrich (Hrsg.), Europäisches Beihilfenrecht, 1. Auflage 2013, S. 101 ff. (zitiert als: *Bungenberg*, in: Birnstiel/Bungenberg/Heinrich (Hrsg.), EuropBeihR, S. 101 ff., Rn. …)

ders.: Artikel 14 VO 659/1999 – Rückforderung von Beihilfen, in: Birnstiel/Bungenberg/Heinrich (Hrsg.), Europäisches Beihilfenrecht, 1. Auflage 2013, S. 955 ff. (zitiert als: *Bungenberg*, in: Birnstiel/Bungenberg/Heinrich (Hrsg.), EuropBeihR, S. 951 ff., Rn. …)

ders.: Vergaberecht im Wettbewerb der Systeme, 2007.

ders.: § 11 Europäisches Verwaltungsrecht und WTO-Recht, in: Terhechte (Hrsg.), Verwaltungsrecht der Europäischen Union, 1. Auflage 2010 (zitiert als: *Bungenberg*, in: Terhechte (Hrsg.), EuVwR, § 11, Rn. …)

ders.: § 16 Das primäre Binnenmarktrecht der öffentlichen Auftragsvergabe, in: Müller-Graff (Hrsg.), Europäisches Wirtschaftsordnungsrecht (EnzEuR, Bd. 4), 1. Auflage 2014 (zitiert als: *Bungenberg*, in: Müller-Graff (Hrsg.), Europäisches Wirtschaftsordnungsrecht, § 16, Rn. …)

ders.: § 21 Europäisches Subventionsverwaltungsrecht, in: Terhechte (Hrsg.), Verwaltungsrecht der Europäischen Union, 1. Auflage 2011 (zitiert als: *Bungenberg*, in: Terhechte (Hrsg.), EuVwR, § 21, Rn. …)

ders.: § 33 Eigentumsgrundrecht, in: Heselhaus/Nowak (Hrsg.), Handbuch der Europäischen Grundrechte, 1. Auflage 2006 (zitiert als: *Bungenberg*, in: Heselhaus/Nowak (Hrsg.), Handbuch EuGR, § 33, Rn. …)

Bungenberg, Marc/Motzkus, Matthias: Länderbericht Bundesrepublik Deutschland, in: Birnstiel/Bungenberg/Heinrich (Hrsg.), Europäisches Beihilfenrecht, 1. Auflage 2013, S. 1247 ff. (zitiert als: *Bungenberg/Motzkus*, in: Birnstiel/Bungenberg/Heinrich (Hrsg.), EuropBeihR, S. 1247 ff., Rn. …)

Bungenberg, Marc/Scheelhaas, Stefan: Beihilfenrechtliche Regelungen in (Freihandels-) Abkommen der EU, in: Jaeger/Haslinger (Hrsg.), Jahrbuch Beihilferecht 17, 2017, S. 591 ff.

Burfisher, Mary E./Hopkins, Jeffrey: Decoupled Payments: Household Income Transfers in Contemporary U.S., 2003

Burgi, Martin: § 18 Rechtsregime, in: Hoffmann-Riem/Schmidt-Aßmann/Voßkuhle (Hrsg.), Grundlagen des Verwaltungsrechts, Bd. 1, 2. Auflage 2012 (zitiert als: *Burgi*, in: Hoffmann-Riem/Schmidt-Aßmann/Voßkuhle (Hrsg.), Grundlagen des Verwaltungsrechts, § 18, Rn. …)

Busse, Christian: § 25 Agrarrecht, in: Schulze/Zuleeg/Kadelbach (Hrsg.), Europarecht – Handbuch für die deutsche Rechtspraxis, 3. Auflage 2015 (zitiert als: *Busse*, in: Schulze/Zuleeg/Kadelbach (Hrsg.), Europarecht, § 25, Rn. …)

ders.: Das Auslaufen der EU-Milchquotenregelung zum Milchquotenjahr 2014/2015, AUR 2015, S. 10 ff.

ders.: Das neue Agrarmarktrecht der GAP-Reform 2014/2015 – Zur Ablösung der Verordnung (EG) Nr. 1234/2007 durch die Verordnung (EU) Nr. 1308/2013, AUR 2015, S. 321 ff. (zitiert als: *Busse*, Das neue Agrarmarktrecht der GAP-Reform 2014/2015, AUR 2015, S. 321 ff. (…))

ders.: Herausforderungen einer teilweisen Renationalisierung der GAP, AUR 2018, S. 121

Calliess, Christian: Subsidiaritäts- und Solidaritätsprinzip in der Europäischen Union, 2. Auflage 1999 (zitiert als: *Calliess*, Subsidiaritätsprinzip, S. …).

ders.: § 20 Eigentumsgrundrecht, in: Ehlers (Hrsg.), Europäische Grundrechte und Grundfreiheiten, 4. Auflage 2014 (zitiert als: *Calliess*, in: Ehlers (Hrsg.), EuGR, § 20, Rn. …)

Calliess, Christian/Ruffert, Matthias: EUV/AEUV, 5. Auflage 2016 (zitiert als: *Verfasser*, in: Calliess/Ruffert (Hrsg.), EUV/AEUV, Art. …, Rn. …)

Cardwell, Michael N.: The direct payments regime: Delivering 'a fair standard of living for the agricultural community'?, in: McMahon/Cardwell (Hrsg.), Research Handbook on EU Agriculture Law, 2015, S. 41 ff. (zitiert als: *Cardwell*, The direct payments regime: Delivering 'a fair standard of living for the agricultural community'?, in: McMahon/Cardwell (Hrsg.), Research Handbook on EU Agriculture Law, S. 41 ff. (…))

Cardwell, Michael N./McMahon, Joseph A.: Looking back to look forward, in: McMahon/Cardwell (Hrsg.), Research Handbook on EU Agriculture Law, 2015, S. 531 ff. (zitiert als: *Cardwell/McMahon*, Looking back to look forward, in: McMahon/Cardwell (Hrsg.), Research Handbook on EU Agriculture Law, S. 531 ff. (…))

Caspari, Manfred: Die Beihilferegeln des EWG-Vertrags und ihre Anwendung, in: Mestmäcker/Möller/Schwarz (Hrsg.), ‚Eine Ordnung für Europa‘, FS von der Groeben, 1987, S. 69 ff. (zitiert als: *Caspari*, Die Beihilferegeln des EWG-Vertrags und ihre Anwendung, in: Mestmäcker/Möller/Schwarz (Hrsg.), FS von der Groeben, 1987, S. 69 ff. (…))

Cichy, Patrick: Wettbewerbsverfälschungen durch Gemeinschaftsbeihilfen, 2002 (zitiert als: *Cichy*, Gemeinschaftsbeihilfen, 2002, S. …)

Cloots, Elke: National Identity in EU Law, 2015

Cremer, Wolfram: Forschungssubventionen im Lichte des EGV, 1995 (zitiert als: *Cremer*, Forschungssubventionen, 1995, S. …)

Danielsen, Jens Hartig: EU Agriculture Law, 2013

Detterbeck, Steffen: Allgemeines Verwaltungsrecht, 16. Auflage 2018 (zitiert als: *Detterbeck*, Allgemeines Verwaltungsrecht, S. …)

Dickertmann, Dietrich/Diller, Klaus Dietrich: Subventionswirkungen, in: Wirtschaftswissenschaftliches Studium 1990, S. 478 ff.

Dickertmann, Dietrich/Leiendecker, Annemarie: Subventionen, in: Hasse/Schneider/ Weigelt (Hrsg.), Lexikon Soziale Marktwirtschaft, 2. Auflage 2005, S. 444 ff. (zitiert als: *Dickertmann/Leiendecker*, Subventionen, in: Hasse/Schneider/Weigelt (Hrsg.), Lexikon Soziale Marktwirtschaft, S. 444 ff. (...))

Diest, Antoinette von: Änderungen im Diskriminierungsschutz durch die Europäische Grundrechtecharta, 2016 (zitiert als: *Diest*, Änderungen im Diskriminierungsschutz durch die Europäische Grundrechtecharta, 2016, S. ...)

Düsing, Mechtild/Martínez, José: Agrarrecht, 1. Auflage 2016 (zitiert als: *Verfasser*, in: Düsing/Martínez (Hrsg.), Agrarrecht, Art. ..., Rn. ...)

Ehlers, Dirk: Die Grundfreiheiten des europäischen Gemeinschaftsrechts, JURA 2001, S. 266 ff.

Eilmansberger, Thomas: in: Birnstiel/Bungenberg/Heinrich (Hrsg.), EuropBeihR, S. 174 ff. (zitiert als: *Eilmansberger*, in: Birnstiel/Bungenberg/Heinrich (Hrsg.), EuropBeihR, S. 174 ff., Rn. ...)

Ellis, Evelyn/Watson, Philippa: EU Anti-Diskrimination Law, 2. Auflage 2012 (zitiert als: *Ellis/Watson*, EU Anti-Discrimination Law, 2. Auflage 2012, S. ...)

Englisch, Joachim: Zur Bedeutung des gemeinschaftsrechtlichen Gleichheitssatzes im Recht der Gemeinschaftsbeihilfen, EuR 2009, S. 488 ff.

Epping, Volker/Hillgruber, Christian: Beck'scher Online-Kommentar Grundgesetz, 39. Edition 2018 (zitiert als: *Verfasser*, in: Epping/Hillgruber (Hrsg.), BeckOK GG, Art. ..., Rn. ...)

Franken, Lorenz: Ausfuhrsubventionen nach dem Landwirtschaftsübereinkommen, in: Ehlers/Wolffgang/Schröder (Hrsg.), Subventionen im WTO- und EG-Recht, 2007, S. 53 ff.

Frenz, Walter: Beihilfe- und Vergaberecht (Handbuch Europarecht, Bd. 3), 1. Auflage 2007 (zitiert als: *Frenz*, Beihilfe- und Vergaberecht, Rn. ...)

ders.: Demokratiebegründete nationale Mitwirkungsrechte und Aufgabenreservate, EWS 2009, S. 345 ff.

ders.: Europäische Grundrechte (Handbuch Europarecht, Bd. 4), 1. Auflage 2009 (zitiert als: *Frenz*, Europäische Grundrechte, Rn. ...)

ders.: Grundrechtlicher Vertrauensschutz – nicht nur ein allgemeiner Rechtsgrundsatz, EuR 2008, S. 468 ff.

Ganglbauer, Nina Maria: Das Grundrecht der unternehmerischen Freiheit gem Art 16 GRC, in: Kahl/Raschauer/Storr (Hrsg.), Grundsatzfragen der Europäischen Grundrechtecharta, 2013, S. 203 ff.

Gilsdorf, Peter: Gemeinschaftssubventionen im Bereiche der Landwirtschaft, in: Börner/Bullinger (Hrsg.), Subventionen im Gemeinsamen Markt, 1978, S. 215 ff.

Göttsche, Götz: § 5 WTO als Rechtsordnung, in: Hilf/Oeter (Hrsg.), WTO-Recht, 2. Auflage 2010 (zitiert als: *Göttsche*, in: Hilf/Oeter (Hrsg.), WTO-Recht, § 5, Rn. ...)

Götz, Volkmar: Generalbericht, in: Börner/Bullinger (Hrsg.), Subventionen im Gemeinsamen Markt, 1978, S. 371 ff.

Grabenwarter, Christoph: § 13 Wirtschaftliche Grundrechte, in: Grabenwarter (Hrsg.), Europäischer Grundrechteschutz (EnzEuR, Bd. 2), 1. Auflage 2014 (zitiert als: *Grabenwarter*, in: Grabenwarter (Hrsg.), Europäischer Grundrechteschutz, § 13, Rn. …)

Grabitz, Eberhard/Hilf, Meinhard/Nettesheim, Martin: Das Recht der Europäischen Union, EUV/AEUV, 65. Ergänzungslieferung 2018 (zitiert als: *Verfasser*, in: Grabitz/Hilf/Nettesheim (Hrsg.), EuR, Art. …, Rn. …)

Grave, Carsten: Der Begriff der Subvention im WTO-Übereinkommen über Subventionen und Ausgleichsmaßnahmen, 2002

Grimm, Christian/Norer, Roland: Agrarrecht, 4. Auflage 2015 (zitiert als: *Grimm/Norer*, Agrarrecht, S. …)

Groeben, Hans von der/Boeckh, Hans von /Thiesing, Jochen: Kommentar zum EWG-Vertrag, Band 2, 2. Auflage 1974 (zitiert als: *Verfasser*, in: Groeben/Boeckh/Thiesing (Hrsg.), Kommentar zum EGV, Bd. 2, Art. …, S. …)

Groeben, Hans von der/Schwarze, Jürgen/Hatje, Armin: Europäisches Unionsrecht, 7. Auflage 2015 (zitiert als: *Verfasser*, in: Groeben/Schwarze/Hatje (Hrsg.), EuR, Art. …, Rn. …)

Gröpl, Christoph: Staatseinnahmen und Staatsausgaben im demokratischen Verfassungsstaat, AöR 2008, S. 1 ff

ders.: Staatsrecht I, 8. Auflage 2016 (zitiert als: *Gröpl*, Staatsrecht, Rn. …)

Groteloh, Philipp: § 27 Europäisches Marktordnungsrecht- und Beihilferecht, I. Europäisches Marktordnungsrecht, in: Dombert/Witt (Hrsg.), Münchener Anwaltshandbuch Agrarrecht, 2. Auflage 2016 (zitiert als: *Groteloh*, in: Dombert/Witt (Hrsg.), Münchener Anwaltshandbuch Agrar, § 27 I, Rn. …)

Guckelberger, Annette: Veröffentlichung der Leistungsempfänger von EU-Subventionen und unionsgrundrechtlicher Datenschutz, EuZW 2011, S. 126 ff.

Haack, Stefan: Verlust der Staatlichkeit, 2007

Haarstrich, Jens: Anforderungen an eine landwirtschaftliche Mindesttätigkeit zur Aktivierung von Zahlungsansprüchen, AUR 2016, S. 434 ff.

Hahn, Michael: WTO-Beihilfenrecht, in: Birnstiel/Bungenberg/Heinrich (Hrsg.), Europäisches Beihilfenrecht, 1. Auflage 2013, S. 1407 ff. (zitiert als: *Hahn*, in: Birnstiel/Bungenberg/Heinrich (Hrsg.), EuropBeihR, S. 1407 ff., Rn. …)

Harings, Lothar: Subventionen im Marktordnungsrecht, in: Ehlers/Wolffgang/Schröder (Hrsg.), Subventionen im WTO- und EG-Recht, 2007, S. 113 ff.

Härtel, Ines: § 7 Agrarrecht, in: Ruffert (Hrsg.), Europäisches Sektorales Wirtschaftsrecht (EnzEuR, Bd. 5), 1. Auflage 2013 (zitiert als: *Härtel*, in: Ruffert (Hrsg.), EuropSektWirtschR, § 7, Rn. …)

dies.: § 11 Gesetzgebungsordnung der Europäischen Union, in: Hatje/Müller-Graff (Hrsg.), Europäisches Organisations- und Verfassungsrecht (EnzEuR, Bd. 1), 1. Auflage 2014, (zitiert als: *Härtel*, in: Hatje/Müller-Graff (Hrsg.), Europäisches Organisations- und Verfassungsrecht, § 11, Rn. …)

dies.: § 37 Agrarverwaltungsrecht, in: Terhechte (Hrsg.), Europäisches Verwaltungsrecht, 1. Auflage 2011 (zitiert als: *Härtel*, in: Terhechte (Hrsg.), EuVwR, § 37, Rn. …)

Harvey, David: What does the history of the Common Agricultural Policy tell us?, in: McMahon/Cardwell (Hrsg.), Research Handbook on EU Agriculture Law, 1. Auflage 2015, S. 3 ff. (zitiert als: *Harvey*, What does the history of the Common Agricultural Policy tell us?, in: McMahon/Cardwell (Hrsg.), Research Handbook on EU Agriculture Law, S. 3 ff. (…))

Hatje, Armin: Wirtschaftsverfassung im Binnenmarkt, in: Bogdandy/Bast (Hrsg.), Europäisches Verfassungsrecht, 1. Auflage 2009,S. 801 ff. (zitiert als: *Hatje*, in: Bogdandy/Bast (Hrsg.), Europäisches Verfassungsrecht, S. 801 ff. (…))

Heidenhain, Martin: § 3 General Principles, in: Heidenhain (Hrsg.), European State Aid Law, 1. Auflage 2010 (zitiert als: *Heidenhain*, in: Heidenhain (Hrsg.), European State Aid Law, § 3, Rn. …)

ders.: § 4 The Concept of State Aid, in: Heidenhain (Hrsg.), European State Aid Law, 1. Auflage 2010 (zitiert als: *Heidenhain*, in: Heidenhain (Hrsg.), European State Aid Law, § 4, Rn. …)

Heinrich, Helge: Beeinträchtigung des Handels zwischen den Mitgliedstaaten, in: Birnstiel/Bungenberg/Heinrich (Hrsg.), Europäisches Beihilfenrecht, 1. Auflage 2013, S. 162 ff. (zitiert als: *Heinrich*, in: Birnstiel/Bungenberg/Heinrich (Hrsg.), EuropBeihR, S. 162 ff., Rn. …)

Herdegen, Matthias: Europarecht, 16. Auflage 2014 (zitiert als: *Herdegen*, Europarecht, S. …)

ders.: Principles of International Economic Law, 2013

ders.: Völkerrecht, 17. Auflage 2017 (zitiert als: *Herdegen*, Völkerrecht, S. …)

Heselhaus, Sebastian: § 32 Eigentumsgrundrecht, in: Heselhaus/Nowak (Hrsg.), Handbuch der Europäischen Grundrechte, 1. Auflage 2006 (zitiert als: *Heselhaus*, in: Heselhaus/Nowak (Hrsg.), Handbuch EuGR, § 32, Rn. …)

Hilf, Meinhard/Classen, Kai-Dieter: Der Vorbehalt des Gesetzes im Recht der Europäischen Union, in: Osterloh/Schmidt/Weber (Hrsg.),„Staat, Wirtschaft und Finanzverwaltung", FS Peter Selmer, 2004, S. 71 ff. (zitiert als: *Hilf/Classen*, Der Vorbehalt des Gesetzes im Recht der Europäischen Union, in: Osterloh/Schmidt/Weber (Hrsg.), FS Selmer, 2004, S. 71 ff. (…))

Hobe, Stephan: Europarecht, 8. Auflage 2014 (zitiert als: *Hobe*, Europarecht, S. …)

Hoch, Felicitas: Die Kulturförderung der Europäischen Union, 2013 (zitiert als: *Hoch*, Kulturförderung, 2013, S. …)

Holm-Müller, Karin: Bewertung nicht-marktfähiger Leistungen der Landwirtschaft – eine Herausforderung für die Forschung, Agrarwirtschaft 2003, S. 353 ff. (zitiert als: *Holm-Müller*, Bewertung nicht-marktfähiger Leistungen der Landwirtschaft, Agrarwirtschaft 2003, S. 353 ff.)

Höreth, Marcus: Die Demokratieverflechtungsfalle, in: Lhotta/Ketelhut/Schöne (Hrsg.), Das Lissabon-Urteil, 2013, S. 37 ff.

Hösch, Ulrich: Der Einfluss des Warenverkehrs (Art. 30 EWGV) auf das Recht des unlauteren Wettbewerbs, 1994

Immenga, Matthias/Mestmäcker, Ernst-Joachim: Wettbewerbsrecht, Bd. 3 Beihilfenrecht/Sonderbereiche, 5. Auflage 2016 (zitiert als: *Verfasser*, in: Immenga/Mestmäcker (Hrsg.), Wettbewerbsrecht, Art. …, Rn. …)

Isensee, Josef: Budgetrecht des Parlaments zwischen Schein und Sein, JZ 2005, S. 971 ff.

Jambor, Attila/Babu, Suresh: Competitiveness of Global Agriculture – Policy Lessons for Food Security, 2016 (zitiert als: *Jambor/Babu,* Competitiveness of Global Agriculture, 2016, S. ...)

Jarass, Hans: Charta der Grundrechte der Europäischen Union, 3. Auflage 2016 (zitiert als: *Jarass,* GRCh, Art. ..., Rn. ...)

ders.: Der Vorbehalt des Gesetzes bei Subventionen, NVwZ 1984, S. 473 ff.

Jessen, Henning: § 17 Landwirtschaft, in: Hilf/Oeter (Hrsg.), WTO-Recht, 1. Auflage 2010 (zitiert als: *Jessen,* in: Hilf/Oeter (Hrsg.), WTO-Recht, § 17, Rn. ...)

Jirousek, Adam: Die subventionsrechtlichen Systeme der Welthandelsorganisation, der Europäischen Gemeinschaft und der Nordamerikanischen Freihandelszone, 2007

Josling, Timothy E./Tangermann Stefan/Warley T. K., Agriculture in the GATT, 1996 (zitiert als: *Josling/Tangermann/Warley,* Agriculture in the GATT, 1996, S. ...)

Kahl, Wolfgang: Der europäische Verwaltungsverbund: Strukturen – Typen – Phänomene, Der Staat 2011, S. 353 ff. (zitiert als: *Kahl,* Der europäische Verwaltungsverbund, Der Staat 2011, S. 353 ff. (354 ff.).

Kämmerer, Jörn Axel: § 124 Subventionen, in: Isensee/Kirchhof (Hrsg.), Handbuch des Staatsrechts, Bd. 5, 3. Auflage 2007 (zitiert als: *Kämmerer,* in: Isensee/Kirchhof (Hrsg.), Handbuch Staatsrecht, Bd. 5, § 124, Rn. ...)

Karpenstein, Peter: Die Finanzierung der Gemeinsamen Agrarpolitik der Europäischen Gemeinschaften, in: Ress/Will (Hrsg.), Vorträge, Reden und Berichte aus dem Europa-Institut, 1985

Kenen, Peter: The International Economy, 3. Auflage 1994 (zitiert als: *Kenen,* The International Economy, S. ...)

Kiekebusch, Dirk: Der Grundsatz der begrenzten Einzelermächtigung, 2017

Kilian, Wolfgang: Subventionstransparenz und Datenschutz, NJW 2011, S. 1325 ff.

Kilian, Wolfgang/Wendt, Domenik Henning: Europäisches Wirtschaftsrecht, 5. Auflage 2016 (zitiert als: *Kilian/Wendt,* Europäisches Wirtschaftsrecht, Rn. ...)

Kirchhof, Ferdinand: Empfehlen sich Maßnahmen um in der Finanzverfassung Aufgaben- und Ausgabenverantwortung von Bund, Ländern und Gemeinden stärker zusammen zu führen?, in: Ständige Deputation des Deutschen Juristentages (Hrsg.), Verhandlungen des einundsechzigsten Deutschen Juristentages, 1996, S. D 10 ff. (zitiert als: *F. Kirchhof,* Empfehlen sich Maßnahmen um in der Finanzverfassung Aufgaben- und Ausgabenverantwortung von Bund, Ländern und Gemeinden stärker zusammen zu führen?, in: Ständige Deputation des Deutschen Juristentages (Hrsg.), Verhandlungen des einundsechzigsten Deutschen Juristentages, 1996, S. D 10 ff. (...))

Kirchhof, Paul: § 183 Der deutsche Staat im Prozeß der europäischen Integration, in: Isensee/Kirchhof (Hrsg.), Handbuch des Staatsrechts, Bd. 7, 1. Auflage 1992 (zitiert als: *P. Kirchhof,* in: Isensee/Kirchhof (Hrsg.), Handbuch Staatsrecht, Bd. 7, § 138, Rn. ...)

Kischel, Uwe: Zur Dogmatik des Gleichheitssatzes in der Europäischen Union, EuGRZ 1997, S. 1 ff.

Klein, Hans Hugo: § 50 Stellung und Aufgaben des Bundestages, in: Isensee/Kirchhof (Hrsg.), Handbuch des Staatsrechts, Bd. 3, 3. Auflage 2005 (zitiert als: *Klein*, in: Isensee/Kirchhof (Hrsg.), Handbuch Staatsrecht, Bd. 3, § 50, Rn. …)

Kleine, Juliana/Sühnel, Steffen: in: Birnstiel/Bungenberg/Heinrich (Hrsg.), EuropBeihR, 1. Auflage 2013, S. 126 ff. (zitiert als: *Kleine/Sühnel*, in: Birnstiel/Bungenberg/Heinrich (Hrsg.), EuropBeihR, S. 126 ff., Rn. …)

Klement, Jan Henrik: Wettbewerbsfreiheit, 2015

Köster, Thomas: Art. 14 Regulation 659/1999 – Recovery of Aid, in: Säcker/Montag (Hrsg.), European State Aid Law, 1. Auflage 2016, S. 1599 ff. (zitiert als: *Köster*, in: Säcker/Montag (Hrsg.), European State Aid Law, S. 1599 ff., Rn. …)

Koester, Ulrich: Grundzüge der landwirtschaftlichen Marktlehre, 5. Auflage 2016 (zitiert als: *Koester*, Landwirtschaftliche Marktlehre, S. …)

Krajewski, Markus: Wirtschaftsvölkerrecht, 4. Auflage 2017 (zitiert als: *Krajewski*, Wirtschaftsvölkerrecht, S. …)

Krug, Simone: Die Finanzierung der GAP im Kontext des Verfassungssystems der EU, 2008 (zitiert als: *Krug*, Die Finanzierung der GAP, 2008, S. …)

Krüger, Wolfgang/Haarstrich, Jens: Die Reform der Gemeinsamen Agrarpolitik – die wesentlichen Änderungen ab 2015, AUR 2015, S. 129 ff. (zitiert als: *Krüger/Haarstrich*, Die Reform der Gemeinsamen Agrarpolitik, AUR 2015, S. 129 ff. (…))

Laitenberger, Johannes: Der nächste mehrjährige EU-Finanzrahmen und das EU-Beihilfenrecht, EuZW 2018, S. 177 ff.

Loscher, Tobias: Präventive Aufsicht der Europäischen Union über den Bundeshaushalt, 2014

Löw, Norbert: Der Rechtsschutz des Konkurrenten gegenüber Subventionen aus gemeinschaftsrechtlicher Sicht, 1992

Lukas, Martin: Anfechtbare Subventionen nach dem WTO-Subventionsübereinkommen, in: Ehlers/Wolffgang/Schröder (Hrsg.), Subventionen im WTO- und EG-Recht, 2007, S. 43 ff.

Mangoldt, Hermann von/Klein, Friedrich/Starck, Christian: Kommentar zum Grundgesetz, 7. Auflage 2018 (zitiert als: *Verfasser*, in: Mangoldt/Klein/Starck (Hrsg.), GG, Art. …, Rn. …)

Martínez, José: Die Zukunft der Agrarbeihilfen, AUR 2010, S. 261 ff.

ders.: Generalbericht der Kommission I, in: Norer (Hrsg.), CAP Reform: Market Organisation and Rural Areas, 2017, S. 137 ff. (zitiert als: *Martínez*, Generalbericht der Kommission I, in: Norer (Hrsg.), CAP Reform: Market Organisation and Rural Areas, 2017, S. 137 ff. (…))

ders.: Landwirtschaft und Wettbewerbsrecht – Bestandsaufnahme und Perspektiven, EuZW 2010, S. 368 ff. (zitiert als: *Martínez*, Landwirtschaft und Wettbewerbsrecht, EuZW 2010, S. 368 ff. (…))

ders.: § 6 Die Gemeinsame Agrar- und Fischereipolitik der Union, in: Niedobitek (Hrsg.), Europarecht – Politiken der Union, 1. Auflage 2014 (zitiert als: *Martínez*, in: Niedobitek (Hrsg.), Politiken der Union, § 6, Rn. …)

Massot, Albert: Die künftige Gemeinsame Agrarpolitik nach 2020, 2018, http://www.europarl.europa.eu/factsheets/de/sheet/113/die-kunftige-gemeinsame-agrarpolitik-nach-2020 (zitiert als: *Massot*, Die künftige Gemeinsame Agrarpolitik nach 2020, 2018, S. …)

Matsushita, Mitsuo/Schoenbaum, Thomas J./Mavroidis, Petros C./Hahn, Michael: The World Trade Organization, 3. Auflage 2015

Matthies, Heinrich: Grundlagen des Subventionsrechts und Kompetenzen aus EG-rechtlicher Sicht, ZHR 1988, S. 442 ff.

Maunz, Theodor/Dürig, Günter: Grundgesetz, 84. Auflage 2018 (zitiert als: *Verfasser*, in: Maunz/Dürig (Hrsg.), GG, Art. …, Rn. …)

Maurer, Hartmut: Staatsrecht I, 6. Auflage 2010

Mayr, Stefan: „Mixed" oder „EU-only" – Sind die Investitionsschutzbedingungen im CETA von der Außenhandelskompetenz der EU „gedeckt"?, EuR 2015, S. 575 ff.

McMahon, Joseph: Towards New Objectives for the CAP – A legal analysis, in: Norer (Hrsg.), CAP Reform: Market Organisation and Rural Areas, 2017, S. 73 ff. (zitiert als: *McMahon*, Towards New Objectives for the CAP, in: Norer (Hrsg.), CAP Reform: Market Organisation and Rural Areas, 2017, S. 73 ff. (…))

McMahon, Joseph A./Desta, Melaku Geboye: (1) The Agreement on Agriculture: setting the scene, in: McMahon/Desta (Hrsg.), Research Handbook on the WTO Agriculture Agreement, 2012, S. 1 ff. (zitiert als *McMahon/Desta*, in: McMahon/Desta (Hrsg.), WTO Agriculture Agreement, S. 1 ff. (…))

Meyer, Jürgen: Charta der Grundrechte der Europäischen Union, 4. Auflage 2014 (zitiert als: *Verfasser*, in: Meyer (Hrsg.), GRCh, Art. …, Rn. …)

Mittermüller, Bernhard: Umweltschutz im Europäischen Agrarrecht – Am Beispiel der Direktzahlungen, 2017 (zitiert als: *Mittermüller*, Umweltschutz im Europäischen Agrarrecht, 2017)

Möhler, Rolf: Abschnitt 40 Der Außenhandel mit landwirtschaftlichen Erzeugnissen und seine Einbindung in die Welthandelsordnung der WTO, in: Krenzler/Herrmann/Niestedt (Hrsg.), EU-Außenwirtschafts- und Zollrecht, 12. Auflage 2018 (zitiert als: *Möhler*, in: Krenzler/Herrmann/Niestedt (Hrsg.), EU-Außenwirtschafts- und Zollrecht, Abschn. 40, Rn. …)

Moersch, Wolfram: Leistungsfähigkeit und Grenzen des Subsidiaritätsprinzips, 2001

Mögele, Rudolf: Aktuelle Direktzahlungssysteme: Europäische Union – Die einheitliche Betriebsprämie in der EU, in: Norer (Hrsg.), Agrarische Direktzahlungen – rechtliche Aspekte in Konzeption und Vollzug, 2010, S. 71 ff. (zitiert als: *Mögele*, Aktuelle Direktzahlungssysteme: Europäische Union, in: Norer (Hrsg.), Agrarische Direktzahlungen, 2010, S. 71 ff. (…))

Möschel, Wernhard: Zum Subsidiaritätsprinzip im Vertrag von Maastricht, NJW 1993, S. 3025 ff.

Müller, Thomas: Wettbewerb und Unionsverfassung, 2014, S. 258

Müller-Graff, Peter-Christian: Die Erscheinungsformen der Leistungssubventionstatbestände aus wirtschaftsrechtlicher Sicht, ZHR 1988, S. 403 ff.

ders.: § 1 Europäisches Wirtschaftsordnungsrecht: Das System, in: Müller-Graff (Hrsg.), Europäisches Wirtschaftsordnungsrecht (EnzEuR, Bd. 4), 1. Auflage 2015 (zitiert als: *Müller-Graff*, in: Müller-Graff (Hrsg.), Europäisches Wirtschaftsordnungsrecht, § 1, Rn. ...)

ders.: § 9 Grundfreiheiten und Wettbewerbsordnung, in: Hatje/Müller-Graff (Hrsg.), Europäisches Organisations- und Verfassungsrecht (EnzEuR Bd. 1), 1. Auflage 2014 (zitiert als: *Müller-Graff*, in: Hatje/Müller-Graff (Hrsg.), Europäisches Organisations- und Verfassungsrecht, § 9, Rn. ...)

Nettesheim, Martin: „Euro-Rettung" und Grundgesetz, EuR 2011, S. 765 ff.

Niendorf, Tim: 25.000 demonstrieren in Frankfurt, FAZ.NET vom 18.09.2016

Norer, Roland: Lebendiges Agrarrecht, 2005

Nowak, Carsten: Europarecht nach Lissabon, 2011

ders.: § 13 Subventionen, in: Hilf/Oeter (Hrsg.), WTO-Recht, 2. Auflage 2010 (zitiert als: *Nowak*, in: Hilf/Oeter (Hrsg.), WTO-Recht, § 13, Rn. ...)

ders.: § 30 Berufsfreiheit und das Recht zu arbeiten, in: Heselhaus/Nowak (Hrsg.), Handbuch der Europäischen Grundrechte, 1. Auflage 2006 (zitiert als: *Nowak*, in: Heselhaus/Nowak (Hrsg.), Handbuch EuGR, § 30, Rn. ...)

O'Connor, Bernard: The impact of the Doha Round on the European Union's Common Agricultural Policy, in: McMahon/Cardwell (Hrsg.), Research Handbook on EU Agriculture Law, 2015, S. 387 ff. (zitiert als *O'Connor*, The impact of the Doha Round on the European Union's Common Agricultural Policy, in: McMahon/Cardwell (Hrsg.), Research Handbook on EU Agriculture Law, S. 387 ff. (...))

Ohler, Christoph: Die fiskalische Integration der Europäischen Gemeinschaft, 1997

Oppermann, Thomas: Europarecht, 3. Auflage 2005 (zitiert als: *Oppermann*, Europarecht, S. ...)

Oppermann, Thomas/Classen, Claus Dieter/Nettesheim, Martin: Europarecht, 6. Auflage 2014 (zitiert als: *Oppermann/Classen/Nettesheim*, Europarecht, S. ...)

Ossenbühl, Fritz: § 101 Vorrang und Vorbehalt des Gesetzes, in: Isensee/Kirchhof (Hrsg.), Handbuch des Staatsrechts, Bd. 5, 3. Auflage 2007 (zitiert als: *Ossenbühl*, in: Isensee/Kirchhof (Hrsg.), Handbuch Staatsrecht, Bd. 5, § 101, Rn. ...)

Pache, Eckhard/Pieper, Julia: Staatliche Mittel, in: Birnstiel/Bungenberg/Heinrich (Hrsg.), Europäisches Beihilfenrecht, 1. Auflage 2013, S. 116 ff. (zitiert als: *Pache/Pieper*, in: Birnstiel/Bungenberg/Heinrich (Hrsg.), EuropBeihR, S. 116 ff., Rn. ...)

dies: Selektivität, in: Birnstiel/Bungenberg/Heinrich (Hrsg.), Europäisches Beihilfenrecht, 1. Auflage 2013, S. 153 ff. (zitiert als: *Pache/Pieper*, in: Birnstiel/Bungenberg/Heinrich (Hrsg.), EuropBeihR, S. 153 ff., Rn. ...)

Pechstein, Matthias/Nowak, Carsten/Häde, Ulrich: Frankfurter Kommentar EUV/GRC/AEUV, 1. Auflage 2017 (zitiert als: *Verfasser*, in: Pechstein/Nowak/ Häde (Hrsg.), Frankfurter Kommentar, Art. ..., Rn. ...)

Peers, Steve/Hervey, Tamara/Kenner, Jeff/Ward, Angela: The EU Charter of Fundamental Rights, 1. Auflage 2014 (zitiert als: *Verfasser*, in: Peers et al. (Hrsg.), The EU Charter of Fundamental Rights, Art. ..., Rn. ...)

Petzold, Hans Arno: Unionsbeihilfen, in: Birnstiel/Bungenberg/Heinrich (Hrsg.), Europäisches Beihilfenrecht, 1. Auflage 2013, S. 1225 ff. (zitiert als: *Petzold*, in: Birnstiel/Bungenberg/Heinrich (Hrsg.), EuropBeihR, S. 1225 ff., Rn. ...)

Pitschas, Christian: Ausfuhrsubventionen nach dem WTO-Übereinkommen über die Landwirtschaft, RIW 2001, S. 205 ff.

ders.: B.I.12. Das Übereinkommen über Subventionen und Ausgleichsmaßnahmen, in: Prieß/Berrisch (Hrsg.), WTO-Handbuch, 1. Auflage 2003 (zitiert als: *Pitschas*, in: Prieß/Berrisch (Hrsg.), WTO-Handbuch, B.I.12., Rn. ...)

ders.: B.II. Allgemeines Übereinkommen über den Handel mit Dienstleistungen (GATS), in: Prieß/Berrisch (Hrsg.), WTO-Handbuch, 1. Auflage 2003 (zitiert als: *Pitschas*, in: Prieß/Berrisch (Hrsg.), WTO-Handbuch, B.II., Rn. ...)

Popper, Karl: Die offene Gesellschaft und ihre Feinde, Bd. 1: Der Zauber Platons, 2. Auflage 1970 (zitiert als: *Popper*, Die offene Gesellschaft und ihre Feinde, Bd. 1: Der Zauber Platons, S. ...)

ders.: Die offene Gesellschaft und ihre Feinde, Bd. 2: Falsche Propheten: Hegel, Marx und die Folgen, 2. Auflage 1970 (zitiert als: *Popper*, Die offene Gesellschaft und ihre Feinde, Bd. 2: Falsche Propheten: Hegel, Marx und die Folgen, S. ...)

Potter, Clive: Agricultural multifunctionality, working lands and public goods: Contested models of agri-environmental governance under the Common Agricultural Policy, in: McMahon/Cardwell (Hrsg.), Research Handbook on EU Agriculture Law, 2015, S. 113 ff. (zitiert als: *Potter*, Agricultural multifunctionality, working lands and public goods: Contested models of agri-environmental governance under the Common Agricultural Policy, in: McMahon/Cardwell (Hrsg.), Research Handbook on EU Agriculture Law, S. 113 ff. (...))

Priebe, Reinhard: Rückverlagerung von Aufgaben – ein Beitrag zu besserer Akzeptanz der Europäischen Union?, EuZW 2015, S. 697 ff. (zitiert als: *Priebe*, Rückverlagerung von Aufgaben, EuZW 2015, S. 697 ff. (...))

Prieß, Hans-Joachim/Pitschas, Christian: B.I.2. Das Übereinkommen über die Landwirtschaft, in: Prieß/Berrisch (Hrsg.), WTO-Handbuch, 1. Auflage 2003 (zitiert als: *Prieß/Pitschas*, in: Prieß/Berrisch (Hrsg.), WTO-Handbuch, B.I.2., Rn. ...)

Raaflaub, Patrick: Subventionsregeln der EU und des GATT, 1994

Ragonnaud, Guillaume/Massot, Albert: Die erste Säule der GAP: I – Die gemeinsame Marktorganisation (GMO) für landwirtschaftliche Erzeugnisse, 2017

dies.: Die künftige gemeinsame Agrarpolitik nach 2020, 2017, http://www.europarl.europa.eu/atyourservice/de/displayFtu.html?ftuId=FTU_3.2.9.html (zitiert als: *Ragonnaud/Massot*, Die künftige gemeinsame Agrarpolitik nach 2020, 2017)

Reblin, Jörg: Das GATT und der Weltagrarhandel, 1993

Rieckhoff, Henning: Der Vorbehalt des Gesetzes im Europarecht, 2007

Rodi, Michael: Die Subventionsrechtsordnung, 2000 (zitiert als: *Rodi*, Subventions-rechtsordnung, 2000, S. …)

Ruffert, Matthias: § 19 Berufsfreiheit und unternehmerische Freiheit, in: Ehlers (Hrsg.), Europäische Grundrechte und Grundfreiheiten, 4. Auflage 2015 (zitiert als: *Ruffert*, in: Ehlers (Hrsg.), EuGR, § 19, Rn. …)

Rydelski, Michael Sánchez: EG und WTO Antisubventionsrecht, 2001

Sasse, Thorsten: Die Grundrechtsberechtigung juristischer Personen durch die unter-nehmerische Freiheit gemäß Art. 16 der Europäischen Grundrechtecharta, in: EuR 2012, S. 628 ff. (zitiert als: *Sasse*, Unternehmerische Freiheit, EuR 2012, S. 628 ff. (…))

Saurer, Johannes: Der kompetenzrechtliche Verhältnismäßigkeitsgrundsatz im Recht der Europäischen Union, JZ 2014, S. 281 ff.

Schenk, Wolfgang: Die Leistungsverwaltung der EG als Herausforderung für das Eu-ropäische Verwaltungsrecht, in: Schmidt-Aßmann/Schöndorf/Haubold (Hrsg.), Der Europäische Verwaltungsverbund, 2005, S. 265 ff.

Scheidler, Alfred: Die Kompetenzen der Europäischen Union in Abgrenzung zu den Kompetenzen ihrer Mitgliedstaaten, VR 2013, S. 39 ff.

Schenk, Wolfgang: Strukturen und Rechtsfragen der gemeinschaftlichen Leistungs-verwaltung, 2006

Schmahl, Stefanie: § 6 Rechtsstaatlichkeit, in: Schulze/Zuleeg/Kadelbach (Hrsg.), Eu-roparecht, 3. Auflage 2015 (zitiert als: *Schmahl*, in: Schulze/Zuleeg/Kadelbach (Hrsg.), Europarecht, § 6, Rn. …)

dies.: § 15 Gleichheitsgarantien, in: Grabenwarter (Hrsg.), Europäischer Grundrech-teschutz (EnzEuR, Bd. 2), 1. Auflage 2014 (zitiert als: *Schmahl*, in: Grabenwarter (Hrsg.), Europäischer Grundrechteschutz, § 15, Rn. …)

Schmid-Kühnhöfer, Rüdiger: Die Staatlichkeit von Beihilfen, 2004

Schmidt-Aßmann, Eberhard/Schöndorf-Haubold, Bettina: Der europäische Verwal-tungsverbund, 2005

Schmieg, Evita/Rudloff, Bettina: Die Zukunft der WTO nach der Ministerkonferenz in Nairobi, SWP-Aktuell, 02/2016, S. 2

Schreiber, Stefanie: Verwaltungskompetenzen der Europäischen Union, 1997

Schroeder, Werner: EU-Beihilfenverbot und Staatlichkeit der Mittel, EuZW 2015, S. 207 ff.

Schubert, Jens: Beihilfen im Agrarsektor, EuZW 2010, S. 92 ff.

Schwarze, Jürgen: EU-Kommentar, 4. Auflage 2019 (zitiert als: *Verfasser*, in: Schwarze (Hrsg.), EU, Art. …, Rn. …)

Schweighofer, Erich: Landwirtschaft, in: Birnstiel/Bungenberg/Heinrich (Hrsg.), Eu-ropäisches Beihilfenrecht, 1. Auflage 2013, S. 1131 ff. (zitiert als: *Schweighofer*, in: Birnstiel/Bungenberg/Heinrich (Hrsg.), EuropBeihR, S. 1131 ff., Rn. …)

Schwemer, Rolf-Oliver: Die Bindung des Gemeinschaftsgesetzgebers an die Grund-freiheiten, 1995

Schwier, Henning: Der Schutz der „Unternehmerischen Freiheit" nach Art. 16 der Charta der Grundrechte der Europäischen Union, 2007 (zitiert als: *Schwier*, Unternehmerische Freiheit, 2007, S. ...)

Seidel, Martin: Subventionshoheit und Finanzierungslast in der europäischen Wirtschaftsgemeinschaft, in: Börner/Jahrreiß/Stern (Hrsg.), ‚Einigkeit und Recht und Freiheit', FS Karl Carstens, 1984, S. 273 ff. (zitiert als: *Seidel*, Subventionshoheit und Finanzierungslast, in: Börner/Jahrreiß/Stern (Hrsg.), FS Carstens, 1984, S. 273 ff. (...))

Seimetz, Rainer: „Darf er oder darf er nicht?" – Vertrauensschutzregelungen im Recht der Europäischen Landwirtschaftsförderung, AUR 2016, S. 11 ff.

Seitel, Hans Peter: Wettbewerb, in: Hasse/Schneider/Weigelt (Hrsg.), Lexikon Soziale Marktwirtschaft, 2. Auflage 2005, S. 485 ff. (zitiert als: *Seitel*, Wettbewerb, in: Hasse/Schneider/Weigelt (Hrsg.), Lexikon Soziale Marktwirtschaft, S. ...)

Smith, Fiona: Mind the gap: 'Greening' direct payments and the World Trade Organization, in: McMahon/Cardwell (Hrsg.), Research Handbook on EU Agricultural Law, 2015, S. 412 ff.

Sodann, Helge: Vorrang der Privatheit als Prinzip der Wirtschaftsverfassung, DÖV 2000, S. 361 ff.

Soltész, Ulrich, in: Säcker/Montag (Hrsg.), European State Aid Law, 1. Auflage 2016, S. 154 ff., (zitiert als: *Soltész*, in: Säcker/Montag (Hrsg.), European State Aid Law, S. 154 ff., Rn. ...)

ders.: Wichtige Entwicklungen im Europäischen Beihilferecht im Jahre 2017, EuZW 2018, S. 60 ff.

Sonnevend, Pál: § 14 Eigentumsgarantie, in: Grabenwarter (Hrsg.), Europäischer Grundrechteschutz (EnzEuR, Bd. 2), 1. Auflage 2014 (zitiert als: *Sonnevend*, in: Grabenwarter (Hrsg.), Europäischer Grundrechteschutz, § 14, Rn. ...)

Stancanelli, Néstor: The historical context of the green box, in: Meléndez-Ortiz/Bellmann/Hepburn (Hrsg.), Agricultural Subsidies in the WTO Green Box, 2009, S. 19 ff.

Stern, Klaus/Sachs, Michael: Europäische Grundrechte-Charta, 1. Auflage 2016 (zitiert als: *Verfasser*, in: Stern/Sachs (Hrsg.), GRCh, Art. ..., Rn. ...)

Streinz, Rudolf: EUV/AEUV, 3. Auflage 2018 (zitiert als: *Verfasser*, in: Streinz (Hrsg.), EUV/AEUV, Art. ..., Rn. ...)

Switzer, Staphanie: European Union biofuels policy: Past, present and future?, in: McMahon/Cardwell (Hrsg.), Research Handbook on EU Agriculture Law, 2015, S. 203 ff.

Terhechte, Jörg Philipp: § 7 Europäisches Verwaltungsrecht und europäisches Verfassungsrecht, in: Terhechte (Hrsg.), Verwaltungsrecht der Europäischen Union, 1. Auflage 2010 (zitiert als: *Terhechte*, in: Terhechte (Hrsg.), EuVwR, § 7, Rn. ...)

Thiemeyer, Guido: Vom „Pool Vert" zur Europäischen Wirtschaftsgemeinschaft: Europäische Integration, Kalter Krieg und die Anfänge der Gemeinsamen Europäischen Agrarpolitik 1950 – 1957, 1999 (zitiert als: *Thiemeyer*, Vom „Pool Vert" zur Europäischen Wirtschaftsgemeinschaft, 1999)

Tietje, Christian: § 15 Außenwirtschaftsrecht, in: Tietje (Hrsg.), Internationales Wirtschaftsrecht, 2. Auflage 2015 (zitiert als: *Tietje*, in: Tietje (Hrsg.), Internationales Wirtschaftsrecht, § 15, S. …)

ders: § 3 WTO und das Recht des Warenhandels, in: Tietje (Hrsg.), Internationales Wirtschaftsrecht, 2. Auflage 2015 (zitiert als: *Tietje*, in: Tietje (Hrsg.), Internationales Wirtschaftsrecht, § 3, S. …)

Trebilcock, Michael/Pue, Kristen: The Puzzle of Agricultural Exceptionalism in International Trade Policy, Journal of International Economic Law, 2015, S. 233 ff.

Triantafyllou, Dimitris: Vom Vertrags- zum Gesetzesvorbehalt, 1996

Unger, Sebastian: Subventions- und Beihilfenrecht, in: Schmidt/Wollenschläger (Hrsg.), Kompendium Öffentliches Wirtschaftsrecht, 4. Auflage 2016, S. 335 ff. (zitiert als: *Unger*, Subventions- und Beihilfenrecht, in: Schmidt/Wollenschläger (Hrsg.), Kompendium Öffentliches Wirtschaftsrecht, S. 335 ff. (…))

Usher, John A.: EC Agricultural Law, 2001

Van den Bossche, Peter/Zdouc, Werner: The Law and Policy of the World Trade Organization, 4. Auflage 2017 (zitiert als: *Van den Bossche/Zdouc*, Law and Policy of the World Trade Organization, S. …)

Vandenberghe, Jan: The Single Common Market Organization, in: McMahon/Cardwell (Hrsg.), Research Handbook on EU Agriculture Law, 2015, S. 62 ff. (zitiert als: *Vandenberghe*, The Single Common Market Organization, in: McMahon/Cardwell (Hrsg.), Research Handbook on EU Agriculture Law, S. 62 ff (…))

Waldhoff, Christian: § 116 Grundzüge des Finanzrechts des Grundgesetzes, in: Isensee/Kirchhof (Hrsg.), Handbuch des Staatsrechts, Bd. 5, 3. Auflage 2007 (zitiert als: *Waldhoff*, in: Isensee/Kirchhof (Hrsg.), Handbuch Staatsrecht, Bd. 5, § 116, Rn. …)

Weiß, Wolfgang: Der Subventionsbegriff im EG- und im WTO-Recht, in: Ehlers/Wolffgang/Schröder (Hrsg.), Subventionen im WTO- und EG-Recht, 2007, S. 21 ff.

ders.: Verfassungsgrundsätze, Kompetenzverteilung und die Finanzen der EU, ZEuS 2017, S. 309 ff.

Welfens, Paul: Grundlagen der Wirtschaftspolitik, 4. Auflage 2010 (zitiert als: *Welfens*, Grundlagen der Wirtschaftspolitik, S. …)

Wunderlich, Nina: Das Grundrecht der Berufsfreiheit im Europäischen Gemeinschaftsrecht, 2000 (zitiert als: *Wunderlich*, Berufsfreiheit, 2000, S. …)

Wunderlich, Nina/Pickartz, Thomas: Hat die Richtlinie ausgedient? Zur Wahl der Handlungsform nach Art. 296 Abs. 1 AEUV, EuR 2014, S. 659 ff.

Zerger, Corinna/Holm-Müller, Karin: Gemeinwohl steigernde Leistungen der Landwirtschaft, 2008

Zouré, Théophane Noël: Le commerce des produits agricoles dans le droit de l'OMC, 2012